침몰한 세월호, 난파하는 대한민국

압축적 근대화와 복합적 리스크

Korean translation from the Palgrave Macmillan English language edition:
Challenges of Modernization and Governance in South Korea
: The Sinking of the Sewol and Its Causes
(edited by Jae-Jung Suh and Mikyoung Kim)
copyright © Authors 2017. All Rights Reserved.

이 도서의 국립중앙도서관 출판예정도서목록(CIP)은
서지정보유통지원시스템 홈페이지(http://seoji.nl.go.kr)와
국가자료공동목록시스템(http://www.nl.go.kr/kolisnet)에서 이용하실 수 있습니다.
(CIP제어번호: CIP2017009333)

침몰한 세월호, 난파하는 대한민국

압축적 근대화와 복합적 리스크

서재정 · 김미경
엮음

서재정 · 이윤경
강수돌 · 남태현
유종성 · 박연민
박경신 · 문승숙
이현옥 · 이현정
존　리 · 김미경
지음

한울
아카데미

고창석 권재근 권혁규 남현철 박영인 양승진 이영숙 조은화 허다윤 고해인 김민지
김민희 김수경 김수진 김영경 김예은 김주아 김현정 문지성 박성빈 우소영 유미지
이수연 이연화 정가현 한고운 강수정 강우영 길채원 김민지 김소정 김수정 김주희
김지윤 남수빈 남지현 박정은 박주희 박혜선 송지나 양온유 오유정 윤민지 윤 솔
이혜경 전하영 정지아 조서우 한세영 허유림 김담비 김도언 김빛나라 김소연 김수경
김시연 김영은 김주은 김지인 박영란 박예슬 박지우 박지윤 박채연 백지숙 신승희
유예은 유혜원 이지민 장주이 전영수 정예진 최수희 최윤민 한은지 황지현 강승묵
강신욱 강 혁 권오천 김건우 김대희 김동혁 김범수 김용진 김웅기 김윤수 김정현
김호연 박수현 박정훈 빈하용 슬라바 안준혁 안형준 임경빈 임요한 장진용 정차웅
정휘범 진우혁 최성호 한정무 홍순영 김건우 김건우 김도현 김민석 김민성 김성현
김완준 김인호 김진광 김한별 문중식 박성호 박준민 박진리 박홍래 서동진 오준영
이석준 이진환 이창현 이홍승 인태범 정이삭 조성원 천인호 최남혁 최민석 구태민
권순범 김동영 김동협 김민규 김승태 김승혁 김승환 박새도 서재능 선우진 신호성
이건계 이다운 이세현 이영만 이장환 이태민 전현탁 정원석 최덕하 홍종용 황민우
곽수인 국승현 김건호 김기수 김민수 김상호 김성빈 김수빈 김정민 나강민 박성복
박인배 박현섭 서현섭 성민재 손찬우 송강현 심장영 안중근 양철민 오영석 이강명
이근형 이민우 이수빈 이정인 이준우 이진형 전찬호 정동수 최현주 허재강 고우재
김대현 김동현 김선우 김영창 김재영 김제훈 김창헌 박선균 박수찬 박시찬 백승현
안주현 이승민 이승현 이재욱 이호진 임건우 임현진 장준형 전현우 제세호 조봉석
조찬민 지상준 최수빈 최정수 최진혁 홍승준 고하영 권민경 김민정 김아라 김초예
김해화 김혜선 박예지 배향매 오경미 이보미 이수진 이한솔 임세희 정다빈 정다혜
조은정 진윤희 최진아 편다인 강한솔 구보현 권지혜 김다영 김민정 김송희 김슬기
김유민 김주희 박정슬 이가영 이경민 이경주 이다혜 이단비 이소진 이은별 이해주
장수정 장혜원 유니나 전수영 김초원 이해봉 남윤철 이지혜 김응현 최혜정 박육근
김순금 김연혁 문인자 백평권 심숙자 윤춘연 이세영 인옥자 정원재 정중훈 최순복
최창복 최승호 현윤지 조충환 지혜진 조지훈 서규석 이광진 이은창 신경순 정명숙
이제창 서순자 박성미 우점달 전종현 한금희 이도남 리상하오 박지영 정현선 양대홍
김문익 안현영 이묘희 김기웅 구춘미 이현우 방현수

차례

3부 주체성

에필로그

프롤로그

이상한 나라의 앨리스처럼
한국 사회도 아주 길고 먼 길을 걸은 끝에
어딘가에 도착했다.
그런데 과연 어디에 도착한 것일까?

이 책은 이 질문과 진지하게 마주하려는 시도이다.
적어도 우리는 프리모 레비가 가졌던
절박함에 공감했기 때문이다.
독자가 우리의 답에 동의하지도,
만족하지도 않을 수 있지만
그 절박함만은 공감하기를 바란다.

"일어났던 일은 또다시 일어날 수 있습니다.
이것이 핵심입니다."

제1장

세월호의 침몰, 한국의 침몰

: 압축적 근대화와 복합적 리스크*

서재정

제주도 수학여행길에 오른 고등학생들을 포함한 476명의 승객을
실은 여객선 세월호가 한반도 남단의 해상에서 2014년 4월 16일 침몰
했다. 선장을 포함한 대부분의 승무원은 해양경찰에 의해 구조되었으
며 사고 당시 배 위에서 또는 침몰 직후 탈출한 승객들은 대한민국 해
경이나 해군이 도착하기 전 주변에 있던 상선이나 어선에 의해 구조
되었다. 그러나 배 안에 갇혀 있던 304명의 승객은 익사하고 말았다.

세월호의 침몰은 일견 여러 구조 활동에도 불구하고 다수 승객이
사망한 해양 사고로 보일 수도 있지만, 온 국민의 눈앞에서 벌어진 죽
음의 의식은 상상을 초월하는 비극이었다. 비현실적으로 보일 정도의

---

*   "영문 원고를 한글로 번역하신 김미경 교수께 감사드립니다(서재정)."

부조리한 대량 희생을 실시간 생중계로 목격한 국민들은 집단 우울증을 동반한 죄책감에 시달려야만 했다. 하지만 단순한 해양 사고라는 표피를 살짝만 들춰도 예상을 뛰어넘는 매우 복잡한 형태의 여러 가지 문제들이 서로 얽히고설켜 있음을 알 수가 있다. 세월호의 침몰은 자기이익만을 추구하던 해양운송업계와 정부가 하나가 되어 움직인 결과 나타난 어처구니없는 희생이었다. 또, 생명을 지키기 위해서 일 분, 일 초를 다퉈야 했던 급박한 상황에서 정부는 구조 작업 자체를 민간에 맡긴 채 손을 놓고 있었다. 반면 정부의 무책임한 대응을 비판하는 목소리가 여기저기에서 터져나오자 이런 비판을 묵살하기 위해서 수단과 방법을 가리지 않는 후안무치의 전략을 서슴지 않고 사용했다.

이는 소위 강한 국가라는 대한민국의 존재가 얼마나 편의적으로 무소불위의 권력을 사용하는지 극명히 보여주는 일례로 남게 될 것이다. 즉, 대한민국이라는 국가는 상황에 따라서 어떤 경우에는 신자유주의적인 원칙에 따라 작은 정부인 듯 행동했다가 다른 맥락에서는 스스로의 책임을 은폐하기 위해 철권을 휘두르는 강한 국가로 행동하는 모순적인 행태를 보이고 있다.

그뿐만 아니라 세월호 참사를 보다 심층적으로 분석해보면 한국 사회의 구조적 병폐에 그 뿌리가 있음을 알 수 있다. 해양운송업계와 정부의 유착이라는 현상의 기원은 (적어도) 1960년대에 시작된 독재적 통치 행태로 거슬러 올라갈 수 있다. '가만히 있으라'는 승무원들의 지시를 따른 학생들의 행동은 권위주의 정부의 권위주의적 교육 방침에 기인한 비극적인 결과로 볼 수도 있다. (하지만 최근의 교육 민주화도 주체적 판단과 독립적 주장을 제대로 하지 못하는 미래세대를 양성하고 있다는 아이러니를 낳은 듯싶다.) 여기에 정부의 언론탄압과 표현의 자유 억압이라는 기제가 더해져 국민들은 침묵 속에 가만히 국가권력에 순응하라고 강요

받고 있다. 이런 억압적인 기제들의 배경에는 과거 수십 년 동안 경제 발전 하나만을 목표로 두고 전력 질주해온 '중독'이라는 병리 현상이 있다. 이 '중독'에서 자유로운 조직은 단 하나도 없다(정부건 기업이건 예외 없이). 그리고 이 중독은 압축적 근대화 과정에서 더 깊어졌다. '개발 속도전'은 온갖 사회정치적 리스크를 양산하는 동시에 이러한 리스크에 대해 비판적으로 성찰하기보다는 앞만 보고 달리라고 채찍질한다. 한국의 압축적 근대화 과정은 이러한 리스크들을 압력밥솥에 넣어 계속 압축시킨 것과도 같다. 세월호 참사는 그 결과이기도 하고, 더 이상 이러한 복합적 리스크를 무시하고 경제 발전에만 매진할 수 없는 한계 상황에 도달했다는 경고이기도 하다.

이 장의 첫 부분에서는 세월호 참사와 관련된 일련의 사건 전개를 세월호의 침몰, 구조의 실패 그리고 사후 대책 미비라는 세 단계로 나누어 분석한다. 분석의 초점은 침몰, 구조, 사후 대책의 세 단계에서 보여준 대한민국 국가의 상이한 역할을 분석하여, 대한민국에서 국가가 각 단계에서 자신의 권력을 서로 상이하게 행사했음을 입증할 것이다. 둘째 부분은 이러한 분석을 더 심화하는 것을 통해 한국 사회가 근본적인 측면에서 심각한 중증을 앓고 있음을 보여줄 것이다.

한국의 근대화 과정은 울리히 벡(Ulrich Beck)이나 앤서니 기든스 (Anthony Giddens)가 지적한 것처럼 다른 사회의 근대화와 마찬가지로 리스크 사회를 초래했을 뿐만 아니라, 근대화 과정 자체가 전례 없이 압축적이었기에 리스크도 그만큼 복합적으로 압축되어 있다.[1] 또한

---

1 '리스크 사회'의 개념은 울리히 벡과 앤서니 기든스를 참조. Ulrich Beck, *Risk Society: Towards a New Modernity*(London; Sage Publications, 1992). Anthony Giddens, "Risk and Responsibility," *The Modern Law Review*, Vol. 62, No. 1(1999), pp. 1~10.

이러한 리스크를 해결하기는커녕 비판적으로 성찰할 시간과 공간마저도 부재했다. 즉, 21세기 한국 사회는 언제 폭발할지 모르는 리스크 요소들이 표면 아래에서 부글거리며 끓고 있는 리스크 사회의 전형이다. 세월호 사건이 노정한 것은 이러한 리스크 요소들의 잠재적 파괴력이다. 동시에 전 국가적으로 근대화가 과연 무엇인지에 관한 성찰이 없는 한 좀 더 비극적인 사건과 사고들이 발생할 수밖에 없다는 엄중한 경고이기도 하다.

세월호 비극, 안보 국가의 아이러니[2]

세월호 참사는 사고 발생 전, 사고 발생 중, 사고 발생 후라는 세 단계로 나누어 볼 수 있다. 각각의 단계에서 한국 국가는 사고의 원인 제공, 문제 상황의 악화 그리고 책임의 부정이라는 행태를 노정함으로써 사고의 비극적 요소를 극대화하는 데 주도적인 역할을 했다. 사고 전에는 해양운송업계와 상호 호혜적 관계를 유지함으로써 승객의 안전을 담보로 관료 체제와 업계의 이익의 극대화를 꾀하였고, 세월호가 침몰할 당시에는 구조 책임을 방기함으로써 스스로의 존재 이유

장경섭은 한국이 "선진국형, 후진국형, 한국특유형 위험요인이 혼재하는 '복합위험사회'"라고 정의한 바 있다. 장경섭, 「압축적 근대성과 복합위험사회」, ≪비교사회≫, 통권 제2호(1998), 371~414쪽.

2   이 절은 「한국의 안보 국가로서의 실패: 신자유주의 시대의 세월호 비극」 (Jae-Jung Suh, "The Failure of the South Korean National Security State: The Sewol Tragedy in the Age of Neoliberalism Asia," *Pacific Journal*, Vol. 12, Issue 40, No. 1)을 보완한 것이다.

자체를 부정하였으며, 사고 후에는 비난을 피하기 위해 유가족 등의 목소리를 잠재우고자 무소불위의 권력을 휘둘렀다. 이 절에서는 세월호 참사 세 단계에서 나타난 국가의 모습을 정리하고, 다음 절에서는 이러한 국가의 모습을 압축적 근대화와 복합적 리스크라는 관점에서 분석한다.

국가의 소멸과 세월호의 침몰

2014년 4월 17일 해양경찰청은 4월 16일 오전 8시 48분과 49분 사이에 있었던 "전혀 예상치 못한 우현의 급변침"이 사고의 원인이라고 결론지었다. 침몰 전까지 세월호의 항로를 기록한 선박자동식별장치(AIS)의 데이터도 급변침이 있었음을 확인시켜줬다. 하지만 사고 당일 세월호의 구체적인 운항 기록과 변침의 명확한 원인은 아직 밝혀지지 않고 있다.[3] 해경의 결론 역시 상당수의 주요 의문점에 대해 제대로 해명을 하지 못하고 있다.

먼저, 당시 세월호 조타 책임을 맡은 3등 항해사는 왜 그렇게 갑자기 급한 각도로 항로를 바꾸어야만 했는가?[4] 2014년 6월 10일 재판에서 3등 항해사는 접근해온 "선박"과의 충돌을 피하기 위해 5도로 항

---

3 이에 대해 다룬 다큐멘터리 〈인텐션〉을 제작하고 있는 김지영 감독은 해양수산부가 제출한 AIS 공식 자료에 관해서 많은 문제점을 지적했다. 그는 정부가 발표한 데이터는 세월호의 항해 궤도를 실제보다 약 200미터 북쪽으로 이동시킨 것이 아니냐는 의혹을 제기했다.

4 검찰은 3등 항해사 박한결과 조타수 조준기를 '조타미숙과 지휘감독 잘못' 등 업무상과실에 의한 선박매몰 혐의로 기소했지만 2015년 11월 12일 대법원은 이 혐의에 대해 "사고 당시 세월호의 조타기가 정상적으로 작동하였는지에 관하여 합리적인 의심이 있다"라고 지적하고 증거부족으로 인한 무죄를 선고했다.

로를 변침하라는 명령을 조타수에게 내렸다는 증언을 했다. 그녀는 "선박"이 반대편에서 나타났으며 "충돌을 피하기 위해 라디오 무선을 들어가며 레이더와 전방을 주시했다"라고도 증언했다. 이러한 증언 내용은 사고 당시 세월호 부근을 지나가던 상선의 비디오 기록으로 뒷받침된다. 이 비디오에서도 사고 당시 세월호를 향해 움직이고 있던 물체가 나타나기 때문이다. 오전 8시 48분경 세월호의 선박자동식별장치가 알 수 없는 이유로 꺼져 이 물체를 확인할 수 없지만, 목포항의 선박자동식별장치에서 복구된 데이터는 독립적으로 움직이고 있는 물체가 남긴 흔적을 담고 있다.

조타수도 4월 19일 텔레비전 인터뷰에서 3등 항해사의 지시에 따라 키를 돌렸으며 이 때 배가 평소보다 매우 심하게 기울었다고 증언했다. 생존한 승객들도 배의 선수 부분에서 충돌에 의한 쇼크를 느꼈다고 증언했고, 이러한 증언 때문에 세월호가 바다 밑의 산호초나 바위와 충돌한 것이 아니냐는 추측들이 나오기도 했다. 하지만 상당한 시간이 지난 뒤 발표된 세월호의 완전한 항로 기록은 3등 항해사의 주장처럼 항로를 5도 바꾼 정도가 아니라, 세월호가 큰 관성을 가지고 반대 방향으로 움직이던 물체에 밀려 진행 방향을 거의 180도나 바꾼 사실을 보여주고 있다.

하지만 세월호 승무원들이 왜 그렇게 갑자기 배의 항로를 급변침해야 했는지는 아직 설명되지 않고 있다. 마찬가지로 세월호가 기존의 항로와 정반대 방향으로 움직이도록 만든 힘의 출처도 미스터리로 남아 있다.

두 번째 의문은 세월호가 항로를 바꾼 후 왜 침몰했는가에 관한 것이다. 조사에 의하면 세월호는 더 많은 수의 승객을 태우기 위해 위험한 구조로 개조되었음이 나중에 밝혀졌다. 여기에 화물마저 안전규정을 위반한 상태로 과적된 것으로 밝혀졌다. 승무원들은 규정을 두 배 정도 초과한 무게로 세월호를 출항시키면서, 만재흘수선(load line mark)을 지키기 위해 선박평형수를 제거함으로써 안전사고가 발생하기 위한 최적의 조건을 만들었던 것으로 밝혀졌다. 결국 세월호는 안전하게 장착되지 않아 여기저기로 움직이던 화물 및 '가만히 있으라'는 지시를 받은 너무 많은 승객들과 배를 안정화하기에는 너무 부족한 선박평형수가 불균형을 이루고 있던 상태였던 것이다.

이런 사실들로부터 많은 의문점들이 제기된다. 세월호의 소유주인 청해진해운은 어떻게 법적 허용 범위를 초과한 증축을 할 수 있었는가? 승무원들은 어떻게 불법으로 과적을 할 수 있었는가? 또한 평형수는 어떻게 제거될 수 있었단 말인가? 더 나아가 이런 불법행위들이 세월호가 침몰하기 전까지 발각되지 않은 이유는 과연 무엇인가? 이런 일련의 의문들은 해운회사, 해운업계 그리고 유관 정부기구들 사이의 유착을 이해하지 않고서는 풀리지 않는다. 바다를 뜻하는 '해(海)'와 마피아의 '피아(fia)'를 합성한 '해피아'라는 표현이 세월호 침몰 직후 회자되기 시작한 것은 우연이 아니다.

세월호는 2012년 청해진해운이 인수하기 전까지 거의 18년 동안 일본에서 무사고로 항해한 여객선이었다. 인수 당시 청해진해운은 매우 높은 수익을 내고 있던 인천-제주 항로의 독점운항권을 가지고 있었다. 그럼에도 불구하고 이명박 정권은 여객선의 운항 수명을 25년에서 30년으로 연장하도록 관련 법안을 개정함으로써 일본이라면 폐선이 됐을 세월호의 운항 기간을 더 연장했다. 신자유주의적 규제 완화를 추구하던 이명박 정권은 규제 완화를 통해 해운업계가 연간 2000만 달러를 절약하고 수익성을 개선할 것이라며 이러한 조치를 정당화했다. 승객의 안전보다는 업계의 이윤이 정책의 우선적 고려

사항이라는 점을 분명히 한 것이다.

　해양수산부가 규제 완화에 앞장섰다면 다른 정부 부처들은 청해진해운이 그러한 규제 완화를 이용해 이윤을 창출하도록 자금 조달에 적극적으로 앞장섰다. 청해진해운은 전신인 세모그룹이 1997년 부도 후 안고 있던 2000억 원 부채의 상당 부분이 탕감된 덕분에 세울 수 있었던 회사였다. 이후 대한민국 정부가 100% 지분을 가지고 있는 국책은행(한국산업은행)에서 100억 원을 융자받아 120억 원을 지불하고 세월호를 구입했다. 자기 자본은 20억 원만 들이고 120억 원짜리 선박을 구입한 것이다. 선박 도입 이후에도 정부의 규제 완화와 넉넉한 융자에 힘입어 기존 선체에 객실 2층을 추가하여 탑승 가능한 승객의 수를 극대화하고 화물 적재 공간도 확대했다.

　청해진해운이 정부의 규제 완화와 국책은행의 융자를 이용해 이익을 창출하기 전 극복해야 할 또 하나의 장애물이 있었다. 바로 안전검사였다. 세월호는 출항 전에 안전검사를 받아야 했는데, 이 검사를 문제없이 통과했다. 2층 객실의 증축 때문에 탑승자의 안전이 위태로워졌고 선박의 안정성에 관한 우려가 있었음에도 검사 및 등록을 담당하는 사기업 한국선급(KRS)은 검사에서 안전성을 승인했다. 또한 2014년 2월 200가지 이상의 세월호 안전 기능을 검사했을 때도 모두 합격 판정을 내렸다. 세월호 사건 이후 이 과정을 수사한 검찰은 정부를 대신하여 안전검사를 수행하는 한국선급에 대한 정부의 감독이 느슨하다는 것을 발견했다. 이는 감독 책임이 있는 정부 관련자들이 은퇴 후 한국선급에서 다시 고용되는 관행과 무관하지 않을 것이다. 하지만 이런 관행이 쉽게 고쳐지지 않을 것이라는 점은 사후조치에서 유추할 수 있다. 세월호 참사 이후 세월호 안전점검을 소홀히 한 혐의로 기소된 것은 한국선급 검사원 한 명이 유일했지만, 그마저도 1심과 2심에서 모두 무죄를 선고받았다.

　청해진해운은 세월호에 일상적으로 과적을 하기 위해 정부의 안전규정에 숨겨져 있던 허점들을 이용하는 탐욕적인 행태를 보였다. 한국의 연안 해운업계에서는 한국해운조합(이하 해운조합)이 여객선 안전운항관리와 선박안전관리를 맡아 화물 과적 상태를 점검한다. 해운조합 본사는 '안전 지침'과 '안전 조치 시행'에 관한 규정을 만들고, 조합 지사들은 '여객선 안전 수송 안내'에 관한 여러 서비스를 제공하고 승객의 수와 화물의 양을 조사한다. 해양운송법을 통해 선박안전검사원이라는 자리를 만들어 해양 운송과 관련된 안전규정을 감시, 감독하는 기능을 강화시켰고 이들과 관련된 비용은 정부 보조금으로 충당하도록 했지만, 해운조합이 그들의 고용주가 되는 구조로 운영되고 있다. 그런데 해운조합은 해운업에 종사하는 2000여 여객선사가 조합원으로 참여하는 선사들의 이익단체이다. 즉, 감시의 대상이 감시를 담당하고 있는 것이다. 그뿐만 아니라 감시 비용은 정부가 보조를 해주고 있다.

　세월호 참사가 보여준 것처럼, 이러한 업계 자율 규제가 사고를 일으키는 것은 시간문제였다. 세월호는 2014년 4월 15일 출항하기 전 180대의 차량과 1157톤의 화물을 선적했지만, 안전검사원들은 150대의 차량과 657톤의 화물이 선적되었다고 축소 기록했다. 더 나아가 청해진해운은 출항 허가를 받기 위해 안정기에서 평형수를 제거하여 만재흘수선이 수면 위에 노출되도록 했다. 평형수가 적정량보다 적으면 배의 복원력이 떨어져 쉽게 전복될 수 있지만, 세월호의 정규직 선장은 이런 일들이 일반적인 관행이었다고 법정에서 증언했다. 청해진해운 관계자들에게 이에 관한 문제를 제기했을 때 그에게 돌아온 반응은 '시끄럽게 하려면 그만두라'는 것이었다. 세월호 과적과 축소 기록 등의 문제는 세월호 침몰 이후에야 밝혀졌고, 해운조합 직원 단 한 명만 이와 관련하여 1심에서 유죄 판결을 받았다.

　정부와 청해진해운 간의 이러한 담합은 승객의 안전뿐만 아니라 승무원의 안전도 위태롭게 만들었다. 세월호 승무원은 대부분의 다른 국내 해운 노동자들과 마찬가지로 임시 계약직이었다. 예를 들어 세월호 선장인 이준석(2014년 당시 69세)은 세월호가 출항하기 전 월급 270만원에 임시 고용 계약을 맺었고, 선장을 포함한 승무원의 절반 이상이 6개월에서 1년 동안 고용된 임시 계약직이었다. 이들은 정규직이 누리는 혜택을 받지 못했을 뿐 아니라 적절한 안전교육도 받지 못했다. 청해진해운은 지출을 최소화하기 위해 고용된 임시 계약직들에게 일반적인 승무원 훈련은 물론 가장 기본적인 안전교육도 최소 수준으로 진행했다. 예를 들어 2013년 회사 지출 내역을 보면 승무원 안전교육 등 연수비로 지출한 액수가 54만 원에 불과하지만, 접대비에는 6060만 원, 광고에는 2억 2990만 원을 지출했다. 하지만 세월호 사건으로 유죄 선고를 받은 피고인 대부분은 제대로 안전교육을 받지 못했던 임시 계약직 승무원들이었다.[5]

　세월호는 승객들의 생명과 안전을 사기업에 떠넘기고 그 기본 책임마저 회피하는 신자유주의 국가와 이윤 창출을 위해 생명과 안전을 담보하는 사기업 사이의 담합을 배경으로 침몰했다. 이 사고는 정부와 기업 간의 공모로 인해 발생할 수 있는 가장 비극적인 결과를 절절히 상기시킨다. 이전의 권위주의 정권 시기에도 기업의 이익을 위해 사람들의 안전을 희생시킨 사건들이 있었음에도 불구하고 세월호 사

5　이들이 1심에서 받은 징역형의 합계는 168년으로 청해진해운, 한국해운조합, 해경 모두의 형량을 합한 것(58년 6개월)보다 훨씬 많다.

건이 벌어진 지금의 상황은 그 담합의 성격과 구조에서 정부의 권력보다는 기업의 이윤 창출 쪽으로 힘의 중심이 더 많이 기울었음을 보여준다. 권위주의적 개발국가는 1997년 금융 위기 이후 국제통화기금(IMF)에 의한 강제 구조 조정의 결과로 권력 기반을 상당히 잃어버리게 되었다. 정부의 경제 계획, 관리 및 감독 권한이 사기업으로 이전됨에 따라 기업에 영향력을 끼칠 수 있는 정부의 상대적 권력도 점차 감소하기 시작했으며 세월호의 재앙이 닥칠 즈음에 정부는 한국선급 같은 사적 주체의 감독엔 아예 손을 떼고 있던 상태였다. 이에 거의 완전하게 민영화된 단체들은 정부의 지시와 경고를 무시하고 더 독립적이며 공격적으로 자신들만의 의제를 추진할 수 있었다.[6]

실종된 국가의 구조 실패

세월호 사건을 둘러싼 가장 큰 의문은 승무원들은 물론 해양경찰과 해군을 포함한 공권력마저도 침몰하는 페리 안에 갇힌 승객을 구하기 위해 진지한 노력을 기울이지 않았다는 것이다.[7] 갑판 위에 있던 승

---

6 예를 들어, 2013년 오공균 당시 한국선급 회장이 은퇴하기 직전에 자회사를 설립하여, 은퇴 후 그 회사의 1대 회장으로 취임했다. 이에 관해 해양수산부는 몇 번의 미온적인 경고를 보냈지만 무시당했다. 이런 일은 권위주의적 개발국가에서는 일어날 수 없는 일이었다.

7 4.16세월호참사 국민조사위원회 상임연구위원 박영대는 조사 결과를 바탕으로 당시 현장 상황의 특징을 다섯 가지로 설명했다. ① 현장출동세력 중 세월호와 교신한 존재가 없음, ② 현장출동세력 중 선내에 진입한 사람이 없음, ③ 현장 출동세력 중 구조된 사람에게 세월호 상황을 물어본 사람이 없음, ④ 참사 전 과정에서 현장출동세력의 퇴선지시가 없었음, ⑤ 청와대와 국정원을 포함하여 완전 전복 이전 현장출동세력에게 승객 퇴선을 지시하고 확인한 사람 또는 세

객 35명만이 해경 헬리콥터 3대에 의해 공수되었을 뿐이다. 선장을 포함한 대부분의 승무원은 세월호 조타실의 바로 앞까지 온 해경 경비정 123정(이하 123정)에 의해 구출되었다. 123정은 나중에 사고 현장으로 돌아왔지만, 살아남은 승객의 대부분은 침몰하기 전에 배에서 뛰어내린 후 근처에 있던 어선에 의해 구조됐다. 2014년 4월 16일 10시 17분 이후 해양경찰이나 해군에 의해 구조된 승객은 단 한 명도 없다.

그 이후 몇 시간은 승객들이 구조될 수 있었던 골든타임이었지만 이상하게도 적극적인 구조 활동 없이 소모되어버렸다. 대한민국 해군의 해난 구조 전문특수부대인 해난구조대(SSU)와 해군 특수전 전단(UDT) 및 해양경찰의 특공대가 파견됐으나 사고 지점에 늦게 도착하여 활발한 구조 작업을 하지 못했다. 여기에 더해서 승무원들은 상식과는 반대로 승객들에게 침몰선을 떠나지 말고 가만히 있으라는 치명적인 지시를 반복했다. 승객들에게 구명조끼를 먼저 착용하고 객실에 그대로 있으라고 지시한 것은 배가 전복되고 승객들이 수중에 갇히게 된 후 치명적인 결과로 이어졌다. 승객들이 구명조끼를 입고 있었기 때문에 물 밑으로 잠수하여 객실에서 탈출하는 것이 그만큼 어려워졌기 때문이다. 300명이 넘는 승객들이 승무원들의 이런 잘못된 지시에 따라 배에 남았던 반면 선장을 포함한 승무원들은 가장 먼저 세월호를 탈출했다.

승무원의 잘못된 조처는 해양경찰의 잘못된 대응 때문에 더 큰 희생으로 이어졌다. 123정이 세월호가 침몰하기 전에 세월호에 접근하여 일부 해경 대원들이 승선까지 했지만 배에 남아 있는 승객들을 구조하려는 조치는 취하지 않았다. 심지어 승객들에게 퇴선 지시를

력이 없음(「세월호 참사의 본질적 성격」, 2016.11.19).

내리지도 않았다. 결과적으로 봤을 때 그들의 활동은 승무원들의 구출에만 집중된 것이었다. 123정의 김경일 정장은 2014년 8월 13일 법원에서 증언하며 대원들이 선체 진입을 하지 않은 이유에 대해 "당황해서 깜빡 잊었다"라고 했고 더 나아가 "너무 바빠서 승객들에게 대피 지시를 내리지 못했다"라고 덧붙였다. 김석균 해양경찰청장의 대응도 별반 다르지 않았다. 그는 서해해양경찰청을 통해 123정을 현장에 파견하고 "승객들이 동요하지 않도록 안정시키라"라고 지시했다.

여기서 한 가지 명확한 것은 해경 명령 체계 최고 책임자가 세월호가 침몰하기 전에 승객을 구출하라는 명령을 내린 적은 없다는 것이다. 세월호에 남아 있던 승객들의 구조가 가능했던 골든타임 동안의 비디오 영상을 보면 세월호가 천천히 가라앉고 있는 동안 해경 경비정들이 세월호 주변을 계속 돌면서 구조하기 위해 모여든 어선들의 접근을 효과적으로 차단하고 있는 듯한 모습을 확인할 수 있다.

현장에 제대로 접근하지 못한 건 어선들뿐만이 아니었다. 사고 후 첫 이틀 동안 해군도 구조 활동을 위해 사고현장에 가까이 갈 수 없었다. 한편, 해상 및 해양 구난을 전문으로 하지만 인명 구조에는 경험도 없고 전문 직원도 없는 해양 엔지니어링 회사인 언딘이 구조 책임자로 등장했다. 사고 직후 언딘은 해양경찰의 권고에 따라 청해진해운과 계약을 맺고 민간 잠수사는 물론이고 해양경찰과 해군을 배제한 채 구조 작업을 독점 장악했다. 문제는 언딘이 승객의 생명을 구하는 것보다 선체를 인양하는 일에 더 관심이 있는 것처럼 행동했다는 점이다. 실제로 언딘 소속 잠수사들은 단 한 명의 승객도 구하지 못했고 배에 남아 있는 승객 모두가 사망한 것으로 추정된 이후에도 길게는 20시간까지 사체 회수 작업을 지연시켰다. 구조 작업에 부재했던 국가가 남겨 놓은 공백은 작업 시간을 가능한 한 오랫동안 연장하여 이윤을 극대화하려는 언딘이라는 민간 회사에 의해 채워졌던 것이다.

세월호 침몰이라는 위기 상황에서 대한민국은 국민의 안전과 생명을 보호해야 하는 국가의 기본 의무를 이행하는 데 실패했다.[8] 구조 활동에 필요한 국가 자원을 동원할 효과적인 구조본부를 설치하지 못했을 뿐만 아니라, 오히려 구조 작업에 방해가 되는 장애를 만들고 잘못된 정보를 퍼뜨려 사고의 혼란을 가중시켰다. 정부의 여러 부처가 세월호의 침몰에 대응하여 총 10개의 사고 대책본부를 양산하여 지휘 계통에 혼란을 야기하고 유관 정부 부처 간의 의사소통에 문제를 일으켰다. 안전행정부, 해양수산부, 교육부가 각기 대책본부를 설치했고 해양경찰과 경기도도 각자 대책본부를 설치했다. 구조에 매우 중요한 초기 시간에 구조 작업을 중앙에서 통제·관리하지 못했고, 신뢰할 수 있는 정보도 없는 혼란 상태가 계속되었다. 여러 기관이 구조 승객의 수를 각기 다르게 보고하는 가운데 중앙재난안전대책본부는 세월호가 침몰한 지 4시간 후인 오후 1시 19분, 300명 이상의 승객들이 실종된 상태였음에도 불구하고 368명의 승객이 구조됐다고 발표했다. 모든 관련 정부 부처가 구조 작업과 의사소통의 채널을 단일화한 범부처사고대책본부를 설치하기로 합의한 것은 사고가 난 뒤 하루가 지난 4월 17일의 일이었다. 하지만 그때는 이미 골든타임이 끝나 배에 남아 있던 승객들의 생존가능성은 희박한 상황이었다.

아이러니 중의 아이러니는 대한민국의 강력한 해군이 승객들을 구조하기 위해 출동하려 했지만, 누군가에 의해 출동이 저지되었다는

---

8 탐사보도를 전문으로 하는 독립언론 ≪뉴스타파(Newstapa)≫는 "골든타임" 시기 국가의 부재를 드러내는 프로그램 〈세월호 골든타임, 국가는 없었다〉를 방영했다.

점(그 후 민간 구조회사가 활동할 여지가 생겼다는 점)이다. 사고 직후인 4월 16일 오전 10시와 11시 황기철 당시 해군참모총장이 두 번이나 최첨단 수상 구조함 통영함의 출동을 명령했지만, 통영함은 기지를 떠나지도 않았다. 김광진 전 국회의원 등 많은 이들이 해군참모총장이 긴급 구조를 명령했음에도 불구하고 (해군 최고 수뇌부의 명령이) 누군가에 의해 두 번이나 거부된 이유를 질문했지만 만족스러운 대답은 나오지 않았다. 이후 해군과 국방부 등은 장비의 성능 검증 미비 등 때문에 전력화 과정을 거치지 않았기 때문이라고 답했지만 그러한 대답은 또 다른 의혹들을 불러일으켰을 뿐이다.[9] 그 답이 사실이라면 어떻게 해군참모총장은 통영함이 구조에 참여할 수 없는 상태라는 것을 모른 채 두 번이나 출동 명령을 내린 것일까? 설사 그렇다고 해도 해군참모총장이 내린 명령을 번복한 것은 누구였을까? 또한 이런 치명적인 혼선이 있었는데도 왜 아무도 처벌되지 않은 것일까? 이러한 질문들에 명확한 답이 제시되지 않고 있다는 사실은 해군참모총장보다 더 높은 고위 당국이 모종의 역할을 한 것이 아니냐는 의혹을 낳았다.

　이러한 이유로 결국 남재준 당시 국가정보원장에게 의혹의 눈길이 쏟아졌다. 남재준 국정원장은 당시 박근혜 대통령의 신임을 받는 소수의 일원이었을 뿐만 아니라 정부 안에서 큰 영향력을 행사하고 있었기 때문이다. 더구나 세월호 사고 이후 발견된 두 개의 문건은 국가정보원이 세월호의 운영과 관리에 깊이 관여했음을 보여준다.

9　심지어 해군과 방위사업청은 통영함을 납품한 대우조선해양과 통영함의 구조 참가에 대한 합의각서를 2014년 4월 16일 당일 체결했다. 출동 명령이 저지된 이후 황기철 해군참모총장은 납품비리 사건으로 2015년 구속 기소됐다. 하지만 이 사건이 2016년 9월 대법원의 무죄 판결로 종료되면서 그의 구속이 '괘씸죄'였다는 의혹이 더욱 짙어졌다.

첫째, '세월호 해양 사고 보고 계통도'라는 문건에 의하면 세월호
는 사고 시 국정원 목포 및 제주지부에 최우선으로 연락하도록 기재
되어 있다.[10] 국내 1000톤 이상 여객선의 운항 관리 규정에서 이러한
보고 체계를 갖는 것은 세월호뿐이라고 정의당 정진후 의원실이 밝힌
바 있다. 그러나 국민TV의 〈뉴스K〉에서는 해양 사고가 났을 때 국정
원에 보고해야 하는 대형 여객선이 세월호 외에 한 척 더 있는 것을
확인했다. 그 여객선은 청해진해운의 오하마나호였다.[11] 대한민국의
대형 여객선 17척 중 청해진해운의 세월호와 오하마나호만 사고 발생
상황에서 해경이 아닌 국정원에 사고 신고를 하도록 되어 있다는 사
실은 국정원과 청해진해운과의 관계를 의심하게 만들었다.

둘째, 침몰한 세월호에서 발견된 노트북 컴퓨터에서 '국정원 지
적사항'이라는 한글파일이 발견된 것이다. 이 문건에는 '선내 여객구
역 작업 예정 사항'이라는 제목으로 100여 건의 작업 내용과 작업자
등이 나열되어 있었고 국정원이 증·개축에 관여한 것으로 보이는 내
용도 있었다.[12] 문건이 공개된 이후 국정원은 이런 문건을 작성한 적
이 없다며 "국가보호장비 지정을 위한 대테러·보안 취약점만 점검했
다"라고 해명 자료에서 설명했다. 하지만 이 문건에 포함된 자판기 설
치, 분리수거함 위치 선정, 천장 도색, 통풍기 청소 등의 항목이 '대테
러·보안'과 어떤 관계가 있는지는 설명하지 않고 있다. 이 목록에 따
르면 국정원은 세월호 직원 임금 보고서와 승무원 휴가 계획 등에 관

---

10 ≪경향신문≫, 2014.5.15.

11 김현주, "국회 제출 때 '오하마나호의 국정원 보고체계' 누락", 국민TV,
    2014.8.5.

12 4.16 가족협의회, 「세월호 업무용 노트북 증거보전 관련 기자회견문: 세월호 실
    소유자는 국정원?」, 2014.7.25.

표 1-1
선내 여객구역 작업예정 사항 – 국정원 지적사항

NO	작업내용	작업자	비고
1	갤러리용(전시실) 천정칸막이 및 도색작업	거성종합	5~6일
2	자판기 로비층 테이블 설치 여부?	임차장님	보고
3	분리수거함 및 재떨이 위치 선정	임차장님	보고
4	오락실 바닥 데코타일 신환 및 천정 도색작업	거성종합	수리신청서
5	예비휴게방 출입문 DOOR 상힌지 및 유리창 보수	거성종합	수리신청서
6	레스토랑 유리 파손면 썬팅보수	거성종합	수리신청서
7	편의점 유리파손면 썬팅보수	거성종합	수리신청서
8	화장실 타일 및 변기 신호나 공사	풍성산기	
9	여성샤워실 누수부분 용접 및 타일 마무리작업	풍성산기	
10	샤워실 배수구 분리작업	본선작업	
11	베드룸 입구 불량장판 보수작업	거성종합	우드타일
12	3층 선수 화장실 입구장판 보수작업	거성종합	우드타일
13	객실 내.외부 유리창 청소작업	청소용역	
14	여객구역 비상등 램프 교체작업	본선작업	
15	CCTV 추가 신설 수리신청(브릿지 LIFERAFT 2곳)	삼아ENG	수리신청서
16	CCTV 추가 신설 수리신청(트윈데크 2곳)	삼아ENG	수리신청서
17	객실내 일본어 표기 아크릴판 제거작업	본선작업	
18	탈출방향 화살표 제작 및 부착	정상기획	
19	커피숍 냉장고 FAN 불량 및 R-22 냉매보충 수리	더난터	수리신청서
20	커피숍 원터식 세척벨브 신환수리	더난터	수리신청서

침몰한 세월호에서 회수한 노트북 컴퓨터에서 발견된 '선내 여객구역 작업예정 사항 – 국정원 지적사항'이라는 제목의 문건에는 국정원이 작업을 지시한 100여 개의 작업이 기록되어 있다. 별첨 형식으로 2013년 2월 27일에 최종 수정한 것으로 기록된 이 문서는 국정원이 세월호의 실질적 소유주가 아니냐는 의혹을 불러일으켰다(출처: 4.16 가족협의회).

한 자료까지 제출하도록 요구해 마치 경영에 직접 관여한 인상까지 남기고 있었다. 이러한 문서들은 국정원이 세월호의 실질적 소유주로서 모종의 사건을 기획한 것이 아니냐는 음모론마저 불러일으켰다.

그렇다면 국정원이 세월호를 희생시킨 것이 아니냐는 의혹은 왜 나왔을까? 국정원을 의심스러운 눈으로 보는 이들은 세월호 사건 이전에 국정원이 매우 불편한 입장에 있었음을 지적하면서 국민들의 시선을 다른 곳으로 돌리기 위한 희생양이 필요했다는 의혹을 제기했다. 당시 국정원은 간첩 조작 사건에 깊이 관련되어 있다는 증거가 나오면서 상당히 난처한 입장에 있었다. 국정원은 북한에서 살던 화교 유우성이 탈북한 후 서울시 공무원으로 일하며 탈북자 정보를 북한에 넘겼다며 그를 2013년 기소했다. 하지만 1심에서 유 씨의 여동생이 국정원의 회유와 협박 때문에 허위로 진술했다고 증언했고, 형사소송법이 지켜지지 않은 사실이 밝혀지면서 유 씨는 간첩 혐의에 대해 무죄 판결을 받았다. 이후 2심 판결 중인 2013년 12월 ≪뉴스타파≫가 검찰이 1심 재판에 제출한 중국 공문서 3종이 위조된 것이라는 기사를 보도했다. 2014년 2월 13일에는 주한 중국대사관 영사부가 서울고등법원에 제출한 사실조회서에서 "중국의 관련 기관을 통해 조사한 바에 따르면 서울시 공무원 간첩사건을 입증하기 위해 검사 측에서 제출한 화룡시 공안국의 「출입경기록조회결과」 등 3건의 문서가 모두 위조된 것"이라고 밝히고 형사책임을 규명하겠다고 나서면서 큰 파문을 일으켰다. 2014년 4월 14일 검찰이 서울시 공무원 간첩사건의 증거 위조 의혹과 관련한 문건 3개 가운데 2개가 위조됐다는 최종 수사 결과를 발표하며, 국정원 대공수사국 수사팀장 등을 기소하여 그 파문은 최고조로 치솟았다. 결국 2014년 4월 15일 오전 남재준 국정원장이 국정원 본원에서 기자회견을 열고 "중국 화교 유가강(유우성)

간첩 사건과 관련한 증거 조작으로 국민여러분께 심려를 끼쳐드린 점 머리 숙여 사과"한다고 말할 수밖에 없었다. 국가정보원이 지난 대통령 선거에 깊이 관여했다는 의혹을 받고 있는 가운데, 이를 일거에 뒤집을 수도 있었을 간첩 사건이 오히려 조작 사건으로 드러나면서 국정원은 궁지에 몰리게 됐다.[13]

공교롭게도 남재준 국정원장의 기자회견 다음 날 세월호가 침몰했다.[14] 전 국민의 시선이 세월호에 몰리면서 국정원은 일단 세간의

---

13 박근혜 대통령이 당선된 제18대 대통령 선거 과정에 국정원이 여론 조작 등으로 개입했다는 의혹이 2014년까지 지속적으로 제기됐다. 특히 원세훈 당시 국정원장이 선거에서 여론에 개입할 것을 지시하는 '원장님 지시 강조 말씀'이라는 문건이 2013년 3월 18일에 공개되어 파문을 일으켰다. 원세훈 원장은 3월 21일 급작스럽게 퇴임하고 22일 남재준이 후임으로 취임했다. 이후에도 국정원 심리전단 직원들이 대선에 개입한 것이 드러나고, 국군 사이버 사령부와 재향군인회, 행정안전부 등에 대한 의혹들도 계속 불거졌다. 이러한 의혹들을 수사하던 검찰은 채동욱 검찰총장이 석연치 않은 이유로 퇴임하도록 몰리고, '국정원 대선개입' 사건을 수사하던 윤석열 팀장이 직무 배제되는 등의 난관을 겪었다. 그러나 2014년에도 채동욱 총장의 뒷조사에 청와대가 개입했고, 서울지방경찰청이 국정원에 대한 수사를 축소 및 은폐했다는 혐의로 재판이 열리는 등 오히려 대선 개입 관련 의혹은 확대되고 있었다.

14 더욱 공교롭게도 2014년 4월 15일에는 김기춘 비서실장이 국가안전보장회의(NSC) 상임위원이 되어 매주 정례적으로 열리며, 긴급한 사안이 발생했을 때에도 소집되는 NSC 상임위원회에 출석하게 됐다. 이른바 박영수 특검에서 특별수사관으로 활약한 이정원 변호사의 인터뷰 내용을 보면, 이러한 상황은 예사롭지 않다. 그는 인터뷰에서 "김 전 비서실장이 청와대에 들어오기 이전과 이후의 청와대는 달랐던 것 같다. 그 이전까지는 이 정도로 심하게 국정농단이 진행되지는 않았던 것으로 보인다. 김 전 비서실장이 오고 난 이후, 특히 세월호 사건을 계기로 국정 전반에 걸쳐 광범위하게 강압적 방식들이 동원된 것 아니겠나"라고 언급했다(고성표, "[월간중앙 단독 인터뷰] 이정원, '검찰 제대로만 하면 박근혜·우병우 구속 가능'", ≪중앙일보≫, 2017.3.21).

관심에서 벗어날 수 있었다. 하지만 국정원의 관여를 시사하는 증거들이 나오기 시작하면서 이번에는 세월호와 국정원의 관계가 의혹의 대상으로 떠올랐다. 세월호에서 예기치 않게 회수된 비상 연락망 및 수리 작업 목록(앞서 지적한 두 문건)이 국정원의 역할에 대한 의구심을 키우는 가운데 언론과 야당도 이 의혹에 초점을 맞추기 시작했다. 국민들의 의혹이 커지자 5월 22일 남재준 국정원장이 갑자기 사표를 제출했고 박 대통령은 신속히 이를 받아들였다. 갑작스런 사퇴의 이유를 밝히지 않았기 때문에 민주사회를 위한 변호사 모임은 성명서를 통해 "남재준 국정원장의 사임 시기는 세월호 참사와 관련해 국정원에 의혹의 시선이 쏠리기 시작한 시점이며 국정원이 세월호 참사 및 구조과정에 대해 일정한 관련이 있다고 충분히 의심할 수 있는 대목"이라고 지적했다. 그러나 지방 선거 10일 전에 발표된 남재준 원장의 사임은 새누리당을 정치적 책임으로부터 방어하고 국정원을 국회의 질책으로부터 보호하는 데 일조한다. 국정원장은 사임 후에 국회의 국정조사에 출석해 증언할 의무가 없기 때문이다.[15]

　　따라서 국회 세월호 국정조사특별위원회는 남재준 국정원장 대신 김기춘 비서실장을 증인으로 채택했다. 김기춘 비서실장은 세월호에 관한 대부분의 질문에서 핵심을 피해가면서 청와대의 책임을 철저히 부인했지만, 골든타임 동안 대통령의 소재에 관한 매우 중요한 사실을 노출했다. 김기춘 실장은 그와 다른 당국자들이 서면 보고나 전

15　남재준 원장의 사임이 세월호 참사에서 국가정보원이 수행한 역할에 대한 의혹을 완전히 잠재우지는 못했다. 2014년 8월 22일 재판에서 세월호 승무원 하 씨는 2013년 3월 15일에 국정원 직원이 세월호에 승선했다는 증언을 했지만 화물의 과적이나 고박 방식의 문제에 관해 지적을 했는지에 대해서는 기억이 나지 않는다고 대답했다.

화를 통해 대통령에게 상황 보고를 했지만 박 대통령이 오후 5시경 중앙재난안전대책본부에 모습을 나타낼 때까지 직접 대면하지는 못했다고 증언했다. 골든타임 7시간 동안 모습을 보이지 않다가 중앙재난안전대책본부에 나타난 박 대통령의 모습은 TV를 통해 전국으로 중계됐다. 그 자리에서 대통령이 던진 질문도 전국에 중계됐다.

"구명조끼를 학생들은 입었다고 하는데 그렇게 발견하기가 힘듭니까?"[16]

박 대통령은 학생들이 바닷물에 잠긴 배 속에 갇혀 있었고 그렇기 때문에 바다에서 보이지 않는다는 사실을 모르고 있었음이 이 질문으로 만천하에 드러난 것이다. 발언이 파문을 일으키자 청와대는 4월 16일 당일 박 대통령의 일거수일투족을 기록한 자료를 조원진 새누리당 의원을 통해 발표했지만, 이 자료는 그의 부재를 확인해주었을 뿐이다.[17] 7시간 동안 단 한 번의 대면보고도 없었다는 사실을 또

---

16 대통령 공식 유튜브 채널 비디오 클립의 1분 15초 지점에서 대통령의 당시 발언을 확인할 수 있다(청와대TV, 〈중앙재난안전대책본부 방문〉, 2014.4.16, https://youtu.be/zLn_sp91A0s?t=1m15s).

17 최순실과 정윤회 등 소위 비선 실세의 국정농단에 관한 청와대 감찰 보고서가 2013년 11월부터 파문을 일으켰다. 하지만 박근혜 대통령과 청와대는 이 의혹을 강력하게 부인했고, 검찰은 문건 유출을 문제로 삼아 조응천 당시 공직기강비서관과 박관천 경정을 기소했다. 청와대는 보고서를 작성한 박 경정을 2월 청와대에서 축출하더니 조 비서관을 4월 15일 경질하여 파문을 수습하려 했다. 경질 직전인 4월 10일 정윤회가 조 비서관에게 전화를 했는데 이를 받지 않자 그다음 날 이재만 비서관이 정 씨를 대변하는 말을 한 것으로 알려졌다(≪한겨레≫, 2014.12.6). 한편, 2014년 4월 8일과 11일 안민석 국회의원은 대정부질문에서 최순실의 딸 정유연(정유라)의 '공주 승마' 특혜 의혹을 제기, 파문을 일으켰다. 이로 인해 대한승마협회 회장을 비롯한 지도부가 사퇴했으나, 4월 14일 문체부 김종 2차관이 기자회견을 자처해 사실무근이라고 반박했다. 세월호 참

다시 입증해주고 있기 때문이다. 그 7시간 동안 박근혜 당시 대통령은 과연 무엇을 하고 있었을까? 도대체 어디에 있었던 것인가?[18]

　4월 16일 박 대통령이 어디에 있었든지 승객이 구출될 수 있던 '황금시간'에 국가 위기관리 체계의 위부터 아래까지, 구조 작업을 제대로 하지 않았음은 부인할 수 없다. 일견 막강한 안전보장 체제를 갖춘 것처럼 보이던 대한민국이라는 국가가 스스로 취한 규제 완화와 민영화 조치 때문에 발생한 재앙으로부터 국민들의 생명을 보호하는 일에 실패했다는 건 아이러니다. 대한민국에서 국민들의 안전을 보장할 국가는 어디에도 없었다. 세월호 참사 직후 박 대통령은 오바마 대통령과의 한미정상회담에서 전시작전통제권 환수를 연기하여 대한민국은 군대의 작전통제권마저 없는 국가라는 점을 재확인했다. 또한 전 국민이 세월호 참사의 충격에 휩싸인 와중에 개최된 이 정상회담에서 박 대통령은 "미사일 방어체계의 상호운용성을 향상"시키는 데 동의함으로써 2017년 사드(THAAD, Terminal High Altitude Area Defense) 미사일방어체계 도입 결정의 근거를 마련했다.[19] 강력한 안보국가 대

　　사로 이 파문이 묻힌 후인 6월 14일 정유연은 아시안게임 승마 국가대표로 선발되고, 9월 20일 아시안게임 마장마술 단체전에서 금메달을 획득했다.

18　박근혜 대통령의 '7시간'은 세월호 침몰 초기 그의 사생활에 대한 확인되지 않은 소문들을 양산하는 데 기여했다. 세간에 떠돌던 소문을 가장 먼저 기사화한 신문은 한국 최대의 보수언론 ≪조선일보≫였다. 최보식 선임기자는 칼럼에서 대통령의 사생활에 관한 소문들도 이제는 공개적으로 논의할 가치가 있는 이슈가 됐다고 주장했다(2014.7.18). 일본 ≪산케이신문≫의 가토 다쓰야 서울지국장이 이를 이어받아 '사고 당일 7시간 동안 알려지지 않은 박 대통령의 행적은 정권을 흔들기 충분'하다는 논조의 기사를 작성했다. 청와대는 신속하게 ≪산케이신문≫을 상대로 명예 훼손 소송을 제기했지만 이런 대응은 한국과 일본 정부 사이에 또 다른 외교 분쟁을 조장했고 언론의 자유에 관련된 문제도 야기했다.

한민국은 국민의 안전을 보장하지도 못했을 뿐 아니라, 다수의 국민이 생명을 잃은 참사의 와중에 국가의 안전을 더욱 위태롭게 만드는 조치들을 취했다. 국민들을 안전하게 보호하지도 못했던 대한민국이라는 국가는 그 직후 또다시 스스로 국가 안전보장의 기반마저 훼손하는 모습을 보였다.

진실을 요구하는 세월호 가족, 진실을 회피하는 국가

세월호 참사는 한국의 해피아, 신자유주의적 탈규제, 제18대 대선을 둘러싼 많은 의혹들, 정보기관의 의심스러운 행위, 국가 최고 지도자의 '사적 생활'이 얽히고설켜 나온 비극적인 결과였다. 이런 이야기의 전개와 반전만을 본다면 상당히 흥미로운 영화 같은 구성을 가진다고 말할 수도 있겠지만, 현실은 304명의 소중한 생명들이 희생당했다는 참혹한 비극이다. 더구나 사고의 진상과 구조 실패의 원인은 3년이 지나도록 밝혀지지 않고 있다. 예를 들어, 왜 4월 16일 세월호가 침몰하기 직전이었던 8시 30분 59초에 CCTV 카메라 64개가 일제히 꺼졌는지, 왜 중요한 순간에 선박자동식별장치 중앙 서버에 문제가 발생해 세월호의 항적을 기록하지 못했는지 등의 의문들은 명확하

---

19 한국의 사드 배치 결정으로 한국과 중국의 관계에 금이 가기 시작했다. 중국 정부는 이 결정이 중국의 안보에 주요한 위협이 될 수 있다고 보고, 보복 조치를 취할 수 있다는 경고를 하기 시작했다. 또한 사드 배치는 한반도에서 한미 군사당국과 북 간의 군비경쟁을 가속화하여 상호 선제공격을 위협하는 위험한 상황을 초래하기도 했다. 사드 배치 및 그 파급 효과에 대한 자세한 내용은 「사드와 한반도 군비경쟁의 질적 전환: '위협의 균형'을 무너뜨리고 선제공격으로?」(서재정, ≪창작과비평≫, 통권 제168호, 414~440쪽)를 참고.

게 해명되지 않고 있다. 세월호의 침몰 원인과 관련된 이러한 기술적 문제뿐만 아니라 사회정치적 책임과 관련된 문제들은 더 큰 의혹 속에 남아 있다. 안전 점검을 무시한 것은 누구의 책임인가? 왜 정부는 가라앉는 선박에서 한 명의 생명도 구하지 못했나? 공식적인 의사소통 또는 명령 체계 어디에서 어떤 문제가 발생해, 혼선과 혼란, 그리고 오보를 야기했는가? 잘못을 한 사람들이 자신들의 실패에 대해 책임을 지게 될 것인가? 희생자 유가족들은 아직도 슬픔 속에서 이러한 질문에 대한 답을 찾고 있는 중이며 유가족 중 한 명은 독립적이고 철저한 진상조사를 위해 2014년 46일 동안 단식을 하기까지 했다. 희생자 가족은 사고 원인을 규명하기 위해 수사권과 기소권을 가진 독립적인 조사위원회를 구성할 특별법 제정을 요구했다. 독립적인 특별조사위원회를 구성하는 것만이 세월호의 침몰과 정부의 구조 실패를 둘러싼 의문을 해결하는 방법이라고 믿게 된 것은 진실을 밝힐 수 있는 다른 모든 방법들이 실패했기 때문이었다.

우선, 국회는 세월호 침몰 한 달 후인 5월 29일 세월호 사고를 조사하기 위한 특별위원회를 구성했지만 이 특위의 역할은 처음부터 제한적이었다. 특위의 활동을 두고 새누리당과 새정치민주연합이 충돌을 되풀이했을 뿐만 아니라 특위가 요청한 자료들에 대하여 관계 부처와 기관들은 시간을 끌면서 비협조적인 태도로 일관하며 새로운 자료를 거의 공개하지 않았다. 이는 청와대도 예외가 아니어서 야당의원들이 요청한 269개의 자료 중 단 13개만 증언 예정일 이틀 전에 공개하는 등의 방법으로 특위의 조사를 어렵게 만들었다. 결국 특위는 단 한 번의 청문회도 열지 못한 채 종료됐고 이런 부실한 조사 결과 사건 발생 당시 행정부의 대응과 조치 실패에 관해 밝혀진 새로운 사실은 거의 전무했다.

감사원도 청와대를 엄정히 감사하기보다는 청와대의 책임을 면제하려는 것처럼 보이는 자체 감사를 진행했을 뿐이다. 청와대를 감사한 후 감사원은 대통령이 세월호 구조 실패에 책임이 없다는 결론을 내렸다. 그 결론의 근거가 "청와대는 재난 관리의 컨트롤타워가 아니다"라는 청와대의 서면확인서였다는 사실은 감사원 감사의 허술함을 입증한다. 당시 감사원은 5급 공무원 두 명을 청와대에 파견, 청와대 행정관 4명을 방문 조사하는 데 그친 것으로 알려졌다. 단 하루 진행된 현장 감사 과정에서는 사고 당일 대통령에게 제출된 세월호 관련 보고서를 포함해 청와대 내부 자료를 단 한 건도 열람하지 못했다. 더구나 참사에 대한 청와대의 책임을 회피하기 위해 감사 결과 발표 자료를 청와대가 수정했다는 기록이 2016년 뒤늦게 발견되기도 했다 (감사원은 이에 대해 "사실과 전혀 다름을 말씀드린다"라는 입장을 밝혔다).[20]

한편 검찰과 경찰은 세월호에 관한 여러 의혹에 답을 주기보다는 더 많은 의문을 생산했다. 특히 검찰은 정부의 구조 실패 책임보다 유병언과 그의 가족이 청해진해운의 실소유주로서 사고의 궁극적인 책임이 있다는 방향으로 수사를 몰아갔지만 그조차 면밀하지 못했다. 유 씨를 체포하기 위해 1996년 이후 처음으로 임시반상회를 전국에서 열기도 했고, 그가 은신하고 있던 집을 수색하기도 했지만 그를 발견하지 못했다. 결국 신원 미상의 사체가 발견된 후 40일이 지나서야 이 사체의 신원이 유병언으로 확인됐다고 발표하며 체포 작전의 막을 내렸다. 한편 경찰(해경)은 세월호가 침몰한 날 밤에 이준석 선장을 간부의 아파트로 보내 하루 동안 안전하게 피난할 수 있도록 편의를

---

20   강희철·류이근, "청와대 '세월호 감사자료' 미리 보고 고쳤다", ≪한겨레≫, 2016.12.30.

제공하는 '호의'를 베풀기도 했다. 지금까지 검찰은 세월호의 침몰과 관련된 여러 가지 혐의로 승무원과 하위 공무원 일부를 기소했지만 구조 실패의 책임은 철저히 추궁하지 않는 것으로 보인다.[21]

진실을 밝히려는 노력이 이렇게 실패한 것과 동시에 국가정보원과 경찰은 진실을 요구하는 희생자 가족과 지지자들을 침묵시키기 위해 노력했다. 경찰은 희생자 가족들이 모임을 가지면 감시하고, 대통령에게 직접 항의하기 위해 청와대로 행진하려고 할 때는 저지했다. 경찰 버스로 벽을 만들어 세월호 가족과 지지자들을 고립시켰다. 신원을 확인할 수 없는 수상한 사람이 피해자 아버지의 고향에서 탐문하고 다녔다는 의혹도 제기됐다. 국정원 직원이 희생자 가족을 돕고 있는 의사를 고용한 병원을 방문해서 그 의사의 인적 사항과 배경에 대해 문의하기도 했다. 또 SNS와 언론에 피해자 가족에 대한 유언비어가 조직적으로 유포되기도 했다. 이에 대해 민병두 국회의원은 "대선 때 움직였던 여권의 심리전 조직이 확대 개편되면서 일정한 유통구조를 통해 (유언비어를) 유통하고 있다"라는 의혹을 제기하기도 했다.[22]

세월호참사 희생자·실종자·생존자 가족대책위원회는 2014년 8월 22일 박근혜 대통령에게 보낸 공개서한에서 "우리 아이들이 왜 침몰하는 세월호 안에서 죽어가야 했는지 도대체 이해할 수가 없"다며 "진실을 밝히는 일이 이토록 어려운 것인지, 왜 국회와 정부는 가족들의 마음을 이토록 모르는지"를 물었다. 이들은 박근혜 대통령이 가족들을 청와대로 불러 특별법이 제정되도록 하겠다고 약속하고서도 이

---

21 청해진해운 김한식 대표는 대법원에서 과실치사와 선박안전법 위반으로 징역 7
    년과 벌금 200만원이 확정됐다(김계연, "'세월호 책임' 청해진해운 김한식 대표
    징역 7년 확정", ≪연합뉴스≫, 2015.10.29).
22 〈신율의 출발 새아침〉, YTN, 2014.8.26.

제는 "국회가 알아서 할 일이라며 발을 빼려는 것 말고는 보이지가 않는"다고 지적하기도 했다. 이들은 "아이들 앞에 진실과 안전을 약속하기 전에는 이를 악물고 살 것"이라며 세월호 특별법 제정을 요구하며 농성을 시작, 11월 5일까지 76일간 청와대 초입인 청운동 주민센터 앞에서 천막을 치고 농성했다.[23]

　　진실을 찾겠다는 세월호 가족들의 처절한 몸부림과, 이들을 지지하며 특별법 청원에 서명한 시민 650만 명의 열망은 결실을 맺었다. 비록 여당의 압력으로 축소되고 행정부의 기만적 조치로 왜곡된 형태일지라도 '4.16세월호참사 진상규명 및 안전사회 건설 등을 위한 특별법'이 2014년 11월 19일 제정된 것이다. 이 특별법에 따라 '4.16세월호참사 특별조사위원회(특조위)'가 구성되어 사고 원인과 경과, 대응 등을 조사하고 안전에 관한 개혁 조치를 제안하고, 피해자, 생존자 및 그 가족들에 대한 지원을 제공하는 등의 작업을 시작했다. 그렇지만 특조위의 기능에는 애초부터 한계가 많았다.[24] 유가족과 많은 학자의 요구에도 불구하고 수사권과 기소권이 거세됐기 때문이다. 그 때문에 특조위의 조사는 관련 부처 공무원들과 관련자들의 자발적 협조에 의존해야 했지만 이들의 협조를 기대하기는 어려운 상황이었다. 더욱이 특조위의 권한은 시행령에 의해서 더욱 약화됐다. 특별법이 통과된 뒤 6개월이나 경과한 뒤에 발표된 시행령은 세월호 참사의 책임당사

23　세월호참사 희생자·실종자·생존자 가족대책위원회, 「공개서한: 박근혜 대통령님께 촉구합니다」, 2014.8.22. 당시 '유민아빠' 김영오 씨가 광화문에서 단식을 40일째 진행하고 있었고, 병원에 실려 갔다. 김영오 씨는 7월 15일부터 8월 28일까지 46일 동안 세월호 특별법 제정을 촉구하며 단식 농성을 진행했다.

24　그 내용은 국가법령정보센터(http://www.law.go.kr)에서 '세월호 특별법'으로 검색하면 확인할 수 있다.

자인 해양수산부 및 안전행정부 등 정부 부처가 특조위 운영 및 조사 활동을 관리하는 중심적인 역할을 하도록 했다.[25]

출범 이전부터 난관을 겪은 특별조사위원회는 출범 이후에도 내·외부적 장애에 결국 좌초됐다. 해수부에서 파견된 실무지원단 공무원이 내부 정보를 청와대와 새누리당, 해양수산부, 경찰에게 유출했다.[26] 또한, 2015년 11월 23일 특조위가 청와대의 재난 대응이 적절했는지를 조사하기로 결정했을 때 국회 해양수산위원회 소속 새누리당 의원들이 그 결정에 항의하며 특조위 위원들의 사퇴를 요구했고 실제로 여당 추천 위원들이 집단 사퇴를 표명한 사건이 있었는데, 해양수산부가 작성한 '세월호 특조위 현안 대응 방안' 문건이 청와대 조사 관련 사항에 "적극 대응"하라며 여당 추천 특조위원들이 사퇴하는 방안을 제시하고 있었던 것이 밝혀지며 해양수산부 등이 청와대를 보호하기 위한 전략을 마련하여 여당 의원들과 공조 아래 특조위를 무력화시키고 있다는 의혹이 제기됐다.[27]

이러한 방해로도 성이 차지 않았는지 2016년 5월 정부는 특조위를 조기에 영구적으로 해산하기 위한 조치를 취했다. 국무총리, 기획

---

25   유승민 의원과 같은 당시 여당 의원을 비롯한 많은 사람들은 시행령이 그 모법인 특별법을 위반하는 것은 심각한 문제라고 지적했다. 유 의원은 행정부가 이렇게 시행령을 이용해서 국회의 입법활동을 저해하는 행동을 막기 위한 국회법 개정안을 처리하기도 했는데 이를 '배신의 정치'로 규정한 박근혜 대통령의 맹렬한 비판에 결국 새누리당 원내대표직에서 사퇴했고 제20대 국회의원 선거에서 공천조차 받지 못했다.

26   황철환, "'세월호 특조위 내부자료, 당·정·청·경찰에 유출'", ≪연합뉴스≫, 2015.3.23.

27   박다혜, "[단독] 해수부 "세월호 특조위, BH 조사시 與위원 사퇴 표명"…'대응방안' 문건," ≪머니투데이≫, 2015.11.19.

재정부 장관, 해양수산부 장관은 6월 말 특조위 활동 기간이 만료되므로 그 전에 조사를 마무리하고 최종 보고서를 작성하라고 특조위에 통지했다. 하지만 특별법 제7조는 특조위가 "그 구성을 마친 날부터 1년" 이내에 업무를 완료해야 한다고 규정하고 만약 필요하다고 판단되는 경우 한 차례 6개월까지 활동 기간을 연장할 수 있다고 정하고 있었다. 하지만 정부는 특별법이 2015년 1월 1일부터 시행됐으므로 특조위의 임기도 그때부터 시작되어 한 차례 연장해도 2016년 6월 말까지만 운영될 수 있다고 해석한 것이다. 그러나 특조위는 "특조위가 '구성'된 시점은 직원들이 고용되고 예산이 배정된 2015년 8월 4일이라고 지적하고, 따라서 2017년 2월 3일까지 운영될 수 있다"라는 입장이었다. 특조위 위원들은 해수부 등이 특별법에 위배되는 해석을 내놓은 것에 항의하고 그들에게 법적으로 부여된 역할을 계속하기 위해 7월 27일부터 릴레이 단식을 시작했으며 세월호 유가족과 다른 시민들도 그들의 단식에 동참했다.[28] 이러한 필사적인 노력에도 불구하고 특별조사위원회는 2016년 6월 30일 정부가 통지한 '활동 만료 시간'을 맞아 세월호 선체를 조사해보지도 못하고 해체됐다.

세월호 가족들과 특별조사위원회, 그리고 수백만의 시민들은 희생자들을 기억하고 그들 죽음의 원인을 찾아내려는 노력을 계속해 왔다. "권력에 맞서는 인간의 투쟁은 망각에 맞서는 기억의 투쟁"이라는 소설가 밀란 쿤데라의 말처럼.[29] 이에 반해 (파면된) 박근혜 정권과 (지금은 자유한국당과 바른정당으로 분당된) 새누리당은 진실을 알고 싶다는 요

---

28 금보령, "세월호 특조위 단식 39일차.. '지치고 힘들 땐 내게 기대'", ≪아시아경제≫, 2016.9.4.

29 Milan Kundera, *The Book of Laughter and Forgetting*(New York: Penguin Books, 1980), p. 3.

구를 끈질기게 그리고 강하게 거부하고 있다. 과연 그들이 두려워하는 것은 무엇인가?

압축적 근대화와 복합적 리스크[30]

세월호 침몰은 사회적 위기와는 관계가 없는(되어서도 안 되는) 해양 사고였어야 했다. 하지만 세월호 사고는 사회적 위기로 전환되어, 평상시에 잠복해 있으며 폭발하기 직전의 상태에 있던 사회모순들을 노골적으로 노출시켰다. 이러한 위기는 종종 '앙시앵 레짐'의 진부한 질서와 새로운 질서 사이의 충돌로 이어지기도 한다. 이 두 개의 질서 사이에서 유동하는 경계에는 그동안 사회질서 유지라는 명목 아래 작동하던 무수한 통제 기제들이 드러난다. 이에 우리는 위기(crisis)를 '잠재적 리스크(risk)가 현실화되는 과정에서 노출, 파생되는 광범위한 도전'으로 정의한다.

위기는 축적된 과거의 결과물인 동시에 미래의 전환을 이끄는 추동력이기도 하다. 일견 매우 갑작스러운 현상으로 보일 수도 있으나 위기는 과거, 현재, 미래의 연속선상에 있으면서 위기 발생 전까지는 보이지 않던 현재의 구조 및 현재를 형성하고 있는 과거를 드러낸다. 위기는 또한 현재의 구조에 의해 지속되어온 세력을 변화, 해체 또는 파괴할 수 있는 미래의 힘을 드러내기도 한다. 그 결과 기존 세력과 도전 세력 사이의 경쟁이 시작된다. 이런 의미에서 아직 실현되지 않

---

30 "이 절은 이 책의 공동 편집자인 김미경 교수와 함께 작성한 출판 제안서를 발전시킨 것입니다. 이 작업에 기여하신 김미경 교수께 감사드립니다(서재정)."

은 미래와 과거의 관행에 의해 축적된 현재의 진부함이 서로 각축, 경쟁을 벌이는 장이 위기에 의해 열리는 것이다. 그 진행 과정에서 일부 세력은 소멸되고, 새로운 세력이 등장하며 또 기존 세력이 변형되기도 한다. 위기는 새로운 경합의 장을 생성하여 그 안에서 과거, 현재, 미래뿐만 아니라 여러 행위자들과 규범 등 다수의 요소들이 동시에 경쟁을 벌이게 한다.

한국의 2014년 4월 16일은 바로 그러한 위기였다. 그 운명의 날에 세월호는 바다 밑으로 가라앉으면서, 그동안 한국 사회를 지배하면서도 표면적으로는 보이지 않던 수많은 요소들을 수면 위로 길어 올렸다. 단순한 해양 사고일 수도 있었던 세월호 침몰은 사망자 수, 구조 작업 일수, 자산 손실액 등에 있어서도 규모가 큰 비극이 됐을 뿐만 아니라 무엇보다 한국 사회에 내포되어 있던 여러 가지 리스크를 드러냈다는 점에서도 큰 위기였다. 지난 수십 년 동안 대한민국을 유지해온 제도, 법률, 관행, 인간관계의 문제점들이 드러난 동시에 국민들이 막연히 느끼고 있던 무형의 불안감이 구체적이면서도 실체를 가진 재앙으로 나타났다. 근대화의 과정에서 무시했거나 인지하지 못했던 많은 리스크들이 더 이상 무시할 수 없는 방식으로 전면에 드러난 것이다. 눈에 보이지 않던 과거가 드러나고, 표현되지 못했던 현재가 표출됐으며, 오지 않은 미래가 모습을 드러냈다. 세월호 침몰은 그러한 위기였다.

세월호 사건으로 촉발된 국가적 위기는 한국의 경제 급성장과 급속한 민주화 과정에서 파생된 사회적 긴장을 노출시켰다. 경이적인 경제적, 정치적 성과로 나타난 한국의 성공은 압축적 근대화와 복합적 리스크라는 모순적이고 동시적인 두 가지 특징을 내포하고 있다.[31] 압축적 근대화는 여러 리스크를 초래했을 뿐만 아니라 경제 및 정치발전이라는 근대화 과정을 조속히 이뤄야 한다는 압력 밑에 이 리스크를 압축했다. 이러한 과정은 현재 한국인이 누리는 경제적 여유 및 정치적 자유라는 결과를 가져다줬지만 이러한 성공에서 초래된 리스크 또한 커진 것이 사실이다. 이미 세월호 침몰 전부터 이러한 리스크를 더 이상 압축 상태로 놔둘 수 없다는 불길한 징조들이 여기저기서 나타나고 있었다. 1994년 성수대교 붕괴 사건으로 32명이 목숨을 잃었고, 그다음 해에 서울 삼풍백화점 붕괴로 502명이 사망했다. 2003년에는 대구지하철 화재로 192명이 사망하고 148명이 부상했다. 해상 사고로는 1993년 악천후로 인해 침몰한 서해훼리호 사고에서 승객 362명 중 292명이 사망했고, 20년 전 남영호는 승객 323명과 함께 수장되었다. 소중한 생명이 희생된 각 사고는 제도화된 부패, 자유시장 논리, 계층화의 심화 및 시민 사회의 쇠퇴 등의 구조적 문제로 인해 일어난 인재였다. 불행하게도 이런 사고들의 수습은 항상 미봉책으로 그쳤고, 그 근본적인 원인에 대한 성찰이 결여되어 있었다. 그 연장선상에서 세월호의 비극도 일어난 것이다.[32]

진짜 심각한 문제는 사고가 일어났다는 점이 아니다. 사고는 언

---

31 Kyung-Sup Chang, "Compressed Modernity and Its Discontents: South Korean Society in Transition," *Economy and Society*, Vol. 28, No. 1(1999), pp. 30~55; Kyung-Sup Chang, "Compressed Modernity in Perspective: South Korean Instances and Beyond," 5th World Congress of Korean Studies(Chinese Culture University, Taipei, Taiwan: 2010).

32 남영호 침몰사고의 경우 선장은 금고 2년 6개월, 선주는 금고 6개월에 벌금 3만 원을 선고 받았다. 사고 직후 검찰은 고위 공무원과 해운회사 간의 유착 고리, 정부의 늑장 대응 사유 등을 제대로 밝혀내지 못한 채 부산지방해운국 부두관리사무소 직원 및 해양경찰 통신과 직원 등 말단 공무원 4명만을 기소했지만 이들마저 법원에서 무죄 선고를 받았다.

제, 어디에서나 일어날 수 있기 때문이다. 더 근원적인 문제는 사고 발생 이후 사회 전반에 걸쳐 심각한 자기 성찰이 없었다는 것이다. 이런 지적은 개개 사건에 대한 문제 제기도 없었고 아무런 개선책이 취해지지 않았다는 것이 아니다. 각 사건 직후에 있었던 공분은 오래 지속되지 않았다. 더 심각한 문제는 이러한 공분이 사고의 원인이 풍요를 가져다 준 근대화 과정에서 초래된 것이 아니냐는 분석이 거의 없었다는 점이다. 해결책으로 나온 조치들은 말단 공무원을 희생양으로 처벌하는 것과 같은 일회용 대책들이 많았고 일부 조치들은 상황을 근본적으로 더 악화시키는 결과들을 낳기도 했다. 남영호 사고 직후인 1970년 12월 30일 대학생 30명이 "(남영호 침몰은) 단순한 과실이 아니고 근대화 과정에서 빚어진 인명 경시 풍조에서 유래한 것"이라는 성명을 발표했지만, 이런 성찰을 하는 사람은 소수였고 그들의 영향력도 적었다.

당시 박정희 대통령은 한국 사회 구성원 대부분과 마찬가지로 이러한 경고에 관심이 없었다. 학생들의 성명서 발표 일주일 후 국무회의에서 박 대통령은 이들의 경고와는 반대로 근대화 계획을 더욱 더 철저히 진행시킬 것을 주문했다. "남영호 사건은 관계 공무원의 기강이 해이된 데서 일어났다. 공무원의 부정부패도 나쁘지만 더 나쁜 것은 기강 해이이므로 기강을 바로잡아 제3차 (경제 개발) 5개년 계획을 준비하는 데 차질이 없게 하라."[33]

울리히 벡(Ulrich Beck)은 성찰적 근대화를 산업화에 의해 추진된 단순한 근대화와 구분한다. 전자의 경우 사회가 근대화되는 것에 따라 사회 구성원들은 근대성의 조건과 결과에 대해 생각하고 성찰적

---

33   김은남, "선장은 '3년형', 해경은 '무죄'⋯ 남영호 판결", ≪시사IN≫, 2014.5.21.

시민이자 주체로서 스스로를 변화시킬 수 있는 역량을 습득하게 된다. 후자는 산업화의 결과에 대한 비판적인 인식도 결여되고 성찰적 시민도 구성되지 않은 상태에서 산업화 조치가 단순하게 축적된 결과로서 나타난다. 한국 경우는 후자의 단순한 근대화에 더 가까운 듯이 보인다. 1948년 정부 수립 이후 한국은 세계를 휩쓴 냉전 구조에서 자기 성찰을 갖지 못한 채 자본주의적 경제 성장을 추구하고 이를 안보 담론으로 정당화했다. 1960년까지는 자본주의적 근대화의 잠재적 폐해를 고민해야 할 이유가 전혀 없던 지배계층의 이익 추구로 인해 근대화 프로젝트가 왜곡됐다. 이후 군부 세력이 집권한 1961년부터는 경제 개발 계획을 마치 군사 작전처럼 조직적으로 수행했다. 특정한 목표를 세우고, 모든 자원을 동원하여 앞으로 전진하는 방식의 경제 개발이었다. 여기에는 경제 성장 계획의 기존 전제나 결과를 비판적으로 검토할 여지가 허용되지 않았다. 경제 성장에만 매진하지 않고 다른 생각을 하기 시작하면 경제 정책뿐 아니라 통치자의 정당성 나아가 국가의 정체성에 대한 비판이 야기될 수 있었기 때문이다.

그러한 상황에서 비판적 시각 자체도 한계를 갖게 되었다. 물론 이는 억압의 시기 동안 독재 국가와 그 정책을 비판한 사람들의 존재를 부정하는 것이 아니다. 비판적 시각을 가진 사람들조차 대부분이 근대화에 향한 맹목적인 믿음을 공유했다는 점을 지적하는 것이다. 독재 세력과 반대 세력의 사이의 차이점은 근대화 추구의 방법, 경로 및 우선순위에 있었을 뿐이다. 비판 세력들조차도 세계적 냉전과 한반도 분단에 의해 규정된 근대화의 행로에서 감히 벗어나지 못했던 것이다.

백낙청이 제안한 분단체제론은 애초 한반도 분단의 국내적 함의 등을 분석하는 데 유용한 개념이었지만 국가와 체제가 압축적 근대화

프롤로그

를 촉진하고 성찰적 시민의 등장을 막은 구조적 이유를 설명하는 데
도 매우 유용하다.[34] 1987년까지 일련의 독재 정부가 비판의 목소리
를 낼 수 있는 정치적 자유를 억압하기는 했지만 한반도 분단의 현실
은 자본주의적 발전 경로 자체에 관해 고민하는 담론적 공간 자체의
생성을 허락하지 않았다. 이로 인해 분단체제는 한국을 근대화의 조
건을 성찰하지 못한 단순한 근대화의 길로 이끌었을 뿐만 아니라 자
기 성찰이 가능한 환경 자체를 배제한 '압축적 근대화'의 방향으로 강
제한 것이다.

장경섭은 "압축적 근대성"을 가족 관계 등을 포함한 광범위한 사
회 개념으로 논의하지만 이는 일부 학자들이 제시한 "압축적 개발"이
라는 개념과 중첩되는 부분들이 상당히 많다.[35] 영국이 수 세기에 걸
쳐 이룬 근대화를 후발주자 독일과 일본은 압축된 기간에 성취했다
면, 한국과 같은 '후발 후발주자'들은 이들보다 더욱 압축된 기간에 상
응한 수준의 성장을 이루려는 노력을 기울였다.[36] 이렇게 압축된 한

34   Nak-chung Paik, *The Division System in Crisis: Essays on Contemporary
     Korea*(Berkeley, Los Angeles, London: University of California Press, 2011).

35   Kyung-Sup Chang, "Compressed Modernity and Its Discontents: South
     Korean Society in Transition," *Economy and Society*, Vol. 28, No. 1(1999):
     pp. 30~55; Kyung-Sup Chang, "Compressed Modernity in Perspective:
     South Korean Instances and Beyond." In 5th World Congress of Korean
     Studies. (Chinese Culture University, Taipei, Taiwan, 2010); Whittaker, D.
     Hugh, Tianbiao Zhu, Timothy J. Sturgeon, Mon Han Tsai, and Toshie Okita.
     "Compressed Development in East Asia." *ITEC Working Paper Series*(2007).

36   Albert O. Hirschman, *A Bias for Hope: Essays on Development and Latin
     America*(New Haven: Yale University Press, 1971). 앨버트 허시먼은 라틴 아
     메리카의 발전 패턴을 독일과 같은 후발주자들의 경험과 구별하기 위해 "후발
     후발 산업화"라고 불렀지만 여기에서는 일본과 같은 후발주자보다 더 늦게 산업

국의 성장은 국민들의 시선을 존재론적 불안으로부터 신기루와 같은 부의 축적이라는 가시적인 목표로 돌리는 데 성공했다. 이러한 범국가적인 발전 열풍에서 생성된 '빨리빨리' 행동양식 속에서 반성과 성찰은 궁극적으로 비실용적이고 무의미한 행동으로 치부됐다.[37] 더욱이 한국과 같은 후발 후발주자는 여러 개의 성장 단계가 한꺼번에 중첩되면서 산업화와 비산업화를 거의 동시에 경험했고 이와 동시에 글로벌 부가가치 체인에 병합됐기 때문에 발전의 사회적 의미를 성찰한다는 일 자체가 훨씬 더 어려웠다. 이렇게 후발 후발주자들에게 "지구적 경제 통합이 심화되고 있는 맥락에서의 성장은 후발주자들과는 질적, 양적으로 다른 동시성과 국제적 상호 의존성"을 의미한다.[38] 압축적 근대화는 새로운 현상에 적응할 수 있는 국가의 능력을 저하시킬 뿐만 아니라 사회 구성원들이 현재의 상황을 비판적으로 이해하고 참여하는 것을 그만큼 어렵게 만든다. 압축적 근대화는 그래서 고질병에 새로운 합병증을 추가하는 과정에 비유할 수 있다.

한국은 압축적 근대화로 인한 병폐들을 1997~1998년의 금융 위기 기간에 정면으로 다루기보다는 오히려 악화시키는 과정을 가속화했다. 데이비드 하비가 신자유주의를 '창조적 파괴'라고 했다면 한국에서는 신자유주의가 '창조적 참사'였다고 할 수 있을 것이다.[39] 당시

화를 시작한 한국과 다른 아시아 국가들을 "후발 후발주자"로 지칭한다.

37 Hae Joang Cho Han, "'You Are Entrapped in an Imaginary Well': The Formation of Subjectivity within Compressed Development, a Feminist Critique of Modernity and Korean Culture," *Inter Asia Cultural Studies*, Vol. 1, No. 1(2000), pp. 49~69.

38 Whittaker, D. Hugh, Tianbiao Zhu, Timothy J. Sturgeon, Mon Han Tsai and Toshie Okita, "Compressed Development," *Studies in Comparative International Development*, No. 4(2010), p. 461.

의 위기 대응 조치는 국제통화기금이 제시한 처방을 따른 것일 뿐 아니라, 민주적 정부가 과거 권위주의적 국가의 개입 도구들을 적극 이용해 국가의 경제 개입을 해체한 것이었다. 이 과정에서 정부는 규제 철폐와 민영화 조치를 통해 기존의 안전과 관련된 제도를 완화했다. 금융 위기에 직접적으로 책임이 있던 금융 부문을 감시, 감독할 수 있는 기능은 강화했지만 다른 부문에서는 기존의 안전규정을 없애거나 크게 완화했다. 한국통신과 같은 국영 기업은 민영화되었고 국영 기관이나 공기업도 비정규직과 하도급업자를 고용하여 안전과 관련된 공공업무를 담당하게 했다. 압축적 근대화 과정에서 작업 안전이나 사회적 책임을 무시하는 것이 당연시됐다면, 효율성 향상과 이윤 극대화라는 신자유주의 규범하에서 이는 가속화, 심화되었다. 압축적 근대화 과정에서 생긴 질병은 신자유주의에 의해 더 심각한 질병으로 커진 것이다. 단지 세월호 사건이 터지지 전까지는 그런 병리 현상들이 한국 사회 안팎에서 벌어지고 있는 치열한 경쟁 때문에 드러나지 않고 잘 감추어져 있었을 뿐이다.

　　신자유주의가 사회에 미치는 부정적인 영향에 관한 연구 결과는 많이 나와 있다. 이들 연구에 따르면 규제 완화가 소비품의 가격을 낮추고 기업의 이익을 높이는 데 기여할 수는 있지만 여기서 발생하는 대가는 노동자의 장시간 근로와 낮은 급여, 급여 외의 혜택의 감소, 그리고 높은 빈도로 발생하는 안전사고 및 다른 사회적 비용 등을 포함한다.[40] 또한 신자유주의의 또 다른 측면인 민영화도 안전을 저하

39　David Harvey, "Neoliberalism as creative destruction," *The Annals of the American Academy of Political and Social Science*, Vol. 610, No. 1(2007), pp. 21~44.

40　Michael H. Belzer, *Sweatshops on Wheels: Winners and Losers in Trucking*

시키고 이에 동반되는 비용을 사회에 전가시키는 것으로 알려졌다.[41] 규제 철폐와 민영화로 인한 안전성 약화는 기업과 정부의 비용 절감 추구 때문에 더욱 악화되어 안전사고의 발생을 "반복적이고 주기적 현상"으로 만든다.[42] 규제 완화와 민영화의 결과로 정부나 기업의 투명성이 감소되고, 이들의 사회적 책임 회피는 증가한다.

또한 고용 안정 및 작업장의 건강과 안전뿐 아니라 운송, 식품 및 공중 보건과 같은 다양한 영역에서 안전 거버넌스를 약화시키는 것으로 밝혀진 바 있다.[43] 최근 메르스 감염, 옥시 등 가습기 살균제 문제, 미세먼지 및 지하철 사고 등으로 인한 사망 및 질병은 예외적인 사고나 사건이 아니라 압축적 근대화에 그 근본적인 원인이 있다고 보아야 한다. 이러한 사건들은 지금까지 누적된 리스크들이 더 이상 방치될 수 없는 상태에 도달했다는 경고로 받아들여져야만 한다.

Deregulation(Oxford: Oxford University Press, 2000). 트럭운송 업계의 규제 완화에 관한 내용을 참조.

41   Peter Swan, "Neoliberal Rail Policies and Their Impacts on Public Safety," a paper presented at Neoliberalism's Threat to Safety and Transportation Workers' Response, Seoul, Korea(2015.10.28).

42   Charles Woolfson and Matthias Beck, "The British Offshore Oil Industry after Piper Alpha," New Solutions, Vol. 10(2000), p. 44; Vernon Morgensen(ed.), Worker Safety under Siege: Labor, Capital, and the Politics of Workplace Safety in a Deregulated World(New York: Routledge, 2006). 이 연구는 해양 석유 산업의 사례 분석이었지만 그 통찰력은 다른 산업의 분석에도 적용될 수 있다.

43   Busch, L, "The private governance of food: equitable exchange or bizarre bazaar?", Agriculture and Human Values, Vol. 28, No. 3(2009), pp. 345~352; Henson, S. and Humphrey, J, "The impacts of private food safety standards on the food chain and on public standard-setting processes," FAO/WHO Paper(Rome: FAO/WHO, 2009).

이러한 문제의식으로 세월호 참사를 볼 때, 이 사건은 한국의 압축적 근대화와 복합적 리스크에 대해 우리에게 무엇을 말해주는가? 이 책은 이 핵심적 질문에 대한 답을 각각 사회, 지배 구조, 정체성이라는 세 가지 주제로 정리했다.[44] 한국은 1980년대 후반 자유민주주의로, 그 10년 후에는 신자유주의 경제로 진입했지만 한국의 압축적 근대화의 절정이라고 할 이 두 가지 성취는 동시에 사회 속에 여러 가지 리스크를 심어놓았다. 1997~1998년 금융 위기 직후에는 IMF가 강요한 규제 완화 및 민영화 때문에, 지난 10여 년간은 국가가 능동적으로 사적 이익을 추구했기 때문에 이러한 리스크가 더욱 심화되었다. 더욱이 한국 정치의 자유화에도 불구하고 소멸되지 않고 남아 있는 낡은 권위주의적 제도와 관행들은 이러한 리스크를 더욱 복합적으로 키우는 결과를 초래했다. 결과적으로 사회의 안전은 심각한 위협을 받게 됐으며, 국민은 이러한 리스크의 비용을 생명으로 담보하는 입장으로 전락했다. 이 과정에서 개개인의 정체성 또한 깊이 영향을 받아 한편으로는 압축적 근대화를 내면화하기도 하지만, 그 반면에 복합적 리스크를 뛰어넘을 새로운 사회를 배태한 정체성이 등장하기도 했다. 이 책은 세월호 참사를 이러한 한국 정치, 사회, 정체성의 역사 속에서 이해하려는 시도이기도 하다. 다시 말하자면, 압축적 근대화가 뱉어놓은 복합적 리스크가 가한 충격으로 세월호가 침몰한 것이며, 세월호 침몰은 이러한 리스크에 대한 경고이기도 하다. 즉, 압축적 근대화와 복합적 리스크에 대해 비판적으로 성찰하지 않고 그 원인들을 수정하지 않는다면 더 큰 사회적 위기로 인해 대한민국이 난

---

44   최근 한국에서의 메르스(MERS, 중동 호흡기 증후군) 발병도 비슷한 종류의 사회적·정치적 병폐를 드러낸다.

파할 수도 있다는 것이다.

이 책의 1부는 한국에서 진행된 압축적 근대화와 복합적 리스크의 사회적 결과를 다룬다. 이윤경은 세월호 참사가 단순한 해양 교통사고나 예외적인 재앙이 아니고 신자유주의의 피할 수 없는 결과라고 주장한다. 규제 철폐 및 민영화는 기업의 경제적 효율성을 제고할 수는 있지만 이윤 극대화를 추구하는 기업 관행을 감시, 감독하는 수단을 약화시키고 제거한다. 그렇게 사회적 안전 체제를 약화시킨 결과로 안전사고가 발생한다는 주장이다. 강수돌은 사회 전체가 지난 50년 이상의 경제 성장 과정에서 누적된 사회경제적 문제들이 압축적으로 표출된 '구조적 역기능'으로 인해 사회 안전을 희생시키는 대가로 이익을 창출하는 행위에 중독되었다고 주장한다. 개인과 사회 기관은 자신들의 복지와 안전을 희생시키는 무책임한 정부를 당연하게 여기고 그들 스스로 강자를 모방하며 어떤 경우에서든지 그 누구도 책임을 지거나 시정 조치를 취하지 않는 새로운 규범에 익숙해져 결국은 스스로를 위험으로 내모는 중독적 행동에 익숙해진다. 이것은 피 튀기는 경쟁, 권력의 오용과 남용, 그런 부조리를 용인, 모방하는 사회관계를 확대 재생산한다. 흔히 '갑을 관계'라고 표현되는 폭력적인 사회관계도 이러한 중독적 사회적 관계가 만연해서 나타나는 증상이다.[45]

2부에서는 압축적 근대화와 복합적 리스크에 연루된 국가와 지배 구조의 역할을 분석한다. 남태현은 한국 민주체제의 공고화와 위기를 대중적 태도와 행동 및 정치적·경제적 구조와 정치 엘리트, 특

---

45 '갑을 관계'라는 표현은 원래 두 당사자 간의 계약 관계를 나타내는 법적인 용어이지만 통상적으로는 권력을 더 많이 가진 당사자가 상대적으로 약한 위치에 있는 상대방을 괴롭히는 관계의 학대성을 강조하는 데 사용되기도 한다.

히 대통령의 행태를 대비하여 분석했다. 유종성과 박연민은 남태현의 주장을 발전시켜서 지난 10여 년간 나타난 '민주주의의 퇴행'이 더 긴 역사적 뿌리를 가지고 있음을 보여준다. 이윤경이 제2장에서 보여주었듯이 세월호의 침몰의 배경에는 여객선 운영자와 감독 당국의 부패가 있었지만, 이러한 행위들은 이전의 독재 정권에 의해 확립된 제도화된 유착 관계에서 기인한 것이다. 제도화된 부패는 정치 자유화와 경제 신자유주의화에도 불구하고 여전히 남아 있다. 박경신은 이러한 권위주의적 유산이 살아 있는 이유는 검열과 후견주의, 위계질서적인 문화가 이를 지탱해주고 있기 때문임을 입증한다. 그는 세월호 참사에 대한 지배층의 책임을 묻는 비판의 목소리를 침묵시키려는 노력이 강화되고 있는 것은 한국 사회에서 표현의 자유가 심각하게 통제되는 보다 광범위한 현상의 일환이라고 진단한다.

3부는 주체성의 문제를 다룬다. 1, 2부에서 논의된 압축적 근대화와 복합적 리스크와 개인이 어떻게 상호 작용하며 정체성을 형성하고 변화시키는지에 초점을 둔다. 문승숙은 세월호 참사의 희생자 대다수가 고등학교 학생이었다는 사실에 주목하며, 학업 성취를 강조하는 교육 제도를 자본주의적 규율에 연관 짓는다. 청년뿐만 아니라 사회 구성원 모두가 '효율적 주체'로 기능하라는 국가와 시장의 명령을 무비판적으로 따르도록 훈육되어 있다는 것이다. 하지만 이현옥은 사회 전체에 이러한 자본주의 규율이 작동하더라도, 그 규율이 일률적으로 행사되는 것은 아니라고 지적한다. 국가는 국가가 제공하는 서비스 및 보호를 받을 자격을 차등화하여 국민을 차등화한다. 따라서 문승숙이 묘사한 것과 같이 신자유주의적 정체성을 내면화한 시민은 한국 사회의 상위 계층에 배치되어 보다 낮은 등급의 소수 집단보다 사회가 더 안전하다고 느낄 수 있다. 이에 비해 베트남계 한국 시민은 한국 사회의 재생산에 결정적으로 중요한 역할을 하지만 보이지 않는 존재로 불안에 노출된 삶을 살도록 강요받는다. 마지막으로 이현정은 한국의 압축적 근대화와 복합적 리스크가 야기한 구조 조정의 의도하지 않은 결과를 보여준다. 세월호 유가족들은 집단적 통한의 과정을 통해 국가의 정책을 무비판적으로 받아들이던 수동적 시민에서 도전하고 저항하는 활동적인 주체들로 스스로를 변화시켰다. 이들은 '왜 사랑하는 사람들을 잃게 되었는가?' 라는 질문에 대한 답을 찾는 여정에서 과거의 고립된 개인주의적 영역을 탈피하고, 소외되거나 무시당해온 사람들과 공동체적 공감대를 형성하기 시작했다.[46] 이들의 정체성과 삶의 방식의 전환 과정은 지금까지와는 다른 대안적 미래를 모색하는 새로운 주체들의 등장 가능성을 암시한다. 이는 세월호와 같은 사회적인 위기가 압축적 근대화와 복합적 리스크의 억압으로부터 해방될 수 있는 새로운 촉매로 작용하는 변증법적 과정을 시사한다.

　　세월호 참사는 압축적 근대화의 발가벗은 모습을 그대로 드러냈다. 한국은 한 세기도 채 되지 않는 짧은 기간 동안 반봉건적 농경사회에서 신자유주의 산업사회·후기 산업사회로 변신했다. 동시에 세습 왕국에서 권위주의 국가로 또 자유민주주의 체제로 전환되었다. 하지만 전근대적인 과거의 잔재를 여전히 가지고 있고, 그 위에 새로운 리스크들이 접합되어 복합적 리스크가 구조화됐다. 더구나 한국은 신자유주의화도 압축적으로 경험하면서(1997~1998년의 구조 조정은 IMF의 요구

46　Jessica Smith Rolston, "Risky Business: Neoliberalism and Workplace Safety in Wyoming Coal Mines," *Human Organization*, Vol. 69, No. 4(2010), pp. 331~342. 와이오밍 주의 광부들이 신자유주의에 의해 촉진된 위험의 개인화에 대항하면서 그들의 유대 관계를 강화하고 집단적 책임을 공유한 것과 비슷한 경험으로 보인다.

에 의한 것이기도 했지만, 서구 선진국과 아시아의 신흥 국가들 사이의 좁은 공간에서 한국 경제가 살아남기 위해 한국의 신자유주의적 경험은 또다시 압축될 수밖에 없었다), 복합적 리스크를 더욱 복합화했다. 복잡한 변화에 의해 야기된 새롭고도 긴박한 문제들, 또 과거의 문제들과 새로운 문제들로 야기된 긴장은 국내외적 경쟁의 압박 때문에 다시 또 억압되었다. 세월호 참사는 이렇게 복합적으로 억압된 모순이 분출되어 나타난 위기였다.

그런 면에서 한국의 경험은 특수하면서도 일반적이다. 세월호로 드러난 위기의 구조는 한국의 특수한 발전 상황을 그대로 반영한다고도 볼 수 있다. 동시에, 한국과 비슷한 성장 궤도를 달려온 다른 국가들도 비록 좀 더 느린 속도로 좀 더 긴 시간을 들여 근대화를 성취했다는 차이에도 불구하고 한국이 내포하고 있는 리스크를 같이 안고 있다. 세월호 비극에 관한 이 책은 시장이 사회에 보다 깊고 빠르게 침투하도록 국가가 주도하는 압축적 근대화가 발생시키는 잠재적 인적 비용에 대해 밝히고 그 다층적 함의를 분석하는 책이기도 하다. 19세기 중반부터 20세기 초반까지 유럽에서 칼 폴라니가 본 것이 시장의 확장, 그리고 그 과정에서 사회를 지키기 위한 정치적 개입이 일으킨 '거대한 전환'이라면, 20세기 후반부터 21세기 초반까지 아시아에서 우리가 경험한 것은 시장의 확대 및 침투가 정치적 개입으로 촉진되어 사회적 희생을 초래한 '압축적 전환'이었다.[47] 동아시아에서 2008년 중국의 쓰촨성 지진과 2011년 일본의 도호쿠 지방의 지진·쓰나미·방사능 누출과 같은 전례 없는 종류의 재해를 경험한 것이 결코 우연이 아닐 수 있는 것이다. 2015년 6월 1일에는 중국에서는 둥팡즈

---

47   Karl Polanyi, *The Great Transformation: The Political and Economic Origins of Our Time*(Boston, MA: Beacon Press, 2001).

싱(东方之星) 호 침몰 사건이 발생해 400명이 넘는 사람들의 생명을 앗아갔다. 이러한 재난은 직접적 원인은 다르지만 '압축적 전환'에서 초래된 높은 사회적 비용이라는 공통점을 갖는다. 이 책은 재앙, 거버넌스, 경제 시스템, 시민 사회, 사회적 상징성, 당사자들의 정체성 변화와 시민권 등의 주제를 고민하는 유용한 사례 연구를 지향한다.

지금 우리가 마주해야만 하는 질문

이상한 나라의 앨리스처럼 한국 사회도 아주 길고 먼 길을 걸은 끝에 어딘가에 도착했다. 그런데 과연 어디에 도착한 것일까? 그 동안 숨 쉴 틈 없이 몰아치던 압축적 근대화 과정에 중독되어 미친 듯이 앞만 보고 달려온 우리가 언젠가는 스스로에게 물어야만 했던 질문이다. 지금이라도 우리는 스스로의 눈을 바라보며 이 질문과 마주해야만 한다.

세월호 참사는 우리가 이 질문을 더 이상 회피하면 어떤 또 다른 재앙이 닥칠지도 모른다는 경고이기도 하다. 이 책은 이 질문과 진지하게 마주하려는 시도이다. 적어도 우리는 프리모 레비가 가졌던 절박함에 공감했기 때문이다. 독자가 우리의 답에 동의하지도, 만족하지도 않을 수 있지만 그 절박함만은 공감하기를 바란다.

"일어났던 일은 또다시 일어날 수 있습니다. 이것이 핵심입니다."[48]

---

48 Primo Levi, *The Drowned and the Saved*, Translated by Raymond Rosenthal(New York: Summit Books, 1988), p. 199.

프롤로그

1부

세월호 참사의
병리(病理)

세월호 침몰 이후 수면으로 떠오른 것은
구조된 생명이 아니라
한국 사회가 안고 있는 구조적 문제와
정부 기관이 보여준 총체적 무능이었다.

세월호의 진실 찾기가 어려운 것도,
우리가 중독된 돈, 권력, 자리, 위신 등을
잃을 것을 두려워하기 때문이다.
돈이나 권력, 경제 성장으로 삶의 문제가 해결된다고 보는
'박정희식 프레임'이 문제다.

제2장

세월호,

신자유주의 규제 완화가 불러온

예고된 재난

이윤경

학계나 언론에서 신자유주의를 논의할 때 대개의 경우 경제 방면에서 추진된 규제 완화, 공기업의 민영화, 거시경제 차원에서 나타나는 불안정성, 개인 차원에서 악화되고 있는 고용과 임금의 불안 등을 예로 든다. 신자유주의 시대를 살면서 우리는 규제 완화가 가져온 금융 시장, 주택 시장, 그리고 노동 시장의 부침(浮沈)과 위기를 직접 경험하고 있다. 1997~1998년의 외환 위기나 2008년 미국 리먼 브라더스의 파산으로 시작된 세계적 경제 위기, 그리고 비정규직의 확산과 불평등의 심화와 같은 경제 전반의 위기가 대표적인 예라고 할 수 있다. 하지만 우리는 신자유주의를 대규모 재난의 발생과 연결해 문제 제기하거나 분석해보지는 않는다. 적어도 세월호 참사가 일어난 2014년 4월 16일 이전까지는 그랬다. 304명 승객의 목숨을 앗아간(미

수습자 9명 포함) 세월호의 침몰과 구조 과정에서 드러난 선원들의 행동, 세월호 소유주 청해진해운의 업무 방식, 그리고 해양경찰청을 비롯한 정부 기관의 무능과 실패를 목도하면서 한국 사회는 인재(人災)성 대규모 사고가 신자유주의 규제 완화와 긴밀하게 연결되어 있다는 사실을 확인하게 되었다.

세월호 참사와 그 이후 과정을 지켜본 국내외 수많은 사람들은 말로 표현하기 힘든 비통과 충격을 경험했다. 이 충격의 정도는 아마도 허리케인 카트리나가 미국 사회에 던진 정치사회적 파장에 비견될 만한 것이다. 많은 사람들이 충격을 느끼는 이유는 재난의 발생 그 자체가 아니다. 불행히도 인간 사회에는 크고 작은 재난이 일어나기 마련이다. 충격의 근원은 재난에 대처하는 정부 및 관련 기관과 행위자들의 태도에 있었다. 세월호 또는 카트리나와 같은 대형 참사가 발생하게 된 사회제도적 원인들을 규명해보고 국가 기관이 재난 수습에 어떻게 대응하는지를 고찰하다 보면 우리는 한 사회와 정치 제도가 가지고 있는 건전함과 효율성 또는 (반대로) 부정부패와 구조적 문제점에 마주하게 된다.

세월호 사건이 주는 충격의 핵심은 인천항을 출발해 제주도를 향해 가던 세월호가 급속히 방향을 바꾸다가(급변침) 기울어져 가라앉았다는 사실이 아니다. 사고 발생 직후 세월호 승무원, 청해진해운, 해양경찰청, 정부의 재난 대책이 보여준 것은 허점투성이의 초기 대응, 일관된 관료주의와 관성적 행정, 뿌리 깊은 부정부패와 무능뿐이었다. 다시 말해 우리는 우리가 이토록 형편없는 사회에 살고 있다는 사실에, 그리고 우리 또한 이 형편없는 사회를 구성하는 일원이라는 자책으로 충격을 감출 수 없었던 것이다.

세월호 침몰 이후 수면으로 떠오른 것은 구조된 생명이 아니라 한국 사회가 안고 있는 구조적 문제와 정부 기관이 보여준 총체적 무능이었다. 2014년 4월 16일 인천 항만청은 세월호에 화물 과적을 비롯한 안전규정 위반이 있다는 사실을 알면서도 운항을 허가했다. 세월호가 급변침 후 가라앉기 시작할 때 선장은 승객에게 탈출 지시를 내리지 않았을 뿐만 아니라 다른 선원들과 함께 가장 먼저 탈출, 구조되었다. 현장에 출동한 해경의 미온적인 구조 작업은 아직도 그 이유가 의문투성이로 남아 있다. 결과적으로 배에 남아 있던 승객 중 구출된 사람은 아무도 없었다. 정부가 구성한 대책 본부와 해경이 펼친 구조 작업은 완벽한 실패였다. 무능과 거짓말, 무책임과 민관 유착(民官癒着)만이 난무했다.

이 글은 세월호의 비극을 도덕성이 결여된 몇몇 개인의 잘못에서 비롯된 우연한 사고라고 접근하는 것을 반대한다. 그 대신 세월호 참사가 한국 사회가 안고 있는 구조적인 문제에 대해 근본적인 질문을 던지는 일대 재난이라는 전제에서 시작하고자 한다. 세월호의 비극은 신자유주의 규제 완화와 국가의 공적 기능 축소로 인해 나타난 참사이며, 무차별한 규제 완화 정책과 민관 유착과 담합에 의한 부정부패가 공공의 안전을 희생시킨 사례라는 점을 논의할 것이다.

따라서 이 글의 초점은 1990년대 이후 한국 정부가 추진한 신자유주의 정책과 세월호라는 대형 사고의 연결점을 분석하는 데 놓여 있다. 먼저 공공의 안전을 책임져야 하는 정부 조직에 나타난 신자유주의 경향과 문제점을 알아보고 그로 인해 대형 참사가 발생할 가능성이 높아졌다는 점을 살펴볼 것이다. 두 번째는 실제로 대형 사고가 발생했을 때 신속하고 효율적으로 대응할 수 있는 공공 기관의 기능이 축소되었다는 점을 규명할 것이다. 이 과정에서 공공 안전 분야에서 국가가 직접 개입하여 관리 감독하는 범위가 축소되어온 사실을 논의할 것이다. 이는 선박의 운영과 안전 점검에 대한 규제 완화와 재난 구조 활동의 민영화 같은 사례에서 잘 나타난다. 이와 더불어 노동 시장의 규제 완화가 고용주의 이윤은 극대화시켜 줄지언정 사회 전체적으로는 더 많은 비용과 문제를 야기한다는 것을 강조할 것이다. 여객선 승무원의 고용에서 나타난 비정규직의 확산, 안전 교육과 훈련의 부재가 이를 잘 보여준다고 할 수 있다.

이 책에 포함되어 있는 유종성과 박연민의 글과 달리, 이 글에서는 사회경제에 대한 구조적 관점에서 세월호 참사를 규명하고, 이를 규제 완화가 가져온 "예견된 결과"로 보고자 한다. 유종성과 박연민은 세월호 참사의 근본적 원인이 박정희 시대에서 시작된 민관 유착이라고 분석한다. 친기업 정책을 내세워 집권한 이명박, 박근혜 정부 아래에서 그동안 관성적으로 존재해온 공공 기관과 민간 사업자 사이의 유착관계가 해소되기보다는 오히려 고착화된 것은 사실이다. 하지만 이 글은 신자유주의적 규제 완화와 시장 근본주의라는 구조적 배경이 있었기에 이런 민관 유착과 부정부패가 지속될 수 있었다는 것을 보여준다. 따라서 세월호는 신자유주의와 규제 완화라는 신악(新惡)과 민관 유착이라는 구악(舊惡)의 결합이 만들어낸 참사라 할 수 있을 것이다. 마지막으로 이 글은 신자유주의와 규제 완화, 공공 기관의 사회적 역할, 그리고 사적 이익의 추구와 민주정치 사이의 근본적 모순에 대해 다룰 것이다.

여객선 산업과 규제 완화

신자유주의는 시장의 자유화, 기업의 민영화, 규제 완화라는 3대

정책을 내세워 시장 근본주의를 확대하고 경제 활동에 대한 공적 개입을 최소화하는 이데올로기이다. 한국 사회는 1990년대 이래 세계화라는 이름 아래 신자유주의 정책을 도입하기 시작했고, 신자유주의 정신에 입각한 규제 완화는 다양한 분야에서 실행되었다. 김영삼 정부(1993~1997)가 "세계화"라는 슬로건을 내걸고 논의하기 시작한 신자유주의는 IMF 경제위기(1997~1998)의 관리와 구조조정을 책임지게 된 김대중 정부(1998~2002)하에서 가속화되었다.[1] 노무현 대통령은 재직 당시(2003~2007) 이미 자본의 이해관계가 한국 사회와 정치를 규정한다고 언급하기도 했다.[2]

이런 신자유주의에 따른 정책 변화는 보수 정치 세력의 복귀와 함께 더욱 가속화되었다. 현대건설의 사장을 역임한 이명박은 정치인으로 변신했고 서울시장을 거쳐 대통령이 되기에 이르렀다. 이명박 정부는(2008~2012) 예상했던 대로 시장·기업친화적 정책의 선두주자가 되었다. "엠비노믹스"라는 이름 아래 이명박 정부는 대통령 산하 국제 경쟁력 강화 위원회를 신설하고 기업 정책, 특히 재벌 정책 분야에서 광범위한 규제 완화를 도입했다. 한국 기업인의 이익을 대표하는 전국경제인연합회(이하 전경련)에서 발간된 한 보고서에 따르면, 노무현 정부 시절에는 등록규제가 2002년 7724건에서 2006년 8084건으로 지속적으로 증가하였고, "시장개혁 3개년 로드맵"이나 "선계획

---

1   경제위기 이후 한국 경제의 구조 조정과 그 결과에 대한 자세한 논의는 다음의 논문을 참조. Yoonkyung Lee, "Labor after Neoliberalism: The Birth of the Insecure Class in Korea," *Globalizations*, Vol. 11, No.4(2014), pp.1~19.

2   노무현 대통령은 2005년 5월 16일 '대기업·중소기업 상생협력 대책회의'에서 "이미 권력은 시장에 넘어갔다"라고 발언했다. 이 회의에는 당시 한국 '4대 재벌 (삼성, 현대자동차, LG, SK)' 총수가 모두 참석했다.

후개발 원칙"의 도입으로 정책성 규제가 강화된 것으로 평가하고 있다.[3] 반면 이명박 정부는 광범위하고 다양한 규제 완화 정책을 도입했는데, 출자 총액 제한 폐지, 기업에 대한 소득세와 법인세 인하, 기업의 은행 소유 지분 제한 완화, 산업의 금융 소유 제한 폐지, 신문과 방송 등 미디어 산업 진출 및 소유 규제 철폐, 기업의 수도권 입지 규제 완화 등이 대표적인 예이다.[4]

　박근혜 대통령은 2012년 대통령 선거 운동 당시 "경제 민주화"를 공약으로 내걸고 당선되었음에도, 집권 이후 경제 관련 부처가 추구한 정책의 기조에는 "경제"만 있을 뿐 "민주화"는 완전히 자취를 감추었다. 박근혜 대통령은 이명박 정부, 아니 더 거슬러 올라가 아버지 박정희 시대의 경제 정책을 답습하려고 한다고 밖에 볼 수 없었는데, 이는 성장 우선, 기업 우선이라는 단순 경제 논리에서 벗어나지 못했던 점에서 잘 드러난다. 특히 규제와 관련해서 박근혜 정부는 규제 완화를 지속적으로 확대 추진하고 있다. 이는 박 대통령이 규제 완화의 중요성을 강조하면서 "규제는 우리가 쳐부술 원수, 암 덩어리"(2014년 3월 청와대 수석비서관회의)라고 한 발언에서도 잘 알 수 있다.

　지난 20년 가까이 추진되어온 한국의 신자유주의화는 경제 구조와 노동 시장 구조만을 변동시킨 것이 아니다. 기업의 이윤 추구 활동에 대한 절대적 옹호는 노동 시장에서 비정규직을 대량 양산했을 뿐 아니라, 신자유주의라는 이데올로기를 정당화하고 무조건적으로 수용하는 결과도 가져왔다. 다시 말해 무한 경쟁과 효율성, 물질적 가치

3　권혁민, 「이명박 정부의 규제개혁 평가와 보완 과제」(전국경제인연합회 규제개혁 시리즈, 2008).

4　이혁우, 「이명박 정부의 규제개혁 평가」, ≪규제연구≫, 제 21권 제1호(2012), 3~38쪽.

　　　　　　　　1부 세월호 참사의 병리

의 추구만이 절대 선(善)이라는 이데올로기가 정치, 사회, 문화 전반에 확대된 것이다.[5] 신자유주의는 결과적으로 인권, 평등, 정의, 공정성, 투명성과 같은 민주주의적 가치에 앞서 기업의 이윤 추구 활동과 돈의 가치를 절대적으로 여기는 한국 사회를 만들었다. 따라서 공공의 안전 영역에서 국가의 개입과 역할이 축소되고, 공공 기관과 사기업이 이윤 추구 활동을 공모하는 행태는 신자유주의의 전반적 사회화 과정에서 나타난 현상으로 해석하는 것이 마땅하다.

세월호 참사는 그간 진행되어온 공공 안전에 대한 규제 완화라는 구조적 조건 속에서 발생한 사고였다. 따라서 선박 관리와 안전성 검사에 도입된 규제 완화가 세월호 참사를 발생시킨 하나의 배경이 된다. 그리고 이런 규제 완화 정책은 보수 정권의 복귀 이후 더욱 가속화된 기업 우선주의와 신자유주의 규제 완화 기조에서 비롯하는 결과라고 볼 수 있다. 먼저 해운조합에 대해 살펴보자. 해운조합은 항만 운송 산업에 종사하는 1788개 기업 회원을 대표하는 단체, 즉 이익집단이다. 해운조합은 2006년부터 해양수산부에 선박의 운행 수명(선령, 船齡)을 25년에서 30년으로 연장해달라고 로비하기 시작했다.[6] 결국 이명박 정부는 2009년 선박의 연령을 30년으로 연장하는 것과 동시에 그간 해운조합 측에서 요구해온 내용을 대거 반영하는 시행령을 통과시켰다.[7] 여기에는 여객선 엔진 및 기기 검사 기간 완화,[8] 화물

---

5   David Harvey, *A Brief History of Neoliberalsim*(Oxford: Oxford University Press, 2007).

6   해운조합 홈페이지를 참고했다. http://www.haewoon.or.kr

7   박병률, "심층기획, 한국 사회의 민낯 '세월호'(5) - 규제 완화의 덫", 《경향신문》, 2014.5.15.

8   이전에는 엔진 가동 7000시간 마다 검사를 받아야 했지만 새로운 규정은 이를

적재 및 과적에 대한 규정 완화, 그리고 선박 사고 발생 시 선박 소유주의 법적 책임 완화와 같은 내용이 포함되었다.[9] 선박의 연령 규제가 풀리자 해운업체들은 건조된 지 20년이 넘은 낡은 선박을 수입하여 리모델링한 후 한국의 해안에서 운항할 수 있게 되었다. 세월호의 경우도 이렇게 수입된 선박이었다. 일본에서 1994년에 생산되어 2012년에 마지막 운항을 한 선박이었는데, 청해진해운이 2012년에 세월호를 구입해서 더 많은 승객과 화물을 실을 수 있도록 증축·개조한 후 운행했다.

여기서 언급하고 넘어가야 할 것은 선령의 연장 자체가 세월호 참사의 일차적 원인이라고 보기는 힘들다는 점이다. 세월호보다 오래된 선박들도 안전한 상태에서 운항되는 경우가 많기 때문이다. 선박의 안전 운항은 궁극적으로 선박 전반에 대한 전문적인 관리와 선박의 안정성에 대한 엄격한 검사에 달려 있다. 일본을 비롯한 여러 국가에는 선박의 연령에 대한 규정이 없고 대신 안전성 평가와 검사를 엄격하게 실행하는 기관이 있을 뿐이다.[10] 사실 선박의 연령에 제한을 두는 것은 선박이 안전 운항을 위해 국가 기관이 취할 수 있는 최소한의 (그리고 가장 편리한) 방법에 속한다. 세월호를 비롯한 한국 선박 운행의 문제점은 정부가 선박의 연령 기한은 연장해놓고 안정성 검사는 엄격하게 실행하지 않았다는 것이다.

선박의 연령과 운항 사항에 대한 규제 완화를 요구해온 이익집단

9000시간으로 연장했다.

9 선장이 선박에 이상을 발견하면 서면으로 보고하도록 되어 있는 의무 사항이 삭제되었고, 선박의 인증 심사 때 선사가 실시해야 하는 내부 심사 규정도 없어졌다.

10 ≪ㅍㅍㅅㅅ≫, 2014.5.14. http://ppss.kr/archives/20978

인 해운조합은 선박의 안전 운항에까지 관여하고 있다. 선박의 안전성 검사는 일차적으로 한국선급과 해양수산부 산하 지역별 항만청에 그 책임이 있다. 한국선급은 1975년 이래 정부를 대신해 선박 검사를 독점 대행하는 비영리 민간단체이다. 주요 업무는 새로운 선박의 건조부터 개조, 폐선에 이르기까지 선급을 등록하고 안전성 통과 검사증을 발급하는 것이다.[11] 항만청은 항만의 개발과 운영, 해상 운송 사업 관리, 어업 경영 지원 등을 관장하는 공공기관이다. 항만청의 주요 업무에는 선박의 입출항 기록, 항만 시설 사용 관리, 화물 신고, 해상 교통 관제(VTS, Vessel traffic system)가 포함된다.[12] 문제는 선박의 안전 운항을 관장하는 이 세 개 기관들 사이의 관계다. 앞서 언급한 해운조합은 이익단체이고 한국선급은 민간단체이고 항만청은 국가 기관인데, 서로가 견제하고 감시하는 관계가 아니라 이해관계와 인맥으로 연결된 유착관계를 형성하고 있다는 것이다.

우선 청해진해운이 세월호를 일본에서 구입하여 증축 수리를 한 후 선급 및 안전성 심사를 받을 때 한국선급은 아무런 지적 없이 이를 통과시켰다.[13] 개조된 세월호는 무게 중심이 올라갔기 때문에 화물의 적재량을 줄이고 평형수의 양을 늘려야 했다. 하지만 한국선급은 이런 구조적인 문제에 대해 지적하거나 확인하지 않은 것으로 조사되었다. 두 번째 문제는 선박의 입출항과 화물 적재에 있어 해운조합 조합원들이 직접 화물을 싣고 적재 기록을 책임진다는 사실이다. 2014년 4월 16일 세월호에는 최대 적재량인 1077톤의 거의 두 배에 달하는

---

11 한국선급 홈페이지: http://www.krs.co.kr

12 인천항만청 홈페이지: http://www.portincheon.go.kr

13 세월호는 증축 후 배 중앙과 뒷부분 객실을 증축해서 배의 상편이 너무 무거워지는 구조를 갖게 되었다.

2142톤의 화물을 실었음에도 이를 657톤이라고 기록하고 있다.[14] 여기에 일등 항해사가 과적의 문제를 회피하기 위해 수백 톤의 평형수를 제거하라고 지시한 것으로 밝혀졌다. 세월호가 출항하기 전 해운조합 운항 관리자는 실제 화물량을 확인하지도 않은 채 출항 승인을 한 것으로 밝혀졌다. 셋째, 최종 출항 승인을 책임지는 인천항만청 또한 세월호가 제출한 승인서에 정확한 탑승 인원과 화물 적재량이 기재되어 있지 않았음에도 불구하고 별다른 조치 없이 출항을 승인했다. 청해진해운에 고용된 직원들은 실제 화물의 무게를 확인하는 절차는 한 번도 시행된 적이 없고 안전규정 위반에 대해 처벌을 받은 적도 없다고 증언했다. 이 증언에는 해운조합에서 실시하는 월별 안전검사와 1년에 두 번 있는 항만청, 한국선급, 해운조합의 공동 안전검사는 형식에 불과했다는 내용도 포함되어 있다.[15]

이런 사실들은 해운조합이 한국선급 및 항만청과 가까운 관계를 맺고 있기 때문에 선박의 안전검사, 안전 운항 규정 준수, 관련 이해 당사자 사이의 부정부패 방지를 보장할 만한 공공 기관 또는 제 3의 기구가 존재하지 않는다는 것을 보여준다. 이윤을 추구하는 개인 또는 기업이 하는 활동에서 공공의 안전을 책임지고 관리, 검사, 실행하는 제도가 제대로 갖추어져 있지 않으면, 어떤 결과를 초래할지는 명백하다. 이윤을 추구하는 자에게 공공의 안전을 위한 규정 준수는 이윤의 극대화를 방해하는 일종의 추가적 비용으로만 여겨지기 때문이다. 세월호 참사와 같은 대형 사고가 발생하는 과정에서 선박의 안전한 운항을 위해 안전규정이 준수되도록 집행하고 감시하는 그 어떤

---

14   영화 〈나쁜 나라〉(김진열, 2015)를 참고하였다.
15   정은주, "세월호는 뒤집힐 준비가 돼 있었다", ≪한겨레21≫, 2016.3.24.

국가 기관이나 중립적 기구가 존재하지 않았다.

선박의 안전 부분에 관련된 규제 완화는 박근혜 정부 들어 더욱 확대되었다. 정부는 2014년 4월 15일(세월호 사고 하루 전)에 선원법 시행령을 개정했는데, 새로운 시행령에 따르면 선박 검사원, 선박 수리를 위해 승선하는 기술자 등은 선원에서 제외되었다. 이는 현행 '파견 근로자 보호 등에 관한 법률'이 선원 업무에 파견 근로자를 사용할 수 없도록 명시하고 있기 때문이었다. 선박 검사원과 수리 기술자가 선원에서 제외됨으로서 이제는 정규직 근로자가 아닌 파견 근로자를 이 중요한 업무에 고용할 수 있게 되었다. 이러한 규제 완화 조치는 선박의 안전 운행이 취약해질 수밖에 없는 조건을 만들었다. 해운사들의 이익집단인 해운조합이 선박의 안전성을 스스로 점검하는 부조리도 모자라, 운항 중 발생하는 안전 문제를 책임지는 선박 검사원과 수리 기술자를 임시직, 파견직으로 대체할 수 있는 길을 열어주었기 때문이다. 세월호에 승선한 대다수 선원들이 왜 임시직일 수밖에 없었는지 그리고 이런 현실이 한국의 노동 시장 분절과 어떻게 연관되는지에 대해서는 다음 절에서 자세히 논의한다.

노동 시장의 규제 완화와 비정규직 문제

세월호 참사의 배경에는 해운 산업의 고용 행태에서 비정규직이 확대되고 이로 인해 선박 운항의 안정성이 저해되었다는 사실이 있다. 해운 산업에서 비정규직의 확산은 1990년대 중반 이래 진행되어 온 한국 노동 시장의 유연성 제고, 즉 비정규직 양산과 그 흐름을 같이 한다. 김영삼 정부는 "신노사관계"를 강조하면서 노사관계개혁위원회를 출범시켰다. 정부의 주장은 노사관계 개혁을 통해 한국 경제의 국제 경쟁력을 강화하고 "부자들의 클럽"이라고 알려진 경제협력개발기구(OECD, Organization for Economic Cooperation and Development)에 가입하기 위한 노동 시장 조건을 형성한다는 것이었다.[16] 동시에 전경련으로 대표되는 한국의 자본은 노동 시장의 규제 완화를 위해 본격적이고 전반적인 공세를 시작했다.[17] 1996년 12월 집권 여당이었던 신한국당이 국회에서 날치기로 통과시킨 개정 노동법은 노사개혁위원회에서 노사정(勞使政)이 합의한 내용을 뒤집고, 자본의 요구만을 반영한 내용을 담고 있었다. 즉, 다른 보호 대책 없이 대량 해고와 다양한 형태의 비정규직 고용의 길을 열어준 것이다. 노동 시장 개혁은 IMF 경제 위기와 함께 집권한 김대중 정부하에서 가속화되었다. 김대중 정부는 1998년 노사정위원회를 구성하고 최초의 "사회적 합의"를 통과시켰다. 하지만 이 노사정 합의의 핵심은 여전히 대량 해고의 조건을 완화하고 궁극적으로 노동 시장의 유연성을 제고하는 내용이었다. 노동이 합의의 대가로 얻은 것은 민주노총의 합법화 정도 밖에는 없었다.

노동 시장의 재편 정책에 따라 한국의 노동 시장에는 대규모 비정규직이 양산되었다. 1997~1998년의 경제 위기 이후 한국의 기업들은 안정적 고용 조건을 제공하는 정규직의 신규 고용을 줄이는 대신 제한적인 고용 조건만을 제공하는 비정규직의 고용을 확대했다. 한국노동사회연구소의 김유선이 정의하는 비정규직 범위에 따르면 비정

---

16 김영삼 정부가 구성한 노사관계위원회는 한국 역사상 처음으로 만들어진 노사정 논의 기구라고 할 수 있다. 이후 김대중 정부의 노사정위원회의 전신이었다.

17 최영기 외,『한국의 노동법 개정과 노사관계』(한국노동연구원, 2000).

규직 노동자는 1996년 임금 노동자의 43.2%에서 2000년도 58.4%로 정점을 찍고,[18] 이후 2012년도에는 48.3%로 조사되었다. '사회 통합적 노동 시장'이라는 정책 목표를 제시했던 노무현 정부는 오히려 노동 시장 유연화 정책을 도입했고 결과적으로 비정규직 문제를 확대했다는 평가를 받고 있다. 한국의 비정규직에서 주목할 만한 사항은 전체 노동력에서 차지하는 높은 비율만이 아니라 임금을 비롯한 기본 노동권과 사회 복지에서 나타나는 차별적 구조이다. 비정규직 노동자들은 정규직 노동자들과 동일 노동을 수행할지라도 평균적으로 정규직 노동자 시간당 임금의 51.3% 밖에 되지 않는 임금을 받는다. 게다가 600만 명에 달하는 비정규직 노동자의 3분의 1에 해당하는 사람들만 초과 근무 수당, 보너스, 퇴직금, 유급 휴가, 국민 연금, 의료 보험, 고용 보험 등의 혜택을 받는 것으로 알려져 있다. 정규직의 90% 정도가 이에 해당하는 혜택을 받는 것에 비해 커다란 격차이자 차별이라 볼 수 있다.[19]

따라서 세월호 참사의 배경에는 한국의 자본이 노동 비용을 줄이기 위해 비정규직의 비율을 높여온 노동 시장의 문제가 고스란히 반영되어 있다고 볼 수 있다. 세월호 사고 당일 세월호에 승선해 있던 승무원의 절반 정도가 세월호의 소유주인 청해진해운이 고용한 비정규직이었던 것으로 드러났다. 세월호에 승선했던 29명의 승무원 가

---

18 김유선에 따르면 비정규직은 장단기 계약직, 시간제, 파견직, 하청 노동자, 계절 노동자, 특수직 등을 비롯한 안정적 노동 계약 관계를 갖지 않는 노동자들을 모두 포함한다. 노동부 통계에서는 장단기 계약직, 계절 노동자, 특수직 등을 포함하지 않기 때문에 비정규직 노동자의 수가 더 적은 것으로 나타난다.

19 Yoonkyung Lee, "Labor after Neoliberalism: The Birth of the Insecure Class in Korea," *Globalizations*, Vol. 11, No.4(2014), pp.1~19.

운데 선장을 비롯한 15명이 6개월에서 1년을 기간으로 하는 단기 계약 직원이었다. 이준석 선장은 1년 계약직이자 교대 선장이었고 정규직 선장에 비교해 60% 정도에 해당하는 월급을 받는 것으로 알려졌다. 선장 외에도 선박 안전 관리에서 핵심적 보직이라고 할 갑판 선원 10명 가운데 8명이 비정규직이었으며, 선장의 보조를 맡는 조타수 3명 또한 계약직이었던 것으로 밝혀졌다. 이들 또한 정규직 선원에 비해 60~70%의 월급을 받는다고 한다. 이들 단기 계약직 선원들은 안전 교육을 제대로 받지 않은 것으로 알려졌는데, 이는 청해진해운이 2013년도에 직원의 안전 교육과 훈련에 54만 원 밖에 지출하지 않은 사실을 보면 잘 드러난다. 이와 반대로 청해진해운은 접대비로 6060만 원, 광고 및 홍보에 2억 2290만 원을 지출한 것으로 보고했다.[20]

언론의 탐사 보도를 통해 밝혀진 이런 사실들은 청해진해운과 같은 해운사들이 단기 계약직 선원 및 직원을 고용하여 이윤을 최대화함과 동시에 안전 교육 등에는 최소한의 비용만 지출한다는 사실을 명백하게 보여준다. 고용과 해고가 손쉬운 '유연한' 노동 시장하에서는 고용주가 노동자를 장기적 고용 관계 속의 인적 자원으로 보는 것이 아니라, 언제든 버리고 다시 구매할 수 있는 '노동 상품'으로 취급하게 된다. 청해진해운이 직원의 해상 안전 교육에 어처구니없는 적은 금액을 지출한 사실에서도 알 수 있듯이, 기업은 직원을 최소한의 임금만을 지급하면 되는 대상으로 취급하고 있다. 따라서 그들은 직원의 교육이나 사회 복지에 드는 비용을 불필요한 추가적 비용으로 여기는 것이다.

그러나 해운업과 같은 공공의 안전이 최우선으로 고려되어야 하

20　《프레시안》, 2014.4.21.

는 산업 분야에서는 안전 교육, 일상적 훈련, 그 외의 보호적 조치가 필수적이어야 한다. 고용주가 이 부분에 지속적인 투자와 비용을 책임지고 집행해야만 노동자들은 재난 발생에 대비해 전문적으로 준비될 수 있고 자신이 맡은 안전 책임을 충실히 수행할 수 있는 자세를 갖게 되기 때문이다. 세월호의 선장과 선원들은 선박이 급속하게 기울고 가라앉던 중요한 시점에 취했어야 할 승객 구조의 기본적인 의무를 완전히 저버렸다. 그들의 행동은 상식적으로 이해가 되지 않을 정도로 반인륜적이고 분노를 자아내지만, 몇몇 개인의 도덕 불감증만을 탓하는 것은 세월호가 일어날 수밖에 없었던 구조적인 문제를 간과하는 오류를 범하게 된다. 불안정한 또는 단기적인 고용 조건, 그리고 안전 교육이 제대로 제공되지 않은 상태에서 응급 상황에 처한 선원과 직원들이 전문적인 대응을 하길 기대하는 것은 비현실적일 수 있기 때문이다.

해상 산업에서 단기 계약직의 확대(특히 선박 점검과 수리 부분에서 계약직 허용)와 선박 안전 교육에 대한 비용 삭감은 신자유주의적 시장 논리가 어떤 사회적 결과를 가져오는지 극명하게 보여준다. 시장 경쟁만이 강조되는 구조 아래에서 자본가들은 비용을 절감하고 임금을 낮추기 위해 수단을 가리지 않는다. 따라서 공공의 안전을 위한 비용은 기업이 책임지는 것이 아니라 노동자 개인, 소비자 또는 사회 전체의 책임으로 전가된다. 기업의 외주화에 대한 연구에 따르면, 자본가들은 노동자의 건강과 안전에 대한 위험이 높은 작업을 중심으로 외주화를 결정한다고 한다. 이런 위험의 외주화를 통해 비용을 줄이고 책임을 회피하는 방식을 취하는 것이다.[21] 외주 또는 하청 기업에 속한

---

21 임준, 「국가 안전 관리를 위한 직업 안전 연구」(한국산업안전보건공단 연구보

비정규직 노동자들이 가장 위험한 작업에 배치된다는 것을 우리는 너무도 잘 알고 있다. 이러한 외주 기업들은 무한 경쟁 속에 있기 때문에 비정규직의 안전과 이들이 책임져야 하는 공공의 안전은 더 큰 위험에 처하게 된다. 불안정한 노동 조건이 빈번한 산업 재해와 안전사고로 이어진다.[22]

따라서 한국에서 매년 2000명이 넘는 노동자들이 안전사고로 사망하고, 1만 명 당 8.7명의 노동자가 목숨을 잃는다는 사실은 놀랍지 않은 현실이 되어버렸다(이는 OECD 국가 중 최고 기록이다).[23] 우리는 지금 재난이나 사고가 발생해도 기업과 정부에 책임을 묻기 힘든 '위험이 외주화'된 한국 사회에 살고 있는 것이다.

공공 안전 정책: 국가의 부재, 사기업의 확대

신자유주의가 가져온 또 다른 결과는 규제 완화가 확대되는 과정

고서, 2007); David Weil, *The Fissured Workplace*(Cambridge: Harvard University Press, 2014).

22 벨저는 미국의 화물 산업을 연구하면서 격화된 시장 경쟁이 임금과 노동 조건의 하락을 가져왔다고 주장한다. 임준은 한국에서 하청 노동자들의 산업 재해 발생률이 직접 고용 정규직에 비해 2.5배 높다는 것을 보여준다. 최근 현대 중공업과 서울 지하철에서 발생한 외주 노동자들의 죽음은 외주 및 비정규직과 산업 재해·사망의 연관성을 너무도 극명히 보여주는 사례라고 할 수 있다. Michael Belzer, "Neoliberalism and competitive economic pressure," paper presented at the international symposium on Neoliberalism's threat to safety and transport workers, Seoul, Korea(2015.10.28).

23 류주형, 「'좋은 일자리' 지표 OECD 국제비교」(전국민주노동조합총연맹 이슈페이퍼, 2015).

에서 공공 안전대책 분야에서 정부 및 공공 기관의 역할이 축소되거나 혼선을 빚게 되었다는 점이다. 첫째, 새로운 대통령이 취임하고 새로운 정부가 구성될 때마다 해상 안전과 정책 집행 및 감시를 책임지는 정부 기관은 개편되거나 재편되었다. 대통령들은 "작은 정부, 효율 행정"이라는 시장 이데올로기를 내세워 정부 조직의 이합집산을 강행하면서 오히려 행정 전문성을 저해시키는 방향을 택했다. 해상 분야 관련 부처인 해양수산부는 해양경찰청과 더불어 1996년에 처음 설립되었는데, 2008년 이명박 대통령 취임과 동시에 개편되었다. 이명박 대통령은 이전 노무현 정부의 성과를 부정하면서 "작은 정부, 큰 시장"이라는 이름 아래 기존의 18개 부 4개 처를 15개 부 2개 처로 개편했다. 이 과정에서 해양수산부는 국토해양부와 농림수산부로 쪼개지게 되었다. 2013년에 집권한 박근혜 정부 또한 행정부 개편을 시행하면서 17개 부 3개 처로 확대했다. 이 때 둘로 나뉜 해양 관련 부서는 다시 해양수산부로 재편되었다.

　　이런 행정 조직의 혼선에 더해 설상가상으로 선박 운행을 관할하는 행정 부처는 일원화되어 있지도 않았고 관련된 부처 간의 공조 또한 원활하지 않은 것으로 나타났다. 예를 들어, 연안 여객선은 해양수산부가 관할하고, 일반 유람선은 해양경찰청이, 강과 호수에서 운항하는 유람선은 소방방재청과 지방자치단체가 담당하고 있다.[24] 이런 비효율적인 행정 구조 때문에 세월호와 같은 대형 사고가 발생했을 때 정부 부처는 산만하고 비전문적인 대응을 보이고, 사고 관련 정보를 종합적으로 취합하고 사고 수습에 필요한 인적·기술적 자원을 동원하여 현장에 투입하는 데에 비효율적인 모습을 보인다. 보다 근본

24　≪경향신문≫, 2014.10.1.

적인 문제는 이렇게 빈번하게 이루어지는 행정 부처의 개편과 재편 때문에 공공 기관의 행정적 전문성과 책임성을 보장받기 힘들다는 점이다. 세월호 사고 이후 박근혜 대통령은 "해피아"의 문제와 신속한 구조 실패에 대한 책임을 물어 해양경찰청을 해체한다고 밝혔다. 이에 대한 대안으로 정부는 2014년 11월 국민안전처를 신설하고 공공의 안전 정책 전반을 관할하도록 했다.

효율적 행정이라는 이름으로 진행된 정부 조직의 지속적인 변동은 오히려 행정 효율을 떨어뜨린 것으로 보인다. 행정 조직의 불연속성과 불확실한 미래는 관련 부서 또는 담당 공무원의 책임을 묻기 힘들게 하는 조건이 된다. 역할 분담이 정확하지 않고 부처 간 협력이 효율적으로 이루어지지 않는 상황에서 관련 부처 공무원들은 본인이 속한 조직의 존속과 자신의 보직 유지에만 신경을 쓰게 되고, 문제가 발생했을 때 서로 다른 조직에 책임을 떠넘기기에 급급하게 되기 때문이다. 또한 공무원들이 자신이 맡고 있는 분야에 대해 전문성을 키우고 직업적 책임성을 높이는 것도 어렵다. 개인의 자리 보존과 조직의 이익과 존속이 우선시되는 구조이기 때문이다. 이런 행정적 한계를 극복하고 위급한 재난에 신속하고 체계적으로 대응할 수 있도록 박근혜 정부는 국민안전처를 신설했지만, 그 행정적 실효성은 계속 의문시되고 있다. 먼저 초대 장관과 차관, 즉 지도부로 임명된 인사가 해군 및 육군 장성 출신으로 재난 대응에 대한 아무런 경력이 없는 이들이었다. 2015년에 발생한 메르스 사태, 2016년에 있었던 울산과 경주 지역의 고강도 지진에서 국민안전처는 늦장 대응과 주먹구구식 수습 행태를 보여, 과연 무엇이 달라졌는지 의문을 불러일으켰다.

공공의 안전정책을 책임져야 하는 정부 기관이 행정적으로 분산되어 있고 전문성을 갖추고 있지 못하다는 문제점에 더해, 재난 구조

작업은 점차 공공의 영역에서 민간 기업으로 넘어가고 있다. 해양 재난 구조 관련법인 '수난구호법'은 이명박 정부 막바지인 2012년에 개정되었는데, 개정된 법에 따라 해양 구조 작업은 해양경찰청이 주관하되 한국해양구조협회(이하 해구협)와 협업하도록 되어있다.[25] 해구협은 법 개정 직후인 2013년 1월에 해양경찰청 산하 법정단체로 등록하면서 조직되었다. 해구협은 대형 선박 제조업체와 해운업체들과 연관된 민간 구조 업체들로 구성된 단체이다. 여느 민간 기업과 마찬가지로 이들 민간 구난 업체들의 목표는 돈을 많이 버는 것이고, 해상 사고가 빈번하게 그리고 대형으로 발생할수록 이들의 이윤은 극대화된다. 해양경찰청이 해양 사고 수습에 대한 책임을 지고 있긴 하지만, 사고가 발생하면 여객선사에 일차적인 책임이 발생한다. 개정된 '수난구호법'에 따라 선사는 해구협에 속하는 구난 업체를 선정하여 구조 작업을 추진하도록 규정되어 있다. 이런 규정이야 말로 재난 구조 작업을 민간 기업에 맡기는 대표적인 민영화의 사례라고 볼 수 있다. 또한 해경과 해운업체 그리고 해구협이 어떤 유착관계를 맺고 있는지를 알 수 있는 경우이기도 하다.

실제 세월호 사고의 대응 과정에서 해경은 청해진해운에 연락하여 해구협 소속 회원사인 언딘에 구조 작업을 맡길 것을 지시했으며, 청해진해운은 언딘과 구난 계약을 맺고 세월호 구조 작업을 일임시켰다.[26] 언딘은 해구협에 속한 민간 기업이다. 언딘이 소유한 구조선 리베라는 현장 출동 당시 아직 안전검사도 마치지 않은 상태였다. 해경

---

25 ≪경향신문≫, 2014.5.15.
26 언딘의 구난 전문 분야는 해상 사고 인명 구조가 아니고, 침몰 선박의 해체와 해상 오염 수습인 것으로 알려졌다(≪동아일보≫, 2014.10.7).

의 수많은 실책과 부정부패와 부적절한 대응 중에서도 가장 심각한 결과를 초래한 결정적인 잘못은 초기 대응에서 나타났다. 해경은 세월호 구조의 소위 "골든타임"이라고 하는 초기 단계에서 언딘의 독점적 지위를 지켜주기 위해 다른 전문 구조 인력과 장비를 배제하는 데 앞장섰다.

기울어져 침몰하고 있는 세월호 사고 현장에는 이미 현대 보령호를 비롯한 다른 구조 선박들이 도착해 있었고, 해군을 비롯한 미군이 도움을 자청했으며, 여러 민간 선박과 전문 잠수사들이 구조 작업에 자원해 있었다. 그러나 해경은 언딘의 독점적 구조 작업을 보장해주기 위해 현장에 도착한 해군 UDT 소속 심해 잠수병과 한국수중환경협회 소속 전문 잠수사들의 구조 활동을 허락하지 않은 것으로 밝혀졌다. 사고 현장 감독권을 가지고 있던 해경은 "구조 상황이 종료되었고 다른 구조 인원의 투입이 필요 없다"라고 지시했다고 한다.[27] 해경의 공식적인 요청이 없이는 구조 작업에 참여할 수 없었던 수많은 민관 구조 인력이 결국 투입되지 못한 것이다.

결국 해경은 언딘 외의 구난 전문 인력을 세월호 구조 작업에서 배제함으로써 세월호에서 탈출하지 못한 인명을 구할 가능성이 남아 있었던 골든타임을 완전히 낭비하고 말았다. 이는 해경과 해구협의 유착관계를 여실히 보여줄 뿐만 아니라, 구조 작업을 돈벌이로 접근하는 구조 책임의 민영화가 가져온 비극적 결과라고 볼 수 있다. 실제로 해경의 핵심 인사들은 퇴임과 동시에 해구협의 중요 직책을 맡는 것으로 알려져 있다. 해구협에서 월급을 받는 간부 직원 여섯 명 중 네 명이 해경 출신이고, 그 외에도 수많은 해경 출신들이 협회에 자리

---

27 ≪고발뉴스≫, 2014.5.26.

를 잡고 있다고 한다. 언딘의 사장 김윤식 대표는 해구협의 부총재였고 해경과 긴밀한 관계를 유지해온 인물이다. 해운 산업 관계자들 사이에서는 해양 사고가 발생하면 해경이 친분이 있는 구조 업체를 선택해서 파견한다는 사실이 공공연하게 알려져 있다.[28] 구난 작업을 독점한 언딘은 87일 동안의 구난 작업에 대한 비용으로 80억 원이 넘는 액수를 해경(정부)에 청구한 것으로 드러났다.

세월호 사고에 관련된 여러 공공 기관과 민간 기업의 관계를 〈그림 2-1〉에 정리해보았다. 이 관계도가 보여주듯 공공 안전 관리에서 공공 기관의 역할은 축소되어 있고 민간 기업이 많은 부분을 담당하고 있으며 이들은 공공 기관과 긴밀한 유착관계를 형성하고 있다.

지금까지 세월호 참사가 발생하게 된 정치경제적 배경을 분석해보았다. 이를 통해 세월호가 침몰한 것이 불가항력적인 자연의 힘이 야기한 우연한 사고가 아니라는 점을 보여준다. 세월호 참사는, 지난 수년 동안 한국 사회를 규정해온 신자유주의가 공공의 안전 분야에까지 확대되면서 규제 완화와 민영화, 영리 추구를 절대적으로 여기는 과정에서 발생한, 어쩌면 예견되었던 사고인지도 모른다. 신자유주의 규제 완화와 더불어 수십 년 동안 고착화되었던 공공 기관과 민간 기업의 유착관계까지 합세하여 야기한 참사인 것이다.

왜 세월호라는 비극적 참사가 일어나기 이전에 이러한 한국 사회가 안고 있는 구조적인 문제에 대해 목소리를 합쳐 무조건적 규제 완화를 멈추게 하지 못했는지, 해피아와 같은 부정부패의 사슬에 문제제기를 하지 못했는지 자괴감만이 들 뿐이다.

---

28   《경향신문》, 2014.5.15.

그림 2-1
규제 완화와 민관 유착

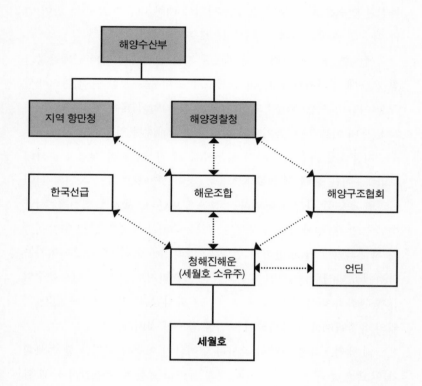

① 회색 박사는 공공 기관 ② 흰색 박스는 민간 기업 또는 단체 ③ 조직의 상하관계는 직선 ④ 유착관계는 점선 화살표로 표시하였음(자료: 이윤경).

세월호를 통해 다시 생각해보는 신자유주의, 국가 그리고 민주주의

국가와 시장의 관계를 논의할 때 신고전학파 경제학자들조차 시장이 실패(market failure)하는 부분을 인정한다. 그리고 그런 부분에는 국가가 개입해야 할 필요성을 주장한다. 이윤 추구만을 목적으로 하는 민간 경제 행위자들을 통해서는 사회가 필요로 하는 공공재(public good)가 공급되기 힘들기 때문이다. 공공 안전은 사회가 필요로 하는 공공재의 성격을 갖는다. 따라서 공공 안전에는 국가로 대표되는 공공 기구가 개입해야 한다. 그러나 세월호 참사가 보여준 한국의 현실은 이와 달랐다. 공공 안전 분야에서 공공 기관의 관여, 관리, 감독, 전문성 그리고 책임을 찾아보기 힘들었다. 오히려 해운조합(청해진해운이 소속된), 한국선급, 해구협(언딘이 소속된)과 같은 민간 기업의 이윤 극대화 활동만이 아무런 제약 없이 추구되었다.

모든 규제 완화가 문제라거나 정부의 규제만이 모든 사회 문제의 해결책이라고 주장하는 것이 절대 아니다. 규제 완화라는 것 자체가 느슨한 개념인 만큼 광범위한 정책 개혁에 적용될 여지를 갖고 있다. 공정한 시장 경쟁을 저해하는 규제 정책이나 경제 행위자에게 불필요한 거래 비용을 발생시키는 관료주의적 행정은 분명 '완화'될 필요가 있는 규제들이다. 그러나 규제 완화의 한 범주라고 할 수 있는 국가 행정 기능의 축소를 결정할 때는 특별히 고려해야 할 내용이 있다. 공공의 기능을 민간 시장 행위자에게 넘기는 '민영화'를 실시할 경우 민간 기업이 효율적이고 전문적으로 그리고 투명하게 작동할 수 있는 제도적 메커니즘을 만들어놓아야 한다는 점이다. 이런 제도적 장치의 핵심은 이해 당사자를 제외한 제삼자를 통한 관리 감독 체계를 만드는 것이다. 공공 안전을 책임지는 시스템이 공공 기관을 통해 작동을 하든 아니면 민간 기구에 의해 작동하든 감시받지 않는 조직은 수단과 방법을 가리지 않고 자신의 이익을 추구하게 되어 있다. 그리고 제약받지 않는 이윤 추구는 부의 집중을 가능하게 하며, 부의 집중은 권력의 집중으로 이어진다. 집중된 권력이 통제받지 않으면 부패한다는 것은 자명한 사실이다.

세월호 사고를 통해 우리는 박근혜 정부 그리고 국가 기관이 대형 참사에 대응하는 데 있어 완벽하게 무능하고 무책임하다는 모습을 확인할 수밖에 없었다. 그리고 이런 완벽한 무능은 한국의 정치 제도와 행정 능력에 심각한 문제를 제기한다. 보통 많은 사람들은 한국의 정치 제도가 막강한 권한을 가진 대통령을 중심으로 하는 강한 국가(strong state)인 것으로 본다. 민주화 이전 군사독재 시절은 말할 것도 없고, 민주화 이후에도 대통령은 재임 기간 중 행정부를 전략적으로 동원하여 자신의 통치를 효율적으로 집행해왔다. 하지만 5년 단임제로 선출되는 대통령은 5년이라는 시간적 제약 아래 통치할 수밖에 없는데, 대통령이 바뀔 때마다 작은 정부를 만든다는 미명하에 행정부처 개편을 감행한다. 이런 불안정한 조건 아래에서는 행정 부처 간 역할 분담, 행정 전문성, 정책 책임성이 제대로 실현되기 어렵다. 이는 대통령을 비롯한 중앙 정부의 위기 대처 능력이 현저히 저하될 수밖에 없는 조건이 된다. 세월호와 같은 대형 참사는 책임감 있는 지도부(또는 재난대책본부)가 구성되어 신속하고 권위 있는 재난 대책을 세워 집행할 때 그 피해를 최소화할 수 있다. 재난 관련 전문 인력을 중앙으로 모으고 관련 부처의 정보와 자원을 동원해서 신속하게 개입할 수 있는 전문성과 지도력이 있어야 하는 것이다. 그러나 세월호를 통해 드러난 한국 정치의 현실은 강력한 대통령과 강한 정부는 이론상

1부 세월호 참사의 병리

으로만(또는 정쟁을 위해서만) 존재할 뿐, 실제 위기 상황에서는 빈말에 불과했다는 것을 보여준다. '강력한' 정부는 효율적인 통치와 위기관리 능력을 전혀 보여주지 못했다.

세월호 참사가 일어난 정치경제적 배경을 분석하다 보면 우리는 한국 사회 그리고 한국의 민주주의가 직면하고 있는 심각한 문제들을 마주하게 된다. 세월호는 한국 사회가 신자유주의적 자본주의와 민주주의 사이에 공존하기 힘든 첨예한 모순의 지점에 서 있다는 사실을 확인시켜준다. 민주주의 제도의 기본적인 작동 원리와 자본주의의 기본적인 작동 원리는 서로 다르고 대립할 수밖에 없다.[29] 자본주의는 시장 경쟁을 통한 이윤의 극대화라는 원리로 작동하는 반면, 민주주의는 적자생존의 시장 경쟁이 아닌 1인 1표제와 같은 사회적 평등 정신에 기초해서 운영되는 제도이다.[30] 그래서 1970년대 말 이후 새로운 시장 이데올로기로 부상한 신자유주의하에서는 시장 권력과 민주주의 원칙 사이의 갈등이 더욱 더 심해질 수밖에 없었다.

한국 사회가 신자유주의를 적극적으로 도입하고 추종하는 과정에서 기업의 경제적 영향력은 더욱 막강해졌다. 또한 기업은 자신이 갖게 된 경제 권력을 통해 정치사회적 영향력을 확장해왔다. 다시 말해 이윤의 극대화를 통해 얻은 시장 권력을 정치권력으로 전환했고

---

29 Wolfgang Steeck, "The Crisis of Democratic Capitalism," *New Left Review*, Vol. 71(2011), pp. 5~29.

30 자본주의 체제에서 자본가와 보수 정치 세력은 정부가 과세를 통해 부의 배분을 추구하는 것은 사유재산에 대한 침해이자 도전이라고 인식한다. 따라서 이들은 무산계급이 사회의 다수를 차지하는 상황에서 1인 1표를 행사하여 정치 대표체를 결정하는 민주주의 제도와 적대적 관계에 위치할 수밖에 없다. 그렇기 때문에 자신들이 가진 모든 방법을 동원하여 민주주의가 제대로 작동하지 못하도록 공모하게 되어 있다.

성공했다. 기업인들은 정치권과 정부 관료들에 로비를 하고 기업의 이윤 추구와 부의 축적을 더욱 손쉽게 할 정책을 도입하도록 만든다. 우리는 세월호 참사를 통해 해운업체들과 구난 회사들이 비정규직을 고용하고 안전규정을 어기면서 번 돈으로 해양경찰과 항만청, 해양수산부 등의 공무원들을 접대해서 자신들이 원하는 대로 규제 완화를 도입하고 관리 감독을 무력화시킨 모습을 확인했다. 정치인과 관료들은 기업으로부터 '합법적인' 정치 자금이나 '검은 돈'을 받고, 기업의 사외 이사와 같이 한몫 챙길 수 있는 자리를 배정받는다. 이런 정치인들과 관료들에게 당신들을 지금의 자리에 있게 해 준 것은 국민이고, 당신의 월급은 국민의 세금이기 때문에 당신들이 할 일은 국민을 위한 정책을 실현하는 것이라고 이야기하는 것은 이제 소 귀에 경 읽기와 같은 일이 되어버렸다. 이와는 반대로 신자유주의 사회에서 노동자들은 기업의 이윤 극대화를 위해 최소 임금만으로 착취당하며 언제든 쓰고 버릴 수 있는 단순 소비재로 취급받는다. 불안정한 노동 조건 속에서 일하는 노동자들의 안전은 일상적으로 위협받고 있다. 그리고 이런 신자유주의 경제에서는 공공의 안전조차도 외주의 대상이 되어 비용 절감만을 목적으로 삼게 된다. 경제 불평등이 악화되는 것은 신자유주의의 당연한 결과이며 결국 국민 대다수는 불안정한 직업과 물질적 빈곤을 경험하게 된다.

우리는 세월호 참사를 통해 신자유주의를 추종해온 한국 사회가 당도한 비참한 바닥을 보게 되었다. 신자유주의는 국가와 사회를 기업의 이윤 추구를 미화하고 물질적 가치 추구에 절대적인 의미를 부여하는 괴물로 만들어놓았다. 돈이 모든 것에 우선시되고 모든 것을 지배하는 신자유주의 사회에서 공공 기관을 통한 공공 안전의 보장은 기대할 수 없다. 그리고 우리는 이런 극한 형태의 자본주의하에서는 평등, 인권, 공정성, 투명성과 같은 민주주의의 기본적인 가치를 추구할 수 없다는 것을 깨닫게 되었다. 여기에 박근혜 정권은 정부 기관의 무능과 은폐, 불통과 억압적 대응을 적나라하게 드러냈다. 이런 깨달음이 수백만의 시민들을 2016년 10월부터 2017년 3월까지 매주 토요일 광장으로 모이게 했고 박근혜 대통령 퇴진과 적폐 청산을 외치게 했다. 세월호 참사는 2016년 시민 항쟁을 촉발시킨 발화물이자 5개월 동안 촛불 집회를 지속시킨 밑불이었고 광장 정치를 승리로 이끈 기폭제였다. 우리는 세월호를 통해 시장주의의 한계와 박근혜식 정치의 바닥을 보았고, 그 대안을 갈망하게 되었다. 세월호라는 트라우마에 가까운 사회적 경험을 통해 신자유주의에 대한 수정 없이는 민주 정치가 불가능하다는 것을 확인했다. 광장의 시민들은 시장 권력이 통제되는 새로운 경제 질서, 부정부패와 민관 유착이 법의 심판을 받는 공정하고 투명한 정치 질서를 요구하고 있다.

하지만 이러한 새로운 민주주의의 내용이 한 번의 선거로 실현되지는 않을 것이며, 세월호가 한국 사회에 던진 문제의식 또한 쉽게 사라지지 않을 것이다. 지금 우리가 살고 있는 경제 구조, 정치 제도에 대한 근본적인 개혁 없이는 3년째 답보 상태에 놓인 세월호 참사에 대한 제대로 된 진상 조사가 언제쯤 가능할지 의문을 가질 수밖에 없다.

제3장

세월호 참사와

기업·정부의 사회적 무책임

: 중독조직 이론의 시각

강수돌

세월호 참사, 어떻게 설명할 것인가?

2014년 4월 16일은 미국의 2001년 9.11(뉴욕 세계무역센터 붕괴) 또
는 일본의 2011년 3.11(후쿠시마 원전 붕괴)에 비견될 만한, '충격과 공
포'의 슬픈 기념일이다. 인천에서 제주로 가던 '세월호'[1]가 침몰하면서
무려 304명의 소중한 생명이 물속에 '버려졌기' 때문이다. 공식 탑승

---

1   세월호는 1994년에 일본에서 건조된 배로, 18년이 되던 2012년 10월에 세모그
      룹의 청해진해운이 116억 원에 사서(산업은행에서 100억 대출) 30억을 들여 증
      개축을 한, 6825톤급 여객선이다. 길이는 146미터, 폭은 22미터다. 사고가 난
      2014년은 이 배의 원래 사용연한인 만 20년을 채우는 해였다(≪비즈니스 포스
      트≫, 2014.4.22).

자 수는 476명, 그중 172명은 살아남았지만 304명은 목숨을 잃었다. 수학여행을 가던 고교생이 250명이었고, 그 외 일반인이 54명이다. 여기서 '버려졌다'는 것은, 우선 선장을 비롯한 선원들, 나아가 구명을 해야 했던 해경이나 해군, 그리고 총괄적 관리 책임을 져야 했던 정부나 대통령이 원래 소임을 다하지 않았기 때문이다.

이 사건에 대해 사람들이 갑갑해하고 먹먹해지는 것은 '설마?'했던 사고로부터 "전원 구출"이라는 오보를 거치면서 300여 생명이 고스란히 수장당하는 것을 마치 생중계 보듯 무기력하게 지켜봐야 했기 때문이다. 이것은 지금까지 수많은 한국인들에게 일종의 '집단 트라우마'로 남아 있다. 특히, 사고 원인이나 대응 과정에서 나타난 의혹이나 비밀이 아직도 속 시원히 해명되지 못했다. 정부나 당국이 뭔가 설명이나 해명을 할수록 오히려 의혹이 늘었다. 한마디로, 이 사건을 설명할 일관된 논리의 부재가 집단 트라우마를 증폭했다.

한편, 무려 304명의 목숨을 앗아간 이 세월호 참사를 단순한 "교통사고"에 불과하다고 보는 시각이 있었다. 인천에서 제주로 가던 여객선이 선박 안전 점검 미비나 기상 악화 등이 겹쳐 침몰하고만 안타까운 사고에 불과하다는 것이다. 그리고 객실 안에서 선내 방송 및 승무원의 지시에 따라 '가만히 있었던' 304명의 승객이 하나도 구조되지 못한 것은, 선원이나 해경 등이 위기 속에서 당황하다 보니 벌어진 실수이거나 먼저 탈출한 선장 등이 보인 무책임한 개별적 태도 탓이라는 식이다. 그러나 이 '교통사고론'은 한국 사회에서 오랫동안 누적된 구조적 모순을 은폐하거나 상황을 책임져야 할 당사자들이 코앞의 위기를 모면하려는 책임 회피이자, 현상 뒤에 가려진 사태의 본질을 찾으려는 노력을 하지 않는 지적 나태다.

다른 한편, 지금까지 사고의 명확한 원인이 규명되지 않은 상태에서, 사고의 원인이나 사후 대응 과정을 둘러싸고 SNS(sns) 등 일각에서는 '음모론' 또는 각종 루머들이 창궐하기도 했다. 일례로, 세월호선수 아랫부분에 스크래치가 있는 것은 '잠수함'과의 충돌 흔적이며, 최초 구조자로 도착한 123정이 승객이 몰린 선미 쪽으로 가지 않고선수 쪽에서 선장 및 정체불명의 '오렌지맨' 등 일부만 구조한 뒤 밧줄로 세월호를 끌어 일부러 넘어뜨린, 의도적 학살이란 주장이다. 이에따르면 그 배경은 2012년 12월의 대선이 국정원, 군, 국가보훈처 등국가 기관에 의한 불법 개입 및 개표 조작 등에 의해 왜곡된 것이 탄로 났기에, 이로 인한 정권의 위기를 감추고 국민 시선을 돌리기 위해'초특급' 사건이 필요했다는 것이다. 원래 음모론이란, 특정 사건을 설명할 때 객관적이고 타당한 증거가 충분하지 못한 상태에서 흑막 뒤의 모사꾼들이 계략을 펼친 결과라 보는 것이다. 물론, 이는 객관적이고 타당한 증거가 확보되는 경우 설득력을 얻기도 한다. 하지만 '수사권'이 국가 기관에 의해 독점된 상태에서 심증을 넘는 '물증'을 제시하기란 어렵다.

그런데 검찰은 2014년 10월 6일, 수사를 종결하면서 "무리한 증축과 과적, 운항 미숙"이 사고의 원인이라 결론짓고, 더 근본적 원인으로 "유병언 일가가 청해진해운 자금을 착복하면서 재무 구조가 나빠지자 이를 메우고자" 무리한 운항을 했다고 말했다. 검찰 관계자는"세월호는 바다에 나가서는 안 될 선박이었다"라고 결론지었다.[2] 이것은 일종의 "경영 실패론"인데, 여당 일각의 "단순한 교통사고"도 아니요, SNS 일각의 "음모론"도 동시에 부정하는 발표다. 그러나 이 경영 실패론조차 '왜 그런 실패가 초래되었는가'에 대한 해명은 못한다.

---

2   《조선일보》, 2014.10.6.

이 경영 실패론의 최대 공헌은 최종 책임자를 유병언 일가로 '고박'하는 데 있다.

본 연구는 전술한 '교통사고론'이나 '음모론', 나아가 '경영 실패론'의 시각이 아니라 '중독조직 이론'의 시각에서 세월호 사고의 원인과 사후 대응 과정이 내포한 한국 사회의 구조적 문제를 설명한다. 세월호 침몰과 참사는 지난 50여 년의 경제 성장 과정에서 누적된 사회경제적 문제들이 압축적으로 표출된 '구조적 역기능'의 결과이며, 그러한 구조적 역기능이 각종 사고마다 하나씩 해결되기는커녕 온존, 강화되어 온 것은 '중독조직'이 가진 고질병이 근본적으로 고쳐지지 않았기 때문이다. 여기서 말하는 구조적 역기능이란 제도적 구조와 행위 패턴 속에 내장된 불구화다. 즉, 개인과 조직이 움직이는 패턴이 역기능적으로 구조화한 결과가 중독조직 또는 중독사회를 만든다.

이런 관점에서 보면, 왜 논리적 설명이 불가능한 참사가 발생했는지, 또 왜 사건 발생 이후 대처 방식이 어이없는 것이었는지, 나아가 왜 그런 참사 이후에도 비슷한 사고들이 계속되는지를 일관되게 해명할 수 있을 뿐 아니라, 향후 이런 참사의 재발을 막으려면 어디서부터 출발해야 하는지 옳은 실마리를 찾을 수 있을 것이다.

아래에서는 우선, 기업이나 정부의 사회적 책임에 관한 이론적 논의를 간략히 살핀 뒤, 중독조직 이론의 핵심 내용을 서술한다. 그러한 이론적 배경 위에서 세월호 참사의 원인과 대응 등 양 측면 모두에 드러난 구조적 모순들을 중독조직 이론의 개념과 관점을 빌려 설명한다. 최종적으로는 그러한 실태 분석에서 드러난 문제들을 제대로 해결하기 위한, 보다 근본적인 해법을 제시한다.

기업·정부의 사회적 책임

　기업의 사회적 책임(Corporate Social Responsibility, CSR)에 관해서는 이미 1960년대부터 논의가 시작됐다. 데이비스(Davis)는 CSR에 대해 "기업의 경제적, 기술적 이해관계를 조금이라도 초월하는 이유에 근거한 의사 결정이나 조치"라 했고, 엘스(Eells)와 월턴(Walton)은 CSR을 "기업이 사회적 문제에 눈감지 않는 것, 그리고 기업과 사회의 관계를 통솔하는 윤리적 원리"라 했다. 그러나 이들이 CSR로 제시한 내용은 주로 경제적, 법률적 의무라는 측면에 국한되었다. 그래야 이윤 추구라는 기업 행위의 사회적 정당성이 확보된다.

　한편 캐럴(Carroll)은 CSR을 경제적, 법률적, 윤리적, 자선적 책임으로 범주화하고 또 이들 간에 일종의 위계적 관계(피라미드)가 있다고 본다. 그 순서대로 핵심만 간추려보자. 경제적 책임이란 좋은 품질과 적정 가격의 재화와 용역을 공급하면서 적정 이윤을 추구하고, 동시에 고용 창출과 사회 발전에 기여하는 것이다. 법률적 책임은 편법이나 탈법을 쓰지 않고 모든 법령이나 제도적 규제 등을 충실히 따르는 것이다. 윤리적 책임은 법 제도 등의 강제 규정에 나오지 않는 시민사회적 윤리나 규범, 기대, 특히 인간적 가치나 환경적 가치를 실천할 책임이다. 자선적 책임은 기업이 '모범적 기업 시민'으로 우뚝 서기 위해 해야 할 적극적 행위들, 예컨대 예술, 교육, 공동체 지원 등 공공복리나 공동선을 증진하는 것이다.

　요컨대, CSR은 기업이 사회적 정당성을 획득하기 위해, 해야 할 것은 잘 하고, 하지 말아야 할 것은 하지 않으며, 나아가 하지 않아도 될 것까지 잘 함으로써 사회의 다양한 이해관계자들(주주, 직원, 소비자, 연관 기업, 지역 사회, 엔지오, 정부, 생태계 등)이나 전체 사회와 바람직한 관

계를 맺는 행위다.[3]

　다음으로, 국가 내지 정부의 사회적 책임은 국가론 또는 공공 정
책론 분야에서 다뤄왔다. 크게 두 가지 흐름으로 정리할 수 있다. 하
나는 사회 계약설, 즉 로크(Locke)와 루소(Rouseau)의 견해처럼 인간 사
회는 그냥 두면 이기심으로 인해 혼란이 생기므로 일정한 시민사회의
계약 속에 전체 사회의 이해를 조정하고 통합하기 위해 정부(국가)가
생겨났다는 관점이다. 전체 사회의 이해란 질서, 치안, 국방, 외교, 안
전, 보건, 교육 등의 공공의 이해가 걸린 내용들이다. 이런 맥락에서
국가 내지 정부의 사회적 책임은 대체로 공적 이해를 증진하는 것이
핵심이다.

　또 다른 흐름은 밀리밴드(Miliband)와 틸리(Tilly)의 견해처럼 정부
를 포함한 근대 국가의 탄생 자체가 지배세력이나 자본의 이해를 보
호하고 증진하기 위한 목적을 띠고 형성되었다고 보는 관점이다. 즉,
봉건주의 사회로부터 자본주의 사회로의 이행 과정에서 신흥 상공인
(부르주아 계급)은 토지, 사업체, 금전 등 재산의 사적 소유권과 같은 자
기 계급의 이해관계를 보호하기 위해 제한적 선거권을 도입해 의회를
구성하고 정부, 사법 체계를 구성했다는 것이다. 이런 관점에서 정부
의 사회적 책임을 보면, 그것은 주로 사유재산 또는 재산이 많은 부자
계급을 보호하고 그들의 권익을 증진하는 것이 주 내용이다.

3　CSR보다 한 걸음 더 나간 개념이 공유가치창출(Creating Shared Values, CSV)
　　로, 기업 활동 자체가 경제적 가치를 넘어 사회적 가치를 창출하도록 한다는 개
　　념이다. M. 포터 하버드대 교수가 2011년 1월에 제시한 개념이다(*Harvard
　　Business Review*, 2011). 예를 들면, 글로벌 신발 제조사 탐스(TOMS)는 신발
　　한 켤레가 팔릴 때마다 제3세계 가난한 이들에게 그와 똑같은 신발을 한 켤레씩
　　기부한다(≪한국경제≫, 2014.5.9).

오늘날 한국을 비롯한 대부분 자본주의 나라들의 헌법 정신에 따르면, 국가나 정부의 존재 이유는 '국민의 생명과 재산을 보호'하는 것이다. 이것은 앞서 살핀 두 흐름이 모두 반영된 결과다. 국민의 생명을 보호한다는 것은 단순히 물리적 목숨만이 아니라 생존권을 비롯한 기본 인권(신체권, 자유권, 참정권, 사회권, 환경권)을 신장하는 등, 삶의 질과 복지 시스템, 민주주의 전반을 증진하는 것까지 포괄한다. 한편, 국민의 재산을 보호한다는 것은 각종 재산에 대한 사적 소유권을 보호할 뿐 아니라 소유권에 토대한 영리적 기업 활동 등 사회경제적 시스템 자체를 보호함을 의미한다.

중독조직 이론의 관점

원래 중독조직 이론은 미국의 섀프(Schaef)와 패설(Fassel)에 의해 처음 체계화되었다. 이들의 기본 입장은, 영리·비영리 조직 모두, 마치 알코올 중독자처럼 병적인 행위 패턴을 보일 수 있다는 것이다.

우리는 대개 어떤 조직이나 어떤 사회가 '이상한' 징후를 보이면 '비정상'이라 보고 고치려 하는 게 정상인데, 중독조직 내지 중독사회에서는 오히려 그런 병적인 것을 '정상'이라 보고 그를 비판하거나 고치려는 행위를 '비정상'으로 본다.

그렇다면 알코올 중독자는 어떤 사람인가? 사실, 모든 중독(addiction)의 뿌리는 (분열과 배제에서 오는) 현실의 고통이다. 이들은 괴로움과 두려움을 잊고자 알코올에 의존한다. 사람이 아니라 술이 사람을 통제한다. 갈수록 술의 도수가 높아진다. 그래야 일시적 만족을 느낀다. 술이 없으면 허전하고 불안하다. 그래서 또 손을 댄다. 그러나 이들은 자신이 중독자임을 인정하지 않는다. 중독자로 불리는 것은 자존감에 치명타를 입히기에 몹시 두렵다. 거짓과 기만이 일상화한다. 술에 취하지 않은 것처럼 보이기 위해 '자기기만'도 한다. 다른 사람 눈을 피하기 위해 몰래 마시기도 한다. 들키지 않기 위해 완벽을 추구한다. 혹시 왜 또 술을 마셨냐고 질책받으면 상황이나 '남의 탓'만 한다. '가해자-피해자 구도'를 설정하고 자신은 늘 피해자라 여긴다. 삶에 대한 주체적 책임감은 거의 없다. 스스로는 옳고 완벽하다고 생각하기에 종종 주변에 공격적이다. 좋은 일은 자기 공이고 나쁜 일은 남의 탓이다. 주변 사람들이 피하기 시작한다. 결국 사회적으로 고립된다.

그런데도 이런 중독 상태가 고쳐지지 않고 계속 유지되는 것은, 한편으로 중독의 부정(denial) 때문이고 다른 한편으로 '동반 중독자'(co-dependent) 덕분이다. 가족이나 동료, 이웃, 친구 등 측근들은 그에게 직언을 하기보다 그 권위에 순응하고 외부의 비판에 맞서 오히려 그를 적극적으로 방어하고 보호한다. 그런 중독자 가정에서 자란 아이(adult children of alcoholics)도 중독자를 '미워하면서도 닮아가기' 쉽다. 중독자나 동반자 모두 자신의 진정한 느낌을 속이고 억압한다. 이런 행위 패턴들이 곧 '중독' 행위다.

중독조직 이론의 핵심 내용

바로 이런 개별 중독행위자의 특성과 구조가 한 개인을 넘어 조직 차원에서도 관철되는 것, 즉 중독행위자는 물론 중독 가정이나 중독조직 등의 기저에 일종의 '중독과정'(addictive process)이 존재한다고 보는 것이 중독조직 이론의 출발점이다.[4] 어떤 조직이 중독자처럼 행

위 하는 방식은 크게 네 가지다.[5]

첫째, 해당 조직의 핵심 인물, 예컨대 CEO가 중독자인 경우다. 그 중독은 술, 마약, 카페인, 니코틴 등에 의한 물질중독일 수도 있고, 일, 권력, 관계, 쇼핑, 게임 등에 의한 과정중독일 수도 있다. CEO가 중독자로 행위하면 그 조직의 공식 미션과 조직의 운영 과정 사이에 비일관성이 커진다. 핵심 인물이 전체 조직을 병들게 한다.[6]

둘째, 조직 구성원들이 자신의 가정에 있던 중독행위를 조직 안으로 가지고 들어오는 경우다. 예컨대, 알코올 중독자 직원이 직장에 와서도 중독행위 패턴을 반복한다. 거짓말을 밥 먹듯 하거나, 주변인을 겁박한다. 기억력이 떨어지고 판단력이 흐리다. 알코올 중독자 가정에서 자란 아이들이 어른이 되어 취업을 해도, 무의식중에 동반 중독행위를 반복한다.

셋째, 조직 자체가 중독물질로 작용하는 경우다. 일례로, 조직은 각종 비전과 약속, 그 미션이나 목표, 소속감, 보너스나 학비 지원 등 각종 혜택, 승진 체계, 일중독 등을 지속적으로 공급함으로써 그 구성

---

4 이러한 중독조직 이론은 조직 전체를 하나의 유기체로 본다는 점에서 '사회유기체론'과 유사한 점이 있지만, 본 논문의 핵심은 어떻게 해서 세월호 참사와 같은 중대한 문제가 발생하게 되었는지 논리적으로 설명하기 위해 정부 조직이나 기업 조직의 여러 측면을 비판적으로 분석하는 데 방점을 둔다. 이런 면에서 '강한 국가' 옹호 지향성을 가진 사회유기체론과는 차별성을 띤다.

5 A. W. Schae and and D. Fassel, *The Addictive Organization*(New York: Harper & Row, 1988).

6 이 중독행위는 '모방' 행위와 유사하면서도 다른 차원을 갖는다. 조직 내 여러 개별적 중독행위가 마치 톱니바퀴의 이가 서로 맞물리듯 내적으로 결합되면서도 전체 조직과도 조화롭게 맞물려 돌아가는 것처럼 기능하기 때문이다. 하지만 이것은 건강한 톱니들의 유기적 결합과는 판이하다.

원들의 삶에서 중심 위치를 차지한다. 그것 없이는 삶이 돌아가지 못할 것 같은 느낌을 주기에 조직 자체가 중독물이 된다. 이런 조직 속에서 구성원들은 자신의 진정한 삶과는 단절된 채, 좀비(zombie)의 삶을 살기 쉽다.

넷째, 조직 자체가 그 전체로서 중독자로 행위하는 경우다. 조직 내 소통 과정이 직접적이기보다는 간접적이고, 솔직하기보다는 아첨이 많다. 회의를 해도 중요한 것부터 짚은 뒤 차곡차곡 하기보다, 오랜 시간 곁가지만 다루다가 정작 중요한 건 뒤로 미루거나 급히 끝낸다. 집단 망각증도 심하고 과거의 경험이나 실수로부터 학습도 못한다. 늘 임기응변적이다. 조직에 뭔가 문제가 있어도 내부를 살피고 고치기보다는 늘 외부 탓만 한다. 무책임이 제도화한다. 사고방식이 양자택일, 흑백논리, 편 가르기에 사로잡힌다. 조직 관리에 있어 부정직, 과장, 거짓, 은폐가 일상화하고, 외부 비판 등에 폐쇄적이다. 일상이 혼란 투성이다. 종종 위기가 닥치면 '꼬리 자르기'나 '희생양 만들기' 등을 통해 통제 권력을 강화한다. 조직 구조도 형식, 경쟁, 통제, 처벌을 강화하는 방향으로, 그러나 원래의 미션을 수행하는 데 별 도움이 되지 않는 방향으로 작동한다. 이런 중독조직은 그 구성원들에게는 물론 협력기업을 포함한 전체 사회에도 파괴적 영향을 미친다.

이런 식으로 경영 조직이나 구성원이 중독행위를 하게 되면 그 본연의 목적과 임무를 망각하고 수단과 방법을 가리지 않은 채 중독물(외적 성장, 돈, 일자리, 권력 등)에 집착하는 행태를 보임으로써 사회적 무책임을 드러낸다. 이런 맥락에서 중독조직 이론은 세월호 참사에서 드러난 청해진해운이나 정부 등 각종 조직의 병리적 행태가 참사의 근본 원인임을 이해하는 데 도움이 된다.

중독조직 이론과 세월호 사태의 연관성

이런 이론적 배경 아래 이 글은 세월호 참사로 드러난 우리 사회의 근본 문제를 중독조직 이론의 관점에서 조명한다. 그것은 우선 세월호 사태의 원인과 관련하여 우리의 정치경제, 사회문화, 언론 및 교육 등 모든 분야가 일종의 중독조직 메커니즘 속에서 움직여왔기에 이번 사태가 필연적으로 초래되었다고 본다. 중독조직 이론에 따르면, 정부의 책임성 있는 당국자나 청해진해운과 같은 기업의 최고경영자가 일 중독, 돈 중독, 권력 중독에 빠진 경우 결코 건강한 조직 경영을 할 수 없다. 나아가 그 구성원들이 최고 책임자의 눈치를 보며 순응하거나 아부하는 경우, 그 조직 전체가 서서히 병든 조직으로 변한다. 특히 조직 자체가 중독자처럼 행위하는 경우, 자신의 참 모습을 숨긴 채 주변 조직들(해구협이나 한국선급 등)과 동반중독관계를 맺으면서 함께 병든다. 더 큰 문제는 스스로 병들어가는 줄을 모른다는 점이다. 따라서 이러한 중독조직 내지 중독사회의 기제를 획기적으로 고치지 않는 한 유사한 사고가 재발한다.

또, 이번 사태에 대응하는 과정에서도 중독과정이 드러났다. 사고 자체를 직시하고 체계적으로 대응하며(responsiveness), 사태의 원인 및 경과, 의혹에 대한 일관된 설명(accountability)과 더불어, 사태의 수습과 사후 처리 내용에 있어서도 책임 있는 당국자들이 진지하게 임하는 모습(responsibility)이 있어야 하는데, 오히려 부인과 거짓, 조작과 통제, 독선과 흑백 논리, 진실 규명 회피와 희생자 나무라기 등 중독행위 방식을 보여주었기 때문이다. 이 사후적 대응 또한 중독조직 이론의 관점에서 조명할 수 있다. 그것은 억압되고 은폐, 지연되었던 문제들이 폭발적으로 터져 나왔음에도, 정부나 청해진해운 측이 이를

1부 세월호 참사의 병리

정직하게 시인하고 근본부터 체계적으로 해결해나가려 하기보다는
부인과 조작, 지연과 회피, 독선과 희생자 비난 등으로 일관했기 때문
이다. 이러한 모습은 중독조직의 개별 구성원이나 조직 전체가 본연
의 건강함을 상실했을 때 보이는 증상들이며, 나아가 이 조직의 중독
적 행위 방식이 결코 정체되어 있는 게 아니라 시간의 흐름과 더불어
갈수록 강화되는 역동성을 띠고 있음을 명확히 드러낸다.

세월호 사태에서 나타난 기업·정부의 사회적 무책임

세월호 사태의 배경: 기업·정부의 제도화된 무책임과 중독조직적 과정

참담할 정도로 반복되는 이런 재난을 제대로 기억, 성찰하고 재
발을 방지하기 위해서는 지금부터라도 온 사회 구성원들이 중독사회,
중독조직의 메커니즘을 제대로 이해, 인정하고 이를 건강한 방향으로
바꾸어야 한다. 그것은 흔히 말하듯, '관피아'라는 말로 상징되는, 정
치경제의 유착관계나 재난 대처 시스템을 부분적으로 합리화하는 차
원을 뛰어넘는다. 즉, 온 사회의 건강성 회복은 그보다 훨씬 넓고 깊
은 접근을 요한다.

'직접적 원인 미해명'과 보상 문제 부각

가장 먼저 지적될 것은, 아직도 본 사태의 직접적 원인으로 지적
된 '급변침'이 왜 일어났는지 불명확하다는 사실이다. 지금까지 나온
유일한 해명은, 2014년 6월 10일 법정 증언이다. 세월호 3등 항해사

박 모 씨가 변호사를 통해 한 말은, "반대편에서 배 한척이 올라왔다" 라며 "충돌을 피하고자 평소처럼 조타수에게 5도 이내 변침을 지시" 한 것이다.[7] 당국은 아직 그 배경을 밝히지 못했다. 단순히 "무리한 변침"이나 "운항 미숙" 정도로 넘길 일이 아니다. 수많은 조사나 재판 도 진전이 없었다. 당연히도 인터넷, SNS상에서 추측만 무성했다. 수 사 당국이나 정부 당국, 심지어 대통령조차 진실 해명을 약속했지만, 그들조차 진실 밝히기엔 별 관심이 없고 '유언비어 유포 엄단'이라는 경고만 했다. 진실을 밝히면 되는데, 뭔가 숨긴다. 숨기려니 조작과 통제가 필요했다. 중독행위다. 교신 내용이 잘려나가고 레이더 영상, AIS 기록 등이 훼손된다.[8] '진상 규명'을 위한 전 사회적 특별법 제정 요구에도 '대학특례입학'이니 '보상 문제'니 하면서 본질을 흐리는 한 편, '이제 지긋지긋하니 세월호 얘기는 그만!'이라는 담론까지 퍼뜨렸 다. 당국이 중독자라면, 무비판적 추종자들은 동반중독자다. 또, 진실 대신 보상과 같은 조직적 자원들이 중독물 역할을 했다.

화려한 목표, 초라한 실천

세월호와 유사한 일들이 부단히 일어났고 그때마다 안전대책이 나 재난 구호 대책 등이 논의되었음에도 실제로는 전혀 변화가 없었 다. 오히려 화려한 외양 이면에 문제는 더 넓고 깊게 곪고 있었다. 조 직·개인 모두 중독자일수록 스스로 완벽한 척 하지만 실제 그 속은 공 허하다. 일례로, 세월호 사고가 일어나기 불과 두 달 전 경주의 마우나

---

7   《서울신문》, 2014.6.12.
8   오히려 유가족들이 4개월 정도 노력한 끝에 사고 당일의 항적이 복원되었다. 이 에 따르면, 급변침은 8시 49분 13초 직전 및 8시 50분경 두 번이나 있었던 것으 로 확인되었다(《한겨레》, 2014.10.15).

오션리조트 참사가 있었다. 대학생 등 10명이 사망하면서 사회의 안전 불감증에 경종을 울렸다. 놀랍게도 마우나오션리조트 사고 며칠 전 안행부 장관이 대통령 업무 보고에서 "생명을 구하는 골든타임제"를 도입, 비상시 긴급 차량이 신속하게 현장에 도착하도록 하겠다고 자신 있게 보고했다.[9] '5분 이내 재난 현장 도착률'을 58%(2013년)에서 74%(2017년)로 높여 생명을 보호하겠다고 강조했다. 불과 며칠 뒤 마우나오션리조트 사고가 있었고 그 두 달 뒤 세월호 참사가 터졌다. 이명박 정부 때의 '행안부'를 박근혜 정부가 '안행부'로 명패만 바꿨을 뿐, 내용은 전혀 바뀌지 않았다. 오히려 안전 문제를 안행부 내 '비실세부서'인 2차관실에 맡겼다. 노무현 정부 때 소방방재청으로 집중된 재난관리를 이명박근혜 정부가 소방방재청(자연재난)과 안행부(사회재난)로 '이원화'해 혼선만 불렀다. 생색내기 대선 공약용이었다.[10]

사실 지난 20년 동안 굵직굵직한 건만 헤아려도 1993년 서해훼리호 침몰(292명 사망), 1994년 성수대교 붕괴(32명 사망), 1995년 대구지하철 공사장 폭발(101명 사망) 및 삼풍백화점 붕괴(502명 사망), 1999년

---

9   ≪시사IN≫, 2014.4.26.
10   이와 관련, 1987년 영국 여객선 엔터프라이즈호가 벨기에 근처에서 침몰해 188명이 사망하는 사고 발생 후 유사한 인재가 반복되자 '산업재해를 포함한 대형 사고에 대한 기업과 사업주 책임을 강화하자'는 논의가 활성화했다. 이에 근거해 2007년엔 '기업과실치사 및 기업살인법'(Corporate Manslaughter and Corporate Homicide Act 2007)이 제정됐다. 기업이 노동자나 공공에 대한 안전 조처를 제대로 하지 않아 일어난 사고에 대해, 기업에게도 범죄 책임을 물을 수 있게 한 것이다. 사망 사고를 일으킨 기업한테는 상한선이 없는 '무제한 벌금'을 부과할 수 있다. 실제 몇 백만 파운드의 벌금 폭탄을 맞는 기업들도 생겼다. 안전 관리를 잘못했다가는 회사가 망할 수 있다는 '경고'를 확실히 던진 셈이다(≪한겨레21≫, 2014.5.9).

씨랜드 화재(23명 사망), 2003년 대구지하철 화재(192명 사망), 2010년 천안함 사건(46명 사망), 2013년 해병대캠프 사고(5명 사망) 등이 번번이 일어났다. 그때마다 안전점검 시스템이나 교육, 재난 지휘체계 등의 문제를 모두 '인재'라 했지만 '페이퍼 대책'만 화려했을 뿐이다. 또, 철저한 책임자 처벌이란 말만 했을 뿐, 변화도 처벌도 없었다.

세월호, 처음부터 운항 불가였던 배

세월호라는 배 자체도 2012년 10월에 일본에서 산, 18년 된 낡은 '페리 나미노우에'였다. 일본에서는 2년 뒤 폐선 예정이었다. 그러나 이명박 정부는, 마치 참사를 예비하듯, 2009년 1월에 선박 운항 연령을 (25년에서) 최대 30년으로 늘렸다. "선령 제한 제도가 지나치게 엄격하여 선사에 불합리한 부담을 준다"라는 규제 완화 논리였다.[11] 돈 중독, 성장 중독으로 인한 안전 불감증이다. 선박 안전을 돈의 관점에서만 보는 '터널 비전'이다. 이어 박근혜 정부는 선박안전법상 사업자에 대한 현장 점검 대신 자료 제출도 가능하게 했다. "현장 점검이 과다할 경우, 안전점검 사업자의 부담이 과중된다"라는 논리였다. 또, 과적이나 과승에 대한 책임도 당사자 책임만 물기로 해, "경영 의욕"을 명분으로 사업주 책임을 면제했다.

게다가, 출항 전에 승객 숫자나 화물 적재량, 차량 대수, 평형수 등 안전과 직결된 문제를 점검하고 통제해야 할 업무는 원래 '해운법' 상으로는 해경 소관인데, 이를 직접하지않고 해운사의 권익 단체인 해운조합(운항관리실)에 위탁했다. 세월호의 경우에도 적정 화물량이

---

11 ≪오마이뉴스≫, 2014.7.31; , 민변 세월호 진상 규명 특위, 「세월호 참사 진상 규명 17대 과제 중간 검토 보고서」(민주사회를 위한 변호사 모임, 2014).

지켜지지 않았고 승객 수나 차량 수(기록보다 30대 초과) 체크도 정확하지 않았다.[12] 관련 조직들의 중독행위가 상호 복제, 증폭되었다.

또, 낡은 배 세월호는 50톤에 이르는 우측 사이드램프를 떼어내고, 선미 쪽 4, 5층을 수직 증축함으로써 무게중심이 위로 이동했다. 증축을 통해 승객 정원을 804명에서 921명으로 늘렸고, 이 구조 변경으로 인해 선체가 비대칭 구조가 되었고 떨림이 심했으며 복원성에도 문제가 생겼다. 결국 "바람만 불어도 예인선을 불러야" 했다.[13]

세월호 개조 당시(2012.8 ~ 2013.2) 청해진해운의 대표나 일부 임직원들은 복원성 문제를 제기하며 즉각 매각을 요구했지만 유병언 회장은 이를 무시했다.[14] 수직 증축한 5층엔 유병언의 사진 전시실까지 만들었다.[15] 유병언 회장이 (이미 '구원파' 교주라는 신분에서도 암시되지만) 낡은 배에다 무리한 증축을 하고 (예술성이 높지도 않은) 사진을 전시하여 비자금을 마련했으며, 배의 복원성 등 안전 문제 제기를 일거에 무시한 것 등은 전형적인 중독행위다.

---

12 탑승자 수도 거듭 수정되었고, 심지어 탑승자 명단에 없던 사망자도 나왔다(≪시사IN≫, 2014.5.3).

13 세월호를 두고 원래 선장 신씨(47세)는 2014년 2월에 인천 항만 관계자와 식사하며 "세월호가(5년이나 더 낡은) 오하마나호보다 안정성이 크게 떨어진다. 배의 떨림이 너무 심하다. 그래서 승객들의 불만이 많다. 일본에서 들여와 개조하면서 램프를 떼버려 그렇다"라고 한 바 있으며(≪국민일보≫, 2014.4.23), 사고 직전인 4월 초에 "대한민국에서 가장 위험한 배"라며 "언제 뒤집어질지 모른다."라고 말했다는 법정 증언도 나왔다(≪세계일보≫, 2014.9.2).

14 유병언 회장은 이 제안을 무시하고 오히려 '쌍둥이배'로 알려진 오하마나호 매각을 지시함으로써, 세월호의 복원성 문제를 예사로 생각했고, 상습적 과적도 부채질했다(≪아주경제≫, 2014.5.27).

15 선박의 균형 유지에 중요 3요소는 선박구조, 평형수, 화물적재다(≪한국일보≫, 2014.4.20).

그런데도 세월호는 2013년 2월 해수부의 위임을 받은 '한국선급'으로부터 선박 등록 검사를 아무 문제없이 통과해 사용 연한을 2018년까지 승인받았고, 2013년 3월부터 인천~제주 구간에 투입되었다.[16] 6개월 뒤 청해진해운은 안전 문제를 우려해 재매각을 검토했다. 분명히 내부 문건('경영전략' 및 '제주항로 선박운영 구조조정안')에도 "선체 구조 비대칭" 또는 "강풍에 취약" 등 복원력 문제를 우려했다. 그런데도 청해진 측은 당시 상황에 대해 "안전성이 아니라 수익성이 떨어져 불가피하게 매각에 나선 것"이라 변명했다.[17] 조직적 차원에서 거짓이 또 거짓을 낳았다.

또, 한국선급의 역대 회장과 이사장 12명 중 8명이 해수부 등 관료 출신이고, 임원들 중에는 해양 관련 정부 기관 출신이 많다.[18] 역시 안전관리에 치중해야 할 해운조합도 항운 관리라는 본연의 과업을 팽개친 채 320여 직원 중 240여 명이 '보험 및 공제업'에 치중했다.[19] 중독자와 동반중독자들이 연합을 이루고 조직 자체가 중독자로 행위한다.

유병언과 청해진해운, 세월호 그리고 언딘

유병언 일가는 탈세, 배임, 횡령 등 불법은 물론, 자사에 유리하도록 해운법 개정과 관련하여 국회의원들에게 로비를 했다.[20] 유병언

16　청해진해운은 선박 검사 때 실제 개조와는 다른 도면을 제출했고, 한국선급은 이것이 엉터리임을 알고도 묵인했다(JTBC, 2014.6.10).

17　≪시사IN≫, 2014.5.17.

18　≪조선일보≫, 2014.4.25.

19　≪문화일보≫, 2014.4.25.

20　로비를 위한 돈은 유병언이 '아해'라는 이름으로 찍어 전시한 사진들을 청해진

표 3-1
2013년 9대 해운사 비용 지출 비교

구분	매출액(원)	교육비	평균 급여	평균 복리비	기부금	접대비
고려	66.9억	569	43,123	5,715	18,438	33,034
남해	172억	0	30,856	3,139	10,000	44,907
대아	456억	11,139	70,532	15,242	43,780	201,688
동양	3.3억	280	39,376	6,360	12,500	17,777
부관	199억	0	126,881	17,395	0	208,932
씨월드	533억	1,596	43,585	5,145	153,890	115,943
청해진	320억	541	36,331	1,410	300	60,574
팬스타	465억	13,771	49,337	12,455	53,592	401,265
한일	492억	0	38,334	5,249	10,000	82,070

* 평균 급여 및 평균 복리비는 1인당 액수, 그 외는 회사 전체 액수임.
* 고려=고려고속페리, 남해=남해고속, 대아=대아고속해운, 동양=동양고속, 부관=부관페리, 씨월드=
씨월드고속페리, 청해진=청해진해운, 팬스타=팬스타라인탓컴, 한일=한일고속.

자료: 해운회사 감사보고서, ≪이코노믹 리뷰≫ 및 금감원 전자공시(DART) 참고해 강수돌 재구성

해운 등 15개 계열사에 고가로 판매함으로써 조달된 것으로 보인다. 계열사들
이 낸 사진 값이 총 446억 원에 이른다(≪중앙일보≫, 2014.8.13). 결국, 2011
년 뉴욕에서 시작해 2012년까지 2년간 총 10여 회의 사진전시회를 통해 최소한
200억 원 이상의 비자금을 조성한 것으로 추정된다(≪TV조선≫, 2014.7. 21).

은 기독교복음침례회(구원파)를 주도한 인물로, 1970년대 이후 종교와 사업을 결합시켜 승승장구했고, 1982년엔 세모그룹을 만들고 1986년 엔 한강유람선 사업(세모해운)을 시작했다. 1997년에 법정관리에 들어 가자 그 허점을 악용, 위장회사를 내세워 재인수해 출범했다. 이것이 청해진해운이다. 유병언은 당시 2000억 부도를 낸 후 '유령 경영'으로 10년 만에 5600억 자산가가 됐다.[21] 유병언의 로비 덕에 2009년 이명 박 정부는 선박 사용 연한을 늘렸고, 엔진 검사도 가동 7000시간마다 하던 것을 9000시간마다 하는 것으로 바꿨다. 청해진해운은 해마다 평균 10억 이상의 비자금을 유병언에게 건넸다.

청해진해운의 '제도화된 무책임'은 비용 지출 구조에서도 그러난 다. 〈표 3-1〉을 보면, 청해진해운의 경우, 9대 해운사 중 경제적 책임 에 해당하는 매출액은 중위권 수준이고, 법률적·윤리적 책임에 해당 하는 교육비나 급여, 복리비 지출 액수는 지극히 낮으며, 자선적 책임 에 해당하는 기부금은 최하위다.[22] 반면, 사회적 무책임에 해당하는 접대비는 업계 중위권 수준이다.

더 놀라운 것은, 회사 자체 내 지출의 변동이다.[23] 청해진해운의 접대비가 대폭 올랐다. 단순 계산으로 보면, 2012년 접대비는 기부금 의 100배 수준이었으나 2013년엔 200배 수준으로 뛰었다. 요컨대, 2013년을 2012년에 대비하면, 법률적·윤리적·자선적 책임은 감소한 반면 사회적 무책임이 급증했다.

---

21 ≪CNB저널≫, 2014.4.28.
22 물론, 후술하는 '언딘'의 경우처럼 기부금 자체가 순수한 기부가 아니라 '뇌물'의 성격을 띠는 경우도 있을 것이다. 위 표에서는 대체로 접대비가 사실상의 뇌물 역할을 하고 있다.
23 ≪이코노믹 리뷰≫, 2014.4.23.

세월호 이준석 선장은 정년퇴직 후 1년 단위 계약직으로 대리 선장 역할(월급 270만 원)을 해왔다. 원래의 선장 신 씨는(2012년 9월부터 청해진해운 근무) 늘 제주 운항 때마다 '배가 위험하다'고 했지만 수용되지 않았다 했으며, 사고 당시도 휴가 중이었다.[24] 항해사, 기관장, 기관사 월급은 170~200만 원 수준으로, 타 선사 급여의 60~70% 수준이었다. 특히 선박직 15명 중 9명은 계약직이었다.[25] 불안한 고용과 상대적으로 열등한 처우는 직원들의 조직에 대한 헌신과 직무 몰입을 억제한 구조적 요인이었다. 한편, 청해진해운과 독점 계약 관계에 있었던 구난 업체 '언딘'의 감사보고서를 보면, 2013년 기부금이 5570만원이다. 2012년 기부금은 없었다. 2013년에 해경 산하 조직인 해구협이 가입과 동시에 기부금을 냄으로써 구난 활동에 있어 독점적 지위를 보장받았다.[26] 돈 중독과 권력 중독에 빠진 사람들은 뇌물을 '기부'라 부른다. 이를 매개로 동반중독관계가 형성된다.

정부, 금융권, 해경, 해운조합, 한국선급 등의 집단 무책임

선박 안전과 관련한 정부의 태도를 보자. 건강한 정부, 건강한 사회라면 '탈규제'를 하더라도 안전, 건강, 환경, 인권 등과 관계된 규제는 풀면 안 된다. 그러나 중독조직은 "조직의 생존(대개 수익 추구)"에 초

---

24 〈TV리포트〉(2014.4.21)에 따르면 KBS 기자가 신씨의 부인과 면담했는데, 부인은 "균형을 맞추고 고려를 해서 배를 만들었는데 무리한 개조로 인해 진짜 불안해서 배를 못 타겠다는 말을 남편이 했었다."라고 전했다. 선장마저 무리한 개조로 인해 운항에 불안감을 느낄 정도였던 셈이다. 게다가 선장이 이 문제를 말했으나 "결정권자가 아니라" 묵살당하고 말았다는 것이다.

25 ≪시사IN≫, 2014.5.3.

26 ≪노컷뉴스≫, 2014.5.12.

점을 맞추기에 이윤의 관점에서 모든 규제를 푼다. "규제는 우리가 쳐부술 원수라 생각하고, 제거하지 않으면 우리 몸이 죽는 암 덩어리로 생각한다." 2014년 2월 5일, 청와대 업무 보고에서 박 대통령이 한 말이다.[27] 이윤을 핵으로 하는 시스템을 위해 진정 건강한 시스템이 무엇인지 성찰할 여유가 없다. 바로 그 틈에 부정부패와 안전 불감증, 제도적 무책임이란 독버섯이 자란다.

또, 국책은행인 산업은행은 청해진해운에 169억 원을 융자했는데, 특히 2012년 10월에는 청해진해운의 부채비율이 높았음에도 불구하고 세월호(구입 시가 116억 원)를 담보로 100억 원을 건넸다.[28] 기업의 건전성이나 리스크 분석을 제대로 했다면 결코 거액 대출은 불가능한 상황이었다. 회사는 그중 30억으로 세월호를 증축했고 용량을 239톤, 탑승객을 116명 더 늘렸다. 금감원에 따르면 세모그룹 8개 회사의 은행권 여신 잔액은 2013년 말에 1370억 원, 금융권 전체로는 총 2000억 원 규모다. 특히 청해진해운, 천해지 등 2개 회사는 여신 중 30%를 산업은행 및 기업은행으로부터 받았다.[29] 이것은 고위 관료의 매개 없이는 불가능한 것으로 관치금융과 정경유착의 결과다. 돈과 직위를 매개로 기업, 은행, 관료들이 동반중독관계를 형성했다.

또 다른 예는 해경과 해운조합, 언딘의 유착이다. 사고 직후 '골든타임' 시간에 "언딘의 독점 작업을 위해" 해경이 민간 잠수사(자원봉사)와 해군의 활동을 막아서면서까지 언딘의 도착을 기다린 것은 그

---

27 심지어 세월호 침몰 직후 국무회의에선 '아파트 수직 증축'을 허용하는 주택법 시행령까지 통과시킨다. '생명에 대한 감수성' 부재다.

28 ≪서울파이낸스≫, 2014.4.21.

29 그 외 채무는 국민은행 8억 7000만 원, 신한은행 8억 원, 하나은행 10억 원, 외환은행 10억 원 등이다.

그림 3-1
청해진해운을 둘러싼 중독조직 간 관계

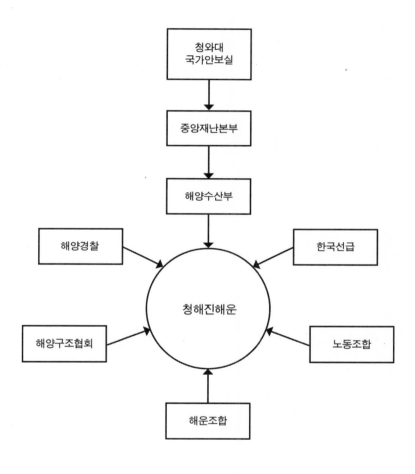

자료: ≪시사IN≫ 2014년 5월 24일 자를 참고하여 강수돌 재구성.

필연적 결과다.[30] 그러나 '골든타임'을 놓치면서도 기다렸던 언딘은 막상 도착한 이후 아무 성과가 없었다. 사실, 언딘은 원래 구조가 아니라 인양 전문 회사다. 그럼에도 해경은 언딘의 독점 이윤을 위해 '기다리라'고만 했다. 중독조직의 자기기만이 온 사회를 기만했다.

이 '말도 안 되는' 상황의 비밀은 2011년에 개정된 "수난구호법" 속에 있다.[31] 여·야 국회의원이 동반중독자로 참여한 이 법에 따라 정부 예산을 받는 해구협이 창립되었고(2013.1), 총재는 세운철강 회장이 맡았으며 부총재는 당시 회원사인 언딘 사장이 맡았다. 해경 출신 퇴직자 6명도 해구협에 낙하산으로 갔다. 당시 법안을 대표 발의한 이병석 국회부의장은 해구협 고문이다. 이강덕 전 해경청장은 명예총재다. 국회, 해경, 언딘은 한 덩어리다.[32] 한국선급은 평소에도 법인카드로 해수부 공무원을 접대(술과 골프 등)했으며, 사고 이후 비리 관련 증거 인멸을 하던 모습이 CCTV에 잡혔다.[33] 부패와 조작은 중독조직이 평소에 작동하는 방식이라 스스로는 비정상인 줄도 모른다.

한편, 언딘(UMI)은 원래 2004년에 출발한 해양 플랜트 및 해양 구난 등 해양 산업 관련 회사다. 당시 비상장 회사였으나 2014~2015년 중 상장 예정이었다. 지분의 36%는 기재부, 국토해양부, 특허청 등에 의한 투자조합에 속해 있었다. 고위 공무원과 인적 연결이 탄탄하다. 이미 정부 보조금도 3억 이상 받았고, 공적 지급보증도 약 40억 정도

---

30 ≪시사IN≫, 2014.5.10.

31 ≪시사IN≫, 2014.5.17.

32 2014년 8월 6일, 검찰은 이인수 전 해운조합 이사장 등 43명을 기소했다. 공금 횡령 또는 안전 점검 관련 죄목이다. 또, 검찰은 선박 안전 승인과 관련, 뇌물을 받은 한국선급 간부 등 관련자 35명을 기소했다.

33 ≪경향신문≫, 2014.5.23.

받았다. 특히, 2011년엔 진도-제주 간 해저 케이블 고정용 돌 깔기 공사가 있었는데, 50억 중 약 12억을 이윤으로 남겼다. 원래 이는 한전 발주 사업으로, LS전선을 거쳐 '덕만해운'이 언딘에게 재하청을 준 사업이다. 그런데 언론 보도에 따르면 덕만해운은 유령회사로 비자금이 흘러들어가기도 했다.[34] 세월호 사태만 아니었다면, 언딘은 곧 증권 거래소에 상장까지 되어 연근해에 이미 가라앉은 약 1800척의 배 인양 사업을 독점할 터였다. 요컨대, 일부 국회의원과 '해피아'들은 해양 안전이나 생태 보존보다는 돈벌이를 위해 '동반중독' 관계를 형성하고 있었다.

정직한 목소리의 억압, 반민주적 조직 운영

이와 더불어 또 지적해야 할 측면은 노동조합에도 있다. 건강한 노조라면 노동자의 권익만이 아니라 승객 안전에 대해 책임감을 가져야 한다. 세월호의 경우, 상습적인 화물 과적 행위에 대해 1인 시위로 항의한 항구 노동자가 있었다.[35] 그러나 회사는 물론 항운노조조차 이를 묵살했다. 이런 식으로 기업 조직이나 사회 차원에서 정의나 책임에 근거한 행위가 금기시되었다. 종종 이들은 지시 불응이나 업무 방해자로 낙인찍혀 배제, 격리되기도 한다. '직장은 밥을 먹여주지만, 윤리는 밥을 먹여주지 못한다'는 자기 파괴적 의식이 고착된다. (반대로, 이는 사회 모든 분야에서 '결사의 자유'가 보장되고 신장되어 "사회적 힘의 절대적 불균형"을 시정해야 한다는 주장이 설득력을 얻는 배경이 된다.)[36]

---

34 "세월호, 언딘의 욕망", 〈김어준의 파파이스〉, 2014.6.20.

35 정승일, "보이지 않는 손이 제2의 세월호 참사를 일으킨다", ≪프레시안≫, 2014.5.23.

36 최장집, "세월호 사건을 통해본 책임의 사회적 조건", ≪네이버 열린연단≫,

세월호 참사 후 대응에서의 중독 과정

세월호 사고 직후 정상적인 상황이라면, 선장 및 선원들은 승객을 대피시키고, 해경은 구명 및 구난 활동을 하고, 청와대는 컨트롤타워 역할을 맡아야 했다. 행안부나 해수부는 중간 역할로 구난에 필요한 모든 지원(구명보트, 헬기, 구조요원 등)을 해야 했다. 하지만 중독 시스템은 혼란과 이상 징후만 드러냈고, 304명의 목숨을 산 채로 버렸다.

거짓과 조작, 자기기만

세월호(총톤수 6825톤)가 침몰하던 그 순간 선원들이나 소속사 청해진해운 직원들은 엉뚱하게 바빴다. 선장과 선원들은 '운항관리규정'에 따라 위기 시 선내에 끝까지 남아 승객 구조 등을 총지휘하지 않고 먼저 탈출하기 바빴고, 청해진직원들은 서류 조작에 바빴다. 승객들에게 수차례에 걸쳐 "가만히 있으라"라고만 했지, 승객을 구하기 위한 본연의 임무는 방기했다. 청해진 직원이 세월호 화물 장부를 조작한 것은 과적에 따른 복원성 훼손 문제를 사고 원인이라 판단했고 서둘러 "과적 사실을 숨기기 위해서"였다. "또 과적이 원인으로 밝혀지면 보험금을 받지 못한다"라고 우려했다.[37] 실제로, 세월호는 2013년 3월 이래 인천-제주 구간을 241차례 운항했는데, 그중 239차례나 과적했다.[38] 과적이 없던 경우는 주로 제주에서 인천으로 돌아갈 때 짐이 적어서였다. 사고 당시 적재량은 총 3600여 톤이었고 적정량(1070톤)

2014.2.25.

[37] 세월호는 113억 원의 선박보험에 가입되어 있다. 메리츠화재가 78억 원, 한국해운조합이 36억 원을 각각 인수했다(≪한국보험신문≫, 2014.4.27).

[38] MBC, 2014.4.26.

의 3배 이상이었다. 사고 직후 청해진 직원은 상부 지시로 서류를 조작했다.

특히 선장이 먼저 탈출한 모습은 2009년 11월, 일본 미에 현 앞바다에서 강한 파도로 인해 아리아케호(7910톤)가 침몰 위기에 빠지자 선장과 사무장, 승무원 등이 해상보안청과 협력, 체계적인 대응으로 승객(7명)을 모두 헬기로 구한 뒤, 21명의 선원들이 7명씩 단계별로 탈출한 경우와 대조된다.[39] 게다가 아직까지 선장은 제대로 말문을 열지 않았다. 진실 앞의 두려움 탓이다.

해경의 이상한 대처 방식, 국가 재난 대응 체계의 마비

한편 청해진해운에 따르면, 해경은 사고 당일 오후 2시쯤 청해진해운에 팩스를 보내 해상 크레인을 사고 현장에 투입하라고 지시했다.[40] 해당 공문은 "귀사의 조치가 지연될 경우 우리 청에서 임의로 필요한 장비를 동원하여 조치될 수 있으며 이에 소요되는 비용은 귀사에서 부담됨을 양지하길 바란다"라는 내용이었다. 이후 해경 측은 청해진해운에 '언딘'이 이미 구난 작업을 진행 중이므로 언딘과 계약을 체결할 것을 종용했다. 흥미롭게도 그다음 날 언딘은 "세월호에 대한 구난·구호 용역 및 기타 기술지원 일체를 독점적으로 수행할 것에 합의하여, 다음의 용역계약을 체결한다"라고 적힌 계약서를 들고 청해진해운을 찾았다. 계약금, 보상액 등은 명시되지 않았다. '부르는

---

39 ≪시사IN≫, 2014.5.24.

40 사고 당시만 해도 청해진해운 측은 언딘을 몰랐다. "담당 해경이 '제 입으로 말하기는 그렇지만 언딘이라는 업체가 있는데 벌써 구난 작업을 하고 있다. 그쪽과 계약하라'고 했다"라는 것이다. 청해진해운 서류에는 심지어 "언빈"으로 기재되어 있었다(≪시사IN≫, 2014.5.10).

게 값'이었다.[41] 그렇게 계약된 해상 크레인은 사고 12시간이 지나 출발했고 55시간 만에 사고 해역에 도착했으나 이미 배는 침몰했다.

사고 직후 가장 직접적인 역할을 해야 할 해경이 청해진해운에다 언딘과 독점 계약을 하라고 중개하고 언딘의 출동을 기다리는 사이 '골든타임'은 지나갔다. 해경이 직접 해상 크레인을 부르지 않은 이유는 돈 때문이었다.[42]

다음으로, 선장에게서 연락을 받고 달려간 해경(123정)은 침몰 직전의 배를 제대로 위치 잡으려 노력하거나 승객 구조 노력을 하기는 커녕 엉터리 안내 방송을 한 선원 10명만 구한 채 선박 내부 진입을 하지 않고 (바다에 뛰어든 승객만 끌어올리는 등) "어선 수준의" 구조만 했다. 오히려 해경은 언론에 "인원 투입 555명, 헬기 121대, 배 169척으로 구출 중"이란 거짓말까지 했다. 언론도 "전원 구출" 오보를 냈다.

전술한바, 해경은 자신이 청해진해운에 소개해 독점 계약을 맺은 언딘이 사고 지점에 올 때까지 기다렸을 뿐 아니라 자원봉사에 나선 민간 잠수사나 해군 UDT 요원들의 투입조차 막았다. 위험에 처한 생명을 두고 이윤과 이권을 우선하는 중독행위였다.

---

41 해경과 언딘은 2010년 천안함 사태 때도 실종 장병 수색을 하던 금양호 침몰 후 계약금 5억 원에 실종자 수색작업을 한 바 있는데, 아무 성과가 없었음에도 언딘은 정부로부터 4억 5000만 원을 받았다(≪경향신문≫, 2014.4.27).

42 이러한 모습은 2012년 1월, 이탈리아 토스카나 제도의 질리오 섬 부근에서 암초에 충돌한 뒤 정전 및 침몰 위기에 빠졌던 코스타 콩코르디아호(11만 4147톤)의 경우와 대비된다. 이 경우도 선장과 부선장은 대부분의 승객들을 뒤로 하고 먼저 도망을 갔지만, 한국의 해경에 해당하는 리보르노 해안경비대는 탈출한 선장에게 즉각 귀환을 명령함과 동시에 예인·구조선박 14척, 경비정 25척, 헬리콥터 8기 등으로 1차 구조작전에서 4229명 중 4194명을 구조했다(≪시사IN≫, 2014.5.24).

1부 세월호 참사의 병리

게다가 최초로 탈출한 선장을 해경 수사관이 기자들로부터 격리한 채 자기 집에 데리고 가 재워준 일도 비정상이다.[43] 이것은 "해경은 인명 구조에 전념하고 사고 전반 수사는 검찰이 담당했던" 서해훼리호 침몰 사건 때와 대비된다.[44] 게다가 여객선 안전관리 책임자인 해경(해운조합에게 위탁)이 직무유기를 해놓고선 초기 합수부 68명 중 50명을 차지했다. 자기기만이었다. 당국과 언론은 참사의 진상 규명은 뒷전으로 하고 관심의 초점을 유병언 일가로 옮겼다. 초점이나 본질의 이동은 중독행위의 또 다른 특성이다.

아무도 참사를 책임지지 않는다

이와 별개로, 세월호 참사의 실질적 책임 문제는 여전히 논란이다. 한국기자협회가 2014년 7월 말 기자 303명에게 던진 '세월호 참사의 책임은 누구에게 물어야 하는가?'라는 질문에 대해 54.6%가 박근혜 정부, 13.7%가 유병언 전 회장에 책임을 물어야 한다고 답했다.[45] 개인에게 물어야 할 책임도 있지만, 조직 경영 또는 국가 경영 차원에서 져야 할 책임도 있다. 책임 회피를 위해 도망친 유병언은 물론, 청해진해운의 임직원들은 재판 과정에서 유가족에게 진지한 사과

---

43 초기 대응 실패로 수사 대상인 해경이 오히려 수사팀에 합류, 불신을 불렀다. 목포 해경에 꾸려진 초기 합수부 수사팀 중 검찰 측 인원은 18명, 해경 수사관은 50여 명이었다(≪시사IN≫, 2014.5.3).

44 1993년에 일어난 이 사건에서는 그나마 해경이 초기부터 민간 어선과 유기적으로 협력해 인명구조와 시신인양을 해서 승객 362명 중 70명을 구했다(292명 사망). 흥미롭게도 그 후 나온 사건 백서에서도 악천후에도 무리한 출항, 무리한 변침, 정원 초과, 화물 갑판 과적, 구명보트 불량 등 동일한 문제가 지적되었다. 그리고 2014년 4월에 유사한 사고가 재발했다(≪시사IN≫, 2014.5.17).

45 ≪기자협회보≫, 2014.8.13.

도 하지 않고 사태의 책임을 선장이나 승무원들에게 전가하는 발언을 했다. 청와대와 대통령, 정부도 사고 직후엔 마치 진상 규명을 위한 '특별법' 제정, 책임자 처벌, 재발 방지 등 모든 걸 책임질 듯 말해놓고 선, 실제로는 용두사미로 끝났다.

또한, 1심 재판부는 11월 11일 선고에서 선장과 승무원들에게 적용된 상당수 혐의에 대해 무죄를 선고했다.[46] 이준석 선장 및 1·2등 항해사 등 4명에게 적용된 '부작위에 의한 살인' 혐의는 증거 부족으로 무죄, 박기호 기관장의 살인 혐의는 일부 유죄이되 (승객이 아니라) 다친 동료 2명을 구조하지 않은 책임(유기치사, 유기치상)으로 유죄 판결했다. 즉, 재판부는 선장이 "정황상" 퇴선 명령을 내린 것으로 인정했고, '수난구호법' 위반 혐의[47]를 받은 승무원 15명 전원에게 무죄라 했다. 또, '선원법' 9조상 선장의 직접 운항 지휘 의무에 대해선 사고 구간이 협수로가 아니었기에 "직접 지휘 의무가 없었다"라는 것이 재판부 판단이었다. 결국, 원래 검찰이 선장에 대해 사형, 살인 혐의가 적용된 다른 3명에 대해 무기징역, 나머지 11명에 대해 징역 15~30년을 구형했으나, 1심 선고 결과는 선장 징역 36년, 기관장 징역 30년, 1등 항해사 징역 15년, 나머지 12명 징역 5~10년으로 정리되었다.[48] 요컨

---

46 ≪연합뉴스≫, 2014.11.11.

47 '수난구호법' 18조는 "조난사고의 원인을 제공한 선박의 선장과 승무원은 요청이 없더라도 조난된 사람을 신속히 구조하는 데 필요한 조치를 해야 한다"라고 규정하고 있는데, 이 조항은 입법 취지 등으로 미뤄볼 때 세월호처럼 조난 선박 자체에 탄 승무원들이 아닌 충돌 등의 경우에서 상대방 선박 승무원에게 적용돼야 한다는 것이 재판부의 판단이었다. 나아가 '수난구호법' 해당 조항을 전제로 한 특정범죄가중처벌법(도주선박) 위반 혐의(선장, 당직 항해사와 조타수 등 3명에 적용)에 대해서도 자연히 무죄가 선고됐다(≪연합뉴스≫, 2014.11.11).

48 2015년 4월 28일 2심 재판이 이루어졌는데, 선장은 1심보다 무거운 무기징역

대, 이 판결은 선원 15명에 상대적 중형을 내렸음에도 불구하고, 304명의 생명 방기 책임은 묻지 않았으며, 나아가 사고 원인과 정경유착 등 그간의 의혹들을 전혀 해소하지 못했다. 아무도 참사를 책임지지 않았다. 결과적으로 사법부를 포함한 사회 전체가 제도화된 무책임을 재현했다.

언론도 마찬가지다. 진실 보도나 원인 규명에는 관심이 없고, 겉모습에 치중하는 취재 경쟁만 했다. 성과주의를 추구하는 병든 행위다. 기자들은 '피해자'의 관점이 아니라 '통치자'의 관점에서 보도함으로써 유족들을 여러 번 죽였다.[49] 대통령은 '받아 읽고' 기자들은 정부 발표를 '받아쓰기'만 하는 "기레기"가 되었다. 진실과 공정 보도라는 본연의 사명은 잊어버린 돈과 권력에 중독된 행위들이다.

선박 개조, 사고 보고 체계, 실시간 감시: 국정원의 존재

흥미롭게도 7월 25일에 복구된 '세월호 노트북'에선 '국정원 지적 사항'이란 문건이 나왔다. 세월호 증개축 마무리 시기인 2013년 2월 말의 문건으로, 냉장고, TV, 침구류 상태, 천장 칸막이, 도색, 선팅 등 세세한 사항 100가지 정도가 지시 사항으로 나와 있다.[50] 이것은 5월 중순에 알려진 세월호 운항관리규정의 '해양 사고 보고 계통도', 즉 세월호 사고 발생 시 전례 없이 국정원 제주 및 인천 지부에 우선 보고하도록 한 것과 더불어, 세월호의 실소유주가 유병언을 넘어 국정원이 아닌가 하는 합리적 의심을 유발했다.[51] 게다가 처음에는 텔레비

을, 다른 승무원들은 전반적으로 감형을 선고받았다(≪뉴시스≫, 2015.4.28).

49 ≪시사IN≫, 2014.5.3.
50 ≪뷰스앤뉴스≫, 2014.7.28.
51 한편, 세월호 특조위 조사 활동 과정에서 국정원 전직 직원들의 사업체인 '양우

전 방송을 보고 세월호 사고 소식을 접했다던 국정원이 실은 맨 먼저 전화 보고를 받은 것으로 드러났다. 거짓과 은폐 행위의 연속이다. 그러나 국정원은 이런 의혹들에 대해 결코 이해할 수 없는 해명만 했다.

오히려 이러한 합리적 의심을 제기하는 SNS상의 의견들이나 특히 카카오톡 대화 내용들에 대해 검·경 등 정보기관들이 실시간 감시를 하고 있었다. 진실 하나면 되는데, 진실을 숨기자니 온갖 중독행위가 창궐한다. 9월 16일 국무회의에서 박 대통령이 "대통령에 대한 모독이 도를 넘고 있다"라는 발언을 하자, 이틀 뒤 바로 대검찰청이 미래창조과학부와 안전행정부 등 정부 부처와 함께 네이버·다음·SK커뮤니케이션즈·카카오 등 4대 인터넷업계 관계자들을 불러 '허위사실 유포 사범 실태 및 대응 방안'이란 문건과 함께 1시간 반 동안 대책 회의를 가졌다. 조직중독 내지 동반중독의 도수가 급격히 높아지는 순간이다. 앞 문서에 따르면 검찰은 중점 수사 대상으로 '의혹의 제기를 가장한 근거 없는 폭로성 발언, 국가적 대형사건 발생 시, 사실 관계를 왜곡하여 정부 정책에 대한 불신을 조장하는 각종 음모설 및 허위 루머 유포, 공직자의 인격과 사생활에 대한 악의적이고 부당한 중상·비방' 등을 제시했다.[52] 바로 이런 맥락에서 "특정 단어를 입력·검색하여 실시간 적발"하겠으며 선제적 대응 차원에서 "주요 포털 사이트

공제회'가 세월호 소유 및 운영에 관련이 되어 있다는 설도 제기되었다(≪한겨레≫, 2016.6.20).

52 이와 관련, 흥미롭게도 ≪조선일보≫가 '대통령의 7시간'에 대해 J모 씨와의 밀회설 등을 담은 칼럼을 최초 게재(2014.7.18)했는데, 이를 보고 일본 ≪산케이신문≫ 가토 다쓰야 서울지국장이 같은 내용을 기사화하자, 청와대에서 (조선일보는 놔두고) 일본 기자를 대통령 명예훼손 혐의로 형사 고발, 재판이 벌어졌다. 2015년 12월, 법원은 이에 대해 무죄를 선고했다.

에서 조회 수가 급증하는 등의 이상 징후를 포착"하겠다고 했다.

애도의 공간을 돈벌이 기회로: '제정신'이 아닌 정부와 기업

한편, 세월호 참사에 대한 사회적 슬픔과 분노의 와중에 일부 기업들은 애도의 공간을 돈벌이로 활용하려는 모습을 보였다. 일례로, C스포츠의 한 매장이 온라인 커뮤니티에 희생자 애도 문자를 올리면서 슬쩍 자사의 할인 이벤트를 홍보했다.[53]

최악의 모습은 정부와 청와대가 보여줬다. 일부 장관들은 진도 팽목항을 찾아 형식적 위로 끝에 '기념사진'을 찍기도 하고 실종자 가족들 옆에서 '컵라면'을 먹기도 했다. 김장수 청와대 국가안보실장은 4월 23일에 "재난의 컨트롤타워는 청와대가 아니다"라 선언했다.[54] 중독자가 보이는 무책임성의 극치였다.[55] 또 박근혜 당시 대통령은 4월 17일 오후에 진도 실내체육관을 방문, 이른바 '유체이탈 화법'을 썼다. "있을 수 없는 일이 일어난 데 대해 철저한 조사와 원인 규명을 해서 책임질 사람은 모두 엄벌하겠다"라고 했고, 실종자 가족들은 박수까지 쳤다. 시스템의 최종 책임자가 '구름 위의 심판자'로 존재 이전을 한 셈이다.[56]

게다가 대통령은 5월 19일엔 눈물의 담화문까지 발표하며, "이번

---

53 《시사위크》, 2014.4.19.

54 그러나 실제로 해경이나 해수부의 매뉴얼에는 청와대 국가안보실이 컨트롤타워로 돼 있다(《노컷뉴스》, 2014.4.24).

55 국정원의 국회 기관 보고 후 김현미 국회의원이 브리핑에서 밝힌 것에 의하면, 청와대에서 세월호 침몰 시각 즈음인 8시 30분부터 한 시간 동안 외교, 국방, 통일부 차관과 국정원 1차장 등이 모여 NSC 실무회의를 열었지만, 이들은 기이하게도 세월호 사고를 인지하지 못했다고 주장했다(《프레시안》, 2014.7.10).

56 《시사IN》, 2014.4.26.

사고에 제대로 대처하지 못한 최종 책임은 대통령인 저에게 있다"라고 했다. 마침내 "해경 해체"와 "국가안전처 설치" 및 "관피아 등 적폐 청산"을 공언했다.[57] 그러나 사후 대책을 논하는 대신, 그날 오후 아랍에미리트(UAE) 출장을 떠났다. UAE의 바라카 원전 1호기 원자로 설치 행사 참여가 목적이었다. 언론에는 "국익", "고급 인력 중동 진출 가능성", "경제 활성화 기여" 따위의 문구가 요란했다. 1기당 50억 달러 규모의 원자로 운용회사 설립 협상도 있다고 했다.[58] 중독 시스템의 수장에게는 돈벌이가 곧 국익이며 생명은 잉여에 불과했다.[59]

세월호 특별법, 특별조사위원회, 세월호 청문회의 불구화

한편, 우여곡절 끝에 2014년 11월 7일 도출된 '특별법 합의'는 진상조사, 보상, 지원대책 등을 담고 있었지만 "진실을 밝히기엔 턱없이

---

57 그러나 '해경 해체'는 세월호 희생자 가족이나 국민들이 책임을 물을 당사자 조직 자체를 해체한 뒤 숨겨버린 고도의 대응책에 불과했다. 또한, 책임성 있는 당사자들이 처벌을 받기는커녕 오히려 줄줄이 승진했다(문형구, "'해경 해체'는 커녕 세월호 책임자들 줄줄이 승진", ≪미디어오늘≫, 2016.6.14).

58 원래 UAE와는 이명박 정부 때인 2009년 12월, 한전이 주도하여 '한국형 원전 컨소시엄'과 1400MW급 원전 4기를 2020년까지 건설하는 공사계약을 맺었다. 이 대통령은 2011년 3월 11일 후쿠시마 원전 붕괴 사고가 났을 때 아랑곳 않고 UAE로 원전 수출 출장을 떠났다. 박 대통령의 2014년 5월 19일 UAE 출장도 그 연장선 위에 있다.

59 여기서 청해진해운의 계열사 '아해'가 UAE 원전에서 나오는 핵폐기물 처리 용역 사업을 수행한다는 사실, 세월호 밑바닥에서 나온 '계란 냄새'가 수상하다는 음모론은 일단 보류한다. 한편, 박완주 의원은 국회 산업통상자원위에서 "청해진 핵심 계열인 아해(주)가 한국수력원자력으로부터 신한울 1·2호기(2013년 9월)를 20억 원에 수의계약으로 따냈다"라며(전후가 바뀌었는데도) "이를 근거로 2012년 2월 UAE 원전 수출에도 참여해 추정치 85억 원을 수주했다"라고 했다(≪국민일보≫, 2014.7.3).

부족"했다. 2015년 2월, 4.16세월호참사 특별조사위원회(이하 특조위) 출범이 희생자 유가족 및 시민들의 민주적 요구에도 수차례 지연되었고, 설립준비단이 마련한 조사 관련 예산도 여당 수정안에서 또 절반으로 삭감됐다. 특히, 참사 기초현황 조사 예산은 약 12억이 0원으로, 진상 규명 실지조사 예산은 약 16억이 2억으로 줄었다.[60]

　　특히, 2015년 2월 17일, 세월호 특조위가 세월호 특별법의 '시행령'을 제안했음에도 해양수산부는 3월 27일에 내용 미달의 시행령을 입법예고했다. 이 시행령(안)은 '세월호참사 진상규명과 안전사회 건설'이라는 특별법의 입법취지를 실현하기에는 턱없이 부족하며, 특별법이 보장한 특조위를 무력화하는 내용으로 구성되어 있다는 것이 이석태 위원장의 의견이었다.[61] 시행령(안)에 따르면, 파견 공무원인 기획조정실 기획총괄담당관이 위원회 및 소위원회 업무를 완전 장악하여, 위원장 및 각 위원들, 그리고 개별 부서의 권한과 역할을 무력화하게 했다. 또 진상 규명 업무를 기존 정부 조사 결과의 분석과 조사에 한정시켰고, 안전사회 관련 업무를 해양 사고에 한정시켜 입법 취지를 퇴색시켰다. 나아가 시행령 발효 시 파견공무원과 민간인 채용 비율을 42:43(정무직 5명 제외)으로 구성하여 '정부 파견공무원 중심의 정부기구'로 전락시켜버렸다. 이런 식으로, 정부와 당국은 진실 규명엔 별 관심이 없었다.

　　나아가 어렵게 열린 2015년 12월 14일부터 16일까지 진행된 1차 청문회에서 정부 측 증인들은 "기억이 나지 않는다"(123정 김경일 정장),

---

60　≪뉴스타파≫, 2015.2.11.
61　이석태, 「세월호 특조위 위원장 긴급 성명서」, 2015.3.27.
　　http://www.416commission.go.kr/sub2/active/Read.jsp?ntt_id=1080

"애들이 어려서 철이 없는 건지 위험을 모르는 건지"(해경 박상욱 경장) 등의 표현을 쓰거나 위증 또는 책임 전가를 하는 등 무책임한 태도로 일관했다. 청문회 자체가 특조위의 여당 추천 위원들이 모두 빠진 상태에서 열렸다는 사실, 그리고 국회에서 열리지 못하고 시민단체(YWCA) 공간에서 열린 사실도 이미 청문회를 진실 규명과 무관하게 만들려는 정부와 여당의 '무효화' 내지 '불구화' 전술이었다. 그리고 2차 청문회(2016.3.28~29)에서도 고위층일수록 '모른다' 또는 '기억이 없다'는 식의 무책임한 태도를 드러냈다. 하지만, 두 차례의 청문회는 국정원과 청해진해운의 특수한 관계를 보다 확실히 드러냈다. 양측이 사고 전 3년 간 12번 이상 만났고, 2014년 사고 당일과 이튿날까지 7차례 통화를 한 것도 밝혀졌다.[62] 특히, 2차 청문회에서는 청해진해운의 지시에 의해 10번 이상 '가만히 있으라' 방송이 이어져 승객들의 적시 탈출을 가로막은 점, 출항 이후 평형수를 모두 배출해 거의 제로 상태였다는 점, 청해진해운 측이 국정원 직원을 수시로 접대한 점 등이 명백히 드러났다.

'세월호 7시간'에 대한 은폐, 조작, 무능과 거짓

'세월호 7시간'이란 2014년 참사 당일, 대통령이 오전 10시부터 오후 5시까지 '필요한 조치'를 충분히 취하지 않았던, 하지만 아직까지 '가려진' 시간이다. 17시 15분경 "흐트러진" 머리를 하고 나타난 대통령은 영상으로 현장을 보며 "구명조끼를 학생들은 입었다고 하는데 그렇게 발견하기가 힘듭니까?"라 물었다. 사고 직후부터 제대로 상황을 보고 받고 책임성 있게 대책을 세우는 중이었다면 나올 수 없는 질

---

62 ≪오마이뉴스≫, 2016.4.15.

문이었다. 사회적 무책임(irresponsibility)의 전형이다.

청와대는 '사라진 7시간'에 대해 직접 해명을 하기는커녕, '유언비어와의 전쟁'으로 시간만 허비했다. 이것은 상황 그 자체 및 의혹에 대한 해명을 포함한 포괄적 설명 책임(accountability)을 방기한 행위다.

심지어 2016년 11월 들어서는 청와대 홈페이지에 '오보·괴담 바로잡기'란에 해명 아닌 해명을 하기 바빴다.[63] 특히, "언론의 오보 때문에(당일) 오전 상황 파악을 못했다"는 해명이 있었으나, 실제로는 오전에만도 3차례에 걸쳐 뒤집어진 세월호 안에 학생들이 갇혔을 가능성을 보고받았지만 대통령은 아무 조치도 취하지 않았다.[64] 게다가 당일 16시 10분에 때늦은 수석비서관 첫 회의가 열렸으나 대통령은 불참했다. 그 뒤 17시가 넘어서야 대통령이 중앙재해대책본부를 방문, '엉뚱한' 질문을 했다.

흥미롭게도, '박근혜 정부의 최순실 등 국정농단 국회 청문회' 첫날(2016.12.5) 기관보고에서 이영석 청와대 경호실 차장은, "확인 결과 세월호 참사 당일 외부에서 (대통령 관저로) 들어온 인원은 없는 것으로 확인했다"라고 했으나, 다음 날 밤 ≪한겨레≫는 "세월호 참사 당일 박 대통령이 강남의 유명 미용사를 청와대로 불러 '올림머리'를 하느라 90분 이상을 허비했다"라고 보도했다.[65] 해당 의혹에 대해 청와대는 이날 "미용사가 아침에 출입한 기록이 없다"며 "머리 손질에 소요된 시간은 20여 분에 불과하다"라고 반박했다.[66] 이런 식으로, 책임성 없는 당사자 조직은 진실 자체를 솔직히 밝히기보다 뭔가 숨기면서

---

63 ≪동아일보≫, 2016.11.19.

64 ≪한겨레≫, 2016.11.26.

65 ≪한겨레≫, 2016.12.6.

66 ≪쿠키뉴스≫, 2016.12.7.

사후 변명에만 급급해한다.

　수많은 인명 구조의 급박성에도 불구하고 머리 손질에 '골든타임'을 다 쓴 것은 중독행위의 한 정형이며, 비서실이나 참모들조차 "여성 대통령의 사생활"이라며 아무 조치도 취하지 않은 대통령을 옹호하는 것은 전형적 동반 중독행위다.[67]

　흥미롭게도 2016년 6월까지 3년 4개월간 청와대 조리장을 했던 한상훈 씨는 2014년 참사 당일 "박근혜 대통령이 점심(12시)과 저녁 식사(18시) 모두 관저에서 (TV를 보며) 혼자 했"으며, 심지어 자신이 퇴직할 때조차 "화장이나 머리 손질 미비로 직접 인사조차 못했다"라고 증언했다.[68] 승객 476명을 실은 세월호가 침몰하던 그 순간에도, 250명을 포함한 수백 명의 승객들이 구조되지 못한 채 죽어가던 그 순간에도, 수백 명의 희생자 가족을 포함한 전 국민이 안타까운 마음으로 마음을 졸이던 그 시간에, (그들의 주장이 다 사실이라고 쳐도) 최고 책임자인 대통령은 (사적 공간인) '관저'에서 마치 평범한 휴일처럼 태연하게 식사를 하며 TV를 보고 있었다. 더욱 놀라운 것은, 바로 그날 하루 종일 대통령과 참모진, 그리고 중앙재난대책본부 사이에 올바른 대책 수립 회의조차 열리지 않았다는 점이다. 대면보고는 없었고 오로지 서면보고 아니면 전화보고로 끝났다. 이것은 긴급 상황 및 피해 당사자들의 절박한 요구에 응답할 책임(responsiveness)을 저버린 것으로, 무능과 무책임이 동시에 드러나는 부분이다.

　그럼에도 불구하고 김기춘 비서실장은 세월호 사고 당시 박 대통

67　박태근, "김기춘, '여성 대통령 사생활…적절치 못한 표현 죄송'", ≪동아일보≫, 2016.12.7.

68　채널A, 2016.12.8.

령이 7시간 동안 제대로 대처하지 못한 의혹에 대해 "여성 대통령에게 시술 여부를 묻는 게 결례라 생각했다"라고 해명한 바 있다. 특히, 당시는 박 대통령이 세월호 참사 당일 감춰진 7시간 동안 '피부미용 시술을 받은 게 아니냐'는 논란이 일 때다. 그런 논란의 와중에 박 대통령의 변호인인 유영하 변호사는 2016년 11월 15일, "대통령이기 이전에 여성으로서 사생활이 있다는 점도 고려해줬으면 한다"라고 말했다.[69] 그러나 2016년 12월 16일, 국조위 청문회 국회의원들에 의해 밝혀진바, 세월호 당일 오전에 김영재 원장이 프로포폴(향정신성 수면마취제) 처방을 한 것으로 밝혀졌지만, 그 환자가 장모인지 최순실인지, 아니면 박근혜인지는 불분명하다. 이 역시, 진실을 있는 그대로 드러내어 모든 의혹을 씻기는커녕 무언가를 감추기 위해 수동적 변명만을 일삼는 중독행위이자, 중독자 곁에서 부단히 그를 보호, 옹호하는 동반중독행위다.

더욱이 2016년 12월 9일 16시경, 국회에서 (10월 말부터 12월 초까지 이어진 수백만 촛불 집회 민심을 반영하여) 박근혜 대통령에 대한 탄핵소추가 234표 찬성, 56표 반대(찬성률 78%)로 가결되었는데, 그로 인해 19시경 직무정지가 되기 직전 대통령은 (이미 사표를 제출한 단명의 최재경 대신) 조대환 민정수석을 임명했다. 그런데 조 수석은 세월호 특조위에서 새누리당 추천 인사로 진실 규명을 방해한 인물이다. 특히, 2015년 7월에 특조위 부위원장직을 돌연 사퇴하면서 세월호 유가족들을 "세금도둑"으로 몰기도 했다.[70] 그런 인물을 탄핵 위기에 놓인 대통령이 핵심 참모로 임명한 것은 세월호 참사에 대한 대통령의 태도가 어떤지

---

69   ≪서울신문≫, 2016.12.8.

70   ≪헤럴드경제≫, 2016.12.12.

방증한다.

사회적 건강성 회복을 위한 '시스템 전환': '박정희식 프레임'의 폐기

한국 기업이나 정부가 그 본연의 사회적 책임을 다하려면 이제부터라도 부분적, 일시적, 표피적, 임기응변적 땜질처방이 아니라 (기업이나 정부를 불문하고) 조직 내 중독 과정을 명확히 인지한 위에서 이를 근본적으로 치유하는 '시스템 전환(System Shift)'을 해야 한다. 여기서 시스템 전환이란, (병든) 중독 시스템으로부터 (건강하게) 생동하는 과정 시스템으로의 전환을 말한다. 그것은 개인이나 조직, 사회 전체가 부정과 거짓, 책임 전가와 자기 방어, 통제 욕망 등 중독과정을 버리고 내면의 정직한 느낌과의 재접촉을 통해 나름의 생명력을 살려내면서도 온 세상 전체가 상호 유기적으로 연결된 그물망이란 인식 속에 겸손하게 접근하는 것이다. 요컨대, 겸손한 역동성이 '생동하는 과정 시스템'의 핵심이다.[71] 물론, 이는 기업이나 정부만이 아니라 그 구성원과 일반 시민을 아우르는, 전 사회적 과정이자 (평생 계속되는) 장기적 프로젝트로 추진되어야 한다.

마치 중독자가 자기 삶에 대한 진지한 책임감이 없이 행동하듯, 중독조직이나 중독사회도 조직이나 사회의 사명에 대한 진지한 책임감 없이 행동한다. 그 결과가 사회적 무책임으로 나타나며 '무책임의

---

71   A. W. Schaef, *When Society Becomes an Addict*(New York: Harper & Row, 1987), pp.148~150.

제도화' 또는 '책임의 외부화'로 표현된다. 기업의 경우 그것은 '이윤의 사유화, 비용의 사회화' 그리고 '일시적 선행, 일상적 무책임'으로 드러나며, 정부의 경우 그것은 '공적의 자기화, 책임의 타자 전가' 그리고 '거창한 약속, 빈약한 실행'으로 드러난다. 그러나 이러한 중독행위 방식은 원래의 고질병을 유지, 강화할 뿐 결코 치유하지 못한다. 세월호 이후 이런 진지한 성찰과 변화가 결여된 상태에서 여전히 반복되는 참사들이 이를 증명한다.[72] 따라서 우리는 "세계에서 가장 빠른 인터넷, 가장 좋은 스마트폰, 뛰어난 조선소가 있으면 뭐하나. 우리 아이들을 구할 수도 없는데"라는 르몽드의 논평을 진지하게 수용해야 한다.[73]

사람들이 열심히 일하며 사는 것도 결국 행복한 삶을 원해서다. 건강과 안전은 행복한 삶의 기본 전제다. 그러나 한국 사회는 50년 이상의 산업화 과정에서 이런 기본을 무시하고 양적인 성장, 외형적 모습, 1등 만능주의 등에 중독되어왔다.[74] 안전 불감증, 집단적 무책임성이 그 부산물이다. 아리스토텔레스가 『니코마코스 윤리학』에서 지

---

72 ≪매일경제≫, 2016. 5. 11.

73 *Le Monde*, April 19, 2014.

74 우리는 대개 약 50년 동안 경제 성장을 통해 세계 10대 경제대국이 되었음을 자랑스러워한다. 그러면서도 물질 발전과 정신 발전의 괴리가 생겼기에 이제부터라도 정신 발전만 잘 이루면 최고 선진국이 될 것이라 말한다. 하지만 나는, 정신 발전을 저해하면서 전개된 물질 발전도 건강하지 못하다고 본다. 따라서 참된 성찰은 물질 발전과 정신 발전을 모두 근원적으로 재구성하는 데서 시작된다고 생각한다. 이런 면에서 센이 『자유로서의 발전』에서 "진정한 의미의 발전이란 자유의 확장을 이루는 과정"이라며 "민주주의와 사회정의의 실현"을 중시한 것은 시사적이다. 나는 이러한 발전을 위해서라도 우리가 동반중독자로서 적극 참여하고 있는 '중독과정'을 근원적으로 고쳐야 한다고 본다.

적한 바처럼 부(wealth)란 다른 것을 이루기 위한 수단이지 그 자체가 목적은 아니다. 삶이 목적이라면 돈은 수단이다. 이런 면에서 보면 그간 우리가 자랑스러워해온 '아시아의 용'이란 칭호나 '한강의 기적' 같은 환호는 이 중독 시스템 속에서 일종의 마약 역할을 해왔다. 세월호 참사는 역설적으로 우리 사회와 삶에 대한 성찰의 계기를 준다.

중독자가 스스로 중독임을 '인정'하는 데서 출발해 치유의 길을 걷듯, 중독조직이나 중독사회도 스스로 중독임을 자인해야 치유가 시작된다. 개인이건 조직이나 사회이건, 중독과정에 대한 정직한 대면, 그리고 진실에 대한 두려움의 극복, 즉 모든 걸 걸고 진정한 '회복'의 길을 선택하겠다는 결심이 치유의 시작을 위한 조건이다. 그러나 치유는 결코 홀로 할 수 있는 것이 아니다. 중독사회에서는 사실상 '모든' 구성원이 동반중독자이기에 모두 진심으로 치유 과정에 참여해야 비로소 회복이 가능하다. 세월호 참사 직후부터 시작된 유가족협의회의 활동이나 각종 시민단체의 건강한 활동들, 나아가 2016년 10월 말부터 시작된 '박근혜-최순실 국정농단'에 대한 촛불 집회들은 중독사회 내지 중독 시스템을 치유할 실마리가 광범위한 민중 운동에 있음을 암시한다. 2016년 12월 9일 국회에서의 탄핵소추안 가결 및 2017년 3월 10일 헌법재판소에서의 박근혜 탄핵(파면) 결정은, 세월호를 포함한 국정 전반에 대해 근본적 전환을 촉구하는 촛불 집회의 힘이 낳은 작은 성과이다.[75]

이것은 우리가 이번 사건을 "단순한 교통사고"로 치부하고 오로지 보상 문제로 사태의 본질을 흐려서는 안 됨을 뜻한다. 나아가 이것

---

75   김주형, "[광주] 탄핵 승리·새로운 투쟁 선포 '축포' 올린 7차 촛불대회", ≪민중의소리≫, 2016. 12. 11.

은 검찰 수사 결과에 내포된 "경영 실패론"이 암시하듯, 부정과 비리의 직접적 책임자들을 처벌하고,[76] 내·외부 감사를 더욱 철저히 한다든지, CSR 윤리 보고서를 작성한다든지, 윤리 경영 선포식을 한다든지 하는 방식으로만 해결될 문제가 아님을 뜻한다.

결국, 중독조직과 건강한 조직의 핵심적 차이는, 모든 구성원과 조직, 행정 과정, 정치경제 과정에 깃든 병적 요소의 솔직한 인정과 척결 노력 여부에 있다. 그 출발점은 우리 자신이나 조직 속에 깃든 '중독'이란 질병을 정직하게 대면하는 것이다. 세월호의 진실 찾기가 어려운 것도, 우리가 중독된 돈, 권력, 자리, 위신 등을 잃을 것을 두려워하기 때문이다. 돈이나 권력, 경제 성장으로 삶의 문제가 해결된다고 보는 '박정희식 프레임'이 문제다.[77] 게다가 중독조직 이론의 관점에서 보면, 기업이나 정부 조직이 돈과 권력에의 중독을 탈피해 본연의 사명감에 충실하도록 하여 사회공공적 역할에 충실하도록 조직과 구조, 기능 등 활동의 전 과정을 근본적으로 쇄신해야 한다. 그래야 조직 및 사회 전체의 건강성 회복이 가능하다.

범위를 세월호로 좁히더라도, 폐선 직전의 배가 무리한 증축 뒤에도 합법 승인을 받은 구조, 일상적 과적과 안전점검 부실을 눈감아 준 구조, 청해진, 언딘은 물론 해경, 해운조합, 해구협, 해수부, 국회, 정부, 국정원, 청와대 간의 인적·물적 유착과 부패, 그리고 조직 내에서 입바른 소리를 하거나 비판적 태도를 취하는 데 대한 동료·상급자

---

76 처벌되는 자들은 일부 상징적 인물이거나 몸통이 아니라 꼬리에 불과한 경우가 많다. 세월호 사건으로 총 399명이 입건, 그중 154명이 구속 수사 및 재판 대상이 되었다(≪조선일보≫, 2014.10.7).

77 "좌담회: 보수세력 파산했다…박정희 프레임 벗어나야 새출발 가능", ≪한겨레≫, 2016.12.12.

의 알레르기 반응 등이 세월호를 둘러싼 중독 시스템이다.[78] 그 기저엔 돈이나 권력에의 중독이 숨어 있다. 수습 과정에서 '꼬리 자르기' 및 '생색내기' 식의 중독적 해법을 중단해야 할 이유다.

　마치 마약이나 담배를 끊듯, 진정한 구조 변화에 대해 사회적 결단이 있어야 한다. '삶'에 대한 책임감 때문이다. 일단 치유를 선택했다면 최종 책임자부터 치유의 시작을 선포하고 가치 혁신에 기초하여 일관되게 조직 혁신과 사회 혁신을 주관하든지 아니면 본인의 의지와 역량 부족을 고백하고 '항복' 선언을 하는 것이 건강한 태도다.[79] 그때 비로소 치유와 회복의 과정이 전 사회적으로 시작된다. 기업, 정부 등 모든 조직이 '사회적 책임(social responsibility)' 의식 위에 거듭나야 한다. 병든 조직으로부터 건강한 조직으로의 시스템 전환, 그리고 가치 혁신에 기초한 '패러다임 전환'이 전 사회적으로 일어나야 하는 까닭이다. 이런 면에서 촛불 집회로 상징되는 광장의 연대는 시스템 전환을 이끌 근본 동력으로 작용할 것이다.

78　김철, "세월호 참사 이후 달라졌는가?", ≪레디앙≫, 2015. 5. 13.
79　'일명의 알코올중독자 모임'에서 핵심으로 삼는 '12단계 프로그램' 중 '1단계'가 "우리는 알코올에 무력했으며, 우리의 삶을 수습할 수 없게 되었다는 것을 시인"하는 것("We admitted we were powerless over alcohol - that our lives had become unmanageable")이다. 이것은 알코올을 스스로 통제할 수 없는, 중독현실을 솔직히 인정하는 것으로, 사실상의 '항복' 선언이다. 같은 원리가 모든 중독에 다 적용된다. 위키피디아의 Twelve step program 항목 참조.

2부

국가와 지배 구조

대중적 태도와 행동의 측면에서,
그리고 정치적·경제적 구조 면에서
민주체제의 공고화는 상당히 진행됐다.
하지만 정치 엘리트, 특히 대통령의 행태는
민주체제의 공고화를
오히려 위협하는 것으로 나타났다.

세월호의 비극은 박정희 정권 시절부터 이어져온
국가조합주의 유산에서 비롯되었으며,
이 같은 권위주의적 발전국가로서의 지속된 특성은
한국의 정치경제 연구에서 간과되어왔다.

권위 있는 타자가 진실을 독점하고 있고
사람들은 그의 결정에 자신의 안전을 위탁하기를
강요당하는 '학생들'로 남아 있는 한
제2의 세월호 참사는 피할 수 없을 것이다.

제4장

세월호 참사로 돌아본
한국 민주체제의 공고화 정도
: 민주주의를 심화하는 대중,
민주체제에 도전하는 정치 엘리트

남태현

    민주체제의 공고화는 그 체제가 지속된 시간과 비례한다고 흔히 가정하는데,[1] 서구의 경우 대체로 사실이었다. 서구에서는 경쟁적 선거가 주기적으로 열리고 안정적 정당 체제를 바탕으로 한 민주체제가 뿌리내렸을 뿐 아니라 문화적으로도 깊이 자리 잡았다.[2] 하지만 이외 지역에서 이러한 민주체제의 공고화는 일반적이지 않다. 반대로 민주체제가 없거나 있어도 허약한 경우가 많고 어떤 경우에는 공고화가 진행되다가도 비민주적 양태를 보이고는 했다. 이집트나 태국의

---

1   M. Svolik, "Authoritarian Reversals and Democratic Consolidation," *The American Political Science Review*, Vol. 102, No. 2(2008), pp. 153~168.

2   R. Inglehart, *Culture Shift in Advanced Industrial Society*(Princeton, NJ: Princeton University Press, 1989).

경우처럼 군부가 민주정부를 뒤엎기도 했고 브룬디나 터키에서처럼 선출된 민주지도자가 비민주적 행태를 보이기도 했다. 이런 반동적 성향은 이집트처럼 1년 만에 붕괴로 나타나기도 했고 터키처럼 오랜 시간을 두고 퇴행적 모습으로 나타나기도 했다. 이런 다양한 민주체제의 실패를 보면 민주체제 공고화가 쉽지 않음을 알 수 있다.

한국은 그런 면에서 좋은 연구 사례다. 학계 안팎에서 한국의 민주화는 성공의 전형적 사례로 추앙받는다. 성공적 민주화는 성공적 공고화로 이어졌는가? 그렇다면 얼마나 굳건한가? 공고화가 부족한 면이 있는가? 그렇다면 어떤 부분이 왜 뒤처지는가? 한국의 케이스가 비서구 지역 민주체제 공고화에 대해 무엇을 가르쳐주는가? 이 연구는 한국 민주체제의 공고화를 세월호 참사라는 국가적 위기 상황을 통해 점검해본다.

2014년 4월 16일 전라남도 진도군 조도면 부근 해상에서 세월호가 침몰했다. 수백 명이 탑승한 세월호는 빠르게 가라앉았고 이를 지켜보던 모든 이들은 정부의 구조를 애타게 기원했다. 정부는 빠르게 움직였고 전원구조라는 반가운 뉴스보도에 전 국민이 안심했다. 하지만 이 위안은 오래가지 못했다. 곧 놀라운 소식에 나라 전체가 충격에 침몰했다. 사실 정부는 탑승자 숫자도 정확히 파악하지 못했다. 500명에 가까운 탑승자 중 구조된 이의 수는 200명도 채 되지 않았다. 그나마 구조도 정부가 아닌 인근 주민들의 손에 이루어졌다. 어선에 의지한 주민들의 구조는 자신의 힘으로 간신히 빠져나온 생존자들을 어선에 탑승케 하는 데 그칠 수밖에 없었고 정부의 구조는 거의 전무했다. 안타깝게 시간은 지났고 더 이상의 생존자는 나오지 않았다. 현장에서 정부의 구조 작전은 혼란스럽고, 비효율적이고, 아무 성과도 없었다. 관료들은 청와대에 보낼 자료 찾기에 바빴고 구조 헬기는 피해

　　　　　　　　2부 국가와 지배 구조

자가 아닌 지도자들을 실어 나르고 있었다. 구조 작업을 지휘하리라 믿었던 박근혜 대통령은 사건 발생 보고를 받고도 7시간 동안 자취를 감췄다. 한마디로 정부는 아무 일도 하지 않았던 것이다. 이를 뒤늦게 알게 된 국민들은 충격과 분노에 휩싸였다. 게다가 300여 명의 사망자 대부분이 한 고등학교의 학생들이었기에 충격은 더 클 수밖에 없었다. 정부의 무능력은 2017년 4월, 사건 3주기가 다가온 시점까지 사건 조사가 지지부진한 것으로 다시 한번 확인할 수 있다. 법적 책임도 선원들에게만 돌아가고 있다. 부패하고 무책임했던 정부 관료와 지도자 대부분은 아무 책임도 지지 않은 채 지위와 권력을 유지하고 있고 정부에 대한 비판은 정치적·법적 장치를 통해 봉쇄됐다. 이런 상황에 좌절한 희생자 가족과 시민들은 시위·단식 농성 등 적극적 투쟁으로 대응했고 정치적 긴장이 높아졌다.

　　정부의 무책임한 대응은 세월호 침몰을 단순한 비극적 사고가 아닌 정치 스캔들로 만들어버렸다. 정부에 대한 분노와 실망은 '국가는 우리에게 무엇을 해주는 존재인가'라는 회의로 이어졌고 그토록 자랑스러워하던 민주체제라는 것도 소용없게 보였다. 이는 전두환 정부를 상대로 싸워 이겼던 1987년의 환호성과 흥분을 기억하는 이들에겐 너무나 초라한 현실일 수밖에 없었다. 모든 것이 다 해결될 것 같던 '그 때 그 희망'의 찬가는 사실 한국과 비슷한 경험을 한 곳에서는 쉽게 들을 수 있는 것이다. 1994년 첫 민주선거를 치렀던 남아프리카공화국에서도, 2005년 오랜 내전을 마치고 대통령 선거를 치르던 아프가니스탄에서도 비슷한 기대가 거리와 광장을 메웠었다. 이들이 환호했던 것은 단지 민주정부 때문만이 아니었다. 이와 더불어 정치 민주화가 사회에 긍정적 에너지를 불어넣으리라는 기대가 가득했기 때문이었다.

물론 이러한 기대는 학계에서도 쉽게 찾을 수 있다. 라이파트 (Lijphart)는 민주화가 "대표성(representativeness), 책임, 평등 그리고 참여" 등과 같은 긍정적 사회규범을 확산시킬 것이라 주장했고[3] 많은 학자들이 이와 비슷한 주장을 펼쳤다.[4] 하지만 민주체제에 대한 일방적 희망과 기대는 언제든 시험에 들기 마련이고 그 어느 나라도 예외는 아니었다. 2014년 세월호 침몰은 한국 민주체제의 공고화에 대한 시험 중 하나이며 민주체제 공고화 정도를 가늠해보기 좋은 기회이기도 하다.

이를 위해 이 연구는 민주체제에 대한 이론적 논의를 살펴본 후 한국 민주체제 공고화의 발전을 구체적으로 살펴본다. 이어 발전의 걸림돌은 무엇인지 논해본다. 결론부터 밝히면 한국 정치 체제, 특히 이원 집정부제 혹은 준대통령제는 한국적 특성과 더불어 제왕적 대통령을 만들었고 결과적으로 민주체제에 도전하는 반민주적 동력이 됐다. 그렇기 때문에 민주체제의 심화를 위해서는 근본적 개선이 필요하고 제2공화국에서 시도했듯 의회내각제가 권위주의에 대한 해결책으로 바람직하다.

---

3   A. Lijphart, *Democracy in Plural Societies: A Comparative Exploration*(New Haven, CT: Yale University Press, 1977)

4   R. Dahl, *Democracy and its Critics*(New Haven and London: Yale University Press, 1989); J. Locke, *Of Civil Government: Two Treatises*, undated with an introduction by William S. Carpenter(London: J. M. Dent, 1924); J. S. Mill, *On Liberty and Other Essays*(Oxford and New York: Oxford University Press, 1991).

민주체제 공고화: 대중의 태도와 행동, 정치적·경제적 구조의 측면에서

　민주체제의 정의는 다양하다. 최소한의 요건만 따지는 최소 정의(minimalist approach) 전통에 따르면 공정하게 경쟁하는 선거가 민주체제의 기본이자 핵심이다.[5] 이와 달리 최대 정의(maximalist approach) 전통은 선거를 비롯한 다양한 정치사회적 요소, 특히 시위의 자유 등 기본적 자유를 민주체제의 일부로 본다. 자유롭고 공정한 선거만 있다고 그 사회가 민주체제라고 할 수 없다는 주장이다. 이 연구는 후자의 관점에 따라 진행한다. 즉, 민주체제는 선거뿐 아니라 기본적 자유와 다양한 권리가 보장되는 체제라는 전제를 바탕으로 민주체제의 심화를 점검한다. 그런 측면에서 한국 민주체제는 수많은 굴곡을 지나왔다. 1948년 정부수립 이후 이승만, 박정희, 전두환으로 이어지는 독재가 길게 이어졌다. 하지만 민중의 저항도 끊이지 않았고 심지어 독재를 무너뜨리기도 했다. 1960년 4월 혁명은 이승만을 미국으로 내쫓았고 1979년 부마항쟁은 박정희를 크게 위축시켰고 결국 그의 비극적 최후로 이어졌다. 1987년 6월 항쟁은 전두환 체제와 더불어 긴 권위주의 전통에도 종지부를 찍었다. 1988년에 출범한 민주체제는 민주정치 발전의 시작이었다. 학계에서는 이런 민주발전의 분수령으로 두 번의 평화적 정권 교체를 중요하게 본다. 즉, 구세력에서 민주세력으로 그리고 다시 구세력으로의 정권 교체가 선거를 통해 평화적으로

5　R. A. Dahl, *Polyarchy: Participation and Opposition*(New aven, CT: Yale University Press, 1971); Joseph Alois Schumpeter, *Capitalism, Socialism and Democracy*(New York: Harper, 1947).

이루어지면 그 사회의 민주체제가 뿌리를 내렸다고 보는 것이다. 한국에서는 1998년 김대중 정권이 들어서면서 민주진영으로의 평화적 정권교체가 있었고 2008년 다시 구세력이 정권을 가져감으로써 이 고개를 넘게 됐다. 한국 민주체제는 이런 정권 차원뿐 아니라 사회 곳곳에서 발전했다. 김영삼 정권은 군의 정치적 영향력을 대폭 줄이는 데 성공했고 이어 김대중 정권은 각종 사회안전망을 구축하기 시작했다.[6] 노무현 정권은 정부와 관료 사회 깊숙이 박혀 있던 권위주의 행태를 타파하는 데 노력했다. 민주 정권하에 언론과 집회의 자유 등 기본적 자유과 인권의 개선이 크게 이루어졌고 시민사회의 성장도 뚜렷했다.

한국 민주체제의 발전이 전반적으로 광범위하게 이루어졌다는 데에 근본적 이의를 제기하는 이는 찾기 힘들다. 그러므로 오늘 한국 사회의 이런 발전을 보면 민주체제의 고착화가 상당히 진행됐다고 할 수도 있다. 하지만 한마디로 단정하기에 민주체제는 상당히 복잡한 것이며, 한국 민주체제의 경우 공고화가 더 진행될 여지도 보인다. 그러므로 이를 살펴보기 위해서는 보다 유연한 이론적 관점이 요구된다. 그런 점에서 바라카(Barracca)의 분석틀은 유용할 듯하다.[7] 민주체제 전체를 하나로 살펴보는 대신 민주체제 심화의 세 단면, 즉 태도, 행동 그리고 구조적 측면을 따로 살펴보았기 때문이다. 바라카는 태도 면에서는 민주체제에 대한 대중적 지지를 핵심으로 봤고 행동 측

---

6   D. Shin, and C. Park, "The Mass Public and Democratic Politics In South Korea," in Y. Chu, L. Diamond, A. J. Nathan, and D. Shin(eds.). *How East Asian View Democracy*(New York: Columbia University Press, 2008).

7   S. Barracca, "Is Mexican Democracy Consolidated?" *Third World Quarterly*, Vol. 25, No. 8(2004), pp. 1469~1485.

면에서 주요 행위자들이 체제를 비제도적 수단으로 흔들지 않는 것을 중요하다고 봤다. 구조적으로는 우리가 흔히 보는 민주적 제도를 중심으로 민주체제 심화를 논했다. 이제 바라카의 분석틀을 이용해 한국을 점검해보자.

정치적 태도에서 보이는 민주체제의 고착화

민주체제의 공고화의 관점에서 시민의 태도는 큰 의미가 있다. 민주체제에 대한 대중의 이해가 깊고 이들의 지지가 굳건해야만 민주체제가 공고해질 수 있기 때문이다. 이런 면에서 한국 민주체제는 뿌리를 깊게 내렸다고 할 수 있다. 한국인은 민주체제가 어떤 것인지, 어떻게 작동하는지 잘 인식하고 있고 다른 정치체제에 비해 민주체제에 대해 높은 선호를 보이고 있기 때문이다. 이런 민주적 태도는 아시아 바로미터 서베이(Asian Barometer Survey) 데이터와 이를 이용한 여러 분석에서 쉽게 볼 수 있다.[8] 예를 들어 한국 응답자 중 사실상 전부라고 할 수 있는 98%가 민주체제의 핵심 요소 중 최소 하나를 짚어낼 수 있었고 약 60%의 응답자는 두 가지를 지목할 수 있었다. 또한 이들은 자유와 권리의 확장, 정의 구현 등 사회 발전에 있어 민주체제의

8　Y. Chang, Y. Chu and L. Diamond, "A Longitudinal and Comparative Analysis of Citizens' Orientations toward Democracy and Their Evaluation of the Overall Performance of the Democratic Regime in East Asia," *A Comparative Survey of Democracy, Governance and Development: Working Paper Series*, No. 53(2012); C. Park, "Support for Democracy in Korea: Its Trends and Determinants," *A Comparative Survey of Democracy, Governance and Development: Working Paper Series*, No. 20(2004).

공로를 긍정적으로 평가했다.

민주체제에 대한 이해는 이에 대한 지지로 이어졌다. 한국인들이 보여주는 민주체제에 대한 지지는 이들이 갖고 있는 이해만큼이나 굳건해 보인다. 아시아 바로미터 서베이에 나타난 데이터는 한국인들의 민주체제에 대한 포괄적이고 광범위한 지지를 보여준다. 95%의 응답자가 다른 체제에 비해 민주체제를 '아주 좋다'고 했다. 이는 사실상 민주체제에 대한 지지가 한국인들 사이에서 만장일치에 가깝다는 것을 보여준다. 그뿐 아니라 이들은 민주체제가 서양의 체제이고 미국에 의해서 이식됐지만, 대부분(84%)은 이를 한국 사정에 꼭 맞는 것으로 인식하고 있었다. 또한 대다수(72%)가 민주체제가 한국의 다양한 사회적 문제를 해결할 수 있다고 신뢰하고 있었다. 한국인들의 민주체제에 대한 이런 광범위한 지지는 한국 현대사를 생각해보면 간과할 수 없는 발전이다. 해방 이후 미군정이 실시한 조사에 따르면 당시 민중은 사회주의에 압도적 지지를 보냈었다.[9] 또한 비교적 최근까지 민주체제는 독재자들의 정치적 가면으로 한국 민중을 기만하는 데 쓰여왔다는 점도 잊어서는 안 된다. 하지만 불과 30년도 되지 않는 짧은 시간에 전반적 인식이 완전히 바뀐 것이다. 그런 면에서 이러한 태도의 변화는 주목할 만한 일이다.

행동에서 나타난 민주체제의 고착화

행동 차원의 민주체제 공고화를 논하면서 린츠와 스테판(Linz and

---

9   B. Cummings, *The Origins of the Korean War: The Roaring of the Cataract, 1947~1950*(Princeton: Princeton University Press, 1990).

Stepan)은 어떤 정치 행위자도 체제 전복 또는 국가 분리를 기도하거나 정치적 목적으로 무력이나 외세 등 비헌법적 수단을 사용하지 않는 시점에 주목했다.[10] 즉, 정치 행위자들이 민주체제를 유일한 게임의 룰로 인정하고 이에 따라 경쟁하는 것이 중요하다. 이런 면에서 한국 민주체제 공고화는 상당히 진행됐다고 할 수 있다. 우선 무력 쿠데타나 선거 결과를 받아들이지 않는 것 같이 극단적 행동은 찾을 수 없어졌을 뿐 아니라 상상하기도 힘들다. 비교적 최근까지 군부의 정치개입이 일반적이고 군 출신 정치인들이 정부와 정당에 주요 요직을 차지했던 것을 생각해보면 이러한 발전은 놀라운 것이다. 1961년에 박정희 소장은 이승만 독재를 끝낸 4.19 혁명의 결과로 세워진 제2공화국을 무너뜨리며 민주체제의 싹을 짓밟았다. 민주화는 1979년 박정희 대통령이 암살되면서 그 가능성이 엿보였지만 이마저도 전두환이 이끄는 군부에 의해 또다시 좌절됐다. 1980년 군은 광주에서 시민들을 학살하면서 권좌를 잡았고 전두환, 노태우 정부를 통해 권력을 이어갔다. 박정희, 전두환, 노태우 모두 군부독재 대신 민간인 형태의 권위주의 통치를 이어갔지만 군대 출신 인사들이 요직을 차지하는 등 군의 영향력은 지속됐다. 1988년 민주헌법이 세워지고 1993년 노태우에서 김영삼으로 권력이 이동한 후에야 군의 영향력은 흔들리기 시작했다.[11] 김영삼 정권은 오랜 군의 지배를 끝내고 민간인의 지배를 회

---

10 J. Linz and A. Stepan, *Problems of Democratic Transition and Consolidation: Southern Europe, South America and Post-communist Europe*(Baltimore and London: The Johns Hopkins University Press, 1996).

11 C. Moon and S. Rhyun, "Democratic Transition, Persistent Civilian Control over the Military, and the South Korean Anomaly," *Asian Journal of Political Science*, Vol. 19, No. 3(2011), pp. 250~269.

복했다는 평가를 받았고 이런 평가는 정권 초 높은 정당성을 부여하며 인기의 요인이 됐다. 김영삼을 이를 이용해 개혁을 재빠르게 진행했고 그 대상 중 하나가 바로 군부의 권력이었다. 김영삼은 당시엔 이름조차 낯설던 하나회라는 군부 내 사조직을 지목하고 이를 해체했다. 이는 전두환을 중심으로 한 조직으로 회원들은 군부와 정부 등에서 요직을 차지하고 있었다. 이러한 은밀한 조직을 공개함으로써 김영삼 정권은 군부의 권력이 사회 전반에 얼마나 깊고 넓게 뿌리를 내리고 있는지를 만천하에 밝혔다. 한국 사회는 큰 충격에 빠졌고 언론은 이를 연일 크게 보도했다. 논란이 커질수록 군부가 부담스러웠던 김영삼으로써는 반가운 일이었다. 문민정부라는 대의 앞에 하나회는 고개를 숙일 수밖에 없었고 별다른 저항도 하지 못한 채 숙청을 당했다. 이후 군부는 민간 정치 지도자들에게 온전히 복종하게 됐고 이 전통은 오늘날까지 이어지고 있다.

하나회 숙청 이후 민주체제 질서를 흔들려는 시도는 전무했다고 해도 과언이 아닐 것이다. 이는 한국 민주체제가 행동의 측면에서 커다란 발전을 보였다는 증거이다. 하지만 이런 평가를 내린다고 해서 한국의 민주화 과정이 평화롭고 조화롭다고 말하는 것은 아니다. 오히려 민주화 과정 자체는 대립과 충돌로 점철됐다고 보는 편이 더 적절하다. 노동계의 성장과 이를 억누르려는 재벌과 정부, 계속되는 호남 지역에 대한 차별 정치, 좌우의 대립, 그리고 각종 사회적 위기(특히 1997년 외환위기와 그 후폭풍)는 한국 정치 지평을 꼬이고 복잡하게 만들었다.[12] 2016년에는 박근혜 대통령이 최순실이라는 비선 측근에게

---

12 김재한, 「제14대 대선과 한국경제」, ≪한국정치학회보≫, 제27집, 1호(1993), 99~120쪽; 박경산, 「제14대 대통령선거에 나타난 경제적 투표」, ≪한국정치학

정권을 맡기다시피 하며 부패했다는 사실이 드러나며 나라 전체를 혼란에 빠뜨렸다. 하지만 이런 정치적 도전에도 불구하고 정치 행위자 대부분이 민주체제 내에서 논의를 계속하고 정치적 해결책을 찾아냈다. 군부나 외세의 힘을 빌리거나, 정적을 암살 등 폭력으로 제거하거나, 지지자들을 폭동으로 내몰거나 하는 일은 드물었다. 대신 정당, 시민단체 등을 중심으로 한 정치적 투쟁을 통해서 갈등을 봉합하려 노력했다. 2016년의 위기도 시민들의 대규모의 평화 시위, 국회 탄핵, 헌법재판소의 판결이라는 제도적 울타리 안에서 해결됐다. 그만큼 한국인들의 행동은 민주화에 적합하게 성장했으며 그만큼 민주체제는 한국 사회에 더 깊게 뿌리를 내리게 된 것이다.

구조적 측면의 민주체제 고착화

구조적 측면에서도 한국 민주체제 고착화는 상당히 진행됐다. 한국 정치체제는 민주체제가 필요로 하는 요소(정당, 시민사회, 자유로운 언론 등)를 갖추었고 경제도 성숙하였으며 생산적이다. 이러한 체제의 안정, 특히 경제적 안정은 민주화 심화를 측정하는 주요 잣대로 흔히 여겨진다.[13] 학계에서는 부와 민주체제 사이 긍정적 관계가 있다고

회보≫, 제27집, 1호(1993), 185~208쪽; Y. Horiuchi and S. Lee. "The Presidency, Regionalism and Distributive Politics in South Korea," *Comparative Political Studies*, Vol. 41, No. 6(2008), pp. 861~882; H. Lee, "Economic Voting in Korea: Analysis of the 15th Presidential Election," *Korea Observer*, Vol. 14(1998), pp. 635~662.

13 S. M. Lipset, "Some social requisites of democracy: Economic development and political legitimacy," *American Political Science Review*, Vol. 53, No. 1(1959), pp. 69~105; D. Rueschemeyer, E. H. Stephens, and J. D. Stephens,

받아들이는 경향이 강하다. 즉, 부유한 국가는 민주체제를 잘 유지하지만 가난한 국가일수록 민주체제도 흔들리는 경우가 많다고 보는 것이다. 한 연구는 연간 일인당 국민소득이 1000달러에서 6000달러에 달하는 국가에서 민주체제가 붕괴될 가능성을 5% 정도로 계산했다. 하지만 연간 일인당 국민소득이 1000달러가 안 되는 나라에서는 그 가능성이 22%까지 올라가는 것으로 나타났다.[14] 다른 연구에서도 비슷한 결과가 나왔다.[15] 그만큼 경제적 안정은 민주체제 안정에 주요한 요소인 것이다. 이런 측면에서 한국의 경제 발전은 민주체제의 심화에도 중요하다. 한국전쟁으로 파괴됐던 한국의 경제는 미국 경제 원조로 연명했지만 21세기가 열린 즈음에 한국 경제는 이미 선진국 수준에 다다랐다. 2014년 한국의 국내총생산은 세계 13위(세계은행 기준)이고 국제 무역은 일곱 번째로 크다(세계무역기구 기준). 한 사회의 부유한 수준을 가늠하는 기준인 일인당 국민 소득 1만 달러는 이미 1995년에 지났고 2013년에는 2만 6000달러에 이르렀다. 이런 성장과 더불어 LG, 현대, 삼성 등 한국의 일부 기업들은 세계 경제에서도 그 이름을 알릴 정도로 성장했다.

Capitalist Development and Democracy(Chicago: University of Chicago Press, 1992).

14 A. Przeworski, M. Alvarez, J. A. Cheibub and F. Limongi, "What Makes Democracies Endure?" *Journal of Democracy*, Vol. 7, No. 1(1996), pp. 39~55.

15 D. Acemoglu and J. A. Robinson, "A Theory of Political Transitions," *The American Economic Review*, Vol, 91, No. 4(2001), pp. 938~963; M. J. Gasiorowski and T. J. Power, "The Structural Determinants of Democratic Consolidation Evidence from the Third World," *Comparative Political Studies*, Vol. 31, No. 6(1998), pp 740~771.

2부 국가와 지배 구조

구조적 발전은 정치 영역에서도 나타난다. 자유롭고 공정한 선거 제도가 뿌리내렸고 이를 통해 선출된 지도자들은 최고의 권력과 정통성을 누리는 사회가 됐다. 권력의 집중도 완화돼 최고 권력자인 대통령의 권위도 권위주의 시대에 비교하면 크게 위축됐다. 특히 이러한 양상은 노무현 정부 때 뚜렷해졌고 노무현 자신이 2003년에 박근혜가 2016년에 국회에 의해 탄핵을 당할 정도였다. 그만큼 권력분립이 뚜렷해진 것이고 민주체제가 성숙했음을 보여주는 증거일 것이다. 이런 경향은 정당 체제의 공고화에 의해 더욱 뚜렷해졌다고 할 수 있다. 한국 정당 체제는 아직 개선의 여지가 많다. 특히 선거 등의 정치 환경에 따라 정당이 쉽게 꾸려지고, 해체되기도 하는 것은 고질적 병폐다. 하지만 시민의 정치 창구로서 이들의 지지를 모아 정치 세력화하고 새로운 정치 지도자를 발굴하는 등의 정당의 기본적 역할은 무리 없이 수행되고 있다. 특히 보수정당인 새누리당은 2017년 보수정당 최초의 분당 전까지 굴곡 없이 보수 이데올로기를 대변하며 놀라운 일관성을 보여줬다.

민주체제 심화에의 도전: 정치 엘리트와 대통령

한국 민주체제 심화[16]는 의미 있는 진전을 보였다. 살펴본 대로 태도·행동·구조 등 모든 면에서 민주체제는 뿌리를 깊이 내렸고 이는 일반적으로, 일상적으로 여겨질 만큼 발전했다. 이는 한국인들이

---

16 이 글에서 '고착화'는 뿌리를 내렸다는 뜻으로, '심화'는 뿌리가 깊어졌다는 뜻으로 사용했다.

기억하듯 크고 작은 도전을 이겨낸 값진 결과이기도 하다. 그리고 그 도전은 계속되고 있다. 세월호 참사도 그러한 도전 중 하나이자, 심각한 위기이다. 특히 민주체제의 심화가 아직 진행되고 있는 상황이기에 더욱 심각하다 하겠다. 동시에 이는 한국 민주체제의 미래를 가늠해볼 수 있는 기회이기도 하다. 이제 세월호 참사로 드러난 민주체제 심화에의 도전을 살펴본다.

정치적 태도에서 보이는 민주체제 고착화에의 도전

세월호 참사를 둘러싼 대정부 비판에 박근혜 대통령은 제왕적인 태도로 일관함으로써 민주체제 고착화를 흔들어놓았다. 민주체제는 정보의 투명성을 기본으로 한다. 민주 권력이 민중으로부터 나오는 것이니만큼 민중의 눈을 가려서는 안 되기 때문이다. 하지만 박근혜 정부가 보여준 태도는 이런 기본 원리를 근본적으로 위배했다. 박근혜는 사고 당일부터 침묵과 불통으로 일관했다. 세월호가 침몰한 것은 아침 9시 전후이지만 박근혜가 보고를 받은 것은 약 한 시간 뒤였다. 이후 오후 5시경 박근혜가 비상상황실을 방문하고 보고를 받는 장면이 보도됐다. 여기서 그녀는 생존자들이 구명조끼를 입고 있음에도 구조가 되지 않는 것이 의아하다고 밝혀 국민들을 충격에 빠뜨렸다. 박근혜를 제외한 대부분의 국민들은 생존자들이 세월호 안에 갇혀 있음을 잘 알고 있었기 때문이었다. 박근혜의 무지는 국민들로 하여금 그녀가 아침 10시부터 오후 5시까지 무엇을 하고 있었는가에 대해 의문을 갖게 했다. 대통령의 행방은 일반에게 늘 공개해야 맞는 것이지만 당시 박근혜의 행방은 미스터리로 남아 있다. 심지어 비서실장인 김기춘도 그녀의 행방을 몰랐다고 고백했다.[17] 청와대는 그녀가

2부 국가와 지배 구조

보고도 받았고 지휘도 했다고 밝혔지만 정확한 행방을 밝히지 않음으로써 국민의 불신을 누그러뜨릴 수 없었다. 특히나 대통령의 지휘가 뚜렷하지 않았고 그래서 참사가 더욱 커진 점을 고려하면, 그리고 국민의 요구가 있는 상황에서 청와대는 대통령의 행방을 밝히고 책임을 분명히 해야 하지만 반대로 불통의 길을 택했다. 그리고 박근혜는 이 길을 계속 걸어갔다. 참사 이후 약 한 달 동안 박근혜가 국민에게 세월호 참사에 관해 반응을 보인 것은 4월 29일 담화와 현장방문, 5월 6일 두 번째 사과, 16일 일부 가족과의 만남, 그리고 5월 19일 대국민 텔레비전 담화가 거의 전부라 할 수 있다. 참사 이후 13일이나 지나고서야 나온 첫 번째 사과는 여러 모로 부족했다. 첫째, 너무 늦었다. 이는 대형 사고가 나면 대통령이 유감과 사과를 표하는 과거 관행에 비해 전례가 없는 것이었다. 예를 들어 노무현 대통령은 2003년 대구 지하철 사고가 나고 3일 후, 김영삼 대통령은 1993년 서해훼리호 침몰 당일 대국민 담화를 발표했다.[18] 게다가, 그마저도 충분치 못한 사과였다. 박근혜의 사과는 대국민 담화나 대중매체를 통해 발표된 국민을 향한 것이 아니라 국무회의에서 기조 연설의 일부로 국무위원들을 향해 이루어졌다. 정부의 수반으로서, 국가를 대표하는 지도자로서 국민의 슬픔을 위로하려는 의도가 있었다면 상상하기 힘든 형태였다. 내용도 "사과"라는 단어를 제외하고는 책임과 통감을 나타내는 별다른 말이 없었다. 자연히 야당과 국민 대다수(63%)는 '사과'에 불만을 나타냈다.[19] 이런 무책임한 태도는 지속적으로 나타났다. 한 예로 9

---

17 김정하, "김기춘 '여성대통령에게 결례라 생각, 세월호 7시간 못 물어'", ≪중앙일보≫, 2016.11.23.

18 강신혜, "사과에 인색한 박근혜 대통령… 과거 대통령들은?", 국민TV, 2014.4.29.

월 16일 국무회의에서 박근혜는 자신과 정부의 책임을 인정하기보다는 본인에 대한 비판에 반응하는 데 더 많은 에너지를 썼다. 박근혜는 참사 당일 대통령의 행적을 캐묻는 국회의원을 향해 "국민을 대표하는 대통령에 대한 모독적인 발언이 그 도를 넘고 있다. 이것은 국민에 대한 모독이기도 하고 국가의 위상 추락과 외교관계에도 악영향을 미칠 수 있는 일"이라고 격하게 반응했다. 이 발언에서 우리는 박근혜가 자신과 국가를 동격으로 보는, 비민주적이자 권위주의적 시각을 가진 것을 알 수 있다.

　　박근혜의 권위주의적 태도가 정치적으로 중요한 것은 그 태도가 정부의 전반적 기조를 대변하고 동시에 규정하기 때문이다. 대통령이 제시한 수준만큼 정치 지도자, 정부 관료들도 세월호 참사를 대하는 데 권위주의적 태도를 유지했다. 세월호 참사가 있고 나서 정부가 제일 중점을 둔 것은 대통령 권위 유지였다. 당장에 김기춘 비서실장을 비롯한 청와대는 박근혜 대통령이 위기 관리에 책임이 없다면서 박근혜에 대한 비판이 정당치 않다며 비판 여론 차단에 몰두했다. 참사 당일에 현장을 방문한 서남수 당시 교육부장관이 의료용 테이블에서 라면을 먹는 모습이 언론에 보도됐다. 피해 가족이 울부짖고 있는 현장에서 위로차 방문한 장관이 한가로이 라면을 먹는 장면은 민중의 공분을 사기에 충분한 것이었다. 4월 20일에는 또 다른 정부 관료가 희생자 명단 앞에서 동료들과 셀피(selfie, '셀카'와 같은 뜻으로 쓰임)를 찍어 파문을 일으켰다.[20] 이런 일들을 단편적이고 개인적인 실수로 보기

19　　지영민, "'세월호 민심', 박근혜에게 등 돌린 두 가지 이유", ≪오마이뉴스≫, 2014.5.2.

20　　최민영·이고은·송윤경·김향미, "[특별기획] 세월호 침몰에서 참사 키운 부실 대응까지," ≪경향신문≫, 2014.5.7.

2부 국가와 지배 구조

쉽지 않은 이유는 세월호 참사가 그만큼 비극적이었고 이에 대한 국민적 공감이 깊었기 때문이었다. 그럼에도 평소처럼 자신의 권위에 취해 이렇게 국민적 정서를 무시할 수 있었던 것은 이들이 얼마나 권위주의를 내면화하고 있었는지 보여준다.

세월호 참사 이후 사태 '수습'을 위해 박근혜 정부는 민주체제의 근간이라고 할 수 있는 미디어의 독립과 자율마저 흔들어놓았다. 게다가 박근혜 자신이 미디어를 이용한 이미지 조작에 적극적이었다는 점에서 더 주목할 만하다. 비극적 참사에도 불구하고 박근혜는 소통이나 감성적 교류에 형편없다는 비판이 이어졌고 이에 청와대는 미디어를 이용하는 대응을 내놓았다. 첫 번째는 대통령의 4월 29일 안산 분향소 방문이었다. 여기서 박근혜는 헌화를 바치고 희생자의 친척으로 보이는 이를 안으며 위로했다. 하지만 이는 모두 조작된 이미지였음이 곧 드러났다.[21] 현장에서 희생자 가족들은 대통령에게 소리를 지르며 분노했고 대통령이 만났던 이도 희생자와는 전혀 관계가 없는 조문객일 뿐이었다. 하지만 이런 현실은 묻히고 조작된 이미지만이 방송을 타고 대중에게 전달됐다. '따스하게 공감하는 대통령 만들기'는 대통령 5월 19일 담화에서도 이어졌다. 담화는 특별법 제정 등 정부의 대처 방안을 담고 있었지만 더욱 눈길을 끈 것은 담화 후반에 시작된 그녀의 눈물이었다. 이유는 이전에 볼 수 없던 감성적 표현이었기 때문이기도 했지만, 그보다는 극히 부자연스런 행동 때문이었다. 눈물이 흘러내렸지만 대통령은 눈물을 닦으려는 어떠한 손짓이나 머뭇거림 등도 없이 계속해서 원고를 읽어나갔다. 눈물이 흐르기 내리기 직전에는 눈의 깜빡임조차도 없었다. 한 분석에 따르면 담화 발표

---

21   이재진, "확산되는 분향소 할머니 연출 의혹", ≪미디어오늘≫, 2014.5.1.

중 평균 3.79초마다 한 번씩 눈을 감았고 최장 간격은 7.02초였다.[22] 하지만 후반 그 간격은 무려 31.9초로 극대화됐고 곧 눈물이 나왔다. 눈물을 흘리기 위한 노력이었다고 짐작해볼 수 있다. 이 눈물이 사전에 계획됐다고 의심되는 이유는 그녀의 지극히 부자연스러운 몸짓뿐아니라 때맞춰 천천히 클로즈업을 한 카메라 때문이기도 하다. 대통령의 담화 발표 중 카메라가 대통령 얼굴만으로 화면을 채우는 일은 전무하다. 전례가 없이 대통령이 우는 그 순간에 우연히 유례없는 클로즈업이 이루어졌다고 믿기는 어렵다. 대통령의 눈물이 거짓인지는 알 수 없지만 실제와 다른 인상을 심기 위한 노력이었다면 이는 이미지 조작이라는 비판을 피할 수 없다.

청와대만 이미지 조작을 시도한 것은 아니었다. 정부는 있지도 않았던 구조 작업이 마치 대대적으로 벌어지고 있던 것 같은 인상을 국민들에게 주는 것에 집중했다. 세월호 침몰 당일 김수현 서해해경 청장은 해경이 "함정 164척, 항공기 24대, 특공대 226명을 동원해 사고현장을 집중 수색"하고 있다고 전했고 군도 "구명보트 40여 대를 탑재한 C-130 수송기와 구조헬기 등이 김해공항에서 발진했고, 육군은 4척의 경비정과 특전사 신속대응대원 150여 명, 군 의료 인력들을 보내 수색과 구호활동을 지원"했다고 발표했다. 물론 정부의 발표는 이를 확인도 제대로 하지 않은 언론을 통해 빠르게 퍼졌고 많은 이들이 안심하도록 유도하는 효과를 가져왔다. 하지만 이는 사실과 전혀 달랐다. 피해자 가족들의 증언을 따르면 사고 당일 이들이 현장에 도착

---

22   박기훈, "박근혜 눈물 분석".
      https://www.youtube.com/watch?v=Er2WBXDS-G8
      2016년 4월 4일에 검색한 자료로, 현재는 볼 수 없다.

했을 때 정부가 발표했던 구조 작업은 어디에서도 찾아볼 수가 없었다. 대대적 구조 작업을 보리라 기대했던 이들은 충격에 빠졌다. 더욱이 사고 구역이 거친 조류로 유명한 곳이었지만 때마침 조류가 잔잔해서 구조 작업에 적기였기에 이들의 안타까움은 더했다.[23] 이미지 조작은 현장에서도 이루어졌다. 해군은 생생한 보도 사진을 위해서 쉬고 있던 해난구조대(SSU) 잠수사에게 잠수복을 입히고 물까지 뿌려 긴박한 구조 장면을 연출했다.[24] 이어진 인터뷰에서 그가 물속 상황이 좋다고 말하자 상사가 이를 막고 그렇게 양호하지는 않다고 말하도록 지시했다. 해군은 정부가 어려운 상황에서 최선을 다하는 이미지를 제작해 유포함으로써 국민을 속인 셈이다.

세월호 참사에서 드러난 정부의 정치적 태도는 국민을 기만하는 비민주적인 것이었다. 민주적 원칙에 따르면 국민은 권력의 근원이므로 정부의 행태와 정책에 대한 알 권리를 갖고 있고 정부는 필요한 정보를 제공해야 할 의무가 있다. 그 의무는 급박한 위기 상황일수록 더욱 막중해진다. 국민 안전의 차원에서도, 투명한 정보 제공을 통한 토론과 책임 추궁의 차원에서도 반드시 필요하다. 하지만 박근혜 정부는 그 의무를 저버렸을 뿐 아니라 이미지 조작을 통해 국민을 기만했다. 특히 박근혜 대통령의 이런 비민주적 행태는 민주체제 고착화를 권력의 정점에서부터 뒤흔든다는 점에서 한국 민주체제의 위기를 초래했다. 또한 이러한 태도는 앞서 살펴본 바와 같이 일반 시민들이 보여준 민주적 태도와도 정반대라는 점에서 흥미로운 것이다. 즉, 민주

---

23 〈세월호 골든타임, 국가는 없었다〉, ≪뉴스타파≫, 2014.7.24.
    https://www.youtube.com/watch?v=Fm81fi5F5EE
24 이성택, "해군의 방송용 그림만들기", ≪스포츠한국≫, 2014.4.24.

화가 상당히 진행된 사회를 대통령이 직접 권위주의 시대로 되돌리고 있는 것이 세월호 참사로 드러난 한국 민주체제의 현주소라고 할 수 있다.

정치적 행동에서 보이는 민주체제 고착화에의 도전

박근혜 정부의 세월호 참사에의 반응과 행동 양태는 민주주의 원칙을 심각하게 위반하고 있다. 첫째, 헌법적 측면에서 보면 삼권분립이라는 헌법의 원칙을 위반했다. 둘째, 시민사회를 억압했다. 셋째, 인권 침해를 되풀이했다. 민주국가의 지도자가 비민주적 행태를 보인 것은 박근혜가 유일하지는 않다. 미국의 조지 부시는 대테러 전쟁의 이름으로 고문을 자행했고 오바마도 무차별적 대국민 감청을 계속했다. 민주적 원칙과 정책의 실용성을 고려할 때 이러한 정책들을 정당화하기는 어렵지만 이들은 '외부에서의 위협'이라는 최소 명분은 있었다. 세월호 경우 최소한의 명분조차 전무했다. 피해 가족들과 국민의 정당한 요구를 내부의 위협으로 봤는지 모르겠지만 박근혜 정부의 반민주적 행태는 한국 민주체제의 고착화를 흔드는 것임에 틀림없다.

헌법 제40조는 "입법권은 국회에 속한다"라고 명시하고 있지만 박근혜는 실질적으로 입법권을 행사함으로써 헌법의 삼권분리 원칙을 뒤흔들었다. 박근혜 대통령이 5월 16일 세월호 희생자 가족들과 만난 자리에서 특별법을 제안하기는 했지만, 정작 논의가 시작되자 정부는 진상 조사를 위한 특별위원회의 권위를 제한했다. 가족들은 위원회가 수사권과 기소권을 갖고 독립적이고 실제적인 조사를 할 수 있기를 원했고 여론도 이러한 가족들의 염원을 지지했다.[25] 이에 정부와 여당 주도의 의회는 이에 부정적이었지만 여론의 눈치를 볼 수밖에 없었고 그러한 상황에서 협상은 속도를 내지 못했다. 이를 반전시킨 것은 다름 아닌 대통령이었다. 박근혜는 국무회의에서 사실상의 입법 가이드라인을 내놓았다. 박 대통령은 "삼권분립과 사법체계의 근간을 흔드는 일로 대통령으로서 할 수 없고 결단을 내릴 사안이 아니다"라며 가족들의 요구는 받아들일 수 없는 것임을 확인했다. 곧바로 새누리당 지도부도 강경한 자세로 돌아섰고 보수언론도 피해자 가족이 무리한 요구를 한다며 공세를 펼쳤다. 결국 세월호 특별법은 피해자 가족들이 17명 위원 중 3명을 추천할 수 있는 선에서 조정됐고 특조위는 기소권 없이 출발하게 됐다. 하지만 이마저도 박근혜는 대통령 시행령을 통해 조사의 범위를 대폭 축소하는 등 특별법의 효과를 위축시키고 말았다.[26] 세월호 입법의 시작과 끝을 의회가 아닌 대통령이 좌지우지하고 그나마 의회를 통과한 법마저 대통령이 임의로 조정한 것은 행정부와 입법부가 분리되고 서로 견제해야 한다는 헌법 정신의 위반이자 민주체제의 안정에 해가 되는 행동임에 분명하다.

세월호 참사에서 드러난 박근혜 정부의 언론 간섭과 통제도 민주체제에 대한 심각한 도전이다. 정부의 유출된 문건에 의하면 방송통신위원회와 방송통신심의위원회는 방송사를 '조정통제'하고 모니터링을 강화해 세월호 관련 언론 보도뿐 아니라 온라인상의 논의 또한 통제한 것으로 드러났다.[27] 이들 기관은 실제로 경찰청에 수사를 의

---

25 정상근, "세월호 특별법에 대한 여론은 어떻게 바뀌어갔나", ≪미디어오늘≫, 2014.9.29.
26 박주희, "세월호 특별법 시행령, 꼬리가 몸통 뒤흔드나", ≪한국일보≫, 2015.4.3.
27 박장준, "박근혜 정부, 세월호 '보도통제' 문건 만들었다", ≪미디어오늘≫, 2014.4.28.

뢰함으로써 언론을 적극적으로 통제했다. 더 나아가 정치적 압력이 한국방송공사(KBS)의 편파적 보도의 배후였음이 드러나 충격을 주기도 했다. 김시곤 전 KBS 보도국장은 청와대의 압력이 있었음을 고백했다. 그는 청와대에서 해경에 대한 비판 보도를 미뤄달라는 지시가 내려왔다고 했다. 이후 공개된 녹취록을 통해 당시 이정현 청와대 홍보수석의 개입이 육성으로까지 확인됐다.[28] 길환영 사장도 청와대를 대신해 보도본부을 찾아 같은 압력을 넣었다고 밝혔다. 법적으로 사장은 보도에 간섭할 수 없음에도 길환영 사장은 정치적 압력을 행사한 것이다. 길환영 사장 본인도 고백한 것처럼 청와대로부터의 압력은 거스를 수 없는 것이었다.[29] 청와대의 압력은 소기의 목적을 달성했다. 해경에 대한 비판이 누락됐고 뉴스 보도의 순서도 정치적 고려에 의해 정해졌다. 박근혜의 현장 방문 당시 그녀를 비난하는 가족들의 외침은 '알아서 잘려나간 채' 왜곡된 보도가 나갔다.[30] 이러한 행태가 KBS에만 국한된 것이라고 보기는 어렵다. 친정부 인사가 공중파 및 종편 방송사를 장악하고 있는 것과 (이후로도) 친정부적 왜곡 보도가 계속된 점을 생각해보면 비슷한 정부 압력이 보다 광범위하게 가해졌다고 짐작할 수 있다.[31] 언론 통제는 언론인에 대한 압박으로도 이어졌고 이는 주로 법적인 방법을 통해 공공연히 이루어졌다. 박근

---

28 최원영, "이정현, 세월호 보도 KBS 국장에게 '해경 비판 나중에' 압박", ≪한겨레≫, 2016.6.30.

29 김효실·이정국, "사장이 울며 대통령 뜻이라고 사퇴 종용", ≪한겨레≫, 2014.5.16.

30 김효실, "도대체 어땠길래…KBS '세월호 보도' 7가지 문제점", ≪한겨레≫, 2014.5.9.

31 김도연, "청와대, '그것이 알고싶다' 막으려 SBS 경영진 접촉시도", ≪미디어오늘≫, 2016.12.14.

2부 국가와 지배 구조

朴혜 정부가 주로 쓴 수법은 명예훼손을 빌미로 한 고소였다. 김기춘 당시 청와대 비서실장은 《한겨레》를 상대로 정정보도 및 손해배상 소송을 냈고 김재원 당시 청와대 정무특보는 세월호 참사 유가족인 유경근 4.16 가족협의회 집행위원장을 명예훼손 혐의로 고소했다. 이 외에도 비슷한 사례가 다수 있지만 가장 눈에 띄는 것은 검찰이 가토 다쓰야 《산케이신문》 전 서울지국장을 대통령 명예훼손 혐의로 불구속기소한 것이다. 가토 지국장은 칼럼을 통해 박근혜 대통령의 세월호 당일 행적 관련 의문을 제기했다가 고소를 당하고 일본행도 금지된 채 재판을 받았다. 검찰이 끈질기게 "최태민과 그의 딸 최순실에 관한 것"을 물었고, 가토가 이후 인터뷰에서 "박 대통령과 최 씨 부녀의 관계야말로 정권의 최대 금기"라고 말할 정도로 정치적인 조사였다.[32] 이러한 일련의 고소가 전달하는 메시지는 분명했다. 대통령에 대한 비판을 자제하라는 것이었다.

억압은 언론에만 국한되지 않았다. 대구의 한 교사는 참사 이후 페이스북에 대통령을 비난하는 글을 올렸고 교육 당국은 '경고' 조치를 내렸다.[33] 예술 행위도 대통령을 대상으로 하는 경우 공권력의 철퇴를 피할 수 없었다. 팝아티스트인 이하는 한 건물 옥상에서 대통령을 풍자한 그림 수천 장을 뿌리다 체포됐다. 그림에는 박근혜가 개들에게 둘러 싸여 웃고 있고 뒤에 세월호가 보인다. 이는 박근혜 대통령이 개처럼 충직한 부하들에 둘러 싸여 세월호 참사에 무관심하다는 풍자로 볼 여지가 있다. 그 때문에 그림을 벽에 붙였던 자원봉사자마

32　정현목, "산케이 전 지국장 '날 조사하던 한국 검사가 최태민 부녀에 대해 끈질기게 물어'", 《중앙일보》, 2016.10.27.

33　윤근혁, "SNS로 대통령 비판한 죄?… 교사 경고", 《오마이뉴스》, 2014.6.10.

저도 체포됐다. 춘천에서는 화장실 벽면에 'DECIMATOR OF THE SEWOL(세월호 대량 학살자)'이라는 글과 함께 박 대통령과 세월호가 있는 그림을 그린 20대 남성이 검거됐다. 세월호 유가족들에게도 경찰의 감시가 붙었고 이를 위해 안산에서만 1000명의 경찰이 동원된 것으로 보도됐다.[34] 감시를 통해 정부는 이들의 움직임을 잘 파악할 수 있었고 이들의 시위도 효과적으로 차단할 수 있었다. 더 나아가 박근혜 정부는 블랙리스트를 작성해 정부에 비판적 인사 수천 명을 광범위하고 체계적으로 관리했다. 특검의 조사에 따르면 "연간 약 2000억 원에 이르는 문화예술 분야 보조금을 단지 정부 정책에 비판적이거나 견해를 달리한다는 이유만으로 해당 문화 예술인이나 단체에 대해 지원을 배제"해 표현의 자유를 억제하고 인권을 침해했다.[35]

세월호 참사를 통해 본 박근혜 정부의 행동의 양태는 억압적이고 권위적이었다. 권위주의적 정부가 흔히 그렇듯 정부에 대한 반대는 최대로 제한했고 박근혜 본인에 관한 것에는 특히나 예민하게 반응했음을 볼 수 있다. 세월호 참사로 박근혜 정부에 대한 반대가 더욱 심해졌던 만큼 이에 대한 정권 차원의 반응도 더욱 강경해졌다. 한 집계에 의하면 2013년에 비해 세월호 참사가 있었던 2014년에 공권력 사용이 뚜렷이 증가했다.[36] 시위 횟수는 2013년 9738회에서 2014년 1만 504회로 7.9% 증가했다. 하지만 통계청 기준 불법·폭력 시위는

---

34 박홍두, "정청래 '세월호 유가족 사찰에 1000명 넘는 경찰 동원'", ≪경향신문≫, 2014.4.10.

35 박광연, "[전문] 박영수 특검 '국정농단' 최종 수사결과 발표문", ≪시사저널≫, 2017.3.6.

36 김지영, "조혜수, "늘어난 경찰, 정권의 호위무사 됐다"", ≪시사저널≫, 2014.10.23.

2부 국가와 지배 구조

오히려 51회에서 45회로 줄었고 따라서 경찰의 부상자 수도 92명에서 78명으로 줄었다. 하지만 흥미롭게도 경찰 병력 동원 증가폭은 훨씬 컸다. 비록 앞의 자료들이 부분적인 측면이 있긴 하지만, 이에 따르면 2013년 전체 경찰 병력 동원 숫자가 208만 명이었던 반면, 2014년 첫 8개월 동안 170만 명이었다. 2013년의 통계를 바탕으로 첫 8개월 병력 동원 숫자를 139만 명으로 가정해 2014년과 비교해보면 22% 증가했다. 즉, 시위는 더욱 평화로워졌고 증가율은 7.9%에 그쳤지만 동원된 경찰 병력 수는 무려 22%나 증가한 것이다. 이를 보면 박근혜 정권이 세월호 참사를 정치적 위기로 봤고 이를 제압하기 위해 많은 공을 들였다는 유추가 가능하다. 물론 이는 민주체제에서는 생각하기 힘든 반응이다. 정부의 잘못이 명백하고 이를 규탄하는 목소리가 컸지만 평화적이었던 만큼 박근혜 정권도 대화와 타협을 통해 사태를 처리했어야 했다. 하지만 이들의 행태는 정반대로 이루어졌다. 그러한 면에서 박근혜 정권의 행태는 민주체제의 공고화를 흔들어놓았다고 볼 수 있다.

구조적 측면의 민주체제 고착화에의 도전

한국 민주체제는 구조적 취약함을 가지고 있고 이는 세월호 참사를 통해 뼈아프게 드러났다. 가장 심각한 취약점이라면 박근혜의 행태를 통해 드러난 대통령 권력 집중일 것이다. 헌법은 대통령과 국회의원 선거를 분리함으로써 권력 분립을 강조하는 대통령제를 바탕으로 하고 있다. 하지만 한국 대통령제는 권력의 분립과 상호 견제를 강조하는 미국의 그것과는 다르다. 한국 대통령제는 국무총리라는 직책을 통해 행정부와 입법부 간 권력 분립과 상호 견제를 완화할 수 있는 여지를 두고 있다. 국무총리는 대통령이 임명하고 대통령을 보좌하면서 행정부에서 막강한 권력을 지닌다. 하지만 동시에 임명되기 위해서는 국회의 동의가 필요하기에 국회에도 책임이 있다. 이런 점에서 한국 대통령제는 프랑스식 준대통령제와 흡사하다. 준대통령제는 대통령에게 막강한 권력을 안겨준다. 역사적으로 준대통령제가 만들어진 역사적 배경에는 샤를 드골(Charles de Gaulle)의 정치적 야망이 깔려있다. 그는 2차 대전 후 의원내각제를 바탕으로 한 프랑스의 정치가 혼란에 빠진 이유가 바로 정치 구조에 있다고 봤고 이를 고치기 위해 강력한 대통령에 권력을 집중하는 제도를 구상했다. 여기서 탄생한 것이 준대통령제다. 드골은 대통령이 됐고 자신의 구상대로 제왕적 대통령의 권력을 누렸다. 카리스마적 지도자와 이를 뒷받침하는 정당의 조합이 준대통령제에서 실행된 예는 이후 전 세계에서 찾아볼 수 있다. 폴란드의 민주화가 그랬고 이승만의 1952년 개헌 또한 비슷한 경우였다. 현재 러시아를 비롯한 구소련 국가의 대부분이 준대통령제를 취하고 있는 것도 이러한 역사적 사례와 그 궤를 같이한다.[37]

준대통령제가 역사적으로 강력한 대통령과 연관되는 데는 구조적 측면에 그 원인이 있다. 우선 입법부가 상대적으로 약한 것이 눈에 띈다. 특히나 예산 등 재정적 분야에서 입법부 권위가 굉장히 제한되어 있다. 프랑스에선 예산이 재정에 부담을 줄 경우 의회는 논의를 시작조차 할 수 없고(헌법 40조) 정부 동의 없이는 세금에 관한 법률 제정도 할 수 없다. 한국도 비슷한 제한이 있다. 헌법 57조는 "국회는 정부

---

37 Taehyun Nam, "Protests in Semi-presidential Democracies," Prepared for the Annual Meeting of Midwest Political Science Association(Chicago, IL, USA: 2004).

의 동의 없이 정부가 제출한 지출예산 각항의 금액을 증가하거나 새 비목을 설치할 수 없다"라고 못 박아 국회의 권위를 상대적으로 축소하고 있다. 준대통령제에서 또 눈에 띄는 것은 입법부가 행정부를 견제할 장치가 상대적으로 취약하다는 점이다. 프랑스 의회는 정부를 상대로 견책안을 통과시킬 수 있지만 대통령을 견제할 장치는 거의 전무하다. 한국의 국회는 "국무총리 또는 국무위원의 해임을 대통령에게 건의할"(63조) 수 있고 대통령 등에 대해 탄핵 소추를 의결할 수 있다(65조). 하지만 해임도 건의만 할 수 있을 뿐이고 탄핵 소추 또한 "직무집행에 있어서 헌법이나 법률을 위배한 때"로 한정되어 극도로 제한돼 있다. 정치적 책임을 물을 제도적 장치가 취약하다. 게다가 대통령은 국무총리에게 정치적 책임을 묻고 해임시킴으로써 자신의 정치적 권위를 보호하는 장치마저 갖추고 있다. 미국과 같은 전통적 대통령제 국가에서는 찾아볼 수 없는 정치적 방패다. 준대통령제에서 대통령은 자신이 이끄는 정당이 국회의 다수를 점하고 있는 이상 제왕적 대통령 노릇을 할 수 있는 제도적 여건을 갖추고 있다.

세월호 참사를 통해 드러난 박근혜 대통령의 행태는 준대통령제가 허락하는 제도적·정치적 조건을 충분히 이용한 제왕적 대통령의 그것이었다. 참사 이후 박근혜 정부는 희생자 가족들과 국민의 요구와 목소리를 완전히 무시했다. 몇몇 행사를 제외하고선 청와대와 국민의 교류는 전무했다. 그나마 소통했다는 것도 대통령이 국무회의에서 연설하는 것에 그치는 등 민주체제에서는 기대하기 힘든 권위주의적 양상을 보였다. 국민은 잘못된 정보와 조작된 이미지만 소비해야 했고 국회를 이런 국민을 대신해 대통령과 정부를 질타하지 못했다. 하지만 이런 정치적 위기를 타개할 제도적 장치는 전무했다. 새누리당이 박근혜의 지도에 따르는 이상, 실질적 정치 보스로서 박근혜는 행정부와 입법부를 사실상 조정한 것이다. 이는 권력의 분산을 주요한 원칙으로 하는 민주적 전통에 큰 위협이 아닐 수 없다. 한국 민주체제가 공고화되기 위해서 반드시 풀어야 할 숙제다.

결론을 대신하여

한국 민주체제의 공고화를 세월호 참사를 통해 살펴봤다. 대중적 태도와 행동의 측면에서, 그리고 정치적·경제적 구조면에서 민주체제의 공고화는 상당히 진행됐다. 하지만 정치 엘리트, 특히 대통령의 행태는 민주체제의 공고화를 오히려 위협하는 것으로 나타났다. 결과적으로 양심과 표현의 자유 등 기본적 인권마저 위협받는 정치적 퇴보가 일어났다. 민주체제의 위기는 여러 요인에 의해 발생하지만 그중 대통령에게 권력이 집중되는 정치 제도에서 비롯되는 것이 가장 심각하다. 이의 해결을 위해 이 글에서는 헌법 개정 등을 통해 단기적으로는 국회 권력을 강화하고 장기적으로 제2공화국에서 시도된 의원내각제로의 전환을 제안한다. 이 제안은 의회가 민주체제의 중심임을 지적하는 학자들의 연구를 기초로 한 것이다. 한 예로 슈가트와 캐리(Shugart and Carey)는 상대적으로 강력한 의회가 보다 더 효율적이고 안정적임을 보여주었고 마틴과 밴버그(Martin and Vanberg)는 의회가 국민의 다양성을 대표하는 데 대통령보다 더 뛰어날 수밖에 없음을 지적했다.[38] 또한 의원 개개인이 대통령에 비해 유권자와 직접적 소통

---

38 M. S. Shugart and John M. Carey, *Presidents and Assemblies*(New York: Cambridge University Press, 1992); L. W. Martin and G. Vanberg, "Policing

이 훨씬 더 수월하므로 역동적 민의를 정책에 반영하는 데 유리할 수밖에 없다. 자주 치르는 더 많은 선거는 국민들이 정치 최고 권력에 더 많은 목소리를 낼 수 있는 환경을 제공하고 그런 만큼 최고 권력자도 국민의 목소리에 귀를 기울이지 않을 수 없다. 의원내각제였다면 곧 다가올 국회 선거가 권력 유지와 직결되는 상황에서 박근혜는 보다 적극적으로 참사에 대응했을 것이고 사후 처리에서도 폐쇄적 태도 대신 야당과 국민에게 보다 개방적이었을 것이다. 정부 수반의 행태가 재선 가능성과 직결되는 여당 의원들로서도 박근혜에게 도전하지 않을 수 없었을 것이다. 2007년 영국 총리 토니 블레어가 여당인 노동당의 신임을 잃어 총리직을 잃었던 것처럼 박근혜가 그러한 방식으로 권력을 잃었을 수도 있다. 필자는 이런 제도적 보완이 당장 일어나거나, 일어나더라도 모든 문제를 고치리라고 기대하지는 않는다. 하지만 이것이 세월호 참사에서 보여준 박근혜와 그녀의 정부가 보여준 비민주적 행태의 해결과 민주체제의 공고화를 위한 필수 조건이라는 데에는 의심이 없다.

---

the Bargain: Coalition Government and Parliamentary Scrutiny," *The American Journal of Political Science*, Vol. 48, No. 1(2004), pp. 13~27.

제5장

여객선 안전규제에 나타난 정부-산업 간 유착과 포획 : 박정희 정권의 국가조합주의 유산과 세월호 비극*

유종성·박연민

국가조합주의와 세월호 참사

비극적인 세월호 사고는 엄연히 인재(人災)였다. 사고의 직접적인 원인은 기본적인 안전수칙을 지키지 않은 데 있었다. 더구나, 효과적인 긴급 구조 조치가 취해졌다면 많은 승객을 죽음으로 몰아넣지 않을 수도 있었다. 연안 여객선의 안전규정 위반은 드문 일이 아니었으며, 오히려 습관처럼 일상화되어 있었다. 여객선사들은 굳이 안전규

---

* 이 글의 내용은 다음의 글을 상당 부분 참고하였다. You, Jong-sung and Youn Min Park "The Legacies of State Corporatism in Korea: Regulatory Capture and Corruption in the Sewol Ferry Tragedy," *Journal of East Asian Studies*, Vol. 17, No. 1, pp. 95-118.

정을 지킬 필요가 없음을 알고 있었고, 일선의 규제 담당자는 단속 시스템이 제대로 운영되지 않고 있음을 인지하고 있었다. 그렇다면, 과연 무엇이 선박 회사와 규제 담당자들로 하여금 이처럼 고의에 가까운 과실을 저지르도록 이끈 것일까? 이 글은 이 질문에 대해 답하고자 한다.

어떤 이들은 안전규제 실패를 부패 때문이라고 보지만, 검찰은 뇌물과 특혜의 교환과 같은 부패의 명백한 증거들을 별로 찾아내지 못했다.[1] 한편 다른 이들은 안전규제 실패의 원인이 신자유주의 개혁에 있다고 주장한다.[2] 여객선의 최대 수명을 25년에서 30년으로 연장하고, 중대한 안전규제 시행 권한을 해운조합에 자율 규제로 위임한 것 등이 바로 신자유주의적 규제 완화와 민영화의 분명한 증거라고 본 것이다.

그러나 이 글은 신자유주의적 개혁이 여객선 침몰에 어느 정도 책임이 있긴 하지만, 그 역할은 다소 제한적이었음을 보여준다. 그 대신 규제포획(regulatory capture, 규제기관이 규제 대상 산업에 포획된 것) 때문에 안전규제의 실패가 일어났음을 주장하고자 한다. 정부와 규제기관

---

1   노진철, 「세월호 참사의 사회구조적 원인과 재난대응체계의 한계」, ≪월간 해양한국≫, 6월호(2014), 138~150쪽; 홍성태, 『위험사회를 진단한다: 사고사회를 넘어 안전사회로』(아로파, 2014).

2   오창룡, 「세월호 참사와 책임회피 정치: 신자유주의 국가권력의 무능전략」, ≪진보평론≫, 61호(2014년 가을), 37~52쪽; 우석훈, 『내릴 수 없는 배』(웅진지식하우스, 2014); 지주형, 「세월호 참사의 정치사회학: 신자유주의의 환상과 현실」, ≪경제와 사회≫, 104호(2014년 겨울), 14~55쪽; Jae-Jung Suh, "The Failure of the South Korean National Security State: the Sewol tragedy in the age of neoliberalism," The Asia-Pacific Journal, Vol. 12, Issue 40, No. 1(2014), p. 40.

이, 승객의 안전보다는 오로지 이윤만을 추구한 세월호 선사 청해진 해운과 내항 여객선 업계에 사실상 포획됐기 때문에 이들은 효과적인 안전규제들을 만들거나 철저하게 시행하지 못했다. 정부는 국제안전 기준을 도입하여 내항 여객선에 적용하는 데 실패했고, 해운조합이 안전규정 준수의 일선 감독자인 운항 관리자를 채용하고 통제하는 제도를 지속시켰다. 정부는 선령 제한 등 안전규제를 완화하는 한편, 내항 여객선 산업 내 독점 구조를 지속적으로 보호해주었다. 요컨대, 규제와 규제 완화의 결정들이 경제 논리가 아니라 업계의 로비에 직접 영향을 받은 것이다.

또한, 본고의 과정 추적(process tracing) 방법론에 기반을 둔 조사는 안전규제 집행의 민간으로의 권한 위임과 구조 작업의 민관 협력과 같은 일련의 현상들이 신자유주의 개혁에 의해 도입된 것이 아니라 국가조합주의적 관리(state-corporatist arrangements)에 기인한 것임을 보여준다.[3] 1972년 박정희 정권이 최초로 내항 여객선 산업에 자율규제 방식을 도입했고, 이 같은 국가조합주의적 관리 방식이 지속되면서 낙하산 인사의 확산과 정부-산업 간 유착을 가져왔다. 한 예로, 얼핏 구조 활동의 민영화 같이 보인 일들도 실상은 해양경찰청과 해상구난 업체 간의 조합주의 방식에 기반을 둔 공모였던 것이다. 세월

---

3   A. Bennett and Jeffrey T. Checkel(eds.), *Process Tracing: From Metaphor to Analytic Tool*(Cambridge; New York: Cambridge University Press, 2015).
과정 추적(process tracing) 혹은 인과 과정 관찰(causal process observation)은 인과관계의 경험적 증거를 밝히는 데 효과적인 방법이다. 이 글의 과정 추적은 해양 안전 관련 현행 및 과거의 법규들, 정부와 해운업계의 기록물 등을 포함한 다양한 1, 2차 자료들의 분석에 기반하고 있다. 이 글에서 언급된 현행 및 과거 법률들은 국가법령정보센터(http://www.law.go.kr/main.html)에서 찾아볼 수 있다.

2부 국가와 지배 구조

호의 비극은 박정희 정권 시절부터 이어져온 국가조합주의 유산에서
비롯되었으며, 이 같은 권위주의적 발전국가(developmental state)로서
의 지속된 특성은 한국의 정치경제 연구에서 간과되어왔다.[4]

규제포획은 2011년에 발생한 일본 후쿠시마 원전 사고에서도 중
요한 원인이었다.[5] 비록 본 연구에서는 후쿠시마 원전 사고에 대해
세부적으로 서술하지는 않겠지만, 규제포획과 관련하여 세월호 사고
와 후쿠시마 원전 사고를 간략히 비교할 것이다.

다음 절에서는 부패와 규제포획의 개념을 정리하고, 한국 정치경
제에서의 국가조합주의와 신자유주의에 대해 논의할 것이다. 이어지
는 절에서는, 세월호 사고를 일으키게 한 규제포획의 증거를 검토한

4　한국의 발전국가에 관한 대부분의 연구들은 능력 중심 관료제에 대한 박정희
　　정권의 미심쩍은 기여에 초점을 맞추고 있는 반면, 박정희 정권의 국가조합주
　　의 원리에 따른 산업별 협회의 재조직에 대해서는 간과하고 있다. 한국의 조합
　　주의에 대한 연구는 많지 않다. 웨이드(Robert Wade), 오니스(Ziya Onis), 웅거
　　와 챈(Unger and Chan)은 한국과 대만의 발전국가의 국가조합주의적 면모에
　　대해 간략하게 기술하고 있지만, 그들의 주된 초점은 한국에 있지 않다. 박문규
　　(Park Moon-Kyu), 최장집(Choi Jang Jip), 김윤태(Kim Yun-Tae) 그리고 맥나
　　마라(Dennis McNamara)는 영어로 쓰인 몇 되지 않는 한국의 조합주의 관련 연
　　구를 남겼다. 김영래, 사공영호와 강휘원, 김의영은 한국의 이익집단과 국가조
　　합주의에 관해 한국어로 연구물을 썼다. 이진순의 책도 한국의 조합주의적 산
　　업별 협회에 대해 간략히 언급하고 있다.

5　National Diet of Japan, *The official report of 'The Fukushima Nuclear
　　Accident Independent Investigation Commission*(2012); Wang Qiang and Xi
　　Chen, "Regulatory Failures for Nuclear Safety-the bad example of Japan:
　　implication for the rest of world," *Renewable and Sustainable Energy
　　Reviews*, Vol. 16, No. 8(2012), pp. 2610~2617; Jotaro Yokoyama,
　　"Fukushima Disaster and Reform," *Environmental Policy and Law*, Vol. 43,
　　issue. 4-5(2013), pp. 226~233.

다. 그리고 어떻게 규제포획이 제도화되었는지를 국가조합주의 유산에 초점을 두어 면밀히 살펴볼 것이다. 또한, 세월호 사고와 후쿠시마 원전 사고에 나타난 규제포획을 비교한 후 결론에서 그 정책적 함의에 대해 논의하고자 한다.

개념 논의

부패와 규제포획

부패와 규제포획은 종종 인재(人災)의 원인이라고 비난받는다. 페니 그린(Penny Green)은 지진의 피해를 확대시키는 요인으로 부패의 역할을 분석한 바 있다. 솔리만과 케이블(Soliman and Cable) 역시 1034명의 목숨을 앗아간 2006년 이집트 여객선 침몰 사고의 원인으로 부패를 지목하였다. 그들은 고위층의 부패가 재난을 초래한 원인이었을 뿐만 아니라, 재난의 피해를 악화시키는 원인이기도 했음을 밝혀냈다. 후쿠시마 원전 사고 독립 조사위원회도 규제포획이 사고에 큰 책임이 있다고 결론지었다.

세월호 사고에서 부패와 규제포획의 역할을 분석하기에 앞서, 우선 개념들을 명확히 하고자 한다. 일반적으로 부패(corruption)는 "사적인 이익을 위해 공직을 남용하는 것"을 의미하는 반면, 포획(capture)은 "국가의 정책 과정이 자율성을 잃고 공익과 동떨어져 강력한 사적 이해관계에 사로잡히는 것"을 의미한다.[6] 부패에 미미한 부패, 거대한

---

6   You, Jong-sung, *Democracy, Inequality and Corruption: Korea, Taiwan and*

부패, 정치적 부패, 관료적 부패, 사법적 부패 등 다양한 종류가 있는 것처럼, 포획에도 국가포획이나 규제포획과 같은 다양한 종류의 포획이 존재한다. '주인-대리인-의뢰인(principal-agent-client)' 관계를 국가 기구에 적용하면 시민이 궁극적인 주인이며 선출되거나 임명된 공직자들은 대리인이다. 여기서 부패는 대리인이 사익을 위해 자신의 권한을 남용하는 것으로 이해되는 반면, 포획은 대리인이 주인이 아닌 의뢰인의 이해관계에 복무하는 상태를 가리킨다.[7] 포획은 부패를 통해 이루어지기도 하지만, 명백한 부패가 아닌 영향력을 통해서도 이루어질 수 있다. 규제포획은 규제기관이 규제 대상 산업에 의해 포획된 것으로 정의할 수 있지만, 그 실제적인 의미는 학자들에 따라 매우 다르게 이해되고 있다.

규제를 바라보는 두 가지의 대조적인 시각이 존재한다.[8] 전통적인 공공 이익 관점에서 규제는 시장 실패를 막거나 그 피해를 줄여 공공의 이익을 증진하는 데 필요하다고 본다. 반대로 조지 스타이글러(G. Stigler)의 규제포획 이론은 "규제는 산업에 의해 생겨나고, 산업의 이익을 위해 기획되고 운영된다"라고 주장하며 전통적 시각을 비판한다.[9] 두 상반된 관점은 규제 완화를 둘러싼 논쟁을 불러일으켰으며, 규제의 경제적 이익과 비용이 논쟁의 핵심이었다.

the Philippines Compared(Cambridge, U.K.: Cambridge University Press, 2015).

7   유종성, 『동아시아 부패의 기원: 문제는 불평등이다. 한국·타이완·필리핀 비교 연구』(동아시아, 2016).

8   Ernesto Dal Bó, "Regulatory Capture: A Review," *Oxford Review of Economic Policy*, Vol. 22, No. 2(2006), pp. 203~225.

9   G. Stigler, "The Theory of Economic Regulation," *Bell Journal of Economics and Management Science*, Vol. 2(1971), pp. 3~21.

규제포획 이론은 주로 규제 완화 진영과 관련되어왔다. 그러나, 규제포획은 시장선점 기업들에게 유리한 진입 규제처럼 공익에 반하는 규제의 형성과 보존뿐만 아니라, 규제에 따르는 기업의 비용을 줄이기 위해 사회적으로 유익한 규제의 완화 또는 철폐를 야기할 수도 있다. 실제로, 2007~2008년의 세계 금융 위기 역시 과도한 규제가 아니라 규제포획에 따른 규제 완화가 원인이었다. 따라서 최근에는 규제 완화도 업계에 의한 규제포획으로 인해 초래될 수 있다는 주장이 점차 설득력을 얻고 있다.[10] 규제포획의 증거는 공공의 이익에서 동떨어져 업계의 이익을 위해 규제 정책 방향이 전환되고, 이러한 정책 전환을 위한 업계의 로비가 효과적으로 작용한 것에서 찾을 수 있다.

세월호 사건의 원인 관련 논의에서 부패와 포획의 개념 구분이 간과되곤 했다. 홍성태는 세월호의 비극은 우연한 사고가 아니라, 부패한 한국 사회가 만들어낸 지극히 정상적인 사고라고 주장했다. 그는 1970년 323명의 희생자를 낸 남영호 침몰 사고와 2014년 세월호 사고는 부패가 침몰의 원인일 뿐만 아니라 구조 활동의 실패를 가져왔다는 점에서 놀라운 유사성을 보인다고 언급했다.[11] 하지만, 그가 사용한 부패라는 개념은 유착과 포획을 포함한 광의의 정의에 기반하고 있다. 이 글은 부패와 규제포획 간의 개념적 차이에 주의를 기울일 것이다.

---

10 Daniel Carpenter and David Moss(eds.), *Preventing Regulatory Capture: Special Interest Influence and How to Limit It*(New York, NY: Cambridge University Press, 2014).

11 홍성태, 『위험사회를 진단한다: 사고사회를 넘어 안전사회로』(아로파, 2014), 132~138쪽.

한국의 정치경제에서 국가조합주의와 신자유주의

한국의 정부와 기업 간의 관계에 관한 기존 연구들은 국가 차원에 초점을 맞춘 반면, 이 글의 목적을 위해서는 산업 차원에서 이익중재의 조직과 규제 방식들을 검토하는 것이 중요하다. 이와 관련하여, 다원주의(pluralism) 개념과 상반되는 조합주의(corporatism) 개념은 한국의 정치경제를 이해하는 데 유용하다. 최근 한국 정계와 학계에서는 신자유주의가 논쟁의 초점이 되고 있지만, 종종 규제 완화와 민영화의 요인들에 대한 중요한 차이들을 혼동하거나 산업 차원에서 존재하는 조합주의적 구조를 간과하고 있다.

슈미터(Schmitter)는 조합주의를 "단일의 강제적(의무가입)이며 비경합적이고 위계적인 질서가 있고 기능적으로 분화된 제한된 숫자의 이익집단들이 국가에 의해 공인받으며 국가의 통제를 받는 대가로 독점적 대표권을 부여받는 이해관계 중재 시스템"으로 정의하고,[12] 이는 정책 영역에서 다양한 이익집단들이 서로 경쟁하는 다원주의와 상반된 개념이라고 했다. 그는 '국가(또는 권위주의적) 조합주의'와 '사회적(또는 민주주의적) 조합주의'를 구분하였다. 이 같은 구분은 조합주의가 국가에 의해 위에서 아래로 통제되거나 만들어졌는지, 아니면 자율적으로 아래에서 위로 만들어졌는지에 따라 나뉘게 된다. 사회적 조합주의는 스웨덴, 스위스, 네덜란드, 노르웨이, 덴마크 등에서 찾아볼 수 있으며, 국가조합주의는 포르투갈, 스페인, 브라질, 칠레, 페루, 멕시

12　Philippe C. Schmitter, "Still the Century of Corporatism?", Philippe C. Schmitter and Gerhard Lehmbruch(eds.), *Trends Toward Corporatist Intermediation*, pp. 7~52(London: Sage Publications Inc., 1979).

코, 그리스, 그리고 제2차 세계대전 전의 독일과 이탈리아 등에서 찾아볼 수 있다. 코슨(Cawson)은 조합주의는 거시적 수준의 국가 차원, 중간적 수준의 산업 차원, 그리고 미시적 수준의 기업 차원에서 만들어질 수 있음을 언급하였다.[13] 협의된 산업 정책의 형태를 갖는 중간적 수준의 조합주의는 종종 국가에 의해 부과된 자율 규제 조치에 대한 대가로 보호 정책들을 포함할 수 있다. 이의 필수적인 전제 조건은 산업 부문에서의 독점적 조합의 존재다.

신자유주의는 일반적으로 자유화, 규제 완화와 민영화를 강조하는 급진적 시장 근본주의로 이해되고 있다.[14] 자유화는 자본, 상품과 서비스의 제한 없는 초국경적 이동을 허용하고, 규제 완화는 경제 활동에 있어 정부의 통제를 없애며, 민영화는 이전에 공공 부문에서 제공했던 서비스를 민간 부문에서 제공하도록 조치하는 것을 의미한다. 전통적 자유주의는 중상주의에 반대하여 자유 시장을 옹호한 반면, 신자유주의는 복지자본주의 및 그와 연관된 큰 정부에 대항하여 대두하였다. 일반적으로 신자유주의는 조합주의보다는 다원주의와 더 가까이 연관되어 있는 경향을 보인다.

박정희는 국가조합주의 원리에 따라 '국가-사회' 관계를 재조직했다.[15] 박정희 정부는 전전 일본의 국가조합주의를 모방하여 각 산업

---

13 Alan Cawson, *Corporatism and Political Theory*(Oxford, UK: Basil Blackwell Ltd., 1986).

14 Brigitte Young, "Neoliberalism," B. Badie, D. Berg-Schlosser and L. Morlino(eds.), *International Encyclopedia of Political Science*(Thousand Oaks: SAGE Publications Inc., 2011), pp. 1677~1679.

15 Robert Wade, *Governing the Market: Economic Theory and the Role of Government in East Asian Industrialization*(Princeton, NJ: Princeton University Press, 1990).

별로 오로지 하나의 협회만을 인정했는데, 이는 국가의 통제 및 독점적 이익을 대표하는 채널로 동시에 기능했다.[16] 산업별 협회의 주요 역할은 정보 수집과 정부정책에 대한 업계의 지지를 동원하는 것이었다. 정부는 또한 사업체의 등록, 검사 및 평가 작업, 회원사에 대한 감독과 제재 등 여러 권한을 협회들에게 위임했다. 이처럼 협회들은 정부를 대신한 규제자로서의 역할을 수행하곤 했다. 이러한 관리 체계는 코슨이 정의한 중간적 수준 조합주의의 특성에 부합한다.

정부와 기업 간의 긴밀한 관계는 지대 추구와 유착으로 흐를 개연성이 컸으며, 그 성격은 시간이 감에 따라 변화하였다. 국가의 기업에 대한 통제력은 1980년대 이래 정치적 민주화와 경제적 자유화가 진행되면서 점차 약화되었다. 반면에 거대 재벌들과 산업별 협회들에 대한 국가의 보호는 각 산업별로 유착 관계가 고착화하면서 지속되어 왔다.

1997년 외환위기 이후 김대중 정부는 국제통화기금(IMF)이 요구한 신자유주의적 개혁 정책을 수용하여 재벌 기업 지배구조와 금융 부문에 대한 대대적인 개혁을 실행하였다.[17] 김대중 정부와 이후의

---

16 김영래, 『한국의 이익집단: 국가조합주의적 시각을 중심으로』(대왕사, 1987); Park, Moon Kyu, "Interest Representation in South Korea: The Limits of Corporatist Control," *Asian Survey*, Vol. 27, No. 8(1987), pp. 903~917; Kim, Yun-Tae, "The State, Capital and Labor: Korean Corporatism in Comparative Perspective," *The Journal of Asiatic Studies*, Vol. 41, No. 2(1998), pp. 187~215; 이진순, 『한국경제: 위기와 개혁』(북21, 2003).

17 Stephan Haggard, *The political economy of the Asian financial crisis*(Washington, DC: Institute for International Economics, 2000); Chung-in Moon and Jongryn, Mo, *Economic Crisis and Structural Reforms in South Korea: Assessments and Implications*(Washington, DC: Economic Strategy

정부들은 국가 차원에서 노사정위원회를 통한 사회적 조합주의(민주적
조합주의) 도입을 실험하기도 했지만, 이 실험은 초창기 수개월을 빼고
서는 대체로 실패하였다.[18]

외환위기 이후의 개혁이 한국에서 발전국가를 해체했는지 여부
에 대해서는 상반되는 시각이 존재한다. 어떤 학자들은 한국의 국가
는 신자유주의 국가로 급진적인 전환을 이루었다고 주장한다.[19] 다른
이들은 발전국가는 여전히 건재하거나 적어도 발전국가의 중요한 요
소들이 잔존하고 있다고 주장한다.[20] 이 글은 한국에서 신자유주의적
전환의 정도와 권위주의적 발전국가의 끈질기게 유지되는 유산에 대

Institute, 2000).

18 Kong, Tat Yan, "Neo-liberalization and Incorporation in Advanced Newly
    Industrialized Countries: A View from South Korea," *Political Studies*, Vol.
    52(2004), pp. 19~42.

19 지주형, 「1997년 경제위기 이후 한국의 신자유주의화: 위기담론과 위기관리의
    문화정치학」, ≪한국정치학회보≫, 제47집, 3호(2013), 33~58쪽; Thomas
    Kalinowski, "Korea's Recovery since the 1997/98 Financial Crisis: The Last
    Stageof the Developmental State," *New Political Economy*, Vol. 13, No.
    4(2008), pp. 447~462; Lim, Hyun-Chin and Jin-Ho Jang, "Between
    Neoliberalism and Democracy: The Transformation of the Developmental
    State in South Korea," *Development and Society*, Vol. 35, No. 1(2006), pp.
    1~28; Iain Pirie, "The New Korean Political Economy: Beyond the Models of
    Capitalism Debate," *The Pacific Review*, Vol. 25, No. 3(2012), pp. 365~386.

20 Yong Soo Park, "Revisiting the South Korean Developmental State after the
    1997 Financial Crisis," *Australian Journal of International Affairs*, Vol. 65,
    No. 5(2011), pp. 590~606; Richard Stubbs, "What Ever Happened to the
    East Asian Developmental State? The Unfolding Debate," *Pacific Review*,
    Vol. 22, No. 1(2009), pp. 1~22; Kyusook Um, Hyun-Chin Lim and Suk-Man
    Hwang, "South Korea's Developmental State at a Crossroads: Disintegration
    or Re-emergence," *Korea Observer*, Vol. 45, No. 2(2014), pp. 211~253.

한 계속되는 논쟁의 맥락 속에 놓여 있다고 할 수 있다.

세월호 사고와 규제포획

세월호 침몰에 적재량 초과, 허술한 화물 고박과 선박평형수 부족과 같은 기초적인 안전규정 위반이 커다란 영향을 끼친 것으로 보인다. 안전규정 준수를 감독하는 운항 관리자가 여객선 출발 전에 선박의 상태를 점검해야 했으나, 그들은 직접 눈으로 선박을 점검하는 것이 아니라 먼 거리에서 망원경으로 만재흘수선만을 확인하는 것이 관행이었다.[21] 이러한 관행은 여객선을 더 불안전하게 만든 것으로 보인다. 세월호 선원들은 과적에도 불구하고 운항 관리자가 유일하게 신경 쓰는 만재흘수선을 해수면 위로 보이게 하기 위해 선박평형수의 절반이 넘는 양을 쏟아냈다. 이것은 실상 선박의 안정성과 복원력을 심각하게 손상시키는 행동이었다.

운항 관리자들은 1972년 처음 그 제도가 도입된 이래 선박 소유자들의 독점적 이익집단인 한국해운조합에서 채용하였다. 안전규정을 엄격하게 시행하려 했던 일부 운항 관리자들은 고용주에게 질책받거나 불이익을 당했음이 세월호 수사 과정에서 드러났다.[22] 일선의 규제 집행자들이 제도적 설계에 따라 규제 대상자들에게 포획되어 있었으며, 내항 여객선 산업의 자율 규제 체계는 본질적으로 효과적이

---

21 만재흘수선은 선체 중앙부에 위치한 특별한 표시로, 선박이 안전하게 항해할 수 있는 최대 적재량 탑재 시 수면과 선체가 만나는 선을 표시한다.

22 서영재, 「내항여객 운송사업 안전운항관리제도의 문제점 및 개선방안」, ≪국회 입법조사처: 이슈와 논점≫, No. 897(2014.8.12).

지 못했다.

세월호의 위험한 구조 변경을 제대로 검사하지 못하고 승인해준 것도 사고의 한 원인이 되었다. 감사원 조사 결과, 선박을 검사하고 분류하는 법적 권한을 가진 민간업체인 한국선급(韓國船級)은 세월호 선사인 청해진해운이 위험한 개보수를 단행하고 차량 고박 배치도, 선박경하중량(자체 무게) 등을 그릇되게 제출했음에도 불구하고 이를 그대로 승인해준 것으로 드러났다. 비록 검찰이 뇌물수수의 증거를 찾지 못했다고 하더라도, 왜 한국선급의 검사가 이토록 부실했는지는 의문이다.

이와 같은 실패들은 개별적인 것이 아니었다. 새로운 선박의 구입, 개보수, 운항관리규정 작성과 출항에 이르기까지 허가를 받는 모든 과정에 심각한 규정 위반이 있었다. 정부 기관 및 선박 운항 관련 검사, 승인과 감시의 권한을 가지고 있는 민간 업체 모두가 자신들의 의무를 충실히 수행하는 데 실패했던 것이다. 여기서 질문은 바로 이와 같은 실패가 단순한 인간적 실수였는지, 개인의 부패 문제였는지, 아니면 청해진해운과 해운 산업에 의한 체계적인 포획에 기인한 것이었는지에 대한 것이다. 이 글에서 조사한 바는 체계적 규제포획이 그원인임을 보여주고 있다. 우리는 낙하산 임용을 통한 국가와 산업 간의 유착 관계 형성, 국제안전관리규약 도입 및 효과적이지 못한 운항관리 제도 개혁 실패, 신자유주의적 수사와 어긋나는 선별적인 규제완화 등 크게 세 영역에서 포획의 증거를 제시하고자 한다.

낙하산 임용을 통한 정부-업계 유착 관계

한국해운조합 및 한국선급 등으로의 규제 집행 권한 민간 위임에는 정부의 강력하고 효과적인 감독이 뒤따라야 했다. 그러나 규제기관인 해양수산부와 해경은 독립적인 감독을 통해 공익에 봉사하기 보다는 고질적인 낙하산 인사로 인해 여객 운송 업계와 유착하여 이를 통해 인센티브를 획득했다.

규제기관에서 은퇴한 많은 고위 관리들이 한국해운조합이나 한국선급과 같이 규제 권한을 위임받은 비영리기관들에 임용되었다. 해운조합의 역대 회장 12명 중 10명이 동 조합을 감독하는 의무가 있는 해양수산부를 비롯한 주요 정부 기관에서 고위직을 지냈던 인물이었다. 또한 한국선급의 12명의 전 회장들 중 8명이 정부 기관 또는 정부 산하 기관에서 고위 관리직에 있었던 사람들이었다. 낙하산 인사를 통해 형성된 정부와 기업 간의 유착 관계는 '해피아' 또는 더 광의적으로 '관피아'라고 칭해졌다.

규제포획 문헌들은 회전문 현상, 또는 국가와 기업 간 잦은 인사 이동이 규제 담당자들이 규제 대상들에게 쉽게 포획되는 위험을 초래한다고 지적한다.[23] 전직 관료들은 보다 '관대한 감시'를 해달라며 현직 관료들에게 로비를 할 수 있다. 또한 은퇴 이후에 규제 대상 산업에 채용되기를 희망하는 현직 관료들은 규제를 느슨하게 집행하고, 공공의 이익을 희생해서라도 규제 산업에 우호적이어 한다는 '의무감'

---

23   A. Horiuchi, K. Shimizu, "Did Amakudari Undermine the Effectiveness of Regulator Monitoring in Japan?", *Journal of Banking & Finance,* Vol. 25, No. 3(2001), pp. 573~596; Toni Makkai and John Braithwaite, "In and Out of the Revolving Door: making sense of regulatory capture," *Journal of Public Policy*, Vol. 12, No. 1(1992), pp. 61~78; D. Salant, "Behind the Revolving Door: A New View of Public Utility Regulation," *Rand Journal of Economics*, Vol. 26, No. 3(1995), pp. 362~377.

을 느낄 수 있다.

한국에서 만연한 낙하산 인사가 공익과 사익의 충돌을 초래하였고 나아가 유착과 포획이 일어날 수밖에 없었다. 이 같은 현상은 특히 해양 안전규제 기관들과 내항 여객선 산업의 관계에서 두드러졌다.

안전규제 강화를 위한 입법 시도들의 실패

한국 정부는 해양 안전의 향상을 위해 나름대로 노력해왔다. 특히 정부는 국제안전관리규약(International Safety Management Code, ISM 코드)을 내항 및 외항 해운업에 도입하고자 시도했다. 그러나 이러한 시도는 업계의 로비로 인해 실패하였고, 이는 규제포획의 가능성을 강력히 시사한다. 또한 효과적이지 못한 운항 관리자 제도를 개혁하려 했던 입법 시도도 역시 실패하였다. 만약 이 같은 시도들 중 어느 하나라도 성공하였다면, 세월호 사고는 피할 수 있었을지도 모른다.

국제해사기구(International Maritime Organization, IMO)는 부적절한 안전규제 체계로 인한 인재가 해양 사고의 주된 비중을 차지함을 인지하고, 1994년 ISM 코드를 만들어 해양 안전을 향상시키고자 하였다. 1996년 한국의 해양수산부는 ISM 코드를 내항 및 외항 해운업에 도입한다는 계획을 발표했다. 외항 해운업은 정부의 계획에 순응하였으나, 내항 해운업은 이에 반대했다. 해운조합은 정부에게 ISM 코드의 내항선 적용을 연기해달라고 요구했다. 이에 따라, 내항 여객선 관련 법안 발효일이 규제개혁위원회의 초안에서는 2001년 7월 1일이었다가 최종안에서 2002년 7월 1일로 연기되었고, 정부 법안에는 2003년 1월 1일로 미뤄졌다.

내항 여객선에도 2003년부터 ISM 코드 적용을 의무화하기 위해

2부 국가와 지배 구조

1999년 초 '해상교통안전법'이 개정된 후, 해운조합은 로비 전략을 바꾸었다. 그들은 기존의 운항 관리자 제도가 ISM 코드보다 더 효과적이라고 주장하였다. 규제개혁위원회는 업계의 주장을 받아들여 내항 여객선에는 기존의 운항 관리자 제도를 유지하고 ISM 코드 시행을 면제했다. 이에 따라 '해상교통안전법'은 ISM 코드가 내항 여객선에 적용되기 직전인 2002년 12월 말에 다시 개정되었다.[24]

해양수산부와 규제개혁위원회가 불과 몇 년 사이에 자신들의 정책을 180도 바꾼 것은 이해하기 어렵다. 그들은 1996년에서 1999년까지 한국해운조합에서 시행하는 효과적이지 못한 운항 관리자 제도를 ISM 코드에 기반한 새로운 안전규제 체제로 전환하기로 결정하고서, 2002년에 다시 기존 제도를 유지하기로 입장을 바꿔버린 것이다. 이같이 이상한 정부의 규제 정책의 전환은 업계에 의한 규제포획을 빼고서는 설명하기 어렵다.

운항 관리자 제도를 개선할 수 있는 또 다른 기회가 있었다. 2011년 최규성 의원 등이 내항 여객선의 운항 관리자를 해운조합에서 독립시켜 해양교통안전 전문기관으로 이관하는 내용의 해운법 개정안을 발의하였다. 그러나 해양수산부의 거센 반대로 인해 동 개정안이 폐기되었다. 정부의 반대 근거는 기존 제도가 원활하게 운영되고 있고 새로운 제도를 도입하면 상당액의 예산 지출이 요구된다는 것이었다.[25] 비록 이 입법 시도 사례에서 포획의 직접적인 증거를 찾을 수 없었으나, 이 같은 정부의 입법 반대는 내항 여객선 업계와 관

---

24   한국해운조합, 『한국해운조합50년사』(한국해운조합, 2012).

25   서영재, 「내항여객 운송사업 안전운항관리제도의 문제점 및 개선방안」, 《국회
       입법조사처: 이슈와 논점》, No. 897(2014.8.12).

료 집단 간의 공유된 이해관계를 드러낸 것이었다.

업계에 의해 포획된 선별적 규제 완화

신자유주의가 세월호 비극의 원인이라는 근거 중 하나는 보수적인 이명박 정부(2008~2012) 당시 여객선의 선령 제한을 최장 25년에서 30년으로 늘렸기 때문이다. 실제로 이 같은 규제 완화가 없었다면 아마도 청해진해운이 일본에서 18년 된 여객선을 사들이지 않았을 것이다. 그러나 신자유주의 논리로는 국내 해운업 관련 규제 제도의 전반적인 추이를 설명하기 어렵다. 만약 한국 정부가 신자유주의적 논리를 따랐다면, 내항 여객선 사업의 독점을 보호하는 진입 규제 장벽부터 없애야 했다.[26]

신자유주의적 정책을 추진하는 수사에도 불구하고, 한국 정부는 진입 규제를 통해 내항 여객선사들의 독점을 지속적으로 보호해왔다. 세월호 사건 당시, 99개의 국내 여객선 항로 중 85개 항로가 단 하나의 여객선사에 의해 독점 운영되고 있었다. 그들 중 청해진해운이 수익성이 좋은 인천-제주 항로 면허를 20여 년간 독점하고 있었다. 해운법에 따르면 사업 면허는 개별 항로마다 필요하며 독점 운영을 보호해주는 대가로 정부는 여객 운임을 규제해왔다.[27]

내항 여객선 사업자들은 여객 운임이 너무 낮게 설정되어 이윤을 낼 수 없다며 불만을 표하긴 했으나, 이들 역시 국가가 지원해주는 사

---

26 최병선, 「세월호 참사 이후 규제개혁의 진로」, ≪한국행정포럼≫, 제145호 (2014), 10~13쪽.
27 신익환, "까면 깔수록, 청해진해운 의혹투성이", ≪뉴스토마토≫, 2014.4.24.

2부 국가와 지배 구조

실상의 카르텔 시스템 유지를 더 선호한 것이 사실이다. 저가 항공사들로부터의 점증하는 가격 경쟁 상황을 고려하면, 상한 가격 제한이 없었다 할지라도 높은 가격 책정은 어려웠을 것이다. 또한 정부는 내항 여객 산업과 청해진과 같은 개별 기업들에게 유·무형의 혜택을 제공하고 있었다. 한 예로, 부산지방해양항만청과 제주해양관리단이 각 교육청에 공문으로 고등학교 수학여행 시 페리 여행을 권장해달라고 요청하여 각 교육청이 산하 학교들에 협조 공문을 보내기도 하였다.[28] 이 같은 사실은 왜 세월호의 많은 희생자들이 고등학생이었는지를 알려주는 한편, 공공기관이 청해진해운이라는 민간 기업을 위해 효과적인 마케팅을 해줄 정도로 업계와 긴밀한 관계를 맺고 있었음을 보여주고 있다.

정부는 진부한 경제 규제들(진입 규제나 가격 규제)을 철폐하지 않은 반면, (내항 여객선의 선령 규제와 같은) 안전규제 완화 요청은 훨씬 더 적극적으로 수용했다. 특히 기업 친화적이었던 이명박 정권 시절 업계에서 여객선 수명 연장의 필요성에 대해 정부를 설득하는 것은 쉬운 일이었다. 당시 정책 결정 과정에서 국민권익위원회는 국무회의에 이와 같은 규제 완화는 안전상 위험을 가져오기보다는 여객 운송 사업에 경제적으로 효과적일 것이라고 보고했다.[29] 대부분 선진국에는 여객선 수명에 대한 규제가 없다는 업계 위탁 연구 결과가 편리하게 인용되었지만, 그러한 국가들이 ISM 코드를 적용하고 있다는 사실은 쉽게 무시되었다. 여객선의 제한 선령이 30년으로 연장된 2009년, 선박

---

28 우석훈, 『내릴 수 없는 배』(웅진지식하우스, 2014).

29 민주사회를 위한 변호사모임, 『416세월호 민변의 기록』(생각의길, 2014), 69~70쪽.

안전을 보장하기 위한 어떠한 보완 조치도 취해지지 않았다. 공중의 안전을 담보로 한 업계 주도의 규제 완화가 가져온 결과는 여객선 사고의 급증에서 잘 드러나는데, 노무현 정부 시절(2003~2007) 연 평균 13.6번의 사고 건수가 이명박 정부 때(2008~2012)는 연 17건으로 25% 증가하였다. 세월호의 침몰은 이같이 증가하는 사고의 하나로서 발생한 것이다.

이와 같이, 여객선 산업은 두 상반된 세계가 제공할 수 있는 최선의 혜택을 완벽하게 누렸다. 규제 완화와 민영화와 같은 신자유주의적 이념이 지배적인 정책 담론이 되었을 때, 사업자들은 신자유주의적 수사를 이용하여 한편에서는 안전규제를 완화시켰고, 다른 한편에서는 국가의 보호 아래 독점에서 오는 이익을 지속적으로 향유했다. 내항 여객선 산업은 공중의 이익을 담보로 한 영향력 행사를 통해 규제(진입 규제)와 규제 완화(선령 규제 완화)가 주는 혜택을 동시에 누린 것이다.

국가조합주의의 끈질긴 유산과 규제포획

이 절에서는 규제포획이 어떻게 제도화하였는지 과정을 추적해보고자 한다. 필자들의 조사는 민간으로의 규제 권한 위임이 권위주의적 발전국가의 국가조합주의 맥락에서 도입되었음을 보여준다. 또한, 국가조합주의에 의해 생겨난 낙하산 인사와 같은 유착 구조는 한국 정부의 자유화와 개혁 노력에도 불구하고 개선하기 어려웠음을 보여준다.

민간업체로의 안전규제 권한 위임

많은 이들이 해운조합에 의해 운영되는 운항 관리자 제도가 신자유주의적 민영화의 결과라고 단정했지만, 사실 이 제도는 신자유주의가 한국에 소개되기 훨씬 전에, 즉 323명의 사망자를 내었던 1970년 남영호 침몰 사고 후에 처음 도입되었다. 수하물 적재량 초과와 승객 과잉 수용으로 사고가 발생하였기에, 정부는 안전운항 규정의 준수를 감독하는 운항 관리자 제도를 도입하기로 결정하였다.[30] 새로운 제도 운영에 들어갈 추가적인 예산 부담을 피하고자, 정부는 한국해운조합에게 관리 비용을 떠안게 하면서, 운항 관리자 채용 및 통제 권한을 위임한 것이다. 이에 따라 박정희 정부는 '해상운송사업법'을 1972년 개정, 운항 관리자 규정을 신설하였다.

이러한 조합주의적 규제 체제는 해운조합과 같이 국가의 통제를 받는 단일 정상 조직(peak association)이 존재했기 때문에 가능했다. 해운조합은 박정희 정권이 국가조합주의의 원리에 따라 국가-사회 관계를 재정립하는 일환으로 1961년 '한국해운조합법'에 따라 만들어졌다. 이후 현재까지 해운조합은 2000여 개의 관련 기업과 선주들의 이익을 대변하는 유일한 법정 단체이다. 해운조합은 운항 관리자 제도를 유지하기 위해 회원사들에 가해지는 재정적 부담에 대해 불만을 표하곤 했다. 그러나 해운조합은 정부가 ISM 코드를 도입하여 자신들이 불만을 표출했던 운항 관리자 제도를 대체하려 했을 때, 오히려 정

---

30 주종광·조인현·최석윤·이은방, 「내항여객선 운항관리제도 발전방안 고찰」, 해양환경안전학회 추계학술발표회 논문집(2009); 한국해운조합, 『한국해운조합50년사』(한국해운조합, 2012).

부에 로비를 하여 이를 막아냈다. 규제 담당자인 운항 관리자와 규제 대상인 내항 여객선사들이 해운조합 아래에 함께 존재하는 조합주의적인 자율 규제 체제는 본질적으로 한국의 "강한 국가(strong state)" 아래에서도 제대로 작동하기 어려운 것이었다. 이는 화물 과적과 승객 과잉수용으로 인해 동양 점보훼리호 침몰 사고(1984)와 서해훼리호 침몰 사고(1994)와 같은 해양 사고가 지속적으로 발생한 것에서 드러난다.

비영리 민간 기업인 한국선급으로의 선박 검사 권한 위임도 신자유주의적 민영화의 일환으로 해석되곤 했지만, 사실 민간으로의 권한 위임은 신자유주의가 탄생하기 훨씬 전인 1960년대부터 이루어진 일이었다. 그 과정과 법적 근거를 살펴보면, 1961년부터 선박의 안전검사와 분류에 대한 권한을 가지게 되었고, 이 같은 권한은 1982년 '선박안전법' 개정에 의해 여객선으로 확장되었다. 실제로 각종 규제 집행과 검사의 권한 위임은 박정희와 전두환 정권의 국가조합주의하에서 일반적인 현상이었다.[31] 조합주의적 민간 위임은 민간 업체들에 대한 국가의 엄격한 통제가 바탕이 되어 있었기 때문에 국가가 경제 개입에서 물러난다는 의미는 아니었다.

또한, 일부 논평자들이 세월호 사고 후 구조 작업도 한국해양구조협회(해구협)라는 민간단체에 위임되었다고 본 것과는 달리, 구조 활동이 민영화된 증거는 없었다. 해구협이 아니라 해양경찰청이 구조 활동의 책임을 여전히 맡고 있었으며, 해경 간부가 청해진해운으로 하여금 해구협 부총재의 회사인 언딘과의 수익성이 높은 구난 계약을 맺도록 주선한 것이 해구협을 매개로 한 해경과 구난업체들과의 유착

---

31 한영석, 「행정권한의 위임에 관한 고찰」, ≪중원인문논총≫, 8권(1989), 87~104쪽.

을 드러낸 것일 뿐이다.

2012년 개정된 '수난구호법'에 따라 비영리 사단법인인 해구협이 만들어졌다. '수난구호법'을 집행하는 정부 기관인 해경과 관련 민간 이익단체들은 해경의 인명 구조와 구난 작업을 보조하는 법정 비영리 조직의 설립을 위해 정부에 로비를 했다.[32] 이들은 증가하는 해상 사고에 대응하기 위해 비영리 해양 구조 단체와 자원봉사 잠수부들의 보다 적극적인 참여가 요구되며 민관 협력을 촉진하기 위한 효과적인 체제가 필요하다고 그 근거를 들었다. '수난구호법'에 따르면, 해구협의 설립 목적은 해양 구조와 구난에 관한 연구, 개발, 교육 및 훈련 등에 있으며, 행정기관이 위탁하는 업무의 수행을 허용하고 있다.

해구협은 자원봉사자들과 비영리 해양 구조 단체의 참여를 촉진시키는 것을 법적인 명분으로 하고 있지만, 협회의 고위직은 해운업 경영자와 해경 간부들로 이뤄져 있었다. 협회는 이들 사이에 돈이 되는 정보와 특혜의 교환이 이뤄지는 통로로 작용한 것으로 보인다. 해운 기업들의 경우, 이 같은 담합 관계를 통해 수익성 높은 정보, 또는 계약(세월호 구조 작업과 같은)까지 체결할 수 있는 기회를 얻었다면, 해경이 얻는 이익은 무엇이었을까? 그 답은 바로 다음 절에서 설명될 낙하산 인사를 통한 퇴직 관료의 채용 기회에서 찾아볼 수 있다.

국가조합주의의 끈질긴 유산

1980년대 이래로 일련의 경제 자유화가 이뤄졌으며, 1990년대 들어서는 더 급속히 추진되었다. 또한 낙하산 인사를 포함한 정경유

---

32   구용회, "해경-해양구조협회 '추악한 커넥션' 의혹", ≪노컷뉴스≫, 2014.5.1.

착과 같은 관행들과 조합주의적 산업별 협회를 개혁하려는 시도가 있었다. 그러나 이러한 시도들은 대부분 실패하였다. 한번 관료와 기업 간의 유착 관계가 형성되고 나면, 기득권에 반하는 개혁을 추진하는 것은 어렵기 때문이다.

낙하산 인사 관행은 박정희 정권의 국가조합주의에서 생겨났다. 국가는 산업별 협회들의 대표직 선출을 긴밀하게 통제했다. 종종 국가는 퇴직한 정부 관료가 협회 대표가 되도록 주선하였고, 협회들은 이 같은 낙하산 인사를 정부와의 소통 및 영향력 행사의 통로로 받아들였다. 더 나아가, 이 같은 관행은 민간 기업 내 퇴직 관료 채용으로 퍼져나갔다.

점차 확산된 낙하산 인사 관행은 정부와 기업 간의 유착 관계를 강화하고 부패를 조장하였기에, 이에 대한 대중의 비판이 거세졌다. 이에 따라, 전두환 정부는 1981년 '공직자윤리법'을 제정하여 퇴직한 정부 관료들이 2년 내에 자신의 직무와 관련 있는 민간 기업에 취업하는 것을 금지했다. 하지만, 그 법은 퇴직 관료들이 산업별 협회나 다양한 이익단체와 같은 비영리 조직에서 일하는 것은 막지 않았다. 이 같은 허점은 널리 이용되었고, 이에 따라 퇴직 후 사기업 채용 금지 조항은 유명무실하게 되었다.

아시아 금융 위기 이후 김대중 정권의 반부패 개혁의 일환으로 국회는 2001년 '공직자윤리법'을 개정, 영리 기업뿐만 아니라 민간 기업들의 이익을 위해 설립한 비영리 조직 형태의 이익단체에도 퇴직 관료의 취업을 금지하였다. 하지만 이러한 법 개정 역시 중앙과 지방 정부와의 계약이 체결된 위탁 사업을 담당하는 조직은 법 적용을 면제하는 한계를 가졌다. 이 같은 허점은 대통령 시행령에 의해 생겨난 것으로, 시행령 작성에 고위 관료들이 영향력을 행사한 것으로 보인

2부 국가와 지배 구조

다. 그 결과, 퇴직 관료들은 정부의 권한이 위임되거나 정부의 위탁 사업 계약이 체결된 준공공기관이나 산업별 협회와 같은 비영리 기관에 채용되는 이익을 계속 누릴 수 있었다.

또한, 이 같은 예외 조항은 관료 조직으로 하여금 더 많은 비슷한 형태의 조직들을 만들도록 동기를 부여했다. 이것이 바로 정부로부터 구조와 구난 업무를 위탁받을 수 있는 법정 비영리 단체인 해구협이 2012년에 생겨난 배경이다. 해구협이 해경에게 주는 주된 혜택은 은퇴 후 고용 기회를 주는 것으로 보인다.

권위주의 정권 시절 조합주의 관행의 끈질긴 유산을 보여주는 또 다른 사례는 바로 산업별 협회들이다. 김대중 정부하 규제개혁위원회의 우선순위 과제 중의 하나가 바로 유일하고 강제적이며 비경합적 성격의 산업별 협회를 보다 다원적이고 자율성을 가지며 경쟁적인 구조로 바꾸는 것이었다. 사공영호와 강휘원의 연구에 따르면, 이 같은 개혁 작업의 결과는 미미했는데, 관료와 산업별 협회 모두가 강하게 저항했기 때문이었다.

후쿠시마 원전 사고와의 비교

앞서 언급한 바와 같이, 후쿠시마 원전 사고 독립 조사위원회는 동 사고는 "정부, 규제 담당자와 도쿄 전력회사(TEPCO), 후쿠시마 제1 원자력 발전소 운영자들 간의 담합"의 결과로 일어난 인재라고 결론 지었다.[33] 보고서는 원자력 안전규제자와 운영자의 관계는 "전형적인

---

33 National Diet of Japan, *The official report of 'The Fukushima Nuclear*

규제포획의 사례"였다고 공표했다. 보고서에 따르면, 일본 원자력 안전보안원과 운영자들은 오랜 기간 동안 쓰나미가 초래할 피해의 위험을 인지하고 있었지만, "어떤 규정도 만들지 않았고, 도쿄 전력도 사건 발생에 대비해 어떤 예방 조치도 취하지 않았다." 규제기관의 독립성과 투명성의 부족과 전문성 및 직업의식 부재가 원자력 산업으로부터 쉽게 그들이 포획되도록 만들었던 것이다. 특히, 보고서가 주목하는 것은 일본의 원자력 규제포획은 일본의 규제 구조에 기인한다는 점이다. 원자력 안전보안원은 원자력 산업의 진흥을 책임지고 있는 경제무역산업성의 한 부서였다. 따라서 본질적으로 '진흥자-규제자' 갈등이 있었고, 이로 인해 원자력 안전보안원은 규제포획을 쉽게 당했다.

규제포획의 근본적인 원인에 있어 세월호와 후쿠시마 원전 사고 간에 유사성이 있다. 일본과 마찬가지로 한국 역시 규제 구조 자체가 해양 안전규제에서 '규제포획'을 만들어내었다. 한국의 경우가 더 심각한데, 한국은 규제 집행 권한을 업계에 완전히 위임해버렸기 때문이다. 일본 전력회사연합회가 "규제를 무력화시키기 위해 규제 담당자와의 친밀한 관계를 이용한" 것과 같이, 한국해운조합도 동일한 행동을 하였다. 두 사례 모두 규제포획이 세계 수준에 미치지 못하는 부적절한 안전규제로 귀결되었다. 일본의 경우, 전례 없는 수준의 자연재해가 일어날 수도 있다는 가능성을 배제하고 자연재해의 범위와 강도를 가정하여 원자력 안전법규를 만들었다. 일본의 법과 규제들은 미국과 프랑스 등에서 이미 채택한 심층방어(defense-in-depth) 개념을 완전하게 적용하지 못했다. 마찬가지로, 한국에서도 국제안전관리규

Accident Independent Investigation Commission(2012).

약의 적용이 내항 여객선에 대해서 면제됐다.

두 사례의 또 다른 놀라운 유사점은 유착과 포획을 가져오는 회전문 인사 관행이 아주 흔한 현상이라는 점이다. 왕과 첸(Wang and Chen)은 일본에서 원자력 발전 산업이야말로 아마쿠다리(하늘에서 내려온다는 뜻으로 한국의 낙하산 인사와 유사한 말)와 아마아가리(하늘로 올라간다는 뜻으로 민간부문에서 정부기관으로 이동하는 현상)라는 회전문 관행이 가장 만연한 부문이라고 주장한다. 그들은 1959년에서 2009년까지 50년 동안 원자력안전규제기관의 전직 고위 관료 4명이 도쿄 전력의 부회장을 역임한 것을 지적했다. 또한 후쿠시마 사고 발생 당시, 세 곳의 주요 규제기관(원자력안전보안원, 원자력에너지위원회, 핵안전위원회)에서 일하는 95명의 인원 중에 26명이 원자력 에너지 산업을 육성하는 단체나 기업에 속한 적이 있었다.

일본의 후쿠시마 원자력 사고 이후, 많은 연구들이 규제포획 문제와 친원전 관료들, 정치인들 그리고 전력 회사들이 만들어낸 철의 삼각관계에 대해 논의했다. 그러나 이 같은 연구들은 규제포획의 결과에만 초점을 맞추었고 그 원인에 대해서는 간과했다.[34] 한국의 경우, 몇몇 연구들이 내항 여객선의 안전규정을 담당한 기관들과 업계

---

34 Brendan M. Howe and Jennifer S. Oh, "The Fukushima Nuclear Disaster and the Challenges of Japanese Democratic Governance," *Korea Observer*, Vol. 44, No. 3(2013), pp. 495~516; C. Synolakis and U. Kânoğlu, "The Fukushima Accident Was Preventable," *Philsophical Transactions of the Royal Society A*, Vol. 373, Issue. 2053(2015); Wang Qiang and Xi Chen, "Regulatory Failures for Nuclear Safety-the bad example of Japan: implication for the rest of world," *Renewable and Sustainable Energy Reviews*, Vol. 16, No. 8(2012); Jotaro Yokoyama, "Fukushima Disaster and Reform," *Environmental Policy and Law*, Vol. 43, issue. 4-5(2013)

간의 유착 관계에 대해 지적하였다. 하지만 그들은 규제포획의 원인에 대해서는 고찰하지 않았다.[35]

왜 한국과 일본의 규제 담당자들은 규제 대상인 산업과의 긴밀한 관계를 유지했을까? 규제포획은 예방되거나 피할 수 없는 것이었을까? 어떤 제도적 메커니즘과 정책적 조치가 이 같은 규제포획을 막을 수 있을까? 이 같은 질문들을 탐구하는 것은 장차 한국과 일본 그리고 세계 다른 나라에서 또다시 있을지도 모르는 비극적인 인재를 예방하기 위해 꼭 필요하다. 이 질문에 대한 포괄적인 답을 제시하는 것은 이 글의 범위를 벗어나는 것이지만, 두 국가에서 규제기관의 포획을 가능케 한 국가조합주의의 잔재에 대해서는 주목해야 할 것이다.

규제포획의 가능성과 정도는 규제 대상 산업 또는 특수 이익집단이 규제 담당자를 포획할 인센티브와 능력에 좌우될 것이며, 규제포획의 인센티브와 능력은 정부와 기업 간의 관계 및 시장 구조에 영향을 받을 것이다. 상품 정보가 완벽히 공유되는 완전 경쟁 시장에 있는 산업들은 규제 담당자를 포획할 인센티브가 거의 존재하지 않는다. 조합주의적 이익 중재 구조에 기반을 둔 정부-기업 관계는 다원주의적 구조보다 포획의 가능성이 높다. 산업 정책 역시 중요한 요인이다. 회전문 인사 관행 일반화도 포획의 가능성과 정도에 영향을 준다. "일본 주식회사"와 "한국 주식회사"라고 불리는 두 발전국가들은 정부-기업 관계를 조직하는 데에 조합주의를 수용하였다. 일본의 전후 "노동 없는 사회적 조합주의(societal corporatism without labor)"는 전전의 국

---

35 노진철, 「세월호 참사의 사회구조적 원인과 재난대응체계의 한계」, ≪월간 해양한국≫, 6월호(2014); 홍성태, 『위험사회를 진단한다: 사고사회를 넘어 안전사회로』(아로파, 2014).

가조합주의를 대체하는 것이었으며,[36] 한국은 일본의 전전 체제를 모방하여 국가조합주의를 받아들였다. 두 나라 모두 조합주의 유산이 잔존하면서 오늘날까지 정부와 기업 관계를 상당한 정도로 규정하고 있는 것이다.

규제포획 통제와 안전한 사회 건설

이 글은 세월호 사고에서 드러난 안전규제의 심각한 실패가 규제포획에 의해 일어난 것임을 보여준다. 여객선의 수명 연장과 같은 신자유주의적 규제 완화도 세월호 사고의 원인 중 하나이지만, 보다 근본적인 문제는 국가조합주의의 잔존하는 유산으로 인해 제도화되어 버린 규제포획 현상이다. 이는 여전히 국가 지원하에 사실상의 카르텔 시스템을 유지하고 있으면서 관료의 통제와 보호를 동시에 받는 부문들에 대한 규제 개혁이 필요함을 의미한다.

규제포획은 규제 정책 입안 과정을 왜곡시켰고 규제 집행을 방해했다. 국가가 지원하는 카르텔 시스템을 유지하기 위해 시장 진입 규제는 지속하는 한편 안전규제 조치를 완화한 것은 규제 완화의 우선순위가 경제적 논리가 아닌 업계의 이해관계에 따라 결정됐음을 시사한다. 업계와 관료 조직의 기득권 세력은 구체제를 개혁하는 것을 반대했다. 돌이켜 보면, ISM 코드의 적용을 통해 비효과적인 운항 관리

---

36 T. J. Pempel and Keiichi Tsunekawa, "Corporatism without Labor? The Japanese Anomaly," Philippe C. Schmitter and Gerhard Lehmbruch(eds.), *Toward Corporatist Intermediation*(London: Sage Publications Inc., 1979), pp. 231~270.

자 제도를 바꾸려했던 시도, 한국해운조합으로부터 운항 관리자들을 독립시키려 했던 입법 시도 등 실패해버린 기회들이 있었다.

세월호 사고 이후 정부는 해경을 해체하고 국민안전처를 창설하며 2011년 실패했던 법률안에서 이미 제안했던 것과 같이 운항 관리자의 소속을 해운조합에서 선박안전기술공단으로 전환하는 등의 여러 개혁 조치들을 실행하였다. 그러나 이 같은 개혁들이 규제포획을 끊어내고 해양 안전을 획기적으로 향상시킬지는 의문이다. 왜냐하면, 이러한 개혁 조치들이 연안 여객선 산업 내에 존재하는 카르텔 체제를 해체하는 데에는 이르지 못하기 때문이다. 또한, 안전규제 영역 내의 다양한 이해관계자와 소비자의 역량을 강화시켜주는 체계적인 개혁 역시 이루어지지 않았다.

세월호 사고에 대한 이 글과 후쿠시마 원자력 발전소 사고에 대한 많은 연구들이 인간이 만든 참사에 대한 중대한 원인으로 규제포획을 지적하고 있는 것을 고려할 때, 규제포획의 원인과 해결책에 대해 보다 포괄적인 연구가 필요하다. 이 글에서 국가조합주의의 유산이 한국의 규제포획의 제도화에 현저한 영향을 미쳤음을 밝혀냈지만, 자유화 또는 민주화를 저해하는 조합주의적 요인들이 무엇인지 분석하고, 어떻게 이 같은 조합주의적 요인들이 규제포획을 제도화하는지에 대해 더 많은 연구가 필요할 것이다. 이러한 연구는 규제포획이 일어날 가능성을 예방하고 더 효과적으로 통제하며, 보다 안전한 사회를 만드는 데 이바지할 수 있을 것이다.

제6장

"가만히 있으라"

: 세월호 사태에서

검열과 국가후견주의의 영향

박경신

세월호 사고의 특징은 '사회적' 재앙이라는 점이다. 즉, 예고된 위기에 대한 대응이 재앙적으로 실패한 사건이다. 해경이 바로 앞에서 지켜보고 있는 가운데 2시간에 걸쳐 배가 천천히 침몰했고 다시 3일에 걸쳐 온 국민에게 생방송되는 동안 300여 명의 생존자들이 인공쇠감옥에 갇혀 서서히 익사하였다. 세월호 참사는 한두 번의 잘못된 판단에서 비롯되었다고 볼 수 없다는 점에서 다른 대형 참사와 다르다. 안전을 확보할 수 있는 여러 차례의 기회들이 하나 둘씩 폐기되어가는 기나긴 시간 동안 사태는 예정된 참사를 향해 행진한 비극이었다. 그 결과는 계획된 행동에서나 기대할 수 있는 것이었다. 당시 가장 따가운 구호 중의 하나는 '침몰은 자본이, 참사는 정부가'였다.[1] 위기를 처음에 발생시킨 태만한 판단보다는, 그 위기에 대한 의식적인 대응 부재가 사고를 참극으로 전화시킴에 있어 더 크게 기여했다고 보는 것이다.

대형 사고는 어디에서든 일어날 수 있다. 정부가 아무리 분배적 정의를 잘 실현하고 도덕적으로 온전하다고 하더라도 사고는 항상 일어날 수 있다. 세월호 침몰 같은 사고는 복지국가에서도 일어날 수 있고 사회주의에서 이제 막 해방된 국가에서도 일어날 수 있다. 자기 책임으로 위험을 감수하고 대비하는 자유민주주의 국가에서 사고는 더욱 쉽게 날 수 있다. 중요한 것은 사고에 어떻게 대응하는가이다. 세월호와 같은 사회적 재앙을 다른 대형 사고와 구분 짓는 것은 첫째, 사고가 일어난 이후에 당국이 온전하게 대처하였는가다. 예고된 위기에 대한 대응의 부재가 이렇게 쉽게 일어날 수는 없다.

비슷한 질문을 인과관계의 더 상류에 올라가서도 던질 수 있다. 부패와 비리 그리고 이윤의 맹목적 추구는 사고를 발생시킨다. 탐욕과 정경유착은 자본주의 시장 경제와 어느 정도 불가분하다. 세월호 사태를 다른 대형 사고와 구분 짓는 것은 둘째, 안전을 위협하는 비리나 착복이 일어났을 때 시민들이 위험 신호를 낼 수 있었는가 하는 점이다.

이 글은 첫 절에서 세월호 사고의 발생 과정에서 검열이 미친 영향을 다루고 두 번째 절에서 "가만히 있으라"는 치명적인 안내 방송으로 대표되는 구조 과정을 다루는데, 위의 두 질문에 대한 답은 뼈아프게도 명징한 "아니오"였다. 세 번째 절에서는 앞에서 다룬 두 가지 문제의 원인으로서 가장 고민스러운 질문들(즉 왜 선장과 선원들은 '가만히 있으라'는 안내 방송을 한 후 고등학생이 대부분인 승객들이 방송에 순응하며 기다리는

---

1   김지윤, "세월호 참사 1년을 돌아보면서: 세월호를 인양하고 진실을 규명하라", 《노동자연대》, 2015.3.30.

동안 배가 치명적인 각도로 기울도록 퇴선 명령을 내리지 않은 것이며 해경은 왜 일찍 현장에 도착해서도 중요한 시점에서 퇴선 활동에 개입하지 않은 것일까)을 다룬다. 마지막으로 이 글은 과거의 (세월호와는) 다른 사회적 의미를 갖는 한국의 대형 사고들의 원인들을 비교 검토하며 국가후견주의 및 위계질서와[2] 한국 사회에서 벌어지는 사회적 재앙 사이의 관계를 추정해본다.

검열과 세월호 사태

사고 이전 상황과 명예훼손제도

2014년 1월, 세월호의 선주인 청해진해운의 전 직원이 임금이 체불된 상태에서 갑자기 해고되었고, 체불임금과 선박 과적 상황 등을 청와대신문고에 제보했지만 이를 실제로 다루는 총리실에서는 체불임금 문제만 해결하고 과적에 대해서는 아무런 조치를 취하지 않았다. 새롭게 개설된 사이트에 민원 숫자가 많아 총리실에서는 민원인 개인에게 가장 시급한 문제를 처리했다는 것이다.[3]

그 직원이 민원을 인터넷에 올려 공론화시켰다면 어땠을까? 임금문제를 해결하기 위한 충분한 사회적 관심을 모았을 것임은 물론 과적 문제도 해결되었을 가능성이 있다. 비록 한국의 "비정상의 정상화(normalization of deviance)" 현상은 유명한 것이고,[4] 새로운 법률 및

---

2   각자가 비상시 생존에 필수적인 독립적인 사고, 상식에 부합하는 사고를 할 수 있는가의 측면에서 원인을 살핀다.

3   ≪한겨레신문≫, 2014.4.29.

4   D. Vaughan, *The Challenger launch decision: risky technology, culture, and*

행정시스템은 실용적이지 못해 규제자와 피규제자 양쪽으로부터 무시당하는 것들이 많이 있다. 하지만 임금체불에 대한 공분은 보편적이기 때문에 과적 문제가 청와대신문고에서 다뤄졌다면 대중의 관심을 불러일으키게 되어 결국 참사도 피할 수 있었을지 모른다.

그러나 사실 이 나라는 그런 해피엔딩이 애초부터 불가능하다. 타인의 범죄 행위를 진실하게 고발하는 사람도 범죄자가 될 위험이 있기 때문이다. 이유를 살펴보자. 첫째, 진실적시명예훼손뿐만 아니라 허위명예훼손에 대한 형사처벌, 모욕죄 적용 등이 당국에 의해 강력하게 집행되고 있다. 2005년 1월부터 2009년 7월 사이에 55개월 동안 한국에서는 총 136명이 명예훼손이나 모욕으로 실형을 살았던 반면[5] 2005년 1월부터 2007년 8월 사이 32개월 동안 한국 외의 모든 지역에서 명예훼손으로 구금된 사람의 숫자는 146명에 불과하다.[6] 어림잡아 전 세계 명예훼손죄 구금의 30%가 대한민국에서 이루어지고 있는 것이다. 이에 대해 UN 인권위원회는 2011년 일반논평(General Comment) 34호에서 진실에 대해 명예훼손 책임을 지우는 것이나 명예훼손 일반에 대한 형사처벌이 인권침해임을 천명하였고 2015년에는 대한민국의 법을 이에 따라 개정할 것을 구체적으로 권고하였다.[7]

그러나 한국에서 명예훼손이 남용되는 경향은 계속 강화되고 있

---

deviance at NASA(Chicago: University of Chicago Press, 1996).

5   ≪뉴시스≫, 2009.10.19.

6   다음 사이트에서 자료를 확인하였으나, 현재 접속되지 않는다.
    http://www.article19.org/advocacy/defamationmap/overview.html

7   UN Human Rights Committee, *Concluding Observations of the UN Human Rights Committee's Fourth Period Reports of the Republic of Korea*, December 3, 2015.

2부 국가와 지배 구조

다. 검찰연감 및 사법연감 기준으로 2013년에는 1만 1579명이 명예훼손이나 모욕으로 기소되었고[8] 이 중에서 111명이 실형을 선고받았다. 이는 2010년에 총 6963명이 기소되고 54명이 실형을 산 것에 비해 두 배가 늘어난 것이다.

UN 표현의 자유 특별보고관 프랭크 라뤼(Frank La Rue)가 2010년 한국 방문에 대한 보고서(Special Rapporteur Frank La Rue's Korea Report)에서 지적하였듯이 이들 명예훼손 기소의 상당수가 공직자의 평판을 보호하기 위해 사인이 처벌을 받는 사례들이다. 이 기소들이 정치적인 동기로 이루어진다는 것은 주요 공직자 명예훼손 사건들이 대부분 고소 취하, 불기소 처분 또는 무죄 판결로 끝나지만 사람들에게 지울 수 없는 위축 효과만 남긴다는 것을 보면 잘 알 수 있다. [9]

형법 제307조 제1항 또는 "진실적시명예훼손"죄에 따르면 진실의 발설이 타인이나 단체의 평판을 저하시킨다면 죄가 될 수 있다. 명예훼손 형사기소가 진실인 명제(또는 허위로 밝혀지지 않은 명제)에도 적용되기 때문에 폐해가 더욱 크다. 이는 UN 특별보고관과 UN 인권위원회의 권고 모두에 반하는 것이다. 또한, 이는 프라이버시(privacy) 보호를 위해 이루어지는 것도 아니다. 피고는 진실의 발설이 "오로지" 공공의 이익을 위해 이루어졌다는 것을 입증해야만 명예훼손 책임을 피할 수 있는데 이 입증책임은 쉽게 충족되지 않는다. 예를 들어, 대법원은 사용자의 임금체불 사실을 발설한 노동자에게도 공익의 항변을 인정하지 않았는데 노동자가 사용자의 평판을 해할 의도도 가지고 있

---

8   9412명 모욕, 2162명 명예훼손에 해당했으며, 사이버명예훼손 1233명은 제외한
     수치다.
9   참여연대, 「이명박 정부 이후 국민입막음 소송 사례 보고서」, ≪이슈리포트≫,
     2014.10.16.

었다고 보았기 때문이다. 똑같은 이유로 제약도매상이 제약 회사들의 소위 "갑질"에 대해 진실하게 비난한 글에 대해서도 대법원은 공익 항변을 인정하지 않았다.[10] 도매상이 자신의 비즈니스를 제약 회사들의 갑질로부터 보호하고자 하는 '사욕'을 가지고 있다고 본 것이다. 이 법의 실질적 효과는 정부나 다른 강력한 집단들의 부패를 포착한 사람들이 타인에게 이를 알리려면 오로지 공익이 자신의 의도임을 입증하지 못하는 한 그 사실을 타인과 공유하지 못한다는 것이다.

노르웨이, 네덜란드, 덴마크, 핀란드, 스위스 등의 나라는 진실적시명예훼손죄를 법조문에 유지하고 있고 공익이 입증될 때에 면책해주기도 하지만 프라이버시를 보호해주기 위해 이 조항을 이용할 뿐 악인의 평판을 유지하기 위해 이용하지 않는다. 예를 들어 사고를 당해 의식을 잃은 사람의 상처 부위를 언론이 일반에 공개하는 행위를 규제하기 위해 진실명예훼손죄가 동원된다.[11] 그 사람은 그러한 사진 촬영이나 공개에 동의했을 수가 없으므로 당연히 그러한 모습은 프라이버시로 보호된다. 한국에서는 진실명예훼손죄가 악인들이 타인들이 자신의 악행에 대해 언급하는 것을 막기 위해 실제로 남용된다. 예를 들어, 한 노인회 회원은 노인회 간부가 다른 회원들에게 공개 석상에서 폭언과 폭행을 행사했다는 사실을 인터넷에 공유했다가 명예훼손 유죄판결을 받았다. 2013년에는 시인 안도현이 당시 대선 후보였던 박근혜가 안중근 의사의 서예 작품을 가지고 있다고 말했다는 이유로 후보자비방죄로 기소되어 유죄 판결을 받았다.[12] 항소심은 시인

---

10   대법원, '선고 2004도3912', 2004.10.15; 대법원, '선고 2004도1497', 2004.5.28.
11   William Roos, "Case Comment, NETHERLANDS: COPYRIGHT: RIGHT TO PRIVACY AND PORTRAIT RIGHT," *Entertainment Law Review*, Vol. 9, No. 8(1998).

이 공익을 염두에 두고 말했다는 것을 인정하여 원심을 파기했지만 이 사건 역시 권력자의 불편한 진실을 말하려는 사람이 감당해야 하는 법적 위험을 보여준다.

사고 중의 상황과 방송심의규제

검열은 사고가 진행되는 중의 구조 활동에도 영향을 미쳤다. 언론은 세월호 참사 동안 가장 기본적인 기능을 방기하였다. 사고에서 언론의 역할은 'UN 재난감소를 위한 국제전략기구(the United Nations International Strategy for Disaster Reduction, UNISDR)'의 '재난위험감소활동을 취재하는 언론인을 위한 가이드(Guide for Journalists Covering Disaster Risk Reduction)'에 명쾌하게 설명되어 있다.

언론은 정치적 결정들에 영향을 주고 여론을 바꿀 수 있으므로 당연히 생명을 살릴 수 있다. 뉴스기관은 위기 상황에서 4가지 중요한 역할을 한다. 무엇이 어디서 누구에게 일어나고 있고, 어떻게 바뀔 것이며 왜 그러한지 등의 긴절한 정보의 원천이기도 하며 관련자들과 결정적인 정보들을 주고받아 인명을 구조하는 통신생명줄이며, 위해를 피할 수 있는 신뢰할 만한 정보를 적시에 송신하는 조기 경보 장치이기도 하다.[13]

---

12 후보자비방죄는 공직선거법상 진실적시명예훼손죄처럼 사실의 적시도 처벌한다.

13 Brigitte Leoni, Tim Radford, Mark Schulman, *Disaster Through a Different Lens: a guide for journalists covering disaster risk reduction*(United Nations International Strategy for Disaster Reduction, 2011); Deborah Potter, Sherry

위 문구는 세월호 사태에 가장 따갑게 적용된다. 사고 며칠 후 텔레비전에서 16세 세월호 희생자의 아버지가 다음과 같은 인터뷰를 하였다.

> 배가 침몰되는 그 당일 날부터 해서 조금만 더 사실적이고 조금만 비판적인 보도를 언론들이 내보내줬다면 생존해서 만날 수 있었던 아이들이 있었을 거란 생각은 지금도 변함이 없습니다. (중략) 가장 중요한 그 2, 3일 동안에 방송은 눈을 감아버렸어요. 그게 가장 큰 문제라고 생각합니다.[14]

한국 언론이 당국의 발표를 확인 없이 보도하고 구조 활동을 비판적으로 취재하지 않았던 상황을 언급한 것이다. 약 한 달 뒤 문화방송(MBC) 일선 기자들은 "보도의 기본원칙을 지키지 않은 것"에 대해 공개 사과문을 발표하였는데 자신들의 잘못을 다음과 같이 인정하고 있다.[15]

> 신뢰할 수 없는 정부 발표를 그대로 '받아쓰기' 한 결과, '학생 전원 구조'라는 오보를 냈는가 하면, '구조인력 700명', '함정 239척', '최대 투입' 등 실제 수색 상황과는 동떨어진 보도를 습관처럼 이어갔습니다. (중략) 긴급한 구조 상황에서 혼선을 일으키는 데에

Ricchiardi, *Disaster and Crisis Coverage*(International Center for Journalists, 2002), p. 8.

14 JTBC, 2014.4.27.

15 MBC 전국 기자회, 「우리들을 절대 용서하지 마소서!: MBC 전국 기자회 반성문」, 2014.5.14.

도 일조하고 말았습니다.

아래에 밝히겠지만 실제 침몰한 배에 진입하려는 시도는 당일 오후 4시에 처음 이루어졌고 두 번째 시도는 다음 날 오전에나 이루어졌었다. 위와 같은 사고 당일 보도는 사실과는 거리가 있는 왜곡이었던 것이다. KBS 기자들 역시 10편의 공개서한을 통해 세월호 보도의 오류를 신랄하게 자기비판하였다.[16]

언론의 실패는 침몰이 일어난 몇 시간 후에 곧바로 발생했다. 김홍경 씨는 30여 명의 학생을 커튼이나 소방호스로 급조한 로프로 끌어올린 후 오전 11시에 스스로 구조되어 영웅으로 알려졌는데 오후 4시경에 KBS, MBC와 인터뷰를 하였다. 인터뷰에서 김홍경 씨는 다음과 같이 말했다.[17]

애들을 커튼으로 끌어올릴 때까지는 구조대원이 도착을 안 했어요. 그러다 어느 순간 구조대가 도착했는데 그리고 나서도 제가 한 30분 동안 애들을 열댓 명 더 구해냈어요. (중략) 구조대원들이 (기울어진) 배의 바깥 난간 위로 올라왔어요. 그런데 배 안으로 진입을 안 하는 거예요. 왜 배 안으로 진입을 안 하는 걸가 의아했어요. 제가 아이들을 들어 올리는 것을 멀뚱하게 보고만 있다가 어디론가 사라졌다 다시 나타나고를 반복했어요. 그래서 영상을 찍은 거예요. 이걸 누군가에게는 알려야겠다 싶어서.

---

16   ≪연합뉴스≫, 2014.5.7.

17   허재현, "아이들 끌어올릴 때 해경 구조대는 뒤에서 지켜만 봤다: 김홍경 씨 인터뷰", ≪한겨레신문≫, 2014.5.3.

그런데 MBC와 KBS가 송출한 보도에는 김홍경 씨의 이와 같은 진술이 빠져 있다.[18] 언론 기관은 구조 당국의 공식 발표는 충실하게 전달하면서 구조 활동의 문제점을 지적한 매우 중요한 현장 증인의 발언은 누락한 것이다. 첫 인터뷰가 오후 4시였으므로 그 시간 이후의 구조 활동에 영향을 주어 더 많은 생명을 구할 수도 있었을 것이다. 김홍경 씨는 나중에 방송을 보며 의아해했다고 한다. "사고 직후 저를 인터뷰하러 온 방송사 기자들에게 이런 말들을 했어요. 그런데 어찌 된 일인지 이 말만 편집해버리더군요. 제가 휴대전화로 찍은 사고 당시의 영상만 가져갔어요."

안타깝게도 김홍경 씨의 진술 영상은 아직도 보도되지 않았다. 한 시민단체가 MBC와 KBS가 중요한 진술 내용을 삭제한 것에 대해서 방송통신심의위원회에 민원을 제기하였는데 방송통신심의위원회는 그 보도에 문제가 없다는 결정을 내렸다.[19]

이 상황은 한국의 방송 규제에 대해 유심히 살펴보게 만든다. 방송통신심의위원회(이하 방통심위)는 국내 방송 콘텐츠에 대해서 '공정성 심의'를 하는 행정 기구이다. 미국에서는 폐기되었지만, 공정성 심의는 "방송은 정부 또는 특정 집단의 정책 등을 공표함에 있어 의견이 다른 집단에게 균등한 기회가 제공되도록 노력하여야 하고, 또한 각 정치적 이해 당사자에 관한 방송프로그램을 편성함에 있어서도 균형성이 유지되도록" 하는 것을 목표로 한다.[20] 하지만 공정성 심의는 심

---

18   다음 사이트에서 해당 뉴스를 확인할 수 있다.
      http://news.kbs.co.kr/news/NewsView.do?SEARCH_NEWS_CODE=2847780&;http://imnews.imbc.com/replay/2014/nwdesk/article/3449691_13490.html
19   김성묵 외, 「방송통신위원회 방송심의소위원회 회의록」, 2014.7.21.

의기구에 영향력을 행사할 수 있는 집권당에 의해 정치적으로 남용되기 일쑤였고, 케이블 티비라는 대안 매체가 등장하면서, 미국에서는 없어졌고 현재 일본, 독일, 그리고 영국의 BBC에 대해서도 존재하지 않는다. 한국, 프랑스, 영국의 다른 방송사들에 대해서는 존재한다.[21]

한국에서 공정성 심의는 적극적으로 시행되었는데 방통심위가 집권 여당의 입법, 인사 결정, 외교 정책을 공정하게 다루지 않았다는 이유로 방송사들을 징계하면서 많은 논란을 낳았다. 공정성 심의는 심의기구인 방통심위를 통제하는 집권 여당에 대해 방송 내용이 공평했는가를 묻는 순간 자기 파괴적인 이해상충에 빠질 수밖에 없다. 이를 피하려면 심의 기구가 정부가 추진하는 사업, 입법 등이 긍정적으로 다루어지지 않았다고 해서 징계하는 것을 피해야 한다.

그러나 현실은 달랐다. 방통심위는 압도적으로 정부 여당의 입장과 프로그램들에 대한 방송 내용을 많이 다뤘다. 〈표 6-1〉에서 보듯이 방통심위가 공정성 심의를 수행한 거의 모든 사안들은 정부 정책에 대한 것들이었다. 즉, 미국산 쇠고기 수입, 공영 방송의 운영진 임명, 신문·방송 겸영 허용 정책, 4대강 사업, 천안함 침몰, 유성기업의 경찰 개입, 일제고사 거부 교사들의 복귀, 야당 인사 정봉주의 대통령 명예훼손을 이유로 한 구속 등이다. 예외들이라곤 백선엽, 정율성, 이승만 등의 정치적 인물들에 대한 방송들로서 이 역시 정부의 역사관과 직접적으로 관련이 있다.

심의는 9인의 심의위원회에 의해 이루어지는데, 심의위원회 9명

---

20   방송법 제6조 제9항의 내용이다.

21   김민환 외, 「방송의 공정성 심의에 대한 연구」(방송통신심의위원회 용역보고
      서, 2008).

표 6-1

2008년부터 세월호 참사 전까지 방통심위 공정성 심의 사례

결정일	프로그램 명	방송 내용	결과
2008.7.16.	MBC 〈PD수첩〉	미국산 광우병 쇠고기	시청자 사과
2008.11.26.	YTN	'블랙 투쟁'	시청자 사과
2009.2.18.	KBS 1TV 〈[특별방송] 가는해 오는해 새 희망이 밝아온다〉	제야의 종 관련	권고
2009.3.4	MBC 〈뉴스데스크〉	미디어법 개정	경고
2009.3.4.	MBC 〈뉴스 후〉	미디어법 개정	시청자 사과
2010.1.27.	MBC 〈PD수첩〉	4대강과 민생예산	권고
2011.1.5.	KBS 〈추적 60분〉	천안함 논쟁	경고(이후 취소)
2011.3.10.	KBS 〈추적 60분〉	4대강 사업권 회수 논란	권고
2011.7.7.	MBC 라디오 〈손에 잡히는 경제 홍기빈입니다〉	유성기업 파업	권고
2011.7.7.	KBS 라디오 〈박경철의 경제 포커스〉	유성기업 파업	권고
2011.7.7.	MBC 라디오 〈박혜진이 만난 사람들〉	일제고사 거부 관련 해임·복직교사	주의
2011.7.21.	KBS-1TV 〈다큐멘터리 '전쟁과 군인'〉	백선엽 관련	문제 없음
2012.2.16.	CBS 라디오 〈시사자키 정관용입니다〉	명진 스님 인터뷰	주의
2012.2.16.	SBS 〈김소원의 라디오전망대〉	김용민 출연	주의
2012.3.8.	CBS 〈김미화의 여러분〉	우석훈, 선대인 출연	주의(이후 취소)
2012.3.8.	MBC 〈생방송 오늘아침〉	정봉주 전 의원 구속	의견 제시

2012.3.21.	CBS 〈김미화의 여러분〉	농림수산부장관 출연	문제 없음
2012.4.5.	KBS 〈스페셜, '13억 대륙을 흔들다'〉	정율성 관련	유예 후 주의
2012.7.5.	MBC 〈뉴스데스크〉	"민주당 난입" 보도	권고
2012.9.13.	MBC 〈뉴스데스크〉	"권재홍 부상" 보도	문제 없음
2002.9.13.	KBS 〈시사기획 창〉	"2012 노동자의 삶" 방송 관련	권고
2013.3.21.	MBC 〈특별대담〉	김현희 관련	문제 없음
2013.7.11.	채널A 〈김광현의 탕탕평평〉		권고
2013.7.25.	RTV 〈백년전쟁〉	이승만, 박정희 관련	경고 및 관계자 징계
2013.8.13.	MBC 〈황금어장〉	안철수 관련	권고
2013.9.12.	KBS 〈시청자데스크〉	국정원 대선 개입 사건 보도 관련	권고
2013.11.21.	KBS 〈추적 60분〉	"서울시 공무원 간첩 사건" 관련	경고(이후 취소)
2013.12.18.	TV조선 〈판〉	"박원순 종북" 발언 관련	의견 제시
2013.12.19.	JTBC 〈뉴스9〉	통합진보당 해산 청구 보도 관련	경고 및 관계자 징계
2014.1.5.	TV조선 〈돌아온 저격수다〉	박창신 신부 비하 관련	권고
2014.1.23.	CBS 〈김현정의 뉴스쇼〉	박창신 신부 인터뷰 관련	경고(이후 취소)
2014.3.20.	MBC 〈뉴스데스크〉	MBC 해고 무효 판결 관련	문제 없음
2014.4.3.	JTBC 〈뉴스큐브6〉	유우성 인터뷰 관련	경고 및 관계자 징계

* 징계 수위는 의견 제시, 권고, 주의, 경고, 시청자에 대한 사과 순으로 높은 것이며, 주의 이상의 징계는 방송사 재허가 심사에서 감점 요인이 된다(자료: 방통심위 홈페이지에서 조사, 박경신 재구성).

중 6인은 집권당이 3인은 야당이 추천한다. 심의의 결과는 편향적이다. 명진 스님이나 박창신 신부의 인터뷰는 대통령에 대해 강한 비판 어조를 이용했다는 이유로 강한 징계를 받은 반면 야당 정치인들에 대해 "종북"이라는 표현을 쓴 인터뷰에 대해서는 약한 징계가 내려졌다. 법무부, 검찰, 교육부, 농림수산부의 입장에 반하는 내용에 대해서는 강한 징계가 내려진 반면 정부의 입장을 그대로 전한 프로그램은 전혀 징계를 받지 않았다. 특히 MBC는 운영진에게 저항하는 방송인들을 해고한 것을 취소한 법원 판결을 공격하는 방송을 했는데, 이에 대해 '문제 없음' 결정이 내려졌다.

방통심위는 방송사들의 재허가 심사에 영향을 주는 징계를 내릴 수 있는데, 방통심위가 이렇게 편향된 신호를 방송사들에게 보내고 있는 규제 환경에서 MBC와 KBS가 김홍경 씨가 해경의 태만함을 지적한 특정 보도를 폐기한 것은 놀랍지 않다.

안전을 위해서는 모든 사람들이 주의를 기울여 주변의 상황을 파악하여 서로 정보와 의견을 모아야 최선의 결정을 내릴 수 있다. 긴급할수록 이 사상의 자유 시장은 더 원활히 작동해야 한다. 500명 가까운 사망자를 냈던 2010년 2월 칠레의 지진 및 후속 해일과 관련된 트윗(tweet)들을 분석한 결과 사고 상황, 실종자, 사망자, 서비스 제공 등에 대한 트윗들이 뜨면 트위터리안들이 이에 다양한 반응을 보이고 그 반응에 대해 다른 트위터리안들이 또 다른 반응을 보이면서 결론적으로는 허위 트윗들은 도태되고 진실인 트윗들은 계속해서 리트윗(RT) 되었다는 연구 결과가 있다.[22]

---

22 Marcelo Mendoza, Barbara Poblete and Carlos Castillo, *"Twitter Under Crisis: Can we trust what we RT?"*, Social Media Analytics Workshops(

구조 활동: 상식의 마비

"지진 때 사람을 죽이는 것은 건물이다." UNISDR의 트위터 계정은 외친다.[23] 인간을 보호하기 위해 만들어진 구조물들은 인간의 생명을 위협할 수 있다. 이 반전은 세월호 사고에서도 나타났다. 사람들을 물 위에 띄우기 위해 만들어진 배는 사람들을 물에 빠뜨려 죽였다. 배의 강철벽은 피해자들과 바닷물 사이를 가로막아 구명조끼를 입은 피해자들이 연안의 잔잔하고 따뜻한 바다에서 떠다닐 수 있는 가능성을 차단했다. 배의 감항성(seaworthness, 선박이 통상의 위험을 견디고 항해할 수 있는 준비를 갖춘 것)을 위해 투입된 모든 방수 기술과 항압 기술은 창문이라도 깨고 나오려던 피해자들을 완벽히 가뒀다. 세월호가 지푸라기로 만들어졌다면 세월호 참사는 없었을 것이다. 에스토니아호 사고[24]에서는 거의 모든 사람들이 스칸디나비아 연안의 차가운 물에 입수한 지 2시간 안에 저체온증으로 사망했고 그다음부터 세계의 선박 전문가들은 "최고의 구명보트는 선박 그 자체가 되어야 한다"라며 비상시에도 떠날 필요가 없는 선박의 건조에 심혈을 기울였다.[25] 세월호 사고는 달랐다. 피해자들의 생존 전략은 간단했다. 물에 뛰어들기만 하면 됐다. 세월호 사고에서 물에 뛰어들었음에도 불구하고 사망한 피해자는 아직 아무도 없다.

Washington, USA, 2010).

23 twitter@unisdr(February 6, 2016).

24 https://en.wikipedia.org/wiki/MS_Estonia

25 James Sturcke, "Herald of sea changes," *The Guardian*, March 6, 2007.

"가만히 있으라"와 퇴선 명령의 부재

세월호의 피해자들에게 퇴선이라는 간단한 해법이 있었다는 것처럼 세월호 사태를 규정하는 사실도 없을 것이다.[26] 우선, "가만히 있으라"는 안내 방송이 반복되었다. 배가 기울어지는 동안 선원들은 계속해서 '가만히 있으라'는 안내 방송을 했고 본인들의 탈출이 시작되던 9시 39분까지도 이는 시정되지 않았다. 이때 배는 55도로 기울었고 9시 49분에는 63도로 기울었다. 학생들이 주고받은 카카오톡(이하 카톡) 메시지를 보면 많은 사람들이 10시 17분까지도 '가만히 있으라'는 안내 방송을 충실히 지키고 있었음을 보여준다. 이때 카톡 메시지는 '가만히 있으라고 한 후에 더 방송이 나오지 않아'라고 했다.[27] 퇴선 명령은 선장과 선원들 자신이 퇴선을 한 9시 39분에도 내려지지 않았고 기관실 선원마저 퇴선을 한 9시 48분까지도 내려지지 않았다.[28] 10시 21분에 배는 급속하게 회전하며 가라앉았다. 상황을 살펴보면 승객 중의 한 명이 위험을 인식할 정도로 위험한 상황이 도래한 이후 최소한 1시간 30분 정도 승객들이 안전하게 퇴선할 시간이 있었다는 것이다. 선원들이 '가만히 있으라'고 하지 않았거나 최소한 그 스스로 퇴선을 할 때 승객들에게도 퇴선하라고 말했다면 말이다.

'가만히 있으라'는 방송을 무시하고 물에 뛰어든 승객들은 9시 28분부터 10시 사이에 구조됐다. 10시 18분경 최종 침몰 전 약 40명의 승객들이 우현 난간에서 물속으로 뛰어들었고, 구조됐다. 그리고 10시

---

26 http://past.media.daum.net/sewolferry/timeline/

27 MBN, 2014.4.28.

28 전문가 자문단, 「여객선 세월호 침몰 사고 원인분석 결과 보고서」(합동수사본부, 2014), 117~118쪽.

30분에 세월호는 완전히 전복됐다. 이 과정에서 퇴선방송이 내려졌다면, '가만히 있으라'는 방송이 승객들이 자구책을 마련하지 못하도록 막지 않았다면, 수많은 사람들이 살아 돌아올 수 있었을 것이다.[29]

해경의 퇴선 안내 부재

두 번째, 해경은 배에 들어가 승객들을 구조하거나 최소한 승객들에게 나오라는 신호를 보냈어야 한다. 9시 26분에 해경 헬리콥터가 현장에 도착했지만 아무도 배에 올라 '어서 나오라'고 승객들을 안내하지 않았다. 헬기는 배의 오른쪽, 즉 배가 기울어진 후 꼭대기까지 스스로 올라온 사람들만을 구조했을 뿐이다. 해경 구조정(123정)도 9시 38분에 기관실 선원들을 구조했지만 해경 누구도 배에 올라 승객들에게 퇴선을 말하지 않았다. 116톤급 해경 경비정은 9시 48분경 그 스스로 세월호에 접안했지만 역시 아무도 배에 올라 '나오라'고 하지 않았다. 해경은 창문 안에 갇혀 있는 승객들을 봤지만 10시 6분에 1회를 제외하고는 창문을 깨려는 시도조차 하지 않았다. 결국, 김홍경 씨의 증언대로 해경 중 누구도 배 안에 들어가 구조하거나 퇴선 안내를 하지 않았다.[30] 승객들을 구조해야 할 (승객들이 구조 활동을 기대했던) 사람들은 아무도 들어오지 않았지만 최소한 2명의 고등학생들(고 양온유 양, 고 최원석 군)은 배 바깥쪽에 나왔다가 동료들을 구하겠다며 다시 배 안으로 돌아갔다.[31]

---

29   진실의 힘 세월호 기록팀,『세월호, 그날의 기록』(진실의 힘, 2016).

30   세월호 유가족방송 416 TV, 〈구할 수 있었다(2): 박영대 416연대 진상 규명 특위 위원 강연〉, 2016.12.18.
      https://www.youtube.com/watch?v=Q2oMJ9p77AE.

침몰 이후 선내 진입 시도의 지연

침몰 이후의 활동 역시 심각한 문제였다. 침몰 부위에 접근하려는 시도는 침몰 후 8시간 30분 후인 저녁 6시 30분경에 이뤄졌고 실제로 의미 있다고 할 수 있는 시도는 17일 오전 8시에 이뤄졌으며, 실제 진입은 결국 18일에나 이뤄졌다.[32] 언론에 밝혀진 바에 따르면, 해경은 자원봉사 잠수부들뿐만 아니라 국내 최강 수중 작전팀으로 알려진 해군의 UDT까지 돌려보냈는데 그 이유는 해경 간부들이 은퇴 후에 취직을 하던 구난업체인 언딘이 현장에 도착하길 기다리기 위해서였다는 것이다.[33] 언딘은 18일 오전에야 도착했고 그나마 제대로 된 장비나 인력이 없는 상태였다.[34] 해경은 보통 침몰한 배의 인양은 선주가 언딘과 같은 인양 업체와 계약하여 이루어지는 것이라고 답했는데 이 답에 안타까운 진실이 숨어 있던 것이다. 즉, 배가 가라앉자마자 해경은 자신의 역할이 구조가 아니라 인양이라고 생각한 것이다.

수중 진입이 아니더라도, 여러 가지 구조를 위한 상식적인 조치들이 취해지지 않았다. 배가 수중 30~40m로 하강한 후 수중 진입 시도는 조류 및 20~30cm 정도의 짧은 가시거리 때문에 매우 어렵게 됐

---

31 《한겨레》, 2014.6.17; 《한겨레》, 2014.11.10.

32 《뉴시스》, 2014.4.25; 《해군뉴스》, 2014.4.18.
    위 기사에는 16일 사고 당일에도 진입 시도를 했다고 되어 있으나 《연합뉴스》 이광빈 기자에게 2014년 7월 1일 전화통화로 확인한 결과 이는 실제로는 수심이 낮은 곳(사람들이 이미 탈출한 곳)에서 문을 열어보는 정도였을 것으로 짐작된다. 해군의 홈페이지 뉴스에서 역시 18일에 내부 탐색을 '시도한다'고 되어 있을 뿐이다.

33 이후 해군은 해군이 잠수하지 못한 것에 대해 공식적으로 문제를 제기했다.

34 JTBC, 2014.5.1.

다. 돌아보면, 이렇게 되기 전에 구조에 더욱 용이한 위치나 자세로 선체를 유지할 좋은 기회들을 놓쳐버린 것이다.

이미 4월 18일 오전 1시경에 3600톤급, 4월 20일 오전 1시까지는 8000톤급 해양크레인이 도착해 있었다. 세월호는 만재배수량 기준으로도 9907톤 무게였지만 4월 20일까지 도착한 해양크레인들의 인양 능력은 모두 합쳐 1만 7000톤을 넘는 상황이었다.[35] 크레인으로 배를 끌어올리는 것은 배 안의 생존자들에게 위험이 될 수 있었겠지만 배의 경사와 거리를 유지했다면 그러한 위험 없이 이후 구조 작전을 훨씬 용이하게 만들었을 것이다. 하지만 사고 현장에서 해양크레인은 단 한 번도 이용되지 않았다. 1년이 지난 이후에야 정부가 해저 인양을 위해 이들 해양크레인을 불러오겠다는 건 아이러니가 아닐 수 없다. 그동안의 구조 활동은 너무나 느린 것이었으며 그나마도 곧 인양 활동으로 전환되었다.[36]

또 잠수부들이 배에 접근할 때 이용할 수 있는 유도줄(가이드라인)은 사고 3일 후인 4월 19일 이후에 설치되었다.[37] 이 유도줄들은 배가 떠 있는 상태나 침몰 직후에 쉽게 설치될 수 있었다. 특히 김홍경 씨 사례만 보더라도 해경이 처음부터 승객 구조에 관심이 있었다면 승객들이 배를 빠져나올 수 있도록 유도줄을 내려놓기라도 했을 것이고 그랬다면 잠수사들이 이 줄을 이용해 배에 접근할 수도 있었을 것이다. 이후 잠수사 1명이 유도줄을 하나 더 설치하다가 사망했다는 점

---

35 ≪문화일보≫, 2014.4.24.

36 브라이언, "잠수초보가 올린 17일 새벽의 기억", ≪다음 아고라≫, 2014.4.27.
    http://bbs1.agora.media.daum.net/gaia/do/debate/read?bbsId=D003&articl
    eId=5210913&RIGHT_DEBATE=R5

37 ≪문화일보≫, 2014.4.19.

을 생각하면 더욱 안타깝다.[38]

후견주의에 대하여

삼성중공업 기름 유출 사고

이와 같은 상식의 마비는 한국의 다른 대형 재난에도 발생했었다. 2007년 12월, 태안 앞바다에서 삼성중공업 기름 유출 사고가 터졌을 때를 기억해보자. 사고가 난 7일 오전 7시 15분경부터 기름이 콸콸 흘러나오고 있고 어민들은 이를 멀리서 지켜보며 '저 구멍을 막던지 바지선이라도 끌고 와서 저 쏟아지는 기름을 받아야 한다'는 상식적인 주장들을 했지만 이는 모두 "매뉴얼"을 신봉하는 해경의 "전문가들"에 의해 설득력 있는 해명 없이 묵살되었다.[39] 근처에 있던 모래 채취선들의 용적도 보통 1000~3000톤 정도 되니 몇 대만 불러왔다면 거의 모두 받아낼 수도 있었을 것이다.[40] 2시간이 지나서야 알파잠수의 이종인 대표에게 연락을 하고 그가 5시간 만에 도착했지만, 소형

---

38 ≪이데일리≫, 2014.5.2.

39 "사고 발생 두 시간 만에 해경으로부터 연락을 받았습니다. 태안에 도착한 것은 사고 발생 5시간 만이었죠. 해경이 좀 더 큰 배를 제공했더라면, 또는 선주 측이 조금 빨리 작업을 허락했더라면 어땠을지"(≪주간동아≫, 2008.1.15).

40 "이 경우 풍랑이 높을 경우 대형 바지선을 유조선에 댔을 경우 2차 충돌 사고의 우려가 높으므로 유조선과 부딪치더라도 피해를 끼치지 않을 만큼의 소형 바지선으로 기름을 받은 후 인근의 대형 바지선이나 또 다른 유조선으로 펌핑을 하면 가능하지 않았을까"(둔재, "유조선에서 유출되는 원유 받기", 개인 블로그, 2008.01.13). http://m.blog.daum.net/imbg77/13656078

어선으로만 접근을 허락하고 선주도 공사 허락을 늦게 내줘서 작업은
지연되었고 결국 48시간이 지난 9일 오전 7시 50분에야 구멍을 봉쇄
할 수 있었다. 그동안 약 1만 500여 톤(약 1만 2000kl)의 원유가 유출되
어버렸다. 이에 비해 유조선 선장은 사고가 나자 기름을 우현의 다른
탱크와 '발라스트(ballast:선체의 균형을 잡는 공간)'로 옮겨 추가 피해를 막
았다.[41] 해변에서 기름을 닦아내기 위해 얼마나 많은 사람들이 고생
을 했는지 생각한다면 이런 간명한 해법들이 제때 실행되지 않은 것
은 참 안타까운 일이다.[42]

　　이런 교훈 때문이었는지 7년이 지난 2014년 2월 15일 부산에서
의 화물선 기름 유출 사고 때 당국의 대응은 달랐다. 오후 2시경 부산
에서 화물선이 다른 배와의 충돌로 기름이 새기 시작했는데 2명의 해
경이 밧줄에 몸을 의지하고 사투를 벌여 나무토막으로 구멍을 사고
발생 4시간 만에 막았고 기름 유출을 최소화했다.[43]

대구지하철 방화 사고

　　2003년 2월 대구지하철 사고에서도 세월호 참사와 비슷한 상식
마비 사태가 발생했다. 정신질환을 앓고 있던 방화범이 역에 정지되
어 있는 열차에 방화를 했고 이 불은 반대편에 정차해 있던 열차로 퍼
졌다. 검은 연기가 양쪽 열차 전체를 휘감자 첫 번째 열차에 있던 승

41　≪연합뉴스≫, 2007.12.17.

42　정부 통계에 따르면 연인원 137만 6569명의 자원봉사자가 참가하였고 여기에
　　공무원, 주민, 군까지 합치면 총 213만 772명이 참가하였다(해양경찰청, 「허베
　　이 스피리트호 유류오염사고 주간 방제 종합보고」, 2008.9.19).

43　≪연합뉴스≫, 2014.2.15.

객들이 모두 열차에서 빠져나가 대피하였다. 그러나 두 번째 열차의 기관사는 지하철 통제실의 대피 방송을 들은 승객들이 다음 안내 방송을 기다리는 동안 혼자 주조종키를 뽑고 대피해버렸다. 안타깝게도 열차는 주조종키가 뽑혀 있으면 모든 문이 잠기도록 설계되어 있었다. 결국 두 번째 열차에 갇혔던 142명의 승객들은 불길이 천천히 열차를 먹어치우는 동안 고통스럽게 죽어갔다.[44] 문이 잠겨 있어서 사람들이 죽었다는 것은 두 번째 열차의 4호 칸 승객들이 살아남은 것에 의해 입증된다. 마침 이 칸의 승객 중에는 다른 지하철역의 역장이 있었고 이 역장이 어둠 속에서 비상스위치를 찾아내 문을 열어 모두 대피하였다.[45] 두 번째 열차의 기관사가 대피하기 전에 승객들에게 한 마지막 안내 방송은 다음과 같다. "가만히 있으라."[46]

위계질서와 사회적 참사

이들 사고는 그냥 대형사고가 아니라 사회적 참사이다. 이런 참사는 왜 일어나는가? 물론 매뉴얼, 훈련, 안전 설비의 부재도 원인이 되겠으나 대구지하철 사고의 기관사는 주조종키는 항상 휴대하고 다니라는 매뉴얼을 그대로 따른 것이었다. 기름 유출 사고 때의 해경도 주민들의 간명한 해법을 거절한 이유도 폭발의 위험을 언급한 매뉴얼 때문이었다. 세월호 역시 해경이 도착하자마자 선내 진입을 하지 않은 이유는 "매뉴얼"때문이었다.[47] 물론 사고 대응 매뉴얼은 사고 피해를

---

44 ≪전북일보≫, 2003.2.21.
45 ≪동아일보≫, 2003.2.20.
46 ≪한겨레≫, 2014.4.18.
47 김경일 123정 정장은 "저희들은 매뉴얼이 있어 가지고요, 다 자기 직무가 있습

줄이도록 작성되어 있다. 하지만 매뉴얼이 상상하지 못했던 사고가 발생했을 때 그것이 참사로 이어지지 않도록 해주는 것은 맹목적인 복종이 아니라 상식과 생존 본능에 의거한 독립적인 사고(思考)능력이다.

세계적 베스트셀러『아웃라이어』의 저자 말콤 글래드웰(Malcolm Gladwell)은 1997년에 괌에서 발생한 대한항공 사고를 분석하며 그 원인을 조종사들이 충돌 위험을 알면서도 기수를 돌리지 않은 것에서 찾았다. 기장이 기수를 돌리지 않으면 부기장이 그랬어야 하는데 그렇게 하지 못했다. 그는 이 행태의 원인을 이전의 학자들이 개발한 권력 간격 지수(Power Distance Index, PDI), 즉 자신의 상급자들에게 반대하지 못하고 위계질서에 복종하는 성향에서 찾았고 실제로 국가별 PDI와 항공사고 빈도수 사이에 비례 관계가 있음을 찾아낸 바 있다. 부기장의 독립적인 사고가 권력 위계질서에 마비되어 있어 기장의 부작위를 수정하지 못했던 것이다.

세월호 사고도 마찬가지다. 승객들은 사고 당시 선원들의 명령을 따라야 한다는 의무감 때문에 배가 빠르게 기울고 있음에도 '가만히 있으라'는 명령에 적극적으로 저항하거나 위반해야 한다는 욕구를 억눌렀을 것이다. 물론 참사의 원인은 이들 소위 '전문가'들의 무능력과 부도덕함이었지만, 승객들의 독립적인 사고에 의해 그 결과는 축소될 수 있었다. 하지만 문화적 힘에 의해 그런 작용은 억제되었고 특히 승선자 대부분(476명 중에서 325명)이 수학여행을 하던 단원고등학교 학생들이었기 때문에 이는 더욱 심했다. 단원고 학생들 중 23%에 해당하는 75명만 살아남았고, 일반 승객들은 67%에 해당하는 71명이 살아남았다는 사실은 이를 입증한다. 학생들을 인솔하는 교사들 14명 중

니다"라고 발언했다.(JTBC, 2014.5.1).

에서는 3명만 살아남았는데 학생들과 끝까지 함께 있었다는 진술에 의해 상황이 설명된다.[48] 단원고 주변에서 가장 많이 돌았던 그리고 가장 어두웠던 소문은 "착한 애들만 죽었다"는 것이었다.[49]

선원들과 승객들 사이의 위계질서만 영향을 끼친 것은 아니다. 선원 그룹과 해경 그룹의 상부 명령만 존중해왔던 관습은 하급자들의 독립적인 사고를 마비시키는 암묵적인 명령으로 작용했다. 선장은 선주가 퇴선 명령을 내리지 않았다는 이유로 탈출 명령을 내리지 않았다.[50] 승무원들도 선장이 요구하지 않았다는 이유로 퇴선 안내를 하지 않았다. 해경 경비정도 침몰 거의 1시간 전에 도착했으면서도 독립적으로 퇴선 안내를 하지 않았다. 아이러니하게도 상부 명령에 대한 유일한 저항은 123정 정장으로부터 나왔는데 9시 47분경 해양경찰청장 및 서해지방해양경찰청의 지시에도 불구하고 배가 너무 경사져 곧 침몰할거라며 승선 명령을 거부했다.[51] 실제 침몰은 10시 30분

---

48 《조선일보》, 2014.5.21.

49 필자가 개인적인 대화를 통해 확인한 내용이다.

50 JTBC, "9시23분 방송 불가?..동영상이 '증언'한 선원들 거짓말", 2014.4.30, http://media.daum.net/breakingnews/newsview?newsid=20140430223813343

51 《경향신문》, 2014.5.18; 구체적인 상황을 부연하면, 당시 김경일 123정장은 "배가 아마 잠시 후에 침몰할 것 같으며 현재 승객 절반 이상이 안에 갇혀서 못 나온다"라고 말했는데, 이에 대해 해양경찰청장 및 서해청장은 "여객선에 올라가 승객들이 동요하지 않도록 안정시키라"고 지시했다. 이 지시에 대해 4.16세월호참사 국민조사위원회는 "언뜻 보기에는 승객을 구조하라는 지시로 볼 수도 있겠지만, 실제로 이 이야기는 당시 상황에서 말도 안 되는 소리"이며 곧 침몰이 우려된다는 보고가 올라온 상황에서 신속히 퇴선 관련 명령을 내렸어야 한다고 지적했다(박영대, "'승객 갇혀있다' 요청에 '안정시켜라. 이상'?", 《프레시안》, 2016.10.29).

2부 국가와 지배 구조

에 일어났다.

안산 모 고교 교사의 말이다. "1차 원인은 아니지만 잘못 가르친 학교 책임도 크다. 정상적인 판단이면 뛰쳐나왔어야 한다. (중략) 아이들은 위기 상황 파악에 한계가 있었다." 교사의 말에 대한 기자의 해석은 다음과 같다. "학생들이 스스로 판단하는 교육 대신 암기 위주 주입식 교육에 매달렸다는 뜻이다."[52]

사고 6개월 후 열린 심포지엄에서 단원고가 소속된 경기도교육청 산하 연구소 소속 연구자는 다음과 같은 발제를 했다.[53]

희생 학생들이 위기 상황에서 전문가의 지휘를 따르려 했던 태도 그 자체가 문제는 아니다. 그러나 어떤 식으로든 우리 교육이 학생들로 하여금 최악의 상황이 왔음에도 안내 방송만 곧이곧대로 믿고 선실 안에서 가만히 기다리고 있게끔 너무 지나치게 권위에 대한 일방적인 순응만 강요하고 자주적인 비판적 판단 능력을 키워주지 못한 것은 아닌지 근본적인 성찰을 피할 수 없을 것처럼 보인다. (중략) 내게는 우왕좌왕 하는 가운데 '윗선'의 지시만 기다리며 가만히 있으라는 엉뚱한 방송을 계속 내보냈다는 승무원들이나 역시 상부의 명령이 없다고 스스로의 상황 판단에 따라 적극적인 구조 활동에 나서지 않은 해경들의 문제가 결코 가볍게 다가오지 않는다. 정부의 구조 지휘 체계가 엉망이었던 것도 근본적으로 동일한 문제의 표현일 것 같은데, 관련 공무원들 역시 아무런 진정성 있는 직업윤리적 사명감도 없이 그저 상부의 지시나 기다리고 눈

---

52 ≪경향신문≫, 2014.5.12.

53 장은주, 「단 한명의 아이도 포기하지 않는 교육」(경기도교육연구원 심포지엄, , 2014.9.30).

치 보기에만 급급했다. 이 모두에서 명령이나 지시 없이는 독립적
이고 비판적인 사유를 할 수 없었던 자율적인 개인의 완전한 부재
가 근본적인 문제인 것처럼 보인다.

전문가들이나 매뉴얼을 무시하자는 것이 아니라 맹목적인 복종
을 강요하지 말자는 것이다. 전문가나 매뉴얼의 권위는 지시사항을
잘 설명함으로써 사람들로부터 권위를 얻는다. 그러나 사회에서 어떤
경우, 권위는 순환 논리에 의해 주어진다. 전문가나 매뉴얼에 권위가
주어지기 때문에 사람들은 이의 없이 따라야 한다. 그런 권위주의적
문화는 모든 사람들의 자율적인 사고를 마비시킨다.

CNN은 그런 권위주의 문화가 세월호 참사에서 작동하였음을 논
평하였다가 "인종적 일반화(ethnic stereotyping)"라는 비판을 받았다.[54]
필자가 보기에, 당연히 피해자를 비난해서는 안 되며 비판자들의 말
처럼 "정부의 구조"가 참사의 주원인임은 부인할 수 없다. 하지만 피
해자들의 판단과 행동에 작용한 위계질서를 비난하는 것은 피해자들
을 비난하는 것이 아니라 전문가들과 당국자들 그리고 궁극적으로 피
해자들이 당국의 매뉴얼 중심적 해법을 받아들이도록 강요한 "정부
구조"에 대한 비판이다.

일반화는 사고의 이유를 알기 어렵게 만든다. 필자의 탐구는 그
반대이다. 더 좋은 정부를 요구하는 것은 세월호 참사와 같은 사회적
참사에 대한 답이 아니다. 정확히 어떤 정부가 좋은 것이며 필요한 것
인지 묻지 않기 때문이다. 세월호 사건은 피해 축소의 기회들이 상식

---

54   "South Korean cultural values played a role in passengers staying below
      deck as ferry sank," CNN, April 18, 2014.

의 마비 속에서 하나둘 씩 폐기되면서 참사가 되어버렸다. 이런 상식의 마비 하에서는 "좋은 정부"라고 해서 더 좋은 결과를 가져올 것이라고 기대하기 어렵다. 이 참사의 독특한 측면에 대한 원인을 찾는다면, 우리는 구조 인력 및 피해자들의 자율적인 사고를 마비시키는 데에 최소한 일조하지 않았을 정치 제도를 생각해야 한다.

"조용히 있으라"는 정부를 넘어 침몰하는 국민을 구출해야

세월호 재발을 방지할 '좋은 정부'가 무엇인지 생각해볼 때 그 요건 중의 하나는 개인들의 독립적이고 비판적인 사고를 북돋는 규범을 내재하고 있어야 한다는 것이다. 그런 규범 중의 하나가 바로 표현의 자유이다.

검열은 세월호 참사의 인과 관계에 세 번이나 관여했다. 첫째, 진실적시명예훼손죄는 사람들이 세월호 과적과 같은 위반 상황을 보았을 때 위험 신호를 보내기 어렵게 만들었다. 둘째, 방송 검열은 침몰 이후의 구조 활동을 획기적으로 바꿨을 중요한 목격자 진술을 덮어버렸다. 셋째, 사회행동학자들의 입증이 필요하겠지만, 필자는 검열은 우리들 속의 독립적인 사고를 조금씩 죽여왔고 매뉴얼이 예상하지 못했던 사고가 발생했을 때 절실하게 필요한 대응 능력을 앗아가버렸다고 생각한다. 비판적 사고를 하는 개인의 부재는, 선사의 명령이 없다고 하여 '퇴선' 명령을 하지 않은 선장에게서, 선장의 명령이 없다고 퇴선 안내를 하지 않은 선원들에게서, 윗선의 명령이 없었다고 퇴선 방송이나 퇴선 안내를 하지 않은 해경들에게서, 그리고 침몰 이후 상식적인 구조 활동을 하지 않고 일반적인 인양 절차를 위해 언딘과의 계약에만 충실했던 해경 간부에게서 반복되었다. 이들의 총체적 실패는 내부고발자들을 형사기소의 위험에 처하게 하고 권위에 순종하는 행위만을 환대했던 법 제도에 의해 예견되었던 것이다. 피해자들도 '가만히 있으라'는 명령을 쉽게 거부하지 못했을 구조였다.

안타깝게도 구조 활동에 대한 비판의 목소리에 대한 국가 검열은 계속되고 있다. 홍가혜는 해경이 자원봉사 잠수부들의 구조 활동을 막은 것을 비판했다는 이유로 기소됐다.[55] ≪산케이신문≫ 서울지국장을 포함한 수많은 사람들이 세월호 사고 발생 이후 7시간 동안 박근혜의 행적에 대해 질문을 했다는 이유로 체포되거나 기소됐다.[56]

이는 매우 두려운 일이다. 정부의 검열은 사람들이 안전을 위협하는 비리를 보더라도 침묵하게 만들 것이며 제2의 세월호를 불러올 것이다.

국민들에게 지금 '조용히 있으라'는 정부의 권위주의적인 모습. 침몰하는 배에서 '가만히 있으라'고 했던 선장의 목소리와 너무 닮아 있다. 권위 있는 타자가 진실을 독점하고 있고 사람들은 그의 결정에 자신의 안전을 위탁하기를 강요당하는 '학생들'로 남아 있는 한 제2의 세월호 참사는 피할 수 없을 것이다. 표현의 자유와 같은 국민 각자의 독립적인 사고가 존중되는 법제도가 하루 빨리 정착되어 침몰하는 국민을 구출해야 한다.

---

55 "Korean Court Acquits Woman of Lying About Ferry Rescue", *Korea Times*, 2015.1.9.

56 "Sankei Journalist Tatsuya Kato Acquitted of Defaming South Korean Leader," *Japan Times*, 2015.12.17.

주체성

국가(체제)의 "가만히 있으라"는 요구를
따르지 않은 학생들이 다수 생존할 수 있었던 사실은
의미심장한 시사점을 갖는다.

세월호 사건 이후 꾸준히 진행되어온
유가족과 지역주민에 대한 자발적인 지원 노력과
안전과 시민의 권리에 대한 풀뿌리 토론 과정은
사회적 연대를 구성하고 실천해 나가는
중요한 시도라고 생각된다.

관료, 국회의원, 심지어 대통령에 이르기까지,
유가족들은 이 나라의 정치 지도자들이
국민들의 안위와 생명을 소중히 여기지 않으며
오히려 정치적으로 이용하고자 한다는 것을
철저하게 깨달았으며,
결국 진상 규명과 책임자 처벌이라는
당면 문제를 해결하기 위해서는
그 어떤 대리자의 힘에 의존하기보다
스스로 일어서야 한다고 결심하기에 이르렀다.

제7장

한국에서 유순한 학생 만들기

: 훈육 패러다임의 변화를 중심으로*

문승숙

2014년 4월 16일 한반도 남서쪽 해상에서 대형 여객선 세월호가 침몰하였고, 이 사고로 304명의 승객이 목숨을 잃었다. 사상자 다수는 단원고등학교 2학년에 재학 중이던 학생들로 유네스코(UNESCO)가

* "본 연구는 2015년 가을 수여된 지원금(Elinor Nims Brink Fund of Vassar College Faculty Research Grants)으로 수행하였습니다. 고등학교 학생들의 일상을 관찰할 수 있도록 도와주신 김현진 선생님과 단원고등학교 방문과 세월호 참사 희생자 학생 유가족들과의 만남을 도와주신 박래군 선생님께 감사드립니다. 학교 교육에 대한 경험과 관찰을 나누어준 양소영 선생님과 연구 조교 크리스티나 조(Christiana Cho)에게도 고마움을 표합니다. 이 논문을 쓰고 마무리하는 과정에서 좋은 제안을 해주신 서재정, 김미경 교수님께도 감사드립니다. 또한 2015년 12월 28일 면담한 희생자들의 어머님들께도 깊은 감사의 말씀을 드립니다(문승숙)."

세계자연유산으로 지정한 아름다운 아열대 섬 제주도로 수학여행을 떠나던 길에 변을 당했다. 세월호 사고 피해자의 80% 이상을 차지한 어린 학생들의 죽음에 많은 이들은 분노하였고, 이를 계기로 열띤 사회적 논의가 촉발되었다. 무엇보다 공분을 샀던 것은 여객선이 천천히 침몰하는 중에도 학생들에게 제자리에서 그대로 대기하라는 안내 방송이 나갔다는 사실이다. 이 비극적인 사고에 대하여 국내외 언론은 어린 학생들이 늘 지시에 따르도록 교육받았으며 이것이 사상자 규모를 키우는 데 기여하였다고 보도하였다. 과연 이러한 설명은 얼마나 정확한 것일까? 만약 실제로 그러한 영향이 있었다면 과연 한국의 학교에서 학생들에 대한 훈육은 어떠한 방식으로 이루어지고 있을까? 오늘날의 교내 훈육 방식은 소리 내어 이의를 제기하거나 저항함 없이 무조건적으로 권위에 복종하도록 했던 구시대 권위주의의 연장선상에 있는 것인가? 아니면 권위주의와는 전혀 다른 새로운 모델에 기반한 것인가? 피해 학생들에게서 나타난 순종의 '아비투스'(내재화된 성향)는 성적우수자 배출을 목표로 한 학부형과 학교의 과도하게 합리화된 지도에 과연 얼마나 기인한 것인가? 여기에서 '과도하게 합리화된 지도'라 함은 소위 "과잉양육" 또는 "헬리콥터 양육"이라 불리며 한국, 미국을 비롯한 여러 국가의 도시 거주 상위중산층 가정에서 나타나는 초국적인 양육 방식을 뜻한다.[1] 이 글에서는 이런 여러 가지 의문들을 중심으로 한국의 고등학교에서 학생들이 훈육되는 방식을 살펴볼 것이다.[2]

---

[1]   William Deresiewicz, *Excellent Sheep: the Miseducation of the American Elite and the Way to a Meaningful Life*(New York: Free Press, 2015).

[2]   이러한 분석이 학생들에게 피해의 책임을 전가하는 것으로 잘못 이해되어서는 안 된다. 오히려 이 분석은 그들을 사회의 일원으로 만들어내는 데 중요한 역할

우선 대한민국 고등학교의 교육 환경에 대해 논할 것이다. 특히 고등학교가 "이데올로기적 국가 기구(ideological state apparatus)"로서 수행하는 역할을 살펴보고, 중등교육을 효용성과 기능성을 갖춘 인적 자원 공급의 수단으로 바라보는 한국 정부의 관점이 반영된 현행 고등학교 분류 체계를 분석할 것이다. 이어서 단원고등학교 현장에서 만나본 학생들의 일상생활의 단편들을 통해 한국 고등학교의 절반 이상을 차지하는 '일반고등학교'에서 대학 입시가 갖는 절대적 중요성을 재조명할 것이다. 다음으로, 일반적인 한국 고등학생들은 어떠한 방식의 훈육을 받고 있는지 분석할 것이다. 권위주의적이고 군사주의적인 모델에서 심리 상담 모델로 훈육의 패러다임이 변화하고 있다는 점을 집중적으로 다룰 것이다. 끝으로, 이와 같은 지속적인 변화의 과정이 형성 과정에 있는 학생들의 규범적 정체성에 미치는 영향을 분석하는 것으로 글을 마무리할 것이다.

한국의 고등학교 교육

"이데올로기적 국가 기구"이자 노동력 양성 수단으로서의 학교

18세기 말 대중 교육을 위해 학교의 제도화가 이루어진 이후 근대 국가는 정규 교육을 통해 학생을 생산성과 기능성을 수행하는 사회 일원으로 양성하였다.[3] 대한민국의 경우, 이러한 학교 교육의 일반

을 해온 교육 제도와 사회 구조의 문제에 초점을 두고 있음을 밝힌다.

3   Francisco O. Ramirez and John Boli, "The Political Construction of Mass

적인 역할은 급속한 경제 발전과 학습을 강조하는 유교의 전통으로 인해 더욱 강화되었다. 천연자원이 부족한 한국은 인적자원에 의존할 수밖에 없었고, 젊은 세대를 성실하고 생산적인 사회 구성원으로 길러내기 위한 교육을 필요로 하였다. 교육을 사회 최고위층에 속하는 것으로 여겼던 (조선왕조의 신분 세습 체제하에서의) 유교적 전통은 한국인들이 정규 학교 교육과 학위를 사회 고위층의 상징물로서 인식하고 이에 몰두하게 했다. 1948년부터 1987년까지 권위주의 체제를 이어온 한국은 1954년 이래 약 10년을 주기로 교육 개혁을 단행했는데 그 주된 목적은 교육적인 것보다는 정치적인 것이었다.[4] 특히 한국은 발전국가(developmental state) 체제하의 1960년대와 1970년대를 지나는 동안 고등학교(그뿐만 아니라 중학교) 교육을 빠르게 확대함으로써 급속한 산업화와 도시화를 실현할 잘 교육된 노동력을 공급하고자 했다.[5] 또한 학교 교과 과정에 획일화된 표준을 강제하고 학생의 교내외 일

Schoolings: European Origins and Worldwide Institutionalization," *Sociology of Education*, Vol. 60, No. 1(1987), pp. 2~17.

4   1954년 이래 단행된 일곱 차례의 교육 개혁 중 6차 개혁을 제외하고는 모두 그 목적이 정치적이었다. 특히 가장 정치색이 두드러진 1968년의 3차 교육 개혁 당시에는 국민교육헌장이 제정되기도 했다. 가장 광범위한 변화가 시도된 것은 2007년의 7차 교육 개혁으로 1996년 한국의 OECD 가입 이후 세계화와 국제경쟁력에 대한 관심 고조가 그 배경이 되었다(천세영 외, 「교과교실제 운영 효율화 방안: 일반계 고등학교의 교육과정 운영 및 수업, 생활지도를 중심으로」, 한국교육개발원 교육정책네트워크 교육현장지원연구, 2013).

5   식민지 시기 말기 무렵 한국 전체 인구의 1% 미만이 중등교육 이상의 학력을 지녔다. 하지만 세계 최빈국 중 하나였던 1950년대 당시에도 한국인은 정규 교육에 대해 강한 열의를 보였다. 1957년에는 전체 인구의 90% 이상이 초등교육을 받았고, 1990년에는 90% 이상이 중학교를 다녔으며, 1999년에는 90% 이상이 고등학교 교육을 받았다(같은 글, 13~14쪽).

상생활을 감독하는 등 이데올로기적 국가 기구로서의 정규 교육을 엄격한 통제하에 뒀다.[6] 이처럼 학교 교육을 강력히 통제함과 더불어 국가가 인증하는 국정교과서를 의무적으로 채택하도록 했다.[7] 수차례에 걸친 교육 개혁의 배경이 교육적인 것보다는 정치적인 데 있었다는 것은 국가가 청소년을 원하는 방향으로 형성시키기 위한 이데올로기적인 도구로 정규 교육을 인식하고 있었음을 시사한다.

　한국에 존재했던 다양한 분류의 고등학교들은 국가가 고등학교를 노동력 양성 수단으로 인식했음을 보여준다. 가령 '인문고'는 학생들이 대입과 대학 교육에 대해 준비할 수 있도록 하는 학교였고, '실업고'는 학생들이 농업, 어업, 공업 및 상업 등 다양한 업종에 종사할 수 있도록 준비시키는 것이 목적이었다. 이 밖에도 예술, 철도 운영, 체육, 방송 등의 분야에 특화된 학교들도 일부 있었지만 대다수의 고등학교는 인문고와 실업고로 분류되었다.[8] 고교평준화 시행과 더불어 이들 소수의 특화된 학교들은 '특수목적고등학교(특목고)'로 통칭되었다. 1974년에 이른바 특목고로 지정된 학교는 8개였고, 이후 1986년에 과학고등학교가, 1992년에는 외국어고등학교가 특목고에 포함되었다. 한편, 1998년에는 부산디자인고등학교가 최초의 특성화고등

6　황준성·김홍주·임소현·김성기·이덕난, 「고교다양화 정책의 성과분석 및 개선방안 연구」(한국교육개발원 연구보고, 2013).

7　국정교과서 채택을 의무화하는 정부 정책을 둘러싼 가장 최근의 논란은 바로 2015년에 촉발되었던 역사교과서 국정화 문제였다. 보수적인 박근혜 정부가 한국 근현대사에 대한 교과서 내용 수정을 추진했고 다양한 시민사회단체들이 이에 강력 저항하였다.

8　일례로 1953년에 최초의 예고인 서울예술고등학교가 설립되었고, 철도청 출범 이후 1967년에 철도고등학교가 개교하였다. 1973년에는 체육고등학교와 방송고등학교가 해당 분야에 특화된 교육을 위해 설립되었다(같은 글, 19쪽).

학교로 개교하였고, 2002년에는 영재고등학교가 특성화고등학교로 분류되었다.

물론 이처럼 학교를 분류하는 것은 한국만의 특징은 아니며, 대학 진학으로 이어지는 교육과 대학 학위를 수반하지 않는 직업 훈련을 양분하는 것은 다른 나라에서도 흔히 있는 일이다. 한국의 특수성은 고교 교육 "평준화"가 이루어진 사회의 전반적인 맥락에서 볼 수 있다. 이러한 고교평준화는 한국 고교 교육의 가장 두드러진 특징으로 여겨져왔으나 실상 대도시 일부 지역에 국한된 제도였다. 즉, 고등학교 교육에 대한 국가의 엄격한 통제는 도시와 농촌 지역에서 상이한 형태로 추진되었다. 특히 1974년 발전국가 체제의 한국 정부는 고교 서열화를 막는다는 명분으로 학교별 입학 시험을 폐지하면서 표준화된 시험 이후 추첨하는 고등학교 입학 제도를 도입했다. 처음에는 1974년에 서울과 부산에서만 시행되었던 것이 이듬해 대구, 인천 및 광주 등의 주요 도시로 확대되었다. 그 이후로 고교평준화는 재정적, 사회적 요인 등으로 인해 쉽게 확산되지 못했으며, 점진적인 확대와 일시적인 축소 사이를 오가며 지금에 이르렀다. 2013년 기준으로 고교평준화 제도는 31개 도시 지역에서 운영 중이며, 절반 이상의 고교와 고등학생이 속한 '일반고등학교'의 54%가 그 대상이다.[9] 따라서 교육 정책 개혁이나 고교 교육에 대한 학술적·공적 담론은 고교평준화

---

9   이들 31개 도시는 국토 면적의 절반에는 못 미치지만 인구 밀도 면에서는 절반 이상을 차지한다. 이는 한국이 매우 도시화되어 있기 때문으로 한국 인구의 과반 이상이 주요 대도시 지역에 밀집되어 있다. 이러한 대도시의 인구 과밀 현상은 5000만 한국인의 약 절반가량이 서울 및 경기 지역에 거주한다는 통계에서도 드러난다(황준성 외, 「고교다양화 정책의 성과분석 및 개선방안 연구」, 17쪽, 33쪽).

3부 주체성

제도가 안고 있는 문제에 대한 완화책 또는 그에 대한 대안 모색을 중심으로 이루어졌다. 특수목적고등학교와 특성화고등학교 모두 일반고의 표준화된 교육에서는 다루지 않는 전문 지식이나 기술을 전달하도록 기획되었다.[10]

학교 교육 과정과 운영의 획일화, 경직된 통제의 폐해를 완화하기 위하여 (군사독재 종식 이후 한국의) 민주화 정부는 1999년에 '자율형고등학교'를, 2002년에는 '자립형고등학교'를 만들었다. 2010년에는 고교 다양화 정책하에 다소 혼란스러웠던 여러 고교 유형들이 다음의 네 가지로 압축되었다. 학생들이 대학 입학시험을 치르고 대학교육을 원활히 이수할 수 있도록 준비시키는 것이 주목적인 일반고등학교, 자연과학, 외국어, 예술, 체육 및 산업 기술 분야에 특별한 재능이 있거나 탁월한 성취 수준을 보이는 학생들을 지도하기 위한 특수목적고등학교, 학생들에게 일반고 외의 교육적 대안 혹은 직업 훈련을 제공하기 위한 특성화고등학교 그리고 교육과정과 학교 운영에 대해 학교 측의 자율을 더욱 보장하는 자율형고등학교가 바로 그것이다.[11]

---

10 이 둘을 미세하게 구분하는 기준은 다소 위계적인 면이 있다. 특목고는 주로 자연과학, 예술, 체육 등의 분야에서 뛰어난 재능을 보이거나 성취 수준이 높은 학생들을 위한 기관인 반면, 특성화고등학교는 본인의 의사에 따라 대학이 아닌 직업 훈련이나 대안 학교 진학을 고려하는 학생(대개 기존 학교에 적응하지 못했거나 이데올로기적인 이유로 그러한 학교를 기피하는 경우에 해당)들을 대상으로 한다(전국교직원노동조합, "제11회 전국참교육실천대회: 협력과 배움으로 학교를 새롭게", 2012).

11 2012년 기준, 한국에는 총 2305개 고교에 192만 명의 학생이 재학 중이었다. 그 중 1529개교는 일반고로 학생 수는 92만 6966명이었다. 499개 특성화고교의 등록 학생 수는 22만 3068명이었고, 128개 특목고에 4만 3976명의 학생들이 다니고 있었다. 142개 자율형 고등학교의 학생 수는 9만 4242명이었다(황준성 외, 「고교다양화 정책의 성과분석 및 개선방안 연구」).

위에서 이루어진 간략한 논의는 한국 정부가 고등학교 교육을 바라보는 시각에 대해 크게 두 가지를 시사한다. 첫째, 권위주의 체제 하에서 정부는 교육을 한국의 산업화에 필요한 기술과 효용성을 가진 노동자 및 관리자 양성의 수단으로 여겼다는 점이다. 이러한 시각은 대학 진학을 목표로 한 교육과 그렇지 않은 직업 훈련으로 교육이 양분된 것뿐만 아니라 '특수목적고'가 설립되고 군사정권 이후 수립된 정부에 이르러서까지 존속된 점에서도 명백히 드러난다. 둘째, 형식적 민주화가 이루어진 후 정부는 과거에는 간과되었던 개별 학교의 (그리고 학생과 학부모의) 자율성이나 선택권과 같은 이슈에 주목해야 하는 부담을 안게 되었다.

규범적인 이상과 일상생활에서 실제로 이루어지는 학교 교육 실태의 괴리: 단원고를 중심으로

21세기 한국의 고등학교 교육에서 특히 두드러지는 점은 규범적인 교육 목표와 학교 현장에서 학생이 (그리고 교사가) 겪는 일상적인 경험 간에 극명한 괴리가 있다는 점이다. 원칙적으로 고등학교 교육은 민주주의, 평등, 세계 시민 교육, 인권 그리고 자아실현 등의 이상을 지향한다. 더 구체적으로는 정직, 신뢰, 용서, 책임, 배려 등의 도덕적 가치를 배양하는 '인성 교육'의 강화가 주목표 중 하나다.[12] 그러나 현장에서 이루어지는 고등학교 교육은 주로 대학 입학이라는, 그리고 보다 정확하게는 서울 소재 대학이나 타 지역 일부 명문대에 합격하

---

12 서울특별시교육청, '서울특별시 고등학교 교육과정 편성·운영지침(고시 제 2008-9호)', 2014.

224   3부 주체성

는 좁은 목표에 초점이 맞춰져 있다. 이는 특히 대학 진학을 준비하는 것이 주목적인 일반고등학교에서 두드러지는데, 그렇다고 해서 이러한 현상이 일반고교에서만 나타나는 문제는 아니다. 타 학교에 비해 교과 과정의 내용과 등록금 등에 대한 결정권을 더 많이 누리는 자율형고교 중에서는 사실상 더 비싼 등록금을 받고 대학 입시에서 중요한 특정 과목에 특화된 수업을 제공하는 학교가 되어버린 곳도 있다. 자연과학, 외국어, 예술, 체육 등에 영재성을 보이거나 실력을 인정받은 학생들을 유치할 수 있는 특수목적고는 이미 국내 명문대에 합격하는 다수의 학생과 미국을 비롯한 해외 명문대로 진학하는 일부 학생들을 배출하는 엘리트 교육기관으로 자리를 잡았다. 본래의 취지와는 어긋난 이러한 현상은 일반고등학교가 상대적으로 취약해지는 데 기여하였으며 일각에서는 일반고교가 "폐허"가 될 "위기"에 놓여있다고 지적하기도 했다.[13]

---

13 고교 다양화 정책을 다룬 언론(인쇄 및 온라인 매체)의 담론 분석을 통해 몇 가지 결론을 도출할 수 있다. 첫째, 대중은 다양화 정책이 여러 유형의 고등학교를 과거에 그랬듯 서열화함으로써 경쟁을 더욱 심화시킬 것을 우려하고 있다. 둘째, 이러한 우려의 연장선상에서 대중은 자율형(사립)고등학교를 부정적인 시각으로 바라보고 있다. 자율형(사립)고교가 대입 경쟁 구도 속에서 "귀족학교화" 되었기 때문이다. 셋째, 자율형(공립)고교는 재능 있는 인적자원을 양성하고 일반고교에 비해 상대적으로 높은 학업성취도를 달성하는 것으로 인식되고 있다. 반대급부로 일반고교는 그렇지 못한 것으로 여겨진다. 넷째, 농촌 및 기타 소외 지역의 기숙사형 고교는 지역 간 교육 격차를 완화하고 소외 지역의 교육 환경을 개선하는 것으로 인식되고 있다. 다섯째, 특수목적고의 일종인 마이스터 고교는 산업계 및 재계와의 협력 속에 재능과 경쟁력을 갖춘 인재를 양성하는 데 긍정적으로 기여한다는 평가를 받고 있다. 여섯째, 대중은 일반고가 고교 다양화 정책에서 뒷전으로 밀려났으며 일반고 교육의 질이 하락하는 문제에 봉착해 있다고 보고 있다(황준성 외, 「고교다양화 정책의 성과분석 및 개선방

명문대 진학과 (대학 교육 대중화가 야기한 경쟁 심화로 인해) 점점 더해 가는 서울 소재 대학에 대한 집단적 열망은 과열 양상을 띠고 있다. 고등학교 재학생을 둔 가정은 소득의 상당 부분을 대입 준비에 투자하는 것을 넘어 학원비와 개인 과외비를 충당하기 위해 빚을 지기까지 한다. 중류층 가정은 생활 자체를 고교생 자녀의 수업 일정을 중심으로 짠다.[14] 실제로, 대학 입시에서의 고득점을 위한 전 국가적인 경쟁은 고등학교에 입학하기 한참 전부터 시작된다. 주요 대도시에 거주하는 부유한 상위중산층에서는 아이가 초등학교나 심지어는 유치원에 입학할 때부터 경쟁이 시작된다.[15] 이 계층의 학생들은 학교 수업에서 배울 내용들을 미리 학원에서 공부하기 때문에 정작 수업 시간에는 배울 것이 없고 아는 내용을 반복하는 수업을 지루하게 여기게 된다. '선행학습'(이러한 단어의 존재는 중류층 과정에서 이것이 상당히 보편적이라는 것을 뜻한다)은 학생들이 학교수업에 무관심해지도록 하는 문제를 가져왔다.

하위 계층의 경우에는 두 가지 시나리오가 가능하다. 학생과 그

안 연구」; 대전광역시교육청, 「학교의 다양화, 교육과정 운영의 자율성 추구」, 고등학교 교육과정 컨설팅 보고서, 2011; 홍원표 외, 「행복교육 실현을 위한 일반고등학교 교육과정 적합성 및 유연성 제고 방안」, 교육부 정책연구활용보고, 2013).

14 학교 밖에 존재하는 이러한 상업적 교육서비스를 "사교육"이라고 정의한다. OECD와 한국 정부의 통계에 따르면 2014년 기준으로 한국인 일인당 사교육비 평균 지출은 월 24만 2000원이었고 이는 OECD 회원국 중 1위에 해당한다. 학생 일인당 사교육 소모 시간은 주 5.8시간이었으며, 거의 전체의 70%에 해당하는 학생들이 사교육을 받고 있었다(문성빈, 「OECD 및 통계청 통계로 본 사교육」, ≪교육정책포럼≫, 265호, 2015).

15 이는 미국의 고학력 상위중산층 가정에서 일어나는 헬리콥터 양육과 매우 유사하다.

부모가 실질적인 혹은 잠재적인 어려움을 이유로 교육이 신분 상승의 수단이 될 수 있다는 믿음을 버린 경우, 이 경쟁에 동참하는 것을 포기할 것이다. 한편 고등교육을 통한 신분 상승의 희망을 아직 잃지 않은 가정에서는 제한적인 자원이나마 최대한 활용하여 최선을 다할 것이다. 이처럼 더 나은 미래를 추구하는 모습들은 세월호 사고로 246 명의 학생을 잃은 단원고에서도 찾아볼 수 있었다. 단원고는 일반고등학교로 노동자 계층이 주를 이루며 외국인 노동자들이 대규모로 유입되고 있는 경기도 안산시에 위치해 있다.[16] 안산시가 광명시와 의정부시와 함께 고교평준화 지역에 통합된 것은 비교적 최근인 2013년이었다.

필자가 2015년 12월 말에 단원고등학교를 방문했을 당시[17] 세월호 희생자를 추모하기 위해 보존된 10개의 교실에서 학생들이 대학입시 준비에 몰두했던 흔적들을 발견할 수 있었다. 각 교실에는 30여 개의 개인 책상과 걸상이 놓여 있었고, 희생된 학생의 책상 위에는 가족과 친구들이 가져다 놓은 사진, 꽃, 화분, 카드, 평소 즐겼던 과자 등이 있었다. 그들의 책걸상은 이루어지지 않은 무사 귀환에 대한 소망을 상징하는 노란 리본이나 노란 털실로 짠 커버로 장식되어 있기도 했다. 반면, 생존 학생들의 책상은 깨끗하게 정돈된 채 그 어떤 물

---

16 246명의 피해 학생 중 단 한 명도 부모가 변호사나 의사인 학생이 없었다는 점은 단원고 학생과 그들의 가정이 속한 사회경제적 계층의 주변성을 극명하게 드러낸다.

17 단원고 방문은 세월호 피해학생 유가족과 함께 일해 온 박래군 4.16연대 공동대표의 도움이 있었기에 가능했다. 세월호 희생자 합동분향소를 방문해서 몇몇 희생자의 부모들과도 만날 수 있었는데, 자녀 잃은 상처를 함께 치유하고 서로 돕기 위해 인근 가건물에 작업실을 꾸며 수공예를 배우거나 소품을 제작하기도 하고, 함께 시위를 조직하는 등의 노력을 하고 있었다.

건도 놓여 있지 않았다. 이들 교실에는 텔레비전 모니터, 대형 칠판, 몇 개의 게시판, 작은 목재 사물함, 벽면에 설치된 선풍기, 달력과 거울 등 최소한의 집기만 비치되어 있었다. 그 밖에 청소도구함이 있었고, 칠판에는 생존 학생들이 친구에 대한 사랑, 슬픔, 죄책감, 기원 그리고 추억을 표현한 메시지와 그림이 가득했다. 이처럼 희생자를 추모하는 수많은 물품 가운데서도 고등학교 2학년 학생들의 삶에서 대입이 얼마나 중요한지를 여실히 보여주는 물건들이 있었다. 그중 하나는 수능 시험일을 디데이로 두고 카운트다운을 했던 달력이었다. 각 장에는 도별 지도와 수도권 지도가 인쇄되어 있고 그 위에 4년제 대학과 2년제 전문대학의 위치가 표시되어 있었다. 교실 뒤쪽 벽면 게시판에는 각종 포스터, 공지 사항 및 대입 전형 관련 안내 사항 등이 게시되어 있었다. 예를 들어 한 포스터에는 그 반 학생들의 이름과 그들이 희망하는 대학교, 전공, 직업 등이 열거되어 있었다. 서울 소재의 대학교를 희망한 경우에는 괄호 안에 별도로 표기되어 있어, 그만큼 서울 소재 대학교가 갖는 중요성을 엿볼 수 있었다. 교실마다 게시판에서 가장 눈에 띄었던 것은 전국, 각 도, 서울시, 경기도 지역을 담은 크고 작은 지도들이었다. 지도에는 4년제 대학과 2년제 전문대학의 위치가 표시되어 있었는데, 각 도와 수도권 소재 고등교육기관의 이름이 체계적으로 적혀 있었다. 그 밖에 "체력이 경쟁력"이므로 운동과 건강 관리를 잘 하라는 조언을 담은 포스터, 방과 후 자기주도 학습과 관련한 안내문, 연간 모의 수능 시험 일정과 시험 과목을 상세히 정리한 표 등도 눈에 띄었다. 각 교실에 게시된 일별 시간표에 따르면 학교 수업은 오전 8시에 시작해서 오후 4시에 종료되었고, 오전에는 4개의 수업을 하고 점심 이후에 3개의 수업이 이어졌다. 교실 청소와 담임선생님과의 종례를 마치면, 2개의 보충 수업이 있었고, 6시

20분부터 7시 10분까지 저녁 식사 시간이었다. 식사 후에는 밤 10시까지 야간 자율 학습이 있었다. 이러한 단원고 학생들의 하루를 그려 보면 고등학교에서 이루어지는 훈육의 맥락을 이해할 수 있다.

한국 고등학교에서의 훈육

'학칙'과 '학생생활규정'

한국의 초·중등학교에서는 학생들이 규율을 따르도록 하기 위해 다양한 권위주의적인 형태의 훈육이 수십 년간 관습으로 이어져왔다.[18] 특히 중학교와 고등학교에서는 학생의 용모와 품행을 엄격하게 감독하고 이를 통해 그들의 아비투스를 통제하기 위해 군대식의 지도도 종종 이루어졌다. 교복을 의무화하는 것 외에도 학생들에게 "적절하다고" 여겨지는 가방, 두발, 양말, 신발은 물론이고 속옷에 대해서까지 상세하고 엄한 규정이 적용됐다. 그 밖에도 학생 신분에 "맞는" 엄격하고 세부적인 행동 준칙을 강제했다.[19] 2010년에 체벌이 금지되기 전까지 이러한 학내 규정을 위반할 경우 순종적인 태도와 소속 집단을 개인보다 우선시하는 자세를 심어주기 위해 체벌(때로는 단체에게)을 하는 것이 일반적이었다. 그러나 비교사학적 관점에서 볼 때 근대

---

18 Seungsook Moon, *Militarized Modernity and Gendered Citizenship in South Korea*(Durham: Duke University Press, 2005).

19 서울 지역 일반고등학교 교사 몇 분과 개인적으로 대화를 나눠본바, 이상적인 모범학생의 전형은 1960~1970년대와 크게 달라진 것이 없는 듯했다. 여전히 '선생님 말씀 잘 듣는 학생'이 모범의 기준이었다.

군사집단에서 시행되던 권위주의적 규율 강제의 기술들을 학교 환경에 적용한 것은 비단 한국만은 아니었다. 미셸 푸코(Michel Foucault)가 지적했듯이 근대 군사조직은 지배계층에 "훈육적 권력(disciplinary power)"의 원형을 제공함으로써 피지배 집단과 그에 속한 개인을 자신들의 이익에 맞게 형성하여 유용하면서도 순종적인 백성으로 만들고자 하였다.[20] 그러나 한국에 대해 특기할 사항은 바로 이러한 군대식 훈육의 관행이 형식적 민주화가 이루어진 이후에도 지속되었다는 점이다. 이러한 관습의 상당 부분이 권위주의 군사 정권이(1961~1987) 종식된 이후까지 존속하였다. 군대식 규율 방식에 적어도 형식적으로나마 의미 있는 변화가 시작된 것은 2010년부터 학생에 대한 체벌이 전면 금지되고 '학생 인권' 패러다임이 도입되면서부터였다.

한국 고교 교육과정은 표준화된 지식을 전달하고 인지적 능력을 계발하도록 (성과는 대학 입학시험에서 검증하도록) 설계되었지만, '학칙'과 '학생생활규정'은 학생의 용모와 품행을 통제함으로써 그들의 아비투스와 정체성을 국가가 원하는 방향으로 형성하는 데 그 목적이 있었다. 이러한 유형의 규율은 신체적인 훈육을 수반한다. 한국의 교육에 관한 규범적 담론의 맥락에서 훈육이란 안전하고 질서 있는 교육 환경을 유지할 목적으로 학생의 행동을 통제하는 것뿐만 아니라 학생이

---

20 민주주의 국가로 널리 알려진 영국과 미국에서도 20세기 초중반까지 교육 환경에서 군사주의적 관행들을(특히, 엘리트 보딩 학교에서) 찾아볼 수 있었다. Jr. Cookson, Peter W. and Caroline H. Persell, "English and American Residential Secondary Schools: A Comparative Study of the Reproduction of Social Elites," *Comparative Education Review*, Vol. 29, No. 3(1985), pp. 283~298; P. R. Deslanes, *Oxbridge Men: British Masculinity and the Undergraduate Experience, 1850~1920*(Bloomington and Indianapolis: Indiana University Press, 2005).

자신의 행동을 자율적으로 조절하는 능력까지도 포괄하는 개념이다.[21] 그러나 현장에서 학생들을 상대로 이루어지는 일상적인 훈육은 외부 강압에 의한 규제에 무게를 두고 있어 학생의 자율과 참여를 희생시키는 부작용을 수반한다. 21세기의 학칙과 학생생활규정에 초점을 두고 고등학교 개혁에 관한 문헌을 비평적인 시각에서 분석해본 바, 구시대의 권위주의적인 훈육은 이제 학생의 자율, 인권 그리고 참여를 강조하는 새로운 훈육의 패러다임으로 대체 중인 것으로 보인다. 그러나 이러한 새로운 패러다임조차도 완전한 민주적 진전의 성과로서 축하해서는 (적어도 있는 그대로 받아들여서는) 안 될 듯하다. 오히려 신훈육 패러다임은 한층 문명화된 방식으로 순종적이고 유용한 피지배층을 생산하는 (푸코가 이야기했던) 훈육적 권력일 가능성이 있다. 이 신훈육 패러다임은 과학적 사고, 도구적 사고 그리고 구체적으로 정의된 목표를 위한 체계적인 인간 행동의 조정을 특징으로 하는 베버식 '합리화'를 보여준다.

2003년 사회 전반에 만연한 학생 간 괴롭힘과 폭력 문제, 그리고 학생과 학부모가 교사를 상대로 폭력을 행사하는 세태가 이슈가 되면서 초·중·고교에서의 훈육 개혁에 대한 담론 형성이 촉발되었다. 이러한 폭력 행사의 유형에는 언어적인 것과 신체적인 것은 물론이고 사이버 공간에서 이루어지는 것도 있었다. 가장 일반적인 학생 간 괴롭힘의 유형은 바로 따돌림이었다.[22] 남학생과 여학생 모두 가장 광

21　학생이 이성과 자율을 함양하는 것은 "훈육"을 통해서이다. 훈육 방식은 교실과 학교생활 전반의 질서를 유지하기 위해 학생의 올바른 품행을 이끌어주는 다양한 규제 방식을 통칭한다(고유진, 「고등학생이 지각한 교사훈육유형에 따른 교사신뢰와 자기결정성 학습동기의 차이」, 부산대학교 교육대학원 석사학위논문, 2014).

범위하게 겪고 있는 폭력은 언어폭력(욕설과 소리 지르기 등)이었다. 전국적인 설문조사에 따르면, 응답 학생의 73.5%가(남녀 모두 응답 비율은 유사) 언어폭력을 경험한 적이 있다고 답했고, 35.8%는 따돌림을 당한 적이 있다고 응답했다.[23] 사이버 폭력은 이메일, 휴대폰 문자 및 SNS 등을 통해서 이루어졌다. 학내 폭력 집단들은 교내에서 폭력을 행사하고 금품을 갈취하기도 하며, 상위 학교의 폭력 조직이나 성인 범죄 조직과 연계되어 있는 경우도 있는 것으로 나타났다. 다양한 폭력의 발생이 실제로 증가했는지, 인식 제고로 인해 폭력 사건의 신고가 증가한 것인지는 아직 명확하지 않다. 그러나 이 두 가지 다 학교 훈육 개혁 담론이 형성되는 데 기여했을 가능성이 높다.

　　교사와 교육 행정가들은 교내 폭력과 괴롭힘의 원인이 학생의 생활을 지나치게 획일적이고 권위주의적으로 통제하는 데 있다고 보고 있었다. 과도하게 경직된 통제가 학생들의 불만을 증폭시키고, 그것이 다시 폭력으로 분출된다는 것이다. 근본적인 해결책과 예방 조치를 마련하기 위해 이들은 ('학교와 교사 중심'의 학교생활규정과 대조되는) '학생 중심의' 학교생활규정을 도입할 것을 주장하고 있다. 교육부는 모든 시도 교육청에 학생의 생활을 지도 관리하는 방식의 개혁을 추진할 때는 "학생 인권"과 "학생의 자율" 증진에 각별히 신경 쓸 것을 권고했다. 특히 기존 규정의 일부 문구 중 학생의 인권을 침해할 소지가

22　학생들 간의 교내 폭력이 증가함에 따라 교사, 학부모, 교육 행정가들의 우려가 깊어졌다. 학생들 간의 집단 구타, 잔인하고 모욕적인 언사, 금품 갈취에 이르기까지 다양한 유형의 폭력을 통칭하는 단어로 '왕따'라는 은어가 흔히 사용되고 있다.

23　경기도교육청, 「생활인권교육 기본계획: 학생중심의 교육공동체문화 형성」(장학자료 2호, 2015).

있는 조항들을 중심으로 학생 및 학부형의 의견을 반영하여 학생생활 규정의 문구를 완화하도록 지시했다. 또한 단체 기합, 체벌, 개인소지품 검사 및 학칙 위반에 대한 벌로써 공개적으로 학생의 머리카락을 자르는 등의 군대식 처벌은 피할 것을 주문했다.[24] 이와 같은 교육부 지침은 21세기의 첫 10년 동안에도 학생들을 상대로 한 권위주의적인 군대식 훈육의 관행이 이어져왔음을 시사한다.

교내 훈육방식의 개혁에 관한 담론은 서울 지역 학교에서 체벌을 금지한다는 발표가 나오면서 한층 활발해졌다. 2010년 '진보' 성향의 곽노현 교육감은 서울시 지역 내 체벌 금지 정책을 선언했다. 이러한 금지 조치가 실효성을 갖도록 하기 위해서 곽 교육감은 학생과 교사에게 새로운 학교 문화가 조성되도록 노력해줄 것을 당부했다.[25] 큰 변화였던 만큼 반대와 저항이 따랐다. 특히 보수 성향의 한국교원단체총연합을 비롯한 반대파는 교권이 더 이상 침해당하지 않도록 보호해야 한다는 취지를 내세웠다.[26] 이러한 저항에도 불구하고 체벌 금지 정책은 서울 이외 지역으로도 확산되었고 고등학생이 교내외에서 훈육되는 방식이 바뀔 수 있는 토대를 제공해주었다. '학생 인권'의 개념하에 사후 치료와 예방을 지향하는 새로운 훈육 패러다임이 대두된 것이다.

새로운 훈육 패러다임으로의 전환을 제대로 논하기 위해서는 군사주의적 훈육 모델로부터 벗어나 인권 중시 모델로 전환하는 데 학생들 또한 기여했음을 먼저 인정해야 한다. 예를 들어, 2000년 8월 학

---

24 ≪한국경제≫, 2012.2.12.

25 ≪연합뉴스≫, 2010.11.16.

26 한국교원단체총연합회, 「서울교육청의 학생 인권조례 시행에 따른 초·중·고교 학칙 개정 지시에 대한 성명」, 2012.1.31.

생들은 거리와 인터넷에서 엄격한 두발 규제 완화를 촉구하는 서명운동을 전개했고, 이와 관련한 청원서가 민원을 처리하는 정부 기관에 쏟아져 들어왔다. 2006년 4월에는 서울의 모 중학교 학생들이 두발에 대한 과도한 학교 측의 통제에 반발하는 시위를 벌였다. 학교 당국은 시위를 조직한 주동자들을 징계할 계획이었으나 인권단체에서 징계에 이의를 제기했다. 이뿐만 아니라 다른 여러 사건을 계기로 경기도 교육청은 학생의 생활을 규제하거나 규제 방식을 개편하고자 할 때에 학생, 학부모와 교사의 의견을 학교 측이 청취하도록 하는 방침을 내렸다. 2000년대에는 학칙을 둘러싼 학생과 학교 당국 간 갈등으로 인한 사건들이 여러 차례 보도되기도 했다. 학생들 사이에서 학생 인권에 대한 인식이 강화됨에 따라 이를 보호하기 위해 스스로 단체를 만든 경우도 있었다. 또한 학칙 제·개정 과정에 학생을 참여시키는 방안을 시범 운영할 학교들도 지정되었다.[27]

한편, 교실 환경에서 학생의 자율과 참여를 증진하기 위한 시도들도 있었다. 2007년에 공표된 제7차 교육 개혁은 교육 과정의 다변화라는 새로운 요소를 포함하였고, 학생의 학업 능력과 교과 선택권을 강조하는 내용을 담았다. 이는 국제 비교 관점에서 한국의 고등학교 교육을 평가한 결과를 반영한 것이다. 미국, 영국, 독일, 중국, 일본, 호주 등의 고등학교 교육을 비교 분석한 연구에서 한국의 교육학자들은 국내 고등학교 교육이 국가 발전에 필요한 인적 자원을 공급하기 위해 양적 성장과 교육평준화의 확대를 추구해왔다고 발표했다. 이러한 평준화는 학교 간 학업 격차의 감소에는 기여했으나, 그 반대급부로 대입 시험에서의 고득점을 위해 무작정 지식을 암기하도록 하

---

27   ≪자치안성신문≫, 2006.5.13.

3부 주체성

는 부작용이 있으며, 이제는 교육의 질을 높이고 수월성(excellence)을 지향하기 위해 노력할 시점이라는 것이 이들의 주장이다.[28] 또 다른 교육학자들은 평준화된 교육은 소품종 대량 생산을 특징으로 하는 기계화된 산업 생산 모델에 적합하므로 전문화된 지식을 기반으로 부가가치를 창출하는 후기 산업사회에는 걸맞지 않다고 지적한다.[29] 비록 교육 과정의 다변화가 학생들에게 도움이 될 수도 있으나 대학 입시라는 좁지만 지배적인 목적이 계속 존재하는 상황에서 그것의 잠재력은 약화될 수밖에 없다.

고등학교의 획일적이고 엄격한 통제를 다소 이완시키기 위한 또 다른 시도로 2010년부터 전국적으로 도입된 '교과교실제'를 들 수 있다. 교과교실제는 중등교육의 질을 향상시키기 위한 교육학적 실험이라고 볼 수 있는데, "수업혁신 프로젝트"이자 대한민국 중등교육의 미래를 준비하는 대책의 "주요 요소"로서 채택되었다.[30] 특히, 이 제도는 학생 개개인 사이의 학업 격차를 인정하고 그들에게 맞는 다양한 수준의 수업을 제공하는 것이 취지였다. 2009년에 일부 학교에서 시범 운영을 거쳐 2010년에 확대 채택되었다. 대학 입시에 목표를 둔 일반고가 60여 년 동안 담임교사를 중심으로 한 학급교실제를 유지해왔다는 점을 감안하면 교과교실제는 비교적 과감한 시도로 평가할 수 있다. 학급교실제는 한 교실에 그 해 내내 해당 학급을 책임질 담임교사가 지정되고 수업시간에는 각 교과 선생님들이 교실로 찾아오는 방식이다. 담임교사직은 주로 입시에서 중요한 교과를 담당하는 선생님

28   구자억 외, 『세계의 고등학교 교육』(신정, 2008).

29   황준성 외, 「고교다양화 정책의 성과분석 및 개선방안 연구」.

30   천세영 외, 「교과교실제 운영 효율화 방안: 일반계 고등학교의 교육과정 운영 및 수업, 생활지도를 중심으로」.

이 말는다. 학생들과는 자신이 가르치는 교과 수업 시간, 담임 자격으로 만나는 종례 시간, 방과 후 보충 수업 시간 등을 통해 교류한다.[31] 학급교실제에서 이동의 자유 없이 밭이든 공장이든 어느 한 곳에 매여 있는 농부나 노동자의 처지를 연상하는 것은 어렵지 않다. 비록 학생들이 계약에 묶인 노동자들과 분명 다르긴 하지만, 학급교실제와 같은 제도가 학생의 자율, 참여, 인권을 증진한다는 새로운 이상에 썩 어울리지 않는 것만은 분명하다. 일선 교육행정가와 교사 중에서는 시범 교과수업제에서 이동하는 학생들을 통제하는 데 어려움을 겪지 않을까 우려한 분들도 있었다는 점은 특기할 만하다. 교과교실제 시행에 관한 평가 보고서에 따르면 이러한 불안감을 뒷받침할 만한 근거는 희박하다. 그것보다는 교실 공간이 부족하여 교과교실제의 성공은 제한적이었다.[32]

---

31 고유진, 「고등학생이 지각한 교사훈육유형에 따른 교사신뢰와 자기결정성 학습동기의 차이」.

32 교과교실제 시행 성과를 평가한 연구보고서의 결론은 다음과 같다. 한국 교육의 기본 조건은 "고등학교 교육의 평준화"이므로 학업성취도가 상이한 학생들을 어떻게 교육해야 하는가 하는 딜레마에 빠져 있다. 교과교실제의 성공을 위해서는 반드시 지켜져야 하는 조건들이 있는데, 우선 교사 1인당 교실이 하나는 있어야 하므로 교실 공간이 충분해야 한다. 또한 각 교사가 자신의 교실을 선호하는 교육 기법과 스타일에 맞게 발전시켜 갈 수 있도록 한 학교에서 오랜 임기를 보장받을 수 있어야 한다. 일부 초등학교에서는 이러한 환경이 조성되어 있으나 교사가 의무적으로 여러 학교에 순환 배정되는 공립학교에서는 불가능한 이야기다. 수업 운영의 측면에서 보면 교과교실제는 학업 능력 및 수준별로 차별화된 수업의 진행이 가능하기 때문에 평준화가 야기하는 학습 성과 저하의 문제에 대한 대응책이 될 수 있다. 학생들의 학교생활 관리 측면에서 본다면 지켜져야 하는 규율이 교과교실제로 저해되지는 않는 것으로 보인다(천세영 외, 「교과교실제 운영 효율화 방안: 일반계 고등학교의 교육과정 운영 및 수업, 생활지도를 중심으로」).

이와 같은 제반 변화 속에서도 학칙과 학생생활규정 등이 존속되고 있다는 점은 이들이 교실 안팎에서의 규율을 통해 학생들의 정체성을 형성하는 제도적 기제로 작용하고 있음을 시사한다. 이러한 규정과 규제는 무질서하고, 유해하며 폭력적이라고 여겨지는 다양한 행동을 겨냥하고 있는데, 무엇이 무질서하고 유해하며 폭력적인지에 대한 정의는 사회의 도덕 가치와 규범에 따라 다를 수 있다. 대다수 구성원들이 명확히 수긍할 수 있는 규정도 있지만, 목적이 불분명하면서 특이하게도 내용 면에서는 매우 상세한 규정도 있다. 한국 전역에서 표본을 추출한 41개 인문계고등학교(일반고)를 대상으로 실시한 실증적 연구에서 1990년대 말의 일반적인 훈육 관행을 엿볼 수 있다. 대표적으로 교실에서 소란을 피우거나 산만한 행동을 하는 경우, 그리고 교내에서 음주 또는 흡연을 하는 경우에 학생은 훈육 대상이 됐다. 수업 시간 중 소란을 일으키는 학생을 어떻게 지도하는가를 묻는 질문에 71.1%의 교사가 해당 학생의 행동을 교정하기 위한 의식적인 노력을 한다고 답했고, 28.4%는 주의를 주고 수업을 계속 진행한다고 답했다. 한편 음주, 흡연 등의 문제 행동에 대해서는 14.7%의 교사가 지역 사회 봉사, 사회복지 시설 봉사 또는 특수 교육 등 가장 무거운 벌을 내린다고 하였다. 48.7%는 교내 봉사와 같은 비교적 가벼운 벌을 준다고 답했고, 35.5%는 야단을 치거나 해당 학생에게 반성문을 쓰도록 한다고 응답했다. 동 연구 논문은 국내 및 해외의 다른 연구 결과를 토대로 외부로부터 강제되는 훈육보다 자율적인 자기 훈육이 바람직하며, 일방적인 명령과 통제보다는 학생의 참여를 수반하는 훈육이 더 효과적이라고 평했다.[33] 다음으로 학생생활규정에 주로 두발

---

33 한대동, 「학교훈육과 학교효과」, ≪교육연구≫, Vol. 10(2000), 43~58쪽.

과 옷차림 등 학생의 용모와 품행에 관해 매우 세부적인 부분까지 규칙이 정해져 있었다는 점을 주목할 만하다. 용모와 품행을 세세하게 규제한 것은 계급과 성별을 토대로 차등적인 세습 지위를 인정했던 전근대 사회에서 개인의 신체에 대해 종교적·세속적으로 가해졌던 통제를 답습한 것이라고 볼 수 있다. 이와 같은 신체에 대한 규율은 세습된 신분을 정당하고 당연한 것으로 받아들이는 순종의 아비투스를 형성하는 데 오랜 세월 활용되어온 사회적 기제이다. 매우 상세하게 규정된 신체 관련 규율을 집행하는 것은 학생들 개개인의 주체성에 순종적인 아비투스를 심는 효과를 갖는다.

2011년의 '초·중등 교육법시행령' 개혁은 한국 교육 기관의 학칙을 상당 부분 수정하는 계기가 되었다. 개혁 내용에서 특히 두드러졌던 것은 학생 인권을 강조하고, 체벌을 교내나 지역 사회 봉사, 특별 교육 수료, 정학 등으로 대체하도록 한 점이다. 예를 들어 단원고를 관할하는 경기도교육청이 2015년에 발표한 '생활인권교육기본계획'에서는 특별히 두 가지 점을 강조하고 있다. 첫째는 적법 절차 준수와 훈육 과정 전반에서 학생의 시민권을 보호하는 것을 포함한 민주적 시민권에 대한 강조이다. 다른 하나는 치료, 예방 그리고 학생과 교사의 권리에 대한 논의에서 자주 거론된 "치유"를 위해 심리 상담에 크게 의존한다는 점이다.[34] 이러한 접근법은 (1997년 금융 위기 이후) 21세기 첫 10년 동안 크게 유행했던 웰빙 트렌드와도 연관이 있다. 앞서 논한 정책 변화의 여러 특징들은 적어도 원칙적으로나마 징계의 목적이 처벌에서 바람직한 상태의 회복으로 그 방향이 전환되고 있음을 시사한다.

---

34   경기도교육청, 「생활인권교육 기본계획: 학생중심의 교육공동체문화 형성」.

3부 주체성

2011년 개혁이 발표된 당시 부산광역시 소재 148개 고등학교에서 실시한 설문 조사 결과를 보면 권위주의적이고 군사주의적인 오래된 학칙이 학생 인권을 제대로 보호하고 있지 못하는 것을 알 수 있다. 대개 학칙에는 개인 편지의 검열, 다양한 정치적 모임 참여 금지, 두발과 옷차림에 대한 과도한 규제 등이 규정되어 있었다. 인권교육센터의 상근 직원인 한 활동가는 "지금까지 학칙의 가장 중요한 목적은 학생의 통제였기 때문에 때로는 헌법이 보호하고자 하는 인권을 오히려 침해하기도 했다"라고 지적했다. 실제로 대다수 고등학교는 학생의 신체 용모에 대해서 매우 세부적으로 규제하고 있다. 두발과 옷차림에 관한 학칙에 머리 길이, 허용되는 머리핀과 액세서리 유형, 양말과 스타킹의 색상이나 종류까지도 상세하게 규정된 것을 흔히 볼 수 있다. 심지어는 속옷에 대해서까지 규정을 두고 있는 학교가 있을 정도이다. 이와 같은 세밀한 규정과 더불어 모호하거나 암묵적인 전제가 공존한다. 가령, 학칙에 학생은 "단정한" 두발을 하고 "학생다운" 신발을 신어야 한다고 명시되어 있는 것이다. 이러한 유형의 규제는 세습되는 신분이 존재했던 전통 사회의 관습을 연상시킨다. 신분의 차이를 표시하고 불평등한 위계를 유지하기 위해 전통 사회는 종교 또는 기타 관습에 입각해 각 구성원의 사회적 지위에 따라 허용되는 옷차림과 두발에 대해 규제를 일삼았다. 일부 학교에서는 심지어 교사와 학생이 이용하는 입구를 별도로 두고 있었다. 건물 중앙의 현관은 교사만 이용하고 학생들은 측면의 입구를 이용하도록 하는 식이다. 개인의 신체에 대해 제재를 가하는 메커니즘은 권위를 만들어내고 그것을 수용하는 자세를 내재화하는 효과가 있다. 생명체의 물리적 존재 기반인 신체의 겉모습을 개인이 스스로 통제할 권한을 갖지 못할 때, 개인은 독립적이고 자율적인 주체가 되지 못하며, 사회나 조직의 유용하고 순종적인 구성 요소로 환원되기 쉽다.

집단적 규범에 부합하고 권위에 순종하도록 하는 구시대적 학칙의 사례는 더 있다. 일례로, 여러 학교에서 반장 및 학생회 임원 등 리더 역할을 학업 성적이 우수한 학생들에게만 허용하고 있다. 학생이 생각, 양심, 표현의 자유를 누리는 자율적인 민주 시민으로 성장하는 것을 방해하는 제약이 여전히 남아 있다. 다수의 학교에서 학교 밖의 자원봉사 단체에 참여하는 것을 원칙적으로 금하고 있고, 참여를 원할 경우에는 교장의 허락을 구하도록 규정하고 있었다. 게다가 교장은 전시와 기타 비상 상황에서 학생들이 조직한 단체를 임의로 해산시킬 권한을 가진다. 많은 학교에서 학생들이 정치적인 활동에 참여하는 것 역시 제한하고 있었다. "비밀리에 불온한 문서를 구하고, 읽고, 작성하고, 게시하거나 배포하는 학생"은 학교에서 퇴학 조치될 수 있다고 규정하지만 정작 "불온한 문서"가 무엇인지에 대한 정의는 학칙에 명시되어 있지 않다. 학생이 수취한 편지의 내용을 검열하기 위해 교사가 임의로 편지를 개봉하는가 하면, 일부 학교에서는 특정 종교나 애국을 주제로 하는 수업을 거부하는 학생들을 정학 또는 퇴학시키기까지 했다. 생각, 종교, 표현의 자유와 같은 기본적인 시민의 권리 그리고 집회의 자유, 공직 출마의 자유와 같은 기본 정치적 권리가 헌법에 규정된 바와는 상반되게 거부되거나 축소된 것이다.[35]

교사의 상호작용 스타일과 학교 규율에 대한 학생의 인식을 분석한 결과는 앞서 언급한 교육 개혁이 실제 학생들의 생활에 어떤 영향

---

35 이재희·박세영·이자영, "[개정 '고교 학칙' 들여다보니] 머리핀·양말·속옷 색깔까지 사사건건 '간섭'", ≪부산일보≫, 2011.7.25; 박재연·정익중, 「인문계 고등학생의 학업 문제가 자살 생각에 미치는 영향: 개인수준의 위험요인과 보호요인의 매개역할을 중심으로」, ≪한국아동복지학≫, 32권(2010), 69~95쪽.

3부 주체성

을 주었는지를 보여준다. 409명의 고등학생을 대상으로 실시한 설문 조사에서 응답자의 40% 정도가 교사를 '권위형'이라고 평가했으며, 학생과의 상호작용을 최소화하고 토론이나 설명 없이 지시 사항만 전달한다고 답했다. 응답 학생의 27%가량은 교사를 '방임형'이라고 평하면서 학생을 지도하거나 학생과 상호작용을 나누는 데는 관심이 없다고 답했다. 약 26%의 학생들은 자신의 교사가 '수용형'이라고 답했다. 즉, 교사가 권위주의적인 성향이 없지 않지만 학생과 상당히 많은 시간을 보내고 상호작용을 나눈다고 평가했다. 흥미롭게도 이 연구보고서의 저자들은 바로 '수용형' 교사가 학교에서 가장 필요로 하는 유형이라고 보았다. 끝으로 7%의 학생들은 교사를 '애정형'으로 분류하고, 권위주의적인 성향 없이 학생들과 많은 상호작용을 나눈 것으로 답했다. 같은 설문 조사에서 응답자의 약 50%는 흥미롭지 않으면서 대학 입시 준비만을 위한 수업, 수업 시간에 각자에게 할당된 과다한 공부량, 그리고 수업의 어려운 내용 등이 학교생활을 힘들게 하는 요인 중 하나라고 답했다. 409명 중 약 23%가 학교생활의 어려움은 엄격한 학교 규제에서 비롯된다고 언급했다.[36] 이 설문 조사는 대다수 교사가 학생들과 상호작용을 나누는 과정에서 권위주의적인 방식을 취하고 있으며, 특히 학교생활을 엄격하게 규제하는 것에 무시할 수 없는 수의 학생들이 문제의식을 가지고 있음을 보여준다.

정리하면, 학칙과 학생생활규정은 권위주의적 국가가 유순한 학생과 순응적인 노동자를 만들기 위해 사용한 제도적 도구로 사용됐

36　심현·이병환·서동기, 「학업중단숙려제 운영을 위한 고등학생 학교부적응 행동 요인 분석: 교사 및 교칙관계를 중심으로」, ≪교육문화연구≫, Vol. 21, No. 22(2015), 57~78쪽.

다. 위에서 언급한 관행들은 수십 년 동안 학생들이 매일매일 경험하는 학교생활의 일상이었고 훈육 개혁이 시행되는 과정에서도 계속 유지될 가능성이 높다. 이는 보수적인 교육 지도자나 정치 지도자들이 유순하고 순응적인 국민이 사회 유지에 순기능적이라고 보는 경향이 있기 때문이고, 오랜 관행들은 관성의 법칙처럼 지속되는 경향이 있기 때문이다. 동시에 그런 권위주의적 관행에 반발하여 학생들의 실질적인 자율과 참여를 추구하는 사회적 세력들(일부 학생들과 진보적인 사회 집단을 포함하는)이 있음을 주지해야 한다. 근래에 대두된 학생 인권의 틀은 교육당국이 학교폭력이라는 심각한 문제에 당면해서 선택한 상징적인 의미를 갖는 양보라고 볼 수 있다. 이 상징적 개혁이 어떤 실질적인 결과를 가져올 수 있는지 판단하기에는 이른 감이 있으나, 현재 진행되는 과정은 인권이라는 수사가 동반하는 긍정적인 의미보다 좀 더 복잡하고 상황에 따라 상반될 결과를 가져올 수도 있는 상황의 전개를 암시한다.

훈육 패러다임의 변화: 구시대적 군대식 훈육에 의해 형성된 정체성과 인권·상담 중심의 신훈육 방식

2011년의 '교육법시행령' 개혁은 고등학교의 훈육 패러다임의 형식적인 변화를 가져왔으나, 심리 상담을 특징으로 하는 학생 인권 패러다임이 확산되는 중에도 여전히 학생들은 교육 현장에서 오래된 권위주의적 훈육을 경험하고 있는 것으로 보인다. 비록 현재 진행 중인 변화가 학생들의 일상생활과 장기적인 정체성 형성에 미치는 영향을 평가하기에는 이르나, 몇 가지 중요한 시사점을 도출할 수 있다. 첫째, 체벌 금지의 연장선상에서 학생 인권이 강조되고 상담의 중요성이 증대되는 것은 노르베르트 엘리아스(Norbert Elias)가 이야기했던 물리적 폭력, 무자비성, 잔혹성 등을 줄여나가는 문명화 과정과 일맥상통한다. 비록 문명화 과정이 긍정적인 변화이긴 하나, 이것이 반드시 또는 자동으로 개인의 자유와 자율의 증대를 가져오는 것은 아니다. 둘째, 푸코가 주장했듯이 이러한 변화는 가부장적으로 피지배층을 이끌고 돌보는 사목 권력(pastoral power)을 수반한다. 이는 근대사회와 탈근대사회의 지배 권력이 보다 평화적이고 고도화된 형태로 변화해가는 과정으로 볼 수 있다. 이것의 실증적인 예는 또래 학생에게 폭력을 행사한 가해 학생들의 징계 형태에서 찾아볼 수 있다. 명시적인 징계의 목표는 처벌보다는 "교우 간 긍정적인 관계의 회복"이다. 그뿐만 아니라 체벌이 금지된 상황에서 학생들을 지도하고 훈육하는 주요한 수단으로써 언어가 신체에 가해지는 벌을 대체하였다. 이런 맥락에서 비행과 폭력을 비롯한 제반 문제를 사전에 예방하는 핵심 기법으로 상담이 중요해진 것이다. 이러한 변화 속에서 담임교사는 상담 기술 향상의 과제를 부여받게 되었으며, 각 학교에서는 전문 상담 교사를 채용하게 되었다.

'문제'가 있어 일반 학교에 가지 못하는 학생들을 대상으로 하는 '특수학교'에서 상담의 중요성은 더욱 두드러지게 증대되었다. 이러한 학생들을 훈육하기 위해서 각 학군에 위(Wee)센터가 설치되었고 Wee클래스가 실시되고 있다.[37] 현재 경기도의 25개 교육지원청이 각기 Wee센터 1개소를 운영 중이다. Wee센터는 대개 2인의 전문 상담 교사, 2~3인의 전문 상담사, 1인의 임상심리학자 그리고 1인의 사회

---

37 "Wee는 We(우리)+Education(교육), We+Emotion(감성)의 합성어입니다."(한국교육개발원 홈페이지, http://wee.go.kr)

복지사 등으로 구성되어 있다.[38] Wee센터에서는 전화 상담, 면대면 개인 상담, 인터넷 상담 등 다양한 유형의 상담을 제공한다. 각 도에 는 Wee스쿨이 한 곳씩(2013년 10월에 개교한 최초의 Wee스쿨을 포함) 있다. Wee스쿨은 정규 교과 과정 외에 대안 교육을 요구하는 "고위험" 학생 을 위한 기숙형 학교이다. 그중 '희망학교'는 미혼모와 미혼부가 키우 고 있거나 정상적인 학교생활에 적응하지 못하고 중퇴한 기타 학생들 을 대상으로 교육과 상담을 제공한다.

그렇다면 신훈육 패러다임은 어떠한 아비투스와 정체성을 지향 하며 형성하고 있을까? 심리 상담이 학생의 인권과 자율이라는 수사 와 결합되어 형성하는 사목과 치료의 힘은 구시대적 권위주의 훈육 패러다임과는 다른 아비투스와 정체성을 형성할 것을 기대할 수 있 다. 강압적으로 개인의 사적 영역을 침해하는 속성 때문에 구태 훈육 패러다임은 학생의 저항을 유발했고, 학생의 정체성 안에 강압적인 권력이 닿을 수 없는 또 다른 내면을 형성하게 하였다. 강압이 행사되 는 한 학생들은 폭력적인 권력을 신뢰하기보다는 두려워한다. 반대로 신훈육 패러다임과 상담을 통한 사목의 힘, 과학적인 성격 테스트 등 은 저항을 유발할 가능성이 적으며, 따라서 개인의 심리 상태를 세부 적으로 분류하는 과학적 기법으로 모니터링 되지 않는 내면이 형성될 여지도 줄어든다. 상담을 통한 온화한 사목 지도나 과학적인 분류와 분석은 대상에 대한 배려와 분석의 객관성이라는 속성 때문에 저항하 기가 더 어렵다.

그러나 위에서 논의된 두 상반된 패러다임의 차이는 '이상형(ideal type)' 사이의 차이로 볼 수 있다. 오늘날 한국의 현실은 더 복잡하며,

---

38   경기도교육청, 「생활인권교육 기본계획: 학생중심의 교육공동체문화 형성」.

논리적으로 구축된 이상형의 이분법적 설명과는 상충하는 측면도 있다. 이 지점에서 학생들의 학교생활이 구체적으로 어떠한지를 살펴볼 필요가 있기에 이 글에서는 단원고에서 관찰한 사항을 토대로 단편적으로나마 학생들의 생활 여건을 재구성해본다.

만약 한국 일반고등학교 학생들의 삶이 단원고의 10개 존치 교실에 게시된 2학년 학생들의 시간표에서 드러난 것과 크게 다르지 않다면 한국 학생의 생활은 적어도 아침 8시부터 밤 10시까지는 대학 입시 준비에 매몰되는 것으로 보인다. 이는 집과 학교를 오가는 이동 시간과 추가적인 사교육 시간을 뺀 것이고, 귀가하면 곧 잠자리에 들 것이다. 학업에 매진하여 신분 상승을 이룰 수 있다는 믿음을 가진 학생들은 자신의 생활과 시간을 효율적으로 관리하는 법을 배워야 한다. 이는 다시 말하면 도구적인 사고를 내재화해야 하며 자신의 행동을 체계적으로 조직해야 함을 뜻한다. 이러한 노력을 막스 베버는 '합리화'의 요소라고 주장했다. 개인이 이러한 합리주의를 채택하고 그것이 자신의 아비투스로 자리 잡으면 성과를 내는 데는 효과적이나 너무 구체적이고 좁은 목표에 치중하게 되어 자신의 행동이 갖는 의미의 깊이에 대한 성찰은 놓치게 된다. 이러한 학생들이 갖는 개인 정체성은 궁극적으로는 유효하지만 권위와 외부에서 설정한 목표에 순종한다는 점에서 자율적인 주체성과는 거리가 멀다. 한편, 공부를 통한 신분 상승의 이데올로기를 신봉하지 않는 학생들은 문제아나 부적응아라는 꼬리표가 붙고 학교나 지역 사회 봉사를 하거나 상담을 받도록 하는 등의 처분을 받게 된다. 그들 개인의 주체성에는 저항감이 자라나게 되고, 보살핌과 육성의 대상이 아니라 관리의 대상이 되고 있다고 느끼면서 스스로의 자율성을 지키기 위한 내면이 형성된다. 진정한 사랑과 인간적인 관계 형성을 추구하기 보다는 표준화된 심리

테스트를 이용해 대상을 진단하려는 시도가 앞설 때 이러한 상담의 과정으로부터 학생이 멀어지면서 소외감이 형성된다. 비록 상담사가 내담자와 나누는 상호작용의 유형은 다양할 수 있겠으나 학교, 교육부 그리고 그 산하기관의 관료주의적 환경만 보더라도 유기적이고 의미 있는 인간적 관계 형성을 촉진할 수 있는 여건은 아니다. 역설적으로, 이러한 한계와 부족이 신훈육 패러다임에 완전히 매몰되지 않는 개인 주체성이 발아할 가능성을 열어줄 수 있다.

훈육 과정이 구조적으로 '만들어내는' 학생의 정체성

이 글의 시작에서 제기되었던 질문으로 돌아가 학교 훈육과 유순한 습성(아비투스)이 세월호 재난에서 희생된 단원고등학교 학생들의 죽음에 어떤 역할을 했는지 생각해보면, 국가(체제)의 "가만히 있으라"는 요구를 따르지 않은 학생들이 다수 생존할 수 있었던 사실은 의미심장한 시사점을 갖는다. 위에서 논의되었듯이, 학칙과 학생생활규정으로 제도화된 고등학생들의 학교 훈육은 이들의 외모와 행동을 세심하게 통제하고 학생들이 '적합한' 순응적인 습성을 체화하도록 만들어졌다. 이런 제도적인 훈육 관행은 개인을 위계적인 사회 집단들의 성원으로 보고 자신에게 기대되는 외모와 행동의 기호를 배워야만 하는 존재로 여기는 사고를 드러낸다. 개인에 대한 훈육적 규제가 자신과 타인에게 분명히 해가 되지 않는 외모와 행동에 적용되는 한 이러한 사고방식은 권위적인 것일 수밖에 없다. 학교 훈육의 패러다임이 2011년 이후에 낡은 권위주의적 모델에서 새롭게 상담 중심의 모델로 전환되고 있다하더라도, 학생의 자율과 참여를 새롭게 강조하는 담론은 실질적인 변화보다는 수사학적 측면이 더 강하다. 이는 대학 입시가 일반고등학교 교육의 가장 중요하고 구체적인 목표라는 현실 때문이다. 이와 함께 강조되는 학생 인권이라는 개념 역시 학생들의 저항을 줄이면서 순응적인 습성을 만들어낼 수 있는 새로운 상담 모델과 공존하고 있다.

세월호 참사로 희생된 단원고등학교 학생들은 2011년 '초·중등교육법시행령' 개혁 이후 고등학교를 다닌 집단에 속한다. 그들은 전환되고 있는 훈육 패러다임에 노출되었을 법하지만, 그들이 경험했던 일상적인 학교생활은 대학 입시라는 긴박한 목표에 지배되었다. 이런 일상은 필자가 방문했던 남아 있었던 교실들, 입시와 관련된 정보와 물품들이 즐비했던 텅 빈 그 교실들이 잘 보여준다. 오래된 권위주의적 훈육 관행들이 아직도 남아 있고, 이런 잔행들이 없어지고 있다 하더라도 새로운 훈육 패러다임의 문명화 능력은 상담을 통해 순응적인 습성을 계속 만들어낼 수 있다. 이런 경향은 학생들이 대학 입시라는 좁은 목표를 내면화하고 외부적으로 주어진 이 목표를 효과적으로 달성할 수 있도록 자신들을 훈육하는 한 계속될 것이다. 학생이 되기 위해서 그리고 주어진 목표를 효과적으로 달성하기 위해서 선생님과 학교 행정가들의 권위를 따르도록 사회화된 학생들이 세월호에서 승무원들의 "가만히 있으라"는 지시를 따른 것은 비극적이지만 예측할 수 있는 행동이었다.

하지만, 순응적인 습성을 체화하도록 훈육된 학생들에 대한 논의는 세월호 재난 당시 그들이 단순히 수동적으로 이를 따르기만 했다는 뜻은 아니다. 그들에게 피해의 책임을 전가하는 것은 더욱 아니다. 처음으로 해양경찰과 부모들에게 문자 메시지를 보낸 사람들은 단원고 학생들이었다. 어떤 학생들은 침몰하는 거대한 배에서 탈출하려고 안간힘을 썼다. 다른 학생들을 구하려고 열심히 노력하기도 했다. 이 학생들이 살아남으려고 절박하게 몸부림치고 노력한 점을 간과하지 않으면서, 이 글은 그들이 경험했던 일상 속에서 학교 훈육의 커다란 제도적 맥락을 분석했고 그런 훈육 관행이 구조적으로 '만들어내는' 어린 학생들의 정체성에 대해 생각해본 것이다.

제8장

재난 경험의 민족국가적 구획과 사회적 연대의 가능성 : 베트남 결혼이민자 유가족의 경험을 중심으로

이현옥

　　세월호 사건은 압축적 경제 성장과 신자유주의적 구조 조정을 경험한 한국 사회가 안고 있는 구조적 문제들을 단적으로 드러내고 있는 동시에, 보다 구체적으로 재난상황에서의 시민권 문제, 즉 시민의 안전에 관한 국가의 책임과 공동체적 연대에 대한 사회의 역할 문제를 본격적으로 제기한다. 특히 세월호 사건 이후 수습 과정에서 세월호에 승선하고 있던 베트남 결혼이민자 '베트남 유가족'의 경험은 이러한 문제를 더욱 복잡하게 하는데, 이는 단순히 외국인으로서 의사소통의 어려움을 겪는 것 이상의 구조적 문제를 내포하고 있다. 결혼이주에 대한 많은 연구들이 이미 밝히고 있는 바와 같이 결혼이민은 아시아 지역의 불균등한 경제 발전의 맥락에서 저소득 가정의 국가 경계를 넘어서는 가계 경제 전략(글로벌 하우스홀딩, global householding)

으로 볼 수 있는데 이는 한국과 베트남 사회 모두가 개인의 생존을 개개인의 책임으로 전가해온 이른바 자유화의 맥락과도 관련이 있다. 개인의 경제적 생존이 점차 개인화되고 글로벌화 되어가고 있는 상황에서 세월호 사건과 같은 재난 사건과 그 수습 과정은 개인의 생존이 여전히 국가라는 단위와 불가분의 관계에 있다는 점을 상기시킨다. 이 장에서는 베트남 결혼이민자 유가족과의 심층 면접을 바탕으로 초국적 가족이 경험하는 구조적인 역설을 살펴보고 한국 사회의 사회적 연대의 조건에 대해서 문제를 제기하고자 한다.

국가를 하나의 공동체로 본다면, 이 공동체의 일원이 된다는 것은 무엇을 의미하는가? 공동체의 일원으로서 공동체의 기준에 부합하는 인간적인 삶을 살 조건을 누릴 수 있는 권리를 시민권이라고 한다면 이 권리를 갖는 사람들은 어떤 사람들이고, 이러한 권리를 갖지 못하는 사람들은 또 어떤 사람들인가? 인간다운 삶을 가능하게 하는 조건들은 무엇인가? 인간다운 삶의 조건을 구성하고 유지하는 원리가 사회적 연대라고 한다면, 그러한 조건들이 붕괴되는 상황에서 사회적 연대는 어떻게 작동하는가? 세월호에 승선했던 베트남 결혼이민자 유가족들의 경험을 중심으로 이 장에서는 다양한 층위에서 구획된 정치적·경제적 '소속' 혹은 '속함(belonging)'에 대해서 논의하고자 한다. 개인적 삶이 국가의 경계를 넘어서는 초국적 가족의 삶을 살고 있는 베트남 유가족은 한국인과 결혼으로 맺어진 가족 관계지만, 민족적으로나 법적으로 "한국인"은 아니다. 이들에게 있어 세월호 사건은 가족의 일원을 빼앗아간 사건이기도 하지만, 그들의 생계에 중요한 역할을 하는 경제적 기반을 앗아간 사건이기도 하다. 가족을 기초 단위로 경제·사회 제도가 구성되어 있는 구조에서 생계부양자와 피부양자가 갖는 권리에 대해서는 많은 논의가 있어왔다. 예컨대 국민연금에서의 유족연금에 대한 논의가 대표적인 사례이다. 그렇다면 베트남 유가족은 이러한 상황에서 피부양자로써의 권리를 인정받을 수 있는가? 2015년 여름 안산과 광화문에서 이루어진 심층 면접과 관찰을 기초로 하여, 세월호 피해자 가족을 둘러싼 담론을 살펴봄으로써 이 장에서는 지극히 개인화되어 있으면서도 초국적인 모습을 띠고 있는 개인의 경제적 생존이 국민국가의 소속에 기반을 둔 일련의 비경제적인 기본적인 생존에 관한 권리와 어떠한 긴장 관계를 형성하는지에 대해서 논의하고자 한다.

이 글에서는 다음의 세 가지를 다루고자 한다. 첫째, 세월호 사건에서 나타난 국가와 시민의 관계에 기초해서 재난과 시민권에 대한 논의를 살펴본다. 둘째, 세월호 사건으로 가족을 잃고 한국에 입국한 베트남 유가족의 경험을 기록한다. 셋째, 한국인 남성과 베트남 여성의 결혼으로 이루어진 초국적 가족의 형성과 경제적 생존 전략에 관해 살펴보고, 이러한 글로벌한 경제적 기반이 무너졌을 때 초국적 가족 관계에 있는 베트남 유가족들의 권리는 어디에 있는가에 대해 논한다. 마지막으로 보상의 정치에 대해서 논의함으로써 극도로 개인화된 사회에서의 사회적 연대에 대한 논의를 전개한다.

재난 상황에서의 국가와 시민

세월호 침몰에 대해서 많은 분석이 이루어지고 있다. 대부분의 경우 분석은 세월호가 가지고 있던 물리적인 문제점들과 그것을 가능하게 한 구조적인 부패에 초점을 맞추고 있다. 무리한 선박 개조, 과적, 평형수 부족 등의 편법이 가능했던 것은 느슨한 선박 안전 및 운항 점검 때문이었고, 이는 해운 업계와 안전점검 기관 사이의 유착 관계와 깊은 관련이 있다.[1] 세월호 침몰에 대한 원인 분석과는 별개로 침몰 과정에서 세월호 승객들을 왜 구하지 못했는가에 대한 질문 역시 중요하게 다뤄졌는데, 많은 연구들이 세월호 선장과 선원들의 부적절한 대처, 정부 컨트롤 타워의 부재와 해경의 비효율성 및 구조 방기 그리고 구조 작업이 민간 기업에 하청된 것과 같은 원인들이 세월호 침몰을 대형 인재로 키웠다고 지적한다.

세월호 사건은 이 사건과 관계된 수많은 개개인들의 결정과 행동의 결과로 만들어졌다. 그러나 이들 개개인의 행동은 별개의 것이 아니라 이러한 행동을 결정하는 일련의 구조적인 논리가 존재한다. 연구자의 분석의 초점에 따라 이러한 논리들이 무엇인지는 다르게 정의할 수 있다. 예컨대, 유종성와 박연민(5장)은 이를 박정희 정권의 국가조합주의에서 자라난 "규제포획(regulatory capture)"이라고 본다. 이윤경(2장)은 효율성을 강조하는 신자유주의적 거버넌스의 모순으로 보기도 한다. 다시 말해, 운영의 효율성을 지나치게 강조한 나머지 승객의 생명은 희생되었고, 작은 정부를 강조한 나머지 기본적인 시민의 안전에 대한 권리를 보장할 수 없게 되는 모순적 상황을 일컫는다. 어떠한 분석틀을 활용하건, 세월호 사건은 시민의 안전에 대한 국가의 책임이 환상에 불과함을 보여주며 동시에 시민의 안전에 대한 권리와 시민권의 의미에 대한 국가와 시민의 관계에 대해 근본적인 문제를 제기하였다. 실제로 많은 연구자들은 재난 상황과 이후 재난 복구 작업 과정이 공동체를 정의하는 혹은 공동체 내부에 존재하던 일련의

---

1   지주형, 「세월호 참사의 정치사회학: 신자유주의의 환상과 현실」, ≪경제와 사회≫, 104호(2014년 겨울).

경계들이 더욱 분명히 드러나는 동시에 새롭게 나타난 사회적 연대의 모습을 발견할 수 있는 장소임을 지적하고, 공동체에 관한 근본적인 질문들, 예컨대 공동체의 경계, 구성원의 조건, 사회적 연대의 원천에 대한 질문을 던졌다. 스미스(Smith)는 허리케인 카트리나 사태와 같은 재난 상황에서 생존할 수 있는 확률이 개인의 인종, 민족, 계급에 따라 달라질 수 있다는 점을 지적했고,[2] 커터(Cutter)는 허리케인 카트리나 사태의 사후 처리 과정에 대한 문제점을 논의할 때, 미국 정부의 부적절한 대처만이 아니라 사회구조적인 취약성에 대해서도 논의해야 한다고 지적했는데,[3] 개인의 사회인구학적 조건이 그 중요한 요소 중 하나이다. 요컨대, 이는 재난 경험은 사람의 사회경제적 위치에 따라 다르게 경험될 수 있으며, 그뿐만 아니라 그 경험을 극복하고 치유하는 과정이 다를 수 있다는 점을 시사한다. 신도(Shindo)는 2011년 일본 대지진 이후 시민권을 둘러싼 오래된 정치가 이루어짐과 동시에 새로운 정치가 발현되었다는 점을 지적한다.[4] "안전한 내부와 위험한 외부를 가르는 선에 둘러싸인 통일된 개체"를 상상의 공동체로 상정하는 것이 오래된 시민권 정치에 해당한다면, 재난 복구 과정에서 이민자의 참여로 새로운 형태의 포용적 공동체가 나타난 것은 새로운

---

2   N. Smith, "There's No Such Thing as a Natural Disaster," *Understanding Katrina: Perspectives from the social sciences*(New York, N.Y: Social Science Research Council, 2006).

3   S. Cutter, "'The Geography of Social Vulnerability: Race, Class, and Catastrophe," *Understanding Katrina: Perspectives from the social sciences*(New York, N.Y: Social Science Research Council, 2006).

4   R. Shindo, "Enacting citizenship in a post-disaster situation: the response to the 2011 Great East Japan Earthquake," *Citizenship Studies*, Vol. 19, No. 1(2014), pp.16~34.

시민권 정치에 해당한다. 이민자의 존재는 국민국가 틀에서 이뤄져온 배타적인 시민권 정치에 충격을 가했으며 동시에 새로운 포용적 정치 출현의 가능성을 보여주기도 했다.

공동체를 하나의 집단으로 존재하도록 하는 메커니즘이 사회적 연대라면 근대화와 더불어 개인화가 가속화되는 상황에서 사회적 연대는 어떻게 이해해야 하는가? 엘리엇과 터너(Elliott and Turner)는 대문자 연대(upper-case Solidarity)와 소문자 연대(lower-case solidarity)를 구별함으로써 그 단초를 제공한다.[5] 대문자 연대가 국가의 경계와 케인즈주의적 복지국가 안에서 사회적 동질성을 실현시키기 위한 시민권과 같은 제도적 메커니즘과 연관되어 있다면, 소문자 연대는 다양한 층위에서 공유된 도덕적 가치와 관련되어 있다. 대문자 연대는 케인즈주의적 복지국가가 쇠퇴하고 지구화가 진행되면서 국가 경제에 대한 참여가 공동체 구성원의 사회적·정치적 권리, 예컨대 시민권으로 연결되는 고리가 약화되면서 지난 수십 년간 도전을 받아왔다. 재난 상황은 이러한 대문자 연대와 소문자 연대가 작동하는 방식을 직접적으로 드러낼 뿐만 아니라 사회적 연대를 가로막는 다양한 분열의 지점들을 드러내는 동시에 새로운 연대의 가능성을 보여주기도 한다.

팽목항의 이방인

2017년 3월 현재, 세월호의 침몰로 295명이 목숨을 잃었고, 9명

---

5   앤서니 앨리엇·브라이언 터너, 『사회론: 구조, 연대, 창조』, 김정환 옮김(이학사, 2005), 45쪽.

이 여전히 실종 상태에 있다는 설명은 이 사건으로 일어난 수많은 복잡한 문제를 담아내기에는 부족하다. 이 사고로 세월호 승객들의 가족은 유가족과 생존자들의 가족 그리고 실종자(미수습자) 가족으로 나뉘었다. 한국 남성과 결혼한 베트남 여성인 판 T 씨(당시 29세)의 가족은 세월호에 타고 있었는데, 판 T씨는 2014년 4월 24일 사망한 채로 발견되었고, 판 T 씨의 남편(당시 52세)과 아들(당시 6세)은 실종, 그리고 딸(당시 5세)은 생존한 것으로 알려져 있다.[6] 따라서 이들 가족은 사망자, 실종자, 생존자를 모두 포함할 뿐만 아니라, 가족들 역시 한국인 가족과 베트남인 가족으로 나뉘어 있어 더욱 복잡한 상황이다. 판 T 씨의 아버지 판 V 씨(당시 63세)와 동생 판 H 씨(당시 26세)는 사건 당시 베트남에 있었고 한국 영사관으로부터 사건에 대한 소식을 듣고 한국으로 왔다. 2014년 4월 이들이 한국에 도착하자마자 사고가 일어난 경위와 판 T 씨 죽음의 원인을 알아보려고 했지만, 그 과정 자체가 쉽지 않음을 곧 깨달았다.

　　판 T 씨의 주검이 수습될 때까지는 통역을 도와주는 사람이 있었지만,[7] 그 뒤로는 대부분 판 V 씨와 판 H 씨가 스스로 상황을 파악해야 했다. 가끔씩 베트남 출신 결혼이민자나 베트남 유학생들이 중요한 회의나 인터뷰 때 통역을 자원해서 도움을 받았지만, 시시각각으로 변하는 상황을 이해하기에는 역부족이었다.

6　이미 언론에서 이들 가족의 실명이 공개되었지만, 이 글의 원칙에 따라 이니셜을 사용하였다. 베트남 결혼이민자라는 점에 주목한 이 글의 성격상 한국어 이름 대신 베트남어 이름을 이니셜로 썼다.

7　인터뷰에 따르면 통역은 정부가 제공해줬다고 했는데, 구체적으로 어느 기관인지 밝히지는 않았다.

의사소통이 너무 힘들어요. 아무도 무슨 일이 있는지 우리에게 안 알려줘요. 그래서 한국말 배웠어요.

판 H 씨는 한국어로 대답했다. 그는 한국에 와서 가장 힘들었던 점으로 의사소통 문제를 꼽았는데 세월호 피해자 가족들에게 전달되는 최근 동향에 대한 정보를 공유하거나 피해자 가족들이 어떤 결정을 할 때 이들은 배제되고는 했다. 예컨대, 2014년 11월에 피해자 가족들이 실종자 수색을 중단하는 데 동의했을 때, 베트남에서 온 이들에게 의견을 묻는 이는 없었다. 베트남에 있는 다른 가족이 뉴스를 보고 그들에게 전하고서야 소식을 알게 되었다. "우리도 유가족이에요. 왜 아무도 우리에게 의견을 묻지 않죠?" 판 H 씨가 물었다. 이들과 다른 피해자 가족들 간의 언어 장벽이 문제였다고 일단 답할 수 있겠지만, 여기에는 이보다 더 복잡한 구조적 문제가 존재한다. 이들은 혈연관계로 맺어진 유가족이지만, 한국에서 법적으로 외국인이다. 판 H 씨의 시숙이 다른 피해자 가족과의 회의에 주로 대표로 참석했고 정보도 공유해왔는데 판 씨 가족과 정보 공유를 제대로 하지 않았다는 점을 인정했다.[8] 가족 대표로써 판 T 씨의 시숙이 정보를 공유하고 판 씨 가족의 의견을 의사 결정 구조에 반영했다면, 판 씨 가족은 조금은 덜 주변화되었을까? 언어 장벽으로 인해 그럴 수 없었건, 그렇게 할 필요를 느끼지 못했건, '가족' 관계 안에서도 베트남인 가족은 정보를 공유할 수도 목소리를 낼 수도 없게 되었다. 이는 판 씨 가족이 법적으로 외국인이라는 사실 외에도, 가족 관계 안에서 문화적으로 이방

---

8   허재현, "베트남인 세월호 유가족 판반짜이는 말한다", ≪한겨레≫, 2014.12.27.

인에 불과할 가능성이 크다는 점을 시사한다. 이와 더불어 가부장적 가족 제도 안에서 결혼한 여성의 친정 식구라는 이들의 위치는 상대적으로 열위에 있을 수밖에 없다. 피해자 가족 모두가 가족을 잃은 슬픔을 경험했지만, 언어와 국적, 가족 관계 안에서의 위치에 따라 이후의 상황을 경험하는 방식은 다르게 나타난다. 세월호 사건 이후 베트남 가족들의 경험은 이러한 차이에서 비롯된 사회적 위계를 그대로 드러냈고, 베트남 가족들은 정보 공유와 의사 결정 과정에 참여하기 위해 훨씬 더 큰 어려움을 겪어야 했다.

베트남 가족들이 겪은 의사소통의 문제가 언어 장벽과 제도적 위치에 따른 정보 접근성의 문제라면, 팽목항에서 가장 큰 문제가 되었던 정부와 피해자 가족 간의 의사소통 문제는 정보의 내용을 둘러싼 것이었다. 정부가 사건 경위나 구조 과정에 대한 정확한 정보를 제공하지도 않았고, 제공한 정보마저도 정확하지 않았기 때문에 피해자 가족들은 상황을 이해하는 데 많은 어려움을 겪었다. 팽목항에 있던 가족들 중 그 누구도 상황을 정확하게 이해하고 있는 사람은 없었다. 이러한 측면에서 베트남 가족이 경험한 의사소통 문제는 정보 접근성의 문제뿐만 아니라, 정보 자체의 불투명함으로 인한 문제이기도 했다. 정보 자체의 불투명함에 대한 문제는 재난 사건이 일어났을 때 사건의 진상을 파악하고 해결하는 과정에 대한 국가와 시민의 관계에 대한 문제로 확장해서 생각할 수 있다. 판 씨 가족이 경험한 의사소통의 문제는 근본적으로 불투명한 국가와 시민의 관계가 다른 국적, 민족, 언어의 차이에서 기인한 정보 접근성 문제와 결합되면서 더욱 확장되었다고 볼 수 있다.

초국적 가족과 글로벌 하우스홀딩

베트남 사람인 판 T 씨는 애초에 왜 한국에 왔는가? 이 간단한 질문에 답하기 위해서는 아시아 지역의 경제 구조 변화와 그 안에서 베트남의 위치에 대해 살펴볼 필요가 있다. 판 T 씨는 베트남과 한국인의 국제결혼이 많이 일어나고 있던 2006년, 한국 남성인 권 씨와 결혼해서 한국에 왔다. 한국 남성과 외국인 여성의 결혼은 1960년대부터 이루어진 급속한 산업화와 도시화 과정의 결과로 볼 수 있는데, 1980년부터 농촌 지역공동체 붕괴에 대한 우려가 사회적인 문제가 되었고, 특히 '농촌 총각' 문제는 이러한 농촌 지역공동체 붕괴를 상징하는 사건으로 여겨졌다. 1980년대 후반부터 조선족 여성과 한국 남성과의 결혼이 이루어지기 시작했고, 이후 결혼 중개업이 성행하면서 여성들의 국적은 한국계 중국인뿐만 아니라 중국계 중국인, 베트남인, 필리핀인 등으로 확대되었다. 2000년대로 들어서면 국제결혼은 다만 농촌에만 국한된 현상이 아니라 도시 지역에서도 광범위하게 나타나는데 58.6%의 국제결혼 가정이 서울 및 수도권 지역에 거주하고 있다. 국제결혼을 한 한국 남성들의 사회인구학적 특성을 살펴보면 남성들의 71.6%가 40세 이상이고, 77.7%가 고교 졸업 이하의 학력이며 73.5%가 월 소득 250만 원 이하인 것으로 나타난다.[9] 이러한 국제결혼 현상은 한국의 급속한 산업화와 함께 진행된 급속한 인구구조의 변화와 가족 관계의 변화의 맥락에서, 가족 내 기혼 여성이 담당하던 재생산 및 돌봄 노동을 누가 어떻게 담당할 것인가의 문제와 연결되어 있다.[10] 다시 말해 저소득 가정의 남성에게 국제결혼은 재생산 노

---

9   전기태 외, 「전국 다문화 가족 실태조사」 (여성가족부 연구보고, 2013).

동을 확보하고 생활의 기반을 유지하기 위한 나름의 생존 전략이었다는 것을 생각할 필요가 있다.

많은 연구들이 베트남 결혼이민의 원인으로 경제적인 이유를 지적하고 있는데, 그중에서도 베트남에 남아 있는 가족에 대한 지원은 결혼이민의 중요한 요소 중 하나이다.[11] 이러한 측면에서 국제결혼은 개인의 경제적 의사 결정이기보다는 가족의 경제적 생존 전략으로 볼 수 있다. 베트남의 정치경제적 구조변화 역시 중요하게 다룰 필요가 있는데, 한편으로는 급속한 산업화가 진행되었고, 동시에 국가의 복지가 축소되면서 생존에 대한 개인의 책임이 강조되었다는 점을 주목할 필요가 있다. 젤린스키(Zelinsky)에 따르면 경제 발전 초기 단계에는 삶의 질을 향상시키고자 하는 노력으로 국내 이주와 국외 이주가 모두 증가한다.[12] 1980년대 후반부터 급속한 산업화를 경험하고 있는 베트남에서도 국내·국제 이주가 모두 눈에 띄게 증가하였는데, 국제결혼을 통한 이주도 이러한 맥락에서 살펴볼 수 있다. 베트남은 중국에 이어 국제결혼에서 두 번째 규모의 '송출국가'로 부상했다. 연구 결과에 따르면, 인터뷰를 통해 국제결혼을 통해 한국으로 이주한 베트남 여성들의 상당수가 공장에서 임금노동자로 일한 경험이 있으며,

---

10 H. Lee, "Political economy of cross-border marriage: Economic development and social reproduction in Korea," *Feminist Economics*, Vol.18, No. 2(2012), pp. 177~200.

11 H. Lee, "Global Householding for Social Reproduction: Vietnamese Marriage Migration to South Korea," in J. Elias and S. Gunawardana(eds.), *The Political Economy of Household in Asia*(UK, London: Palgrave MacMillan, 2013). pp. 94~109.

12 국내 이주의 직접적인 원인은 도시 지역 일자리 증가로 볼 수 있으나, 국제 이주에 대한 정치경제적 조건에 대한 구체적인 합의는 부족한 상황이다.

공장 노동자로 일하는 동안 국제결혼에 대한 정보를 쉽게 접할 수 있었다는 점을 밝히면서 양국 간의 경제 격차가 이주의 중요한 요인이지만, '경제적인 것'의 의미는 단순히 더 많은 임금을 받는 것 외에도 경제 구조적인 변화를 포함한다고 지적했다.[13] 다시 말해, 공장 노동자로 근대화를 경험한 베트남 여성들이 자기 자신뿐만 아니라 가족의 삶의 기회를 확대하기 위한 전략으로 국제결혼을 택했다고 볼 수 있다. 요컨대 국제결혼은 한국과 베트남의 사회경제적 조건 속에서 일부 사람들의 요구가 맞아떨어지면서 나타난 현상으로 볼 수 있으며, 판 T 씨와 권 씨의 결혼도 이러한 맥락에서 이해할 수 있다. 다시 말해서 복지에 대한 국가의 역할이 점점 사라지는, 혹은 복지에 중요한 역할을 하고 있던 노동 시장 상황과 가족 관계가 변화하는 상황에서 한국과 베트남 저소득 가정이 취한 재생산 전략으로 이해할 수 있는 것이다.

지구화된 현재의 맥락에서 보면 국제결혼이 한국에서만 특정적으로 일어나는 현상은 아니다. 사프리와 그레이엄(Safri and Graham)은 글로벌 정치경제에서 하우스홀딩이 갖는 중요성을 강조하면서 "글로벌 하우스홀드(global household)는 국경을 넘나들면서 퍼져 있는 가족 네트워크로 형성된 경제적 정서적 상호의존성으로 결합된 의사 결정 구조"라고 정의한다.[14] 더글러스(Douglass)는 글로벌 하우스홀딩(global

---

13 H. Lee, et al., "Adapting to Marriage Markets: International Marriage Migration from Vietnam to South Korea," *Journal of Comparative Family Studies*, Vol. 47 Issue. 2(2016), pp. 267~288.

14 M. Safri and J. Graham, "The global household: toward a feminist postcapitalist international political economy," *Signs*, Vol. 36, No. 1(2010), pp. 99~126.

householding)을 "가족을 넘어서는 인간의 생애주기를 관통하여 나타나는 끊임없는 사회적 재생산 과정"으로 정의한다.[15] 어떤 면에서 글로벌 하우스홀딩은 상대적으로 부족한 자원을 가진 사람들이 개인의 생존을 위해 현재의 경제적 상황을 헤쳐 나가는 방식으로 볼 수 있다. 한국 사회에서 다문화 가족이란 글로벌 정치경제 환경에 대처하는 한국과 베트남의 두 개의 하우스홀딩 전략이 결합된 것으로 볼 수 있다. 그러나 이러한 결합은 동등한 조건에서 이루어진다기보다는 글로벌한 차원에서의 경제적 위계 혹은 지역적 위계에 기반하고 있다.

판 T 씨 가족과의 인터뷰는 이들이 어떻게 초국적 가족을 형성하고 글로벌 하우스홀딩을 해왔는지 보여준다. 판 V 씨는 베트남 남부에서 어부로 일했고, 그의 가족은 한 번도 부유하게 산 적이 없었다. 판 T 씨는 판 씨의 다섯 자녀들 중 가장 똑똑한 아이였는데, 가족을 위해서 호치민 시로 가서 의류 공장에 취직했다. 공장에서 일하는 동안 T 씨는 국제결혼에 대해서 알게 되었다. 당시 성행했던 상업적 결혼 중개업자가 조직하는 "맞선"에서 남편을 만나게 되었고,[16] 2006년 23세의 나이로 한국으로 건너왔다. 그 후 십년 가까이 T씨와 남편은 베트남의 가족들을 경제적으로 돌봐왔고, 베트남에 남아 있는 가족들의 삶의 질은 나아졌다. 2011년 아버지인 판 V 씨가 처음으로 한국을

---

15   M. Douglass, "Special issue: Global householding in East and Southeast Asia," International development planning review, Vol. 28, No. 4(2006).

16   상업적인 결혼 중개업체에 의해 이루어지는 만남을 말한다. 이를 둘러싼 인신매매 논쟁에 대해서는 다음을 참조. H. Lee, "Trafficking in Women? Or Multicultural Family?: Contextual Difference in Commodification of Intimacy," Gender, Place and Culture, Vol. 21, No. 10(2014), pp. 1249~1265.

방문했을 때, 자신이 이제껏 딸과 사위의 "땀의 대가"를 받아왔다는 것을 깨달았다. 딸과 사위의 상황이 생각보다 좋지 않았다. 당시 사위는 건설 현장에서 일했고, 딸은 집에서 두 아이를 돌보고 있었다. 판 씨는 딸에게 남편 혼자 벌어서는 힘드니 같이 일할 방법을 찾아보라고 제안했고, 이후 딸과 사위는 함께 청소 일을 했다.

판 씨의 가족은 국경을 넘어 흩어져 있지만, 경제적으로나 감정적으로는 여전히 밀접한 관계를 유지했다. 정기적으로 전화를 하고, 가족들이 한국과 베트남을 방문하는 방식으로 정서적 유대를 지속해 나갔다. 송금은 이 관계를 유지시키는 중요한 요소 중 하나다. 가계 소득이 높지 않은 상황에서 한국의 자기 가족과 본국의 가족을 모두 살피기에는 역부족이기 때문에 결혼이민자는 노동 시장에 참여하게 되는데, 판 T 씨의 경우도 예외는 아니었다. 글로벌 하우스홀드를 형성해서 다양한 제도와 문화적 차이들을 넘나들고 있지만, 각각의 정부가 제공하는 공공서비스에 완전히 기댈 수는 없는 형편이다. 생존이 점점 더 개인화되어가고 있는 지구화된 세계에서 판 T 씨의 국제결혼과 이민, 그리고 이들 부부가 꾸려가던 글로벌 하우스홀드는 각자가 세상을 살아내는 방식으로 볼 수 있으나, 판 T 씨가 갑작스럽게 사망하고 남편마저 실종됨으로써 그 방식을 더 이상 지속할 수 없게 되었다. 세월호 사고 소식을 듣고 베트남에서 한국에 도착한 판 V 씨와 판 H 씨는 두 국가 사이의 제도적 틈새에 떨어지게 됐다. 즉, 한국 정부에 있어서 이들은 국적을 취득한 자의 가족이기는 하지만 법적인 신분으로는 외국인이고, 베트남 정부에 있어서 국적을 포기한 판 T 씨의 사망 관련 문제는 논의해야 할 대상이 아닌 것이다.

글로벌 하우스홀드의 붕괴와 정치적 소속의 문제

내 딸이 한국 사람과 결혼해서 한국 국적을 가진 한국 사람이
되었습니다. 하지만 난 그 애의 아버지 입니다. 그 아이에게 무슨
일이 일어났는지 알 권리가 있어요.

판 V 씨의 발언은 판 씨 가족이 이 상황에서 갖는 위상이 얼마나
복잡한 것인지 압축적으로 드러낸다. 그들은 귀화한 한국인의 가족이
자 외국인이다. 판 T 씨의 주검이 바다에서 수습된 후, 판 씨 가족은
사위와 손자의 소식을 기다렸다. 세월호에 타고 있던 가족 중 유일한
생존자는 손녀였다. 손녀는 고모가 한시적으로 맡아서 보살피고 있
다. 보상의 측면에서 보면 이 가족의 상황은 다른 피해자 가족에 비해
독특한데, 한 가족 안에 사망자, 생존자, 실종자가 모두 있기 때문이
다. 보상의 내용은 사망자, 생존자, 실종자에 따라 다르겠지만, 사망
자에 대한 보상금은 법적으로 가족 중 유일한 생존자인 5살 손녀딸에
게 상속된다. 베트남의 판 씨 가족이 글로벌 하우스홀드를 유지해왔
는지, 이들이 한국의 판 T 씨에게 경제적으로 의존하고 있었는지는
가족의 죽음에 대한 보상 논의에서 전혀 고려의 대상이 아니다. 이 문
제에 대해 법률 전문가에게 자문을 구했을 때, 법률 전문가는 누가 손
녀를 보살피고 있는지 먼저 물었다. 그리고 이러한 경우, 국적과 관계
없이 직계존속으로 판 V 씨는 권리를 가질 수 있지만, 법정에서 이들
이 경제적 기반이 취약한 외국인이라는 사실이 어떻게 작용할지에 대
해서는 미지수라고 답했다. 누가 얼마만큼의 보상을 받아야 하는가를
결정하는 것은 중요한 문제지만, 보상 문제에 여론의 관심이 집중되
면서 세월호 문제를 단순히 금전적 보상의 문제로 치환시키는 결과를

낳았는데, 이러한 금전적 보상 문제가 제기되면서 피해자 가족에 대한 여론의 태도가 비판적으로 변화했다는 점은 주목할 만하다.

보상의 정치와 생존의 개인화

사람들은 우리가 왜 한국에 이렇게 오래 머물고 있는지 물어요. 어떤 사람들은 우리가 너무 욕심이 많다고 해요. 어떤 사람들은 보상금으로 뭘 할 거냐고 묻기도 해요.

한국에 체류하는 동안 판 씨 가족은 보상금 때문에 한국에 남아 있거나 한국에 영구적으로 정착하려 한다는 의심을 받았다. 그들이 한국에 머무는 동기는 여론의 심판대에 올랐다. 그중 어떤 것은 외국인이 아니었다면 당하지 않을 경험이었다. 오랫동안 이러한 오해를 받아와서인지, 판 씨 가족은 한국에 왜 머무르고 있는지, 결국 어떤 결과를 보고 싶은지에 대한 질문에 민감하게 반응하였다. 판 씨 가족은 실종된 사위와 손자의 시신을 수습하여 함께 장례식을 치르고 손녀딸이 좋은 환경에서 자라는 것을 확인하는 것이 소원이라고 답하였다. 광화문에 있는 다른 피해자 가족과 마찬가지로 이들도 어떤 식으로든 마침표를 찍지 않고서는 그저 집으로 돌아가 아무 일도 없었던 것처럼 생활할 수는 없는 것이다.

재난 사후 처리 과정에서 보상[17] 과정은 중요하다. 또한 매우 복

---

17 이 글에서 보상(compensation)은 법률적 의미가 아닌 일반적 의미로 사용했다. 세월호 사건의 경우 국가 행위의 위법성에 대한 쟁점이 있기 때문에 보상과

잡한 문제를 제기한다. "상해를 수습하는 목적으로 금전적인 보상을 사용하는 것이 적절한가? 어떠한 기준으로 보상이 지급되어야 하는가? 상해의 성격은 무엇인지 어떻게 평가할 것인가? 보상 금액은 어떻게 산정되는가?"[18] 이러한 질문과 함께, 보상 과정에는 여러 가지 도덕적 긴장이 존재한다. 이러한 도덕적 긴장은 주의 깊게 살펴볼 필요가 있는데 이는 보상이 안전에 대한 시민의 권리에 대한 논의에서 중요한 비중을 차지하기 때문이다. 바르도와 도디에(Bardot and Dodier)는 프랑스에서 의인성 성장 호르몬(iatrogenic human growth hormone)으로 인해 크로이츠펠트-야콥병(Creutzfeldt-Jakob Disease)[19]에 걸려 사망한 아이들의 유가족 배상 과정에서 드러난 피해자들의 반응을 연구하였는데, 이 과정에서 드러난 도덕적 긴장을 크게 세 부분(정의에 대한 기대, 적절한 보상에 대한 기대, 제삼자의 태도에 의해 촉발된 긴장)으로 나눈다. 이들은 각각의 측면을 다음과 같이 설명한다. 첫째, 피해자들은 정부가 배상을 이야기하는 데 대해 전반적으로 의심을 품고 있다. 일부 가족들은 "배상은 그들을 침묵시키려는 전략의 일부"라고 보며, "사건의 경위와 진실을 밝히려는 유가족들의 주의를 다른 곳으로 돌리고, 정부의 정의 구현 책임을 회피"하려는 태도로 보고 있다. 둘째, 손해에 대한 배상을 어떻게 수치화할 것인가에 대한 문제다. 아이들의 죽음과 관련된 배상이기 때문에 유가족들은 이를 받는 것 자체가 어려운

(국가) 배상이 구분되어 사용되고 있다.

18 J. Barbot. and N. Dodier, "'Victims' Normative Repertoire of Financial Compensation: The Tainted hGH Case," *Human Studies: A Journal for Philosophy and the Social Sciences*, Vol. 38(2015), p. 81.

19 2012년 기준으로 성장호르몬 치료를 받은 120명의 아동들이 크로이츠펠트-야콥병으로 사망하였다.

일이었다. 이는 첫 번째와는 다른 도덕적 긴장으로 "자식의 목숨 값을 받지 않겠다"는 태도로 나타나거나 첫 번째와 결합하여 "정부에게 자신들을 팔지 않겠다"는 형태로 나타나곤 한다. 셋째, 이 사건이 언론에 크게 보도되면서 나타난 제삼자의 태도에 의해 생긴 긴장이다. 이 사건이 언론의 주목을 받으면서 피해가족에 대한 대중의 입장들이 다양하게 나타나게 되었다.

세월호 피해자의 배·보상 문제에서도 역시 앞서 논의한 도덕적 긴장들이 유사한 형태로 나타난다.[20] 첫째, 피해자 가족들과 시민들이 사건의 진상 조사를 요구하는 중 정부에 의해 배·보상 계획이 발표되었다. 만약 피해자 가족들이 배·보상을 받는 데 동의하게 되면 국가와 피해자 가족 사이에는 사건의 처리에 대한 모종의 합의가 이루어지게 되는 것으로 볼 수 있으며, 이렇게 될 경우 진상 조사에 대한 요구를 계속해서 진행하기가 어려워진다. 피해자 가족은 배·보상을 받은 사람들과 거절한 사람들로 나뉘었고, 여기에는 앞서 언급한 정의에 대한 기대로써의 도덕적 긴장이 존재한다. 배·보상 신청 마지막 날인 2015년 9월 30일 68%의 피해자 가족이 배·보상 신청을 하였다. 배·보상 신청을 포기한 이들은 정부와 청해진해운을 상대로 소송을 제기하고 진상 규명을 요구하고 있다.[21]

---

20 정부의 배·보상 방안에 '국가 책임'에 해당하는 금액이 전혀 배정되지 않아 논란이 발생했다(박수진, "[카드뉴스] 세월호 배상금에 국가의 돈은 없다, ≪한겨레21≫, 2015.4.7). 4.16 가족협의회는 2015년 9월 23일 "참사가 발생한 지 526일이 지났지만, 어느 하나 밝혀진 것이 없다"라며 "소송을 통해 세월호 침몰과 구조 실패 등 참사의 원인과 책임은 물론, 참사 후 피해자들에게 가해진 부당한 처사에 대해 정부와 기업의 책임을 판결문에 구체적으로 명시하려 한다"라고 밝히고 국가'배상'청구소송을 제기해 현재 진행 중이다.

21 정은주, "아빠는 멈추지 않는다", ≪한겨레21≫, 2015.10.12.

둘째, 배·보상금이 산정되는 방식과 누가 배·보상을 할 것인가의 문제를 둘러싼 긴장이 있다. 해양수산부에 따르면 세월호 피해자는 8억 2000만 원 이상의 배·보상금을 받게 되는데, 이것은 정부 배·보상금 4억 2000만 원(위자료 1억 원, 일실수익 3억 원, 지연손해금 2000만 원), 국민성금 3억 원, 그리고 여행자보험 1억 원을 합친 금액이다. 정부 배·보상금은 피해자가 사건으로 죽지 않고 살아 있다면 남은 생애 동안 벌었을 임금을 계산한 것인데, 이때 기준이 된 것은 일용직 노동자의 임금이다. 유가족들이 가족의 죽음에 대해 금전적 가치를 논하는 것을 불편해했지만, 산정 기준과 배·보상금액 수준에 대해서도 긴장이 존재했다. 특히 산정 기준에 대해서는 배·보상 금액이 낮게 산정된 점과 더불어 아이들이 품었던 장래에 대한 가능성이 일용직 노동자의 최저임금으로 계산되어 논의되는 데 대해 일부 유가족은 크게 분노했다. 이러한 긴장은 바르도와 도디에의 논의에서 언급한 제삼자의 사건에 대한 태도와 관련된 긴장과도 밀접한 관련이 있다.

배·보상 문제가 여론의 집중적인 관심을 받으면서 세월호 사건의 유가족에 대한 배·보상이 세금 낭비라는 불만이 늘어났고, 정부가 배·보상 문제를 제기한 이후 유가족에 대한 대중의 태도는 눈에 띄게 애도와 연민에서 특혜에 대한 불만으로 바뀌었다.[22] 배·보상 문제가 유가족에 대한 특혜로 여겨지면서, 정부에 대한 피해자 가족의 요구 사항들이 정부, 나아가 납세자들에게 재정적 부담을 준다는 대중적 우려가 점점 확산되었다.[23] 이러한 제삼자의 우려는 앞서 언급한 두 가지의 도덕적 긴장과도 연결된다. 금전적인 문제가 제기되자, 유가

---

22   천관율, "그들을 세금도둑으로 만드는 완벽한 방법", ≪시사IN≫, 2015.4.23.
23   정부는 배·보상금을 선지급하고 2015년 11월 청해진해운에 구상권을 청구했다.

족들의 의도에 대한 의문이 제기되었고, 그들의 슬픔조차도 의심의 대상이 되었다. 유가족들은 가족의 목숨과 바꿔 쉬운 돈을 벌었다고 비난하는 여론도 생겨났다. 여론의 방향은 바뀌었고 유가족이 비난의 대상이 되었다. 배·보상 과정 자체가 갖는 도덕적 긴장과 더불어 일베나 어버이연합과 같은 제삼자의 집단행동은 여론을 특정한 방향으로 몰아가는 데 직접적인 역할을 했다. 유가족들은 일부 제삼자에 의해 자기 이익을 극대화하려는 이기적인 주체로 그려졌고, 이러한 적대적인 담론이 사건 관련 담론을 장악하면서 안전에 대한 시민의 권리나 국가의 책임에 대한 논의는 상대적으로 주목을 받지 못했다.

이와 연결해 세월호 사건 이후 배·보상의 정치는 세 가지 측면에서 살펴볼 수 있다. 첫째, 배·보상을 받은 가족들과 거절한 가족이 나뉘었고, 이는 진상 규명에 대한 태도와 연결되면서 유가족 간에 정의에 대한 기대를 둘러싼 도덕적 긴장을 형성하였다. 둘째, 배·보상금의 산정에 대한 문제는 문제 제기 자체가 어려운 측면이 있는데 가족의 목숨을 금전적 가치로 환원하여 논의하는 것 자체를 터부시하는 상황에서는 이는 도덕적 우위를 갖기 어려운 행위이기 때문이다. 이는 배·보상을 둘러싼 제삼자의 태도에서 분명히 나타난다. 배·보상금 문제가 제기되면서 세월호 사건을 둘러싼 담론은 배·보상금을 받으려는 이기적인 유가족과 재정적인 부담을 진 한국 정부의 프레임으로 이동하는데 이 과정에서 유가족들은 가족의 목숨 값을 요구하는 파렴치한인 동시에 국민의 세금으로 특혜를 요구하는 집단 이기주의자로 간주된다. 세월호 사건의 유가족에 대해 전개된 형평성 논리는 앞에서 논의한 도덕적 긴장을 기반으로, 형평성의 언어를 금전적 논의로 치환시킴으로써, 한국 사회의 사회 정의와 사회적 연대에 대한 정치적 상상력을 제한하는 결과를 낳았다.

재난 상황에서 초국적 가족의 권리

　세월호 사건은 안전에 관한 시민의 권리에 대해 질문을 던졌지만, 동시에 배·보상금을 둘러싼 정치는 공동체를 지탱하는 것이 무엇인가에 대한 근본적인 질문을 던진다. 배·보상금을 둘러싼 긴장과 갈등이 존재하지만 피해자 가족들이 배·보상을 요구할 수 있다는 사실 자체는 모종의 사회적 연대에 대한 합의가 구체화되어 작동하고 있는 것으로 볼 수 있다. 일반적인 상황에서는 이러한 생각들은 상식으로 받아들여지기 때문에 잘 드러나지 않는다. 한국에 온 판 씨 가족의 경우처럼 권리를 요구하는 것 자체에 대한 논의가 필요한 상황이 됐을 때, 이 합의의 경계가 어디인가를 사회는 다시 질문하게 된다.

　한국과 베트남의 각 사회 계층의 아래쪽에 놓인 개인들은 사회경제적 생존 전략으로 초국적 가정을 이루고 글로벌 하우스홀드를 꾸려가고 있지만, 재난 상황이 닥쳤을 때 이들은 두 국가의 제도 사이의 틈에 남게 된다. 다시 말해 개개인들은 경제적 생존을 위해 국경을 넘어서는 일상에서의 지구화를 수행하고 경험하고 있지만 개인의 일상의 균형이 무너졌을 때 필요한 공공서비스는 여전히 국가 단위에서 이루어지고 있으며 그러므로 제도적으로 이들이 어떻게 권리를 주장할 수 있을지에 대한 논의를 새롭게 진행해야 하는 상황에 직면한다. 판 씨 가족의 경험은 경제적으로 주변화된 위치에 있는 사람들이 정치적으로도 주변화되는 지구화의 불평등한 면모를 분명히 드러낸다. 여기서 정치적인 것의 의미는 국가가 제도적으로 보장하는 기본적인 사회적 안전망을 향유할 권리를 의미하며 이러한 측면에서 이들이 처한 상황은 역설적이라고 볼 수 있다.

　마지막으로 판 씨 가족의 경험은 사회적 연대의 새로운 가능성을 드러낸다고 볼 수 있다. 세월호 유가족에 대한 도덕적 긴장과 적대적 반응이 분명히 존재함에도 불구하고 800여 개 이상의 시민단체들이 세월호 진상 규명을 요구하는 민중연대에 참여하였으며, 수많은 그룹들이 인권과 안전에 대한 토론을 풀뿌리 수준에서 진행하였다. 판 씨 가족은 여러 가지 오해와 비난을 받았고, 의사 결정 과정에서 배제를 경험한 적도 있었지만, 판 씨 가족이 2년 가까이 한국에 머물면서 유가족으로써 목소리를 낼 수 있었던 것은 시민사회로부터의 지원과 연대 덕분이다.

사람들은 우리가 한국 정부로부터 큰 보상금을 받아서 한국에서 편하게 살고 있다고 생각해요. 하지만 그건 사실이 아니에요. 한국 정부는 우리에게 아무것도 해주지 않았어요. 우리가 한국에 있을 수 있었던 건 좋은 한국 사람들 덕분이에요.

판 씨 가족은 그들이 한국에 머무를 수 있었던 것이 한국 정부가 아니라 "좋은 한국 사람들 덕분"이라는 점을 강조했다. 정확하게 사실 관계를 확인하자면, 한국 정부는 기본적인 지원을 했지만 이것은 저절로 제공된 것이 아니라, 선한 의지를 가진 한국 사람들이 정부에 끊임없이 지원을 요청함으로써 얻어진 것이다. 베트남 호치민 시의 한국 영사관은 베트남에 있는 판 씨 가족에게 세월호 사건이 일어난 직후 전화를 걸어 알렸고, 안산시는 한국에 온 판 씨 가족을 다문화 가족지원센터를 통해 머물 곳을 지원했다. 그러나 비행기 표를 지원한 것은 민간 모금이었고, 한국작가협회에서는 회원을 파견하여 이들의 생활 전반을 지원하도록 했다. 많은 개인들은 판 씨 가족이 비자 문제를 해결하고 이들이 유가족으로서 목소리를 낼 수 있도록 자원하여

3부 주체성

도왔다. 한국에 체류하는 동안 많은 어려움을 겪었지만, 2년 가까이 한국에 체류하면서 유가족으로 활동할 수 있었던 것은 시민사회의 연대 행동이 없었다면 불가능한 일이었다. 물론 이 상황을 새로운 사회적 연대와 포용이 발현되고 있다는 증거로 삼기에는 지나치게 낙관적일 수 있으나, 한국 사회에서 사회적 연대의 메커니즘을 고민할 때 염두에 둘 지점이라고 생각한다.

새로운 사회적 연대의 가능성

세월호 사건은 한국 사회가 안고 있으나 가시화되지 않았던 여러 가지 문제를 제기하였다. 특히 안전에 대한 시민의 권리와 국가의 책임 그리고 사회적 연대에 대한 논의는 앞으로 중요하게 다루어져야 할 문제이다. 세월호 사건은 사회적 통합의 한 부분으로써의 대문자 사회적 연대, 즉 시민의 안전에 대한 권리를 보장하는 제도적 메커니즘이 작동하지 않고 있다는 것을 보여줬다. 동시에 배·보상을 둘러싼 다양한 도덕적 긴장은 공유된 도덕적 가치로써의 소문자 연대에 대한 질문을 제기했다. 특히 베트남에서 온 판 씨 가족의 경험은 이러한 질문들이 글로벌한 맥락에서 더욱 복잡해짐을 드러냈는데, 최근 십여 년간 개인의 생존에 대한 개인의 책임이 강조되면서 점차 국가와 지역 사회의 역할이 축소되는 가운데 개인의 생존 전략은 점점 개인화되는 동시에 글로벌화되는 경향을 보여왔다. 이러한 상황에서 일상을 흔드는 예기치 못한 사건이 발생했을 때, 판 씨 가족과 같이 두 국가의 제도 사이에 있는 사람들은 권리를 주장하기도 어려운 상황이 된다. 다시 말해 경제적 기회를 찾아 글로벌 하우스홀드를 형성하고 있던 경제적으로 주변화 된 사람들의 삶은 이 경제적 기반이 무너졌을 때 별다른 권리를 주장하기 어려운 상황에 있으며, 이는 그들이 경제적 주변화와 동시에 제도적 주변화를 겪는 상태라는 점을 시사한다.

세월호 사건, 특히 이후 배·보상을 둘러싼 담론이 사회적 연대에 대한 근본적인 회의를 드러내는 계기가 되었음에도 불구하고 판 씨 가족의 경험에서 사회적 연대는 중요한 역할을 했다. 한국 사회에서 대문자 연대로서의 안전에 대한 시민의 권리와 국가의 책임에 대한 논의가 거의 전무했고 제도적으로도 주변화된 상황에서, 이들이 실제로 기댄 곳은 소문자 연대, 즉 개인들이 공유한 모종의 도덕적 가치였다. 판 씨 가족을 유가족의 일부로 받아들이는 사람들이 정부를 통해 기본적인 제도적 지원을 가능케 한 것은 사회적 연대의 작동 방식의 한 단면이며 내용적으로 더욱 포용적인 사회적 연대가 가능함을 시사한다. 이러한 의미에서 세월호 사건 이후 꾸준히 진행되어온 유가족과 지역 주민에 대한 자발적인 지원 노력과 안전과 시민의 권리에 대한 풀뿌리 토론 과정은 사회적 연대를 구성하고 실천해나가는 중요한 시도라고 생각된다. 연구를 진행하는 동안 가깝게는 판 씨 가족을 자발적으로 지원하는 다양한 사람들, 넓게는 유가족과 함께 하려는 많은 개인들과 조직들을 만나게 되었다. 어떤 이들이 순전히 개인적인 이유로, 어떤 이들이 자신들이 속한 조직의 실천 중 하나로 지원 활동을 했다. 안산에 치유 센터를 열고 활동을 하시는 분부터 매주 경남에서 안산에 와 유가족들에게 안마를 해주는 분, 자신이 발 딛은 곳에서 세월호 문제와 인권에 대한 토론을 진행하는 분들에 이르기까지 헤아릴 수 없이 수많은 활동을 하는 사람들이 다양하게 있었다. 한국 사회에서 새로운 사회적 연대의 가능성에 대한 탐구는 여기에서부터 시작되어야 하지 않을까 생각한다.

3부 주체성

제9장

수동적 시민에서 저항적 주체로
: 세월호 참사 유가족들은
어떻게 국가권력에 맞서왔는가?*

이현정

들어가며

국가의 지배와 일상적 미시 권력의 영향 속에서 '수동적 시민'으로 살아왔던 세월호 참사의 유가족들은 어떻게 국가권력에 직접 대항하는 '저항적 주체'로 변모하게 된 것일까? 1995년 삼풍백화점 붕괴

---

* "이 글이 가능할 수 있도록 그간의 고통스러운 기억과 개인적인 경험을 공유해 주신 유가족 분들께 가장 깊은 감사를 드립니다. 또한 참사 이후의 진행 상황을 이해할 수 있도록 도움을 주신 여러 활동가들, 자원봉사자들 그리고 지역 주민들께도 감사드립니다. 그리고 무엇보다 304명의 희생자들, 특히 희생된 250명의 학생들과 그들의 가족들에게 진심 어린 조의와 위로를 표합니다. 이 장에서는 개인 정보 보호를 위하여, 이미 공개된 경우를 제외하고는 심층 면담 대상자의 이름을 표기하지 않았음을 밝힙니다(이현정)."

사고와 2003년 대구지하철 참사 등, 지난 20년 동안 대한민국은 수많은 대형 참사를 경험해왔다. 그러나 어떠한 사건 사고의 피해자들도 세월호 참사의 유가족들만큼 지속적이고 격렬하게 문제 해결을 위해 싸워오지 않았다.

세월호 유가족들의 투쟁은 대한민국의 사회운동사에 전례가 없는 행동주의(activism)의 사례이다. 정부가 구조 실패에 대한 책임을 부인하고 사안을 축소하려고 한다는 것을 깨닫자마자, 유가족들은 특별법 제정만이 자식들의 사망 원인에 대한 철저한 조사를 가능하게 할 유일한 방법이라고 생각하였다. 이들은 "진상 규명", "책임자 처벌", "안전사회 건설"이라는 세 가지 구호를 외치며, 특별법 제정을 위해서 곳곳에서 다양한 행동을 전개해왔다. 거리 서명에서 시작한 특별법 제정 활동은 곧이어 국회의사당과 청운동 주민센터 앞에서 수개월 (각각 119일, 76일)에 걸친 밤샘 농성으로 이어졌으며, 최장 43일간 단식 투쟁을 진행했다. 또한 가족들은 주요 언론 매체들의 왜곡 보도에 반대하여 자신들의 실제 경험을 알리기 위해 전국 각지에서 간담회를 개최하였으며, 팽목항에서 안산과 광화문을 잇는 도보 행진을 조직하였다. 가족들의 활동은 많은 시민들의 지지를 받았으며, 총 485만 명의 서명용지로 표현되었다.[1] 그리고 2014년 9월, 마침내 세월호 특별법이 국회에서 통과되었다. 참사 이후 7개월 만의 일이었다.

그러나 세월호 특별법의 국회통과가 순조로운 해결을 의미하는 것은 결코 아니었다. 가족들의 바람과는 정반대로, 정부는 특별조사위원회의 역할과 기능을 대폭 축소하는 특별법 시행령을 제시하였다.

---

1   진상 규명 촉구를 위한 대국민 서명은 세월호 특별법이 통과된 이후에도 계속되었으며 이후 650만 명을 초과하였다.

또한 가족들의 적극적인 저항이 마치 한 푼이라도 돈을 더 받아내기 위한 전략인 것처럼, 정부는 배·보상 수령 예상액을 공표하며 국민 여론을 호도하였다. 8억에 이르는 1인당 예상 수령액에 대한 갑작스 러운 언론 보도는 무엇보다 참사 1주기를 2주일 앞두고 이루어진 것 이었기에, 가족들은 견딜 수 없이 커다란 분노와 모욕감을 느꼈다. 2015년 4월 2일, 52명의 단원고 희생자 부모들은 정부의 배·보상안 발표에 대한 분노와 반대의 표현으로 집단 삭발식을 거행했다. 농성 에 참여했던 한 희생 학생의 아버지는 "내 아이의 기일을 앞두고 돈 이야기를 꺼내는 무례한 인간들을 다 잡아서 죽여버리고 싶다"라며 격한 감정을 표출하였다.[2]

세월호 참사가 발생한 지 3년이 되어가는 지금도 유가족들의 활동은 계속되고 있다. 2015년 9월부터 가족들은 사고 현장에서 가장 가까운 섬 동거차도에서 중국 상하이샐비지컨소시엄의 선체 인양 작업을 감시해오고 있다. 선체 인양으로 4명의 학생들(은화, 다윤, 현철, 영인)을 포함하여 총 9명의 실종자들이 마침내 가족들 품으로 돌아갈 수 있기를 애타게 기다리고 있다. 2016년 6월 30일, 특조위의 조사 활동이 강제 종료되었지만, 가족들은 앞으로 특조위가 다시 활동을 재개하고 보다 철저한 진상 규명이 이루어질 수 있도록 4.16세월호참사 국민조사위원회에 참여하고 전문가들을 만나며 자료를 수집하고 있다. 또 안산 분향소 철거를 앞두고 하루 빨리 4.16추모공원을 설립할 수 있도록, 그리하여 곳곳에 흩어져 있는 아이들의 유해가 드디어 한 곳에 모이고 가족과 시민들이 함께 추모할 수 있도록 이곳저곳 바쁘

---

2   "Families of South Korea ferry victims shave heads in compensation protest," *Guardian*, April 2, 2015.

게 뛰어다니고 있다. 2017년 3월 10일, 헌법재판소 재판관 8인의 만
장일치로 박근혜 대통령 탄핵이 결정되자, 가족들은 너나 할 것 없이
눈물 어린 환호성을 질렀다. 지난 3년간 숱한 투쟁과 노력이 있었지
만, 이것은 그들에게 첫 번째 승리의 소식이었다.

　　이 장에서 제기하고자 하는 질문은 다음과 같다. 어떻게 해서 소
도시의 평범한 시민으로 살아오던 세월호 유가족들은 이토록 독자적
이고 강력한 정치적 행위자로 나서게 된 것일까? 어떠한 계기와 깨달
음 속에서 유가족들은 정부의 지배와 미시 권력에 순응하기를 거부하
고, 도리어 국가권력에 대항하는 조직적인 활동을 전개하게 된 것일
까? 이 장에서는 세월호 참사의 유가족들이 수동적 시민에서 저항적
주체로 변모하도록 영향을 끼친 다양한 정치문화적이고 사회심리적인
맥락을 살펴봄으로써, 이러한 질문에 대한 답을 찾고자 한다. 저자는
특히 유가족들이 투쟁 과정에서 공통적으로 갖는 다음의 두 가지 감정
적 경험에 주목하고자 한다. 한 가지는 국가조직 및 정치적 지도자들
(즉 정부 관료, 국회의원, 대통령)에 대한 분노와 불신이며, 다른 한 가지는
자식의 죽음을 미리 막지 못했다는 부모로서의 미안함과 죄책감이다.

　　이 장의 서술은 대부분 2014년 5월부터 2015년 6월까지 진행된
현장 연구 자료에 기반을 두고 있다. 현장 연구는 주로 단원고가 위치
한 가족들의 거주지 안산에 매주 두세 번 정기적으로 방문하면서 이
루어졌지만, 필요에 따라 유가족들이 머무는 광화문, 국회의사당, 진
도 팽목항 등에서도 추가적으로 수행되었다. 현장 연구를 진행하는
동안 연구자는 유가족들의 다양한 활동을 참여관찰하였다. 안산과 광
화문 등지에서 가족들의 일상과 실천 양상을 관찰하고 지지자로서 함
께 참여하였으며, 가족들의 생각과 마음을 이해하고자 기회가 될 때
마다 여러 사람들과 대화를 나누었다. 이처럼 최대한 가족들의 활동

에 대한 참여와 공감을 바탕으로, 이 연구는 궁극적으로 유가족들의 생생한 경험과 꾸미지 않은 감정들을 고스란히 드러내고자 노력하였다. 이 장에서 유가족은 세월호 참사에서 아이를 잃은 공통 경험을 가진 하나의 집단으로 다루어질 것이다. 그렇지만, 우리가 결코 잊어서는 안 되는 것은 역사상의 다른 비극과 마찬가지로 세월호 참사에서도 개별 가족, 나아가 개인 한 명 한 명이 겪은 경험과 고통은 유가족 집단의 공통 경험으로 결코 환원될 수 없다는 사실이다.

정부와 정치 지도자들에 대한 뿌리 깊은 분노와 불신

적나라하게 드러난 '힘없는 사람들'에 대한 정부의 태도

세월호 유가족의 강력한 행동주의는 무엇보다 참사 이후 대한민국 정부가 보여준 무능과 무책임을 제외하고는 설명하기가 어렵다. 이 때 '무능'과 '무책임'은 단순히 정부가 참사 당일 신속하게 대처하지 못함으로써 많은 생명을 구조하지 못했다는 사실만을 뜻하는 것이 아니다. 사건 당일부터 해경과 각 부처 장관, 그리고 대통령에 이르기까지, 국가 공무원들은 상황을 왜곡하거나 거짓 보도하였으며 서로에게 책임을 떠넘겼다. 수백 명의 어린 생명들이 바다 밑으로 가라앉고 있었지만 그 누구 하나 문제를 신속하게 해결하거나 책임지려 하지 않았으며, 이러한 상황을 보면서 유가족뿐 아니라 대다수 국민들은 충격받지 않을 수 없었다.

대규모 침몰 사고가 발생했으나 담당 공무원들은 상황 파악에 실패하고, 승객과 생존자의 명단조차 제대로 확보하지 못했다. 공식적인 브리핑을 맡은 이경옥 안전행정부 차관은 생존자의 수를 계속 오보했다.[3] 2014년 4월 16일 오전 11시 안전행정부 차관은 161명이라고 생존자 수를 처음으로 발표했지만, 그 이후로 생존자 수는 368명, 164명, 174명, 175명, 176명, 179명 등 여러 번 뒤바뀌었으며, 사건 발생 이틀 뒤인 4월 18일에서야 174명으로 최종 확정되었다.[4] 사건 발생 이후 22일째인 2014년 5월 7일, 김석균 해경청장은 생존자 수가 174명이 아니라 172명이라고 또다시 수정 발표하였다.[5]

사고 당일 오전, 단원고에서 학부모들에게 보냈던 '전원 구조'라는 문자는 아이가 살아 있을 것이라는 희망을 안고 진도로 내려갔던 부모들에게 상상할 수 없는 엄청난 혼란과 절망을 안겨주었다.[6] '전원

---

3 ≪중앙일보≫, 2014.4.4.
4 오동현, "'파도치는 집계 숫자'에 쌓이는 정부 불신", ≪뉴시스≫, 2014.04.22.
5 ≪오마이뉴스≫, 2014.5.7.
6 사고 당일 KBS와 MBC는 기본적인 사실 확인 절차조차 없이 계속 오보를 내보냄으로써 피해자 가족들을 혼란스럽게 했을 뿐 아니라 재난 상황에 대한 적절한 후속 조치를 방해했다. 최근 밝혀진 바에 따르면, 오보의 진행 과정은 다음과 같다. 4월 16일 국가 재난 주관방송사인 KBS는 10시 4분부터 특보 체제로 전환해서 보도를 시작했다. 10시 14분에 배가 64.4도 가량 기울어 침수가 진행되고 79명만 구조된 상황에서 "해경 관계자는 침몰 속도가 빠르지 않아서 한두 시간 안에 모든 인명 구조를 마칠 수 있을 것 같지만 만일의 사태에 대비하고 있다"라는 희망적인 멘트를 하였다. 10시 30분, 배가 108도로 기울어져 전복된 상태였고 구조된 사람이 여전히 79명인 상황에서, KBS는 "대책본부는 구조가 신속하고 순조롭게 이루어지고 있으며 사망 위험성은 비교적 낮은 편"이라고 보도했다. 10시 38분, 마찬가지로 구조자는 79명인 상황에서 KBS는 현장에 출동해 있는 해경 초계기 CN-235 부기장과 인터뷰를 하면서 "지금 대부분의 인원들이 현지에 출동해 있는 함정 그리고 지나가던 상선, 해군 함정에 대부분 구조됐다"라는 결정적인 오보를 내보냈다. 이어서 10시 47분, 'KBS 뉴스특보'라는 자막 하에 '해군, 탑승객 전원 선박 이탈, 구명장비 투척 구조 중'이라는 보도를

구조'라는 메시지와 달리, 가족들이 진도에서 만난 건 구조된 아이들이 아니었으며 오로지 전체 승객 수조차 제대로 파악하지 못하고 우왕좌왕하는 공무원들뿐이었다. 상황 파악을 제대로 해달라는 유가족들의 거센 분노 어린 요구에 직면하자, 안전행정부 차관은 마침내 공식 보도 중단을 선언하였으며 다른 부처에 역할을 떠맡겼다.

도대체 어디서부터 잘못된 것인지 알 수 없을 만큼 온통 불확실하고 허점투성이인 국가의 대응 속에서, 무엇보다 가족들을 극도로 분노케 했던 것은 서슴지 않고 거짓말을 하는 관료들의 태도였다. 긴장되고 혼란스러운 상황 속에서 담당 관료들은 희생자 및 가족들의 안부에는 관심이 없고, 오로지 직속 상관을 어떻게 만족시킬 것인지에만 혈안이 되어 있었다. 거짓말은 꼬리에 꼬리를 물고 나타났으며, 그중 백미는 아이의 생존을 피 말리는 심정으로 기다리던 부모들 앞에 등장한 엄청나게 부풀려진 구조대원들의 수였다. 4월 16일, 안전행정부는 총 350명의 특수 구조대원들이 사고 지점에서 임무를 수행하고 있다고 발표했다. 그러나 정작 유가족들의 눈에는 달랑 몇 대의 보트만이 배 주변을 떠돌고 있을 뿐이었다. 구조를 위해 출동했다고 정부가 발표했던(그리고 매스컴을 통해 국민들조차 출동한 줄 믿었던) 수많은 첨단 장비들(31대의 헬리콥터, 60척의 배, 46척의 구명보트 등)은 진도 앞바다

하게 되는데, 이 보도는 11시까지 무려 다섯 차례 반복되어 나갔다. 한편, 10시 47분 KBS 보도를 단원고 행정실 앞에서 본 누군가가 'KBS에서 전원 구조 보도가 나왔다'고 외치고, 그 소리를 들은 단원고 학교운영위원장은 추가적인 확인 절차 없이 학부모들이 모여 있는 강당에서 공개적으로 전원 구조 방송을 하였다. MBC의 경우, 11시 1분에 '전원 구조' 오보를 낸 이후, 중간에 사실 확인을 요청하는 전화가 걸려왔음에도 불구하고, 12시 58분까지 계속 전원 구조 오보를 내 보냈다(국회사무처, 「19대 326회 5차 세월호 침몰사고의 진상 규명을 위한 국정조사특별위원회: 세월호 침몰사고 국정조사조사록」, 2014.7.7).

에 결국 나타나지 않았다.[7] 그렇지만 언론을 통해 보도되는 특수 구조대원들의 수는 첫째 날 350명에 이어, 둘째 날은 400명, 셋째 날은 500명으로 숫자가 계속 늘어났다.

참사 발생 후 셋째 날인 4월 18일, 도대체 몇 명의 잠수사가 구조작업을 하고 있는지가 초미의 관심사이던 시기에, 김석균 해양경찰청장은 투입된 잠수사가 최대 500여 명에 달한다고 발표했다. 반면 당시 가족들이 직접 만난 잠수사의 발언에 따르면 실제 잠수하는 인원은 단 두 명에 불과했다. 2015년 12월 15일, 특조위 청문회에서 이러한 수의 불일치에 대해 질문을 받은 해경청장은 "투입이라는 게 직접 잠수를 한다는 의미가 아니다. 여러 동원 세력 중에서 바다에 들어가는 구조 인력은 따로 있는 것"이라고 당당하게 대답했다. 그는 사과를 하지 않았으며, 자신의 발언으로 인해 많은 사람들을 혼란케 한 것에 대해 유감을 표하지도 않았다. 오히려 그는 유가족들의 혼란과 분노가 오로지 '전문 용어'를 정확히 이해하지 못하는 그들의 무지와 몽매 때문임을 암암리에 강조하고 있었다.[8]

해경청장의 진술은 세월호 사건을 대하는 정부의 기만적 태도의 작은 일면에 불과했다. 수백 명의 목숨이 달린 상황인데도, 지위 고하에 상관없이 많은 공무원들이 눈앞의 위기를 피하고자 서슴없이 거짓말을 했다. 심지어 상관에 의해 거짓말을 하도록 명령을 받은 경우조

---

7   미주 언론에도 31대 헬리콥터와 60척의 배가 급파되었다고 언급되어 있으나, 현장에서 어느 누구도 이러한 장비들을 목격하지 못했으며 사진조차 존재하지 않는다(장세정 외, "해군 UDT 투입…조명탄 쏘며 수색 안간힘", ≪미주 중앙일보≫, 2014.4.16).

8   서어리, "전 해경청장, '잠수사 500명 투입' 거짓말 발각", ≪프레시안≫, 2015.12.15.

차 있었다. 참사를 계기로 유가족들은 국가가 자신들과 같은 소위 '힘 없는 사람들'을 어떻게 대하는지 적나라하게 깨닫게 되었다. 국가에게 일반 국민들이란 상부의 정치적인 목적을 위해서라면 언론과 거짓말로 쉽게 선동할 수 있는 무지한 군중일 뿐이었다. 국가와 관료들이 가장 소중히 여기는 것은 국민들과 그들의 생명이 아니라 오로지 자신들의 권력과 지위임을 유가족들은 이번 참사 경험을 통해 비로소 철저히 깨닫게 되었다.

이러한 깨달음이 바로 유가족들의 정치적인 자각의 원동력이 되었다고 할 수 있다. 유가족들은 그간 사회운동을 자신과는 무관한 어떤 특별한 사람들의 일이라 여기고 무관심했던 자신들의 삶을 후회하고 반성했다. 참사 이후 정부의 실망스러운 대응들을 지켜보면서, 가족들은 사회운동의 필요성에 대한 자각이 싹트기 시작했으며, 평범하게 순응적으로 살아왔던 이전의 삶과는 다른 모습으로 살아가기로 결심하였다. 참사의 경험은 이들에게 국가가 국민을 대하는 태도를 바꾸게 하기 위해서는 무엇보다 정치적 행동이 필요하다는 것을 각인시켰다. 오로지 정치적 행동만이 국가가 국민들을 더 이상 폭력과 경멸로 대하지 않도록 할 수 있다는 것을 이들은 깨닫게 되었다.

국가와 관료들만 유가족들을 좌절시켰던 것은 아니다. 국회의원들, 특히 여당(당시 새누리당) 국회의원들은 자식을 잃은 유가족들의 처절한 울부짖음을 들으려고 하지 않았다. 심지어 2014년 6월 4일 지방선거에서 승리를 거머쥐자, 여당 국회의원들은 유가족들을 더 이상 국민의 일부라고조차 보지 않았다. 사실 여당뿐 아니라 진보 진영이라 자칭하는 제1야당(당시 새정치민주연합)도 크게 다르지 않았다. 야당 의원들 또한 유가족들과 그들을 지지하는 국민의 뜻을 적극적으로 받아들이지 않았으며, 대의 민주주의에 걸맞은 국민의 대리인으로서 역할하기보다는 정치인으로서 앞으로의 선거 득표에 미칠 영향을 우선적으로 고려할 뿐이었다. 유가족들의 관점에서, 여야 두 진영 간에 차이가 있었다면 그것은 언제 그리고 어떻게 유가족들을 배신했느냐의 차이일 뿐이었다.

6.4지방선거 승리 이후 자신감을 얻은 여당은 국정감사에 대한 기존의 입장을 철회하고 이를 단지 자신들의 정치적인 이익을 위한 수단으로 이용했다. 그 결과, 본래 세월호 침몰 사고 및 구조 실패의 원인을 파악하고자 했던 국정감사는 아무런 성과 없이 끝나고 말았다. 진상 조사를 위해 주어진 90일간의 시간은 양대 정당의 상호 비방 속에서 허무하게 흘러가버렸다. 국회의원들의 태도를 절망적으로 지켜보던 유가족들은 직접 나서서 국회의사당에서 철야농성을 하기로 결심했다. 유가족들은 그간의 경험과 직감을 통해 별도의 정치적 압력 없이는 절대로 참사의 진실을 밝혀낼 수 없을 것이라고 확신했다.

그러나 유가족들의 철야농성도 국회의원들의 태도를 바꾸지 못했다. '세월호 특별법'을 두고 벌어졌던 정치적인 공방에서 양대 정당은 유가족들의 목소리를 무시하거나 제한하고자 했다. 어렵게 얻어낸 '세월호 특별법'의 실효성이 무색해지는 상황이었다.

당시 핵심 쟁점은 세월호참사 특별조사위원회의 수사권과 기소권에 관한 것이었다. 유가족들은 참사의 진상을 밝혀내기 위해서는 특조위가 독립적인 수사권과 기소권을 가져야 한다고 생각했다. 수사권이 없으면 관련자 조사를 하고자 해도 불응할 경우에 막을 방법이 없고, 기소권이 없으면 책임자 처벌이 불가능하기 때문이다. 그러나 청와대와 자신들이 법적으로 얽히는 것을 원치 않았던 여당은 이러한 두 가지 권한 허용을 극구 반대했다. 229명의 대한민국 법학자들이 특조위에 수사권과 기소권을 부여하는 것이 헌법상 전혀 문제되지 않는다고 선언했지만,[9] 여당 국회의원들은 법체계를 무너뜨릴 위험이 있다고 강력하게 주장했다. 제1야당인 새정치국민연합은 처음에는 유가족들의 의견을 지지하는 듯했지만, 은밀하게 여당의 의견을 수용하여 8월 7일에 법안을 통과시켰다. 양대 정당의 소리 소문 없는 야합은 다시 한번 유가족들을 큰 충격에 빠뜨렸으며, 국회의원들에 대한 배신감에 치를 떨게끔 했다.

　법적인 문제 외에도 정치인들은 유가족들을 여러 번 실망시켰다. 참사 발생 초기부터 보수 정치인들은 보수 논객들과 함께 유가족들을 종북 세력이나 거액의 보상금만을 노리는 세력으로 폄하하고 여론을 선동했다. "미개한 국민", "좌빨", "반정부세력", "세금 도둑", "자식 팔아 한몫 챙기려는 사람들", "종북 세력" 등 각종 망언들이 난무했다. 유가족들이 국회의사당에서 단식 농성을 하는 것을 보던 몇몇 여당 국회의원들은 "신성한 국회를 더럽히지 마라"며 국회에서 나가라고 소리를 지르기도 했다. 제1야당 의원들은 자신들의 정치적 이익을 우선시하며 기회주의적으로 행동했다. 가끔씩 진보적인 정치인들이 단식 농성하는 유가족들을 방문하여 이들의 저항을 격려하기도 했지만, 단지 그뿐이었다. 아이를 터무니없이 잃은 부모들과 많은 국민들의 바람과 요구가 있었지만, 정치인들은 국민의 대표로서 주어진 역할을 하려고 하지 않았다.

　'세월호 특별법'을 둘러싼 정치적 공방의 경험은 유가족들의 정치적인 의식을 일깨우는 데 결정적인 계기로 작용했다. 마침내 유가족들은 대한민국 정치 체제에 내재한 근본적인 문제점(국민들의 대표가 정

9　권우성, 법학자 229명 "세월호 특별법 수사권, 헌법상 문제 없어", ≪오마이뉴스≫, 2014.7.28.

작 국민들의 필요와 요구에는 별 관심이 없고, 오로지 선거 결과에만 관심이 집중되어 있는 현실)에 눈뜨게 된 것이다. 시간이 지나면서 유가족들은 직접적인 정치 참여만이 자신들의 문제를 해결하고 국민들의 의지를 표출할 수 있는 유일한 방법이라는 사실을 깨닫게 되었다. 많은 부분이 여전히 미흡한 채로 '세월호 특별법'이 11월 7일에 국회에서 통과되었다. 이로써 유가족들은 국회의사당과 청와대 옆 청운동 주민센터에서 진행했던 농성을 철회했지만, 그것은 마감이나 물러섬이 아니라 앞으로도 계속될 길고 긴 싸움의 출발일 뿐이었다.

정치체제 자체에 제기된 의문: 이 나라가 국민을 이렇게 속여도 되는가?

대한민국 현대사에 등장했던 많은 '힘없는 사람들'과 마찬가지로, 세월호 참사 유가족들도 처음에는 국회의원이나 관료와 같은 다른 정치적 지도자들보다는 대통령을 더 크게 신뢰했다. 만일 대통령이 사실을 제대로 알기만 한다면, 자신들의 슬픔을 이해해줄 뿐 아니라 문제를 해결해줄 것이라고 굳게 믿었다. 가족들이 갖고 있던 대통령에 대한 절대적인 신뢰는 한편으로는 국가체제의 수장을 국부(國父)라는 가부장적 관계 속에서 바라보도록 훈육되었던 이 나라의 역사적 맥락과, 다른 한편으로는 대통령의 권한이 남달리 크고 절대적인 한국의 정치체제가 갖고 있는 특수성에 영향받은 것일 수 있다. 그러나 불행하게도, 박근혜 대통령의 대응은 너무나 부적절하고 심지어 부당하여, 유가족들을 오히려 더 깊은 절망 속으로 빠뜨리고 말았다. 대통령에 대한 실망 속에서 유가족들은 새로운 단계의 정치적인 투쟁을 전개하기 시작했다. 이제 유가족들의 비판적인 의식은 부패한 관료, 정

　　　　　　　　　　　　　　　3부 주체성

치인 그리고 힘 있는 사람들만을 향하고 있지 않았다. 특정 개인이나 집단을 넘어, 유가족들은 이제 이 나라의 정치체제 그 자체에 대해 의문을 제기하기 시작했다.

2014년 4월 16일, 대통령은 오전 일찍 사고에 관한 보고를 받았음에도 불구하고 저녁 5시까지 어떠한 대응도 하지 않았다. 그날 그녀의 부재에 관해 여러 루머들이 국내외에서 떠돌았지만, 아무것도 밝혀진 바는 없다. 4월 17일이 되어서야 박 대통령은 진도 체육관을 방문하여 가족들의 통곡과 분노의 외침을 마주했다. 몹시 난처함을 표하면서, 박 대통령은 "마지막 한 분까지 구조될 수 있도록 최선을 다하겠다", "이런 있을 수 없는 일이 일어난 데 대해 철저한 조사와 원인 규명으로 책임질 사람은 엄벌토록 할 것"이라고 가족들 앞에서 약속했다. 사고 발생 후 셋째 날, 김석균 해양경찰청 청장은 박 대통령이 있는 자리에서 수백 명의 잠수부들이 작업을 하고 있다는 내용을 포함한 구조 현황을 보고했다. 그러나 해경청장의 보고가 그들이 직접 본 현실과 터무니없이 다르다는 것을 깨달은 진도 체육관의 가족들은 청장이 보고를 끝마치기도 전에 야유를 퍼붓기 시작했다. 몇몇 학부모들은 곧바로 "거짓말이야!"라고 소리쳤고, 사람들이 웅성대기 시작했다. 그러자 박 대통령은 "오늘 이 자리에서 지키겠다고 한 약속이 지켜지지 않으면 여기 있는 사람들 모두 다 물러나야 한다"라고 단호하게 선언했으며, 그때서야 소란이 진정되었다.[10]

박 대통령의 단호한 발언은 불안에 떨고 있던 가족들에게 순간적으로 작은 희망과 기대를 안겨주긴 했지만, 사실상 대통령이 긴급 상

---

10   특별취재팀, "〈여객선침몰〉 朴대통령 진도체육관 찾아… 실종자가족 항의(종합4보)", ≪연합뉴스≫, 2014.4.17.

황에서 초기 위기 대응에 얼마나 무능한지를 드러내는 사례가 되고 말았다. 국가 행정부의 수장이자 국군의 최고 통수권자로서 재난 상황을 정확히 파악하고 구조 활동을 적절하게 지휘해야 했음에도 불구하고, 대통령은 휘하의 관료나 군인들에게 필요한 명령을 내리지 않았다. 초기 구조 실패 원인의 상당 부분은 해경이 해군이나 다른 민간 전문가들의 협조를 거부했던 것과 연관되어 있었다. 대통령으로부터 잘못하면 물러나야 한다는 위협만 주어졌을 뿐 최선의 구조 활동을 위한 추가적인 권한을 부여받지 못한 상황에서, 해경은 관할 부처의 규제와 예산에서 벗어나는 작업을 진행할 수 없었다. 심지어 퇴선명령을 비롯한 기본적인 구조 활동도 전혀 이루어지지 않았다. 그 결과 구조 작업은 지연될 수밖에 없었으며, 배에 갇혀 있는 승객들은 구조될 수 없었다. 만일 대통령이 긴급 재난 상황에 대한 정확한 이해를 가지고 국가의 수장으로서 필요한 조치를 취했다면 분명히 더 나은 결과를 만들 수 있는 상황이었다.

4월 20일 새벽, 관료들의 무능하고 무책임한 구조 작업에 분노한 유가족들은 대통령을 만나겠다며 진도 팽목항에서 청와대까지 도보 행진을 시작했다.[11] 바다 위에는 몇 개의 고무보트가 떠다니는 것 외에 별다른 구조 작업이 진행되지 않고 있었음에도 불구하고, 언론에서는 정부가 대대적인 구조 작업을 하고 있다고 변함없이 거짓 보도를 하고 있었다. 이러한 상황에 대한 분노에 들끓어, 유가족들은 "정부는 살인자다!", "아이들을 살려내라!"라고 외치며 청와대를 향해 행진했다. 이 날의 행진은 유가족들이 더 이상 국가가 해결해주기만을

---

11 김미란, "세월호 유가족 '대통령에 호소하러 갔다가 진도대교서 고립… 인권유린'", ≪고발뉴스≫, 2015.12.16.

기다리는 순응적인 시민의 모습을 탈피하고 자발적으로 일어선 첫 번째 집단행동이었다. 그러나 가족들의 첫 번째 집단행동은 얼마 가지 않아 공권력에 의해 무산되고 말았다. 경찰의 신속한 시위 진압은 정부의 재난에 대한 늑장 대응과 극명한 대조를 이루면서 유가족들의 분노를 샀다. 진도대교에서 경찰에 의해 무력으로 행진이 진압되고 정치적 행동이 공권력에 의해 억압되었던 경험은 유가족들에게 억압 기관으로서의 국가의 면모를 철저하게 각인하는 계기가 되었다.

2014년 5월 16일, 참사가 일어난 지 정확히 한 달 후, 박 대통령은 17명의 유가족 대표단을 청와대로 초대했다. 비공개로 이루어진 회담에서 유가족들은 처음으로 대통령에게 직접 자신들의 슬픔과 걱정, 기대 그리고 어려운 상황을 전달할 수 있었다. 대통령은 각자가 가지고 있는 가슴 아픈 사연들을 들으면서 그들의 질문에 하나하나 답해주었다. 참으로 많은 문제들이 이 회담에서 논의되었다. 특히 박 대통령의 한 문장은 당시 회담에 참여했던 유가족들 사이에서 두고두고 회자되었는데, 그것은 바로 "무엇보다 진상 규명에 유족 여러분의 여한이 없도록 하는 것, 거기에서부터 깊은 상처가 치유되기 시작하지 않겠느냐는 생각을 갖고 있다"라는 표현이었다.[12] 그날 청와대를 방문했던 유가족들은 적어도 박 대통령이 그들의 아픔에 깊이 공감하고 있다고 느꼈다.

그러나 유가족들의 순진했던 믿음은 오래지 않아 산산이 부서졌다. 5월 19일, 박 대통령과 유가족의 만남 이후 사흘째 되는 날, 박 대통령은 세월호 참사에 대해 처음으로 공식적인 성명을 발표했다.[13]

---

12 ≪한겨레≫, 2014.8.20.

13 ≪연합뉴스≫, 2014.5.19.

이번 사고에 제대로 대처하지 못한 최종 책임은 대통령인 저에게 있습니다. 그 고귀한 희생이 헛되지 않도록 대한민국이 다시 태어나는 계기로 반드시 만들겠습니다. (중략) 이를 위해 필요하다면 특검을 해서 모든 진상을 낱낱이 밝혀내고 엄정하게 처벌할 것입니다. 그리고 여야와 민간이 참여하는 진상조사위원회를 포함한 특별법을 만들 것도 제안합니다.

대통령의 성명은 언론 매체를 통해 전국적으로 보도되었다. 참사와 정부의 부적절한 대응에 대한 정확한 정보를 갖고 있지 않은 대다수의 청중들은 대국민담화를 텔레비전으로 보면서 박 대통령이 국가지도자로서 적절한 조치를 취하고 있으며 합당한 도덕적 책임을 수행하고 있다고 생각했다. 그러나 대국민담화를 보는 순간, 며칠 전 대통령을 만나고 왔던 유가족들은 대통령이 곧 있을 6월 4일 선거를 위한 고도의 정치적인 술수를 쓰고 있다는 것을 직감적으로 알아차렸다.

세월호 참사라는 거대 사건에도 불구하고 책임을 통감하는 대통령을 믿어주고자 하는 국민들의 지지를 바탕으로, 6.4지방선거는 결국 여당인 새누리당의 승리로 끝났다. 그리고 선거가 끝나자마자 대통령과 정부의 태도는 손바닥 뒤집듯이 뒤바뀌었다. 곧이어 진행된 세월호 참사에 관한 국정 조사는 유가족들의 마음 졸임은 무시한 채 시간만을 허비하며 아무것도 새로이 밝혀진 바 없이 끝났다. 세월호 특별법을 둘러싼 협상 과정에서 정당들은 시간을 끌며 결국 특별법의 권한을 최소화시켰다. 박 대통령의 대국민담화는 '정치적인 언어'를 넘어 '언어의 정치'를 참으로 고스란히 보여준 사례였다.

시간이 지날수록 유가족들의 슬픔과 절망은 커져갔다. 유가족들에게 세월호 참사의 문제들은 여전히 4월 16일 그날에 멈춘 채 아무

것도 해결된 바가 없었지만, 한국 사회는 마치 아무런 일이 발생하지 않은 듯이 돌아갔다. 2014년 8월 22일, 가족들은 다시 한번 진상 규명을 외치며 청와대 근처 청운동 주민센터에서 농성을 전개했다. 대통령과의 면담을 요구하면서, '유민아빠' 김영오는 6주가 넘는 기간 동안 단식투쟁을 하면서 매일매일 청와대를 찾아 걸어 올라갔지만 성과는 없었다. 지난 5월 16일, 유가족들의 비공식 회담 자리에서 박 대통령은 "유가족분들이 원하시는 모든 일에 차질이 없도록 할 것입니다. 언제든 원할 때에 찾아오세요"라고 말했지만, 정작 가족들이 만나고자 할 때 대통령은 응답하지 않았다. 9월 2일, 가족들은 진상 규명을 바라는 국민들의 뜻이 담긴 485만 명의 서명용지를 가지고 청와대를 향해 행진했다. 아무런 죄도 없는 자식이 어떻게 해서 이렇게 고통스럽게 죽게 되었는지 그 진실을 알고자 하고 책임자를 처벌하고자 하는 부모들의 애타는 몸부림이었다. 그러나 박 대통령은 결국 이들의 면담 요구를 받아들이지 않았다. 유가족들의 삼보일배 행진은 10분도 채 되지 않아 미리 출동해 있던 경찰 수백 명에 의해 중단되었다.

관료와 국회의원들로부터 무시와 모욕을 받으며, 그래도 대통령만은 다르리라고 믿었던 유가족들의 기대는 부질없이 무너졌다. 11월 5일, '세월호 특별법' 제정과 대통령 면담을 촉구하며 청운동 주민센터 앞에서 농성해온 유가족들은 76일간의 투쟁을 마치고 철거했다. 이 날, 청와대 비공식회담에 참여했던 한 단원고 희생자 어머니는 눈물을 흘리며 이렇게 말했다.[14]

---

14   ≪미디어몽구≫, "세월호 참사, 대통령이 안아주던 수빈엄마 그 후…",
      2014.11.5. https://youtu.be/4KOtSq8owUo

아이들 꼭 기억해 달라고, 아이들 죽음 헛되게 하지 말아주세
요, 그랬더니 하시는 말씀이, "그럼요. 꼭 기억하겠습니다. 걱정하
지……." 정말 귓속에 맴도는 말 "걱정하지 마세요" 손으로 눈물을
훔치면서 하신 말씀 여전히 귓속에 맴도는데……. 그 했던 말씀이
우리가 버스를 타고 손 흔들면서까지 배웅을 해주시던 분이 우리가
가고 나서 180도로 변한 모습을 보면 너무 어처구니가 없고, 이 나
라 대통령이 국민들을 이렇게 속여도 되는가, 우리는 단지 뭘를 해
달라는 게 아니라 얘기 좀 같이 하자고, 그 말 한마디여도, 고생하셨
어요, 그 눈빛 하나 만으로도 우리는 샤르르르 녹고 조금이나마 위
안이 될 텐데, 왜 그런 걸 하나도 안 해주시는지 너무 원통하고 원통
해요. 그때는 대통령님의 말 한 마디, 위로, 이런 걸 받고 싶었지만
지금은 아닙니다. 왜? 국회에서 우리를 모른 척하고 갔기 때문에,
이제는 대통령님이 우리를 만난다 해도 우리는 똑같이 할 겁니다.

청운동 주민센터에서의 농성 이후, 유가족들은 대통령에 대한 믿
음과 기대를 접었다. 유가족들을 향한 박 대통령의 냉담한 태도는 겨
울이 가고 해가 바뀌어도 변하지 않았다.

누구도 대신해주지 않기에 스스로 일어나야 한다는 자각

이후에도 가족들의 대통령과 정부에 대한 불신과 의심은 점점 깊
어만 갔다. 2014년 11월, 정부는 수중수색 중단을 선언하며 세월호
선박 인양을 약속했지만 반년이 되도록 인양은 깜깜무소식이었다. 그
러다가 2015년 4월 22일, 보궐선거를 한 주 앞둔 시점에 이르러 정부
는 선박을 인양하겠다는 발표를 했다. 또다시 정부의 속내가 드러난

인양 공표 방식은 유가족들에게 분노와 씁쓸함을 동시에 느끼게 했으며, 국가와 정치인들을 향한 또 한 번의 길고 험한 투쟁의 시작을 알리고 있었다. 그러나 고통스러운 여정이 지속되어가면 갈수록, 절망만 깊어진 것은 아니었다. 유가족들의 정치적인 의식 또한 함께 성장해갔다. 아이를 잃은 부모로서, 유가족 개개인의 정치적 주체성은 빠른 속도로 변화하고 있었다. 2014년과 2015년이라는 참담한 시간을 힘들게 살아내면서, 유가족들은 관료, 국회의원, 그리고 대통령을 포함한 그 누구도 자신들을 돕거나 대신해주지 않는다는 현실을 깨닫게 되었다. 유가족들은 자신들의 목표를 이루기 위해 스스로 일어서야 한다는 것을 자각하게 되었다.

부모로서의 미안함으로부터 사회개혁에의 의지로

그렇다면, 참사 이전 유가족들의 일상적 삶은 어떠했는가? 유가족들을 2년이 넘도록 이토록 강인하고 끈질긴 투쟁으로 추동해온 삶의 특수성이 있다면 그것은 무엇일까? 안산시의 주민으로서, 또 변화하는 한국 사회의 노동자이자 부모로서, 이들이 살아온 일상은 어떻게 규정할 수 있을까? 이러한 질문에 답하기 위해, 저자는 현대 한국 사회에서 안산이라는 지역적 맥락과 참사 이전에 가족들이 살아온 일상의 특징들을 살펴보고, 나아가 그러한 특징들이 참사 이후 유가족들의 정치적인 각성과 직접 행동에 어떻게 영향을 미쳤는지를 생각해보고자 한다.

"안 산다, 안 산다 하면서 사는 곳이 바로 안산이에요." 비슷한 발음의 단어들을 재치 있게 조합한 이 문장은 안산 주민들에게 안산에 대해 물었을 때 혼히 들을 수 있는 말이다. 이러한 표현을 듣다 보면, 자연스레 몇 가지 의문점이 생긴다. 안산 주민들은 어째서 안 산다, 안 산다, 하며 안산에 사는 것을 내켜하지 않는 것일까? 그런데 그처럼 살기 싫다고 하면서도 이들이 계속 안산에 살고 있는 이유는 무엇일까? 간단한 문장이지만, 이 문장은 안산 시민들이 안산에 대해 가지고 있는 미묘한 양가적 감정을 드러낸다. 즉, 안산 시민으로서 산다는 것이 늘 아쉽고 불만족스럽지만 막상 더 나은 대안이 없기 때문에 지속하고 있는, 이들의 고착된 사회적 위치를 드러내주는 것이다.

안산 시민들의 이러한 감정은 사실상 한국의 독특한 역사적·정치적인 맥락 속에서 구성되어온 것이다. 많은 한국인들에게 '안산'은 현재의 지명보다 '반월'이라는 이름으로 더 익숙하다. '반월'은 1970년대 말 '반월공단'을 통해 전국적으로 유명해졌다. 1970년대 말 박정희 정권은 남한의 경제 성장에 따른 대도시 인구 집중을 해결하기 위해 '반월신공업도시 건설계획'에 착수하였다. 중소기업 공단 중심의 위성도시로 개발된 반월은 한국에서는 처음으로 주택, 교육, 그리고 주거 환경을 함께 고려하는 도시 설계를 사용한 계획도시였으며, 그 자체로 개발독재의 상징이었다. 반월공단은 처음부터 그 건설 목적이 반월 주민들의 복지 향상을 위한 것이라기보다는 서울과 다른 대도시 주민들의 삶의 질을 향상시키기 위한 것이었다. 따라서 서울 및 기타 대도시에 있던 많은 중소기업들과 환경오염을 유발하는 제조업체 공장들이 정부 정책에 따라 반월로 이전되었다. 1986년 도시 규모가 커지면서 시로 승격했는데, 이 때 반월이라는 이름을 버리고 역사적 명칭인 안산이라는 이름을 회복했다.

"아무리 가난한 사람이라도 여기서는 먹고 살 수 있어요"라고 이곳 사람들이 종종 말하듯, 안산은 출신 지역과 상관없이 한국의 눈부

신 경제 성장의 혜택에서 소외된 다양한 주변인들에게 노동과 생활을 위한 공간을 제공해왔다. 그들 중에는 1970년대 가난으로 고향을 떠나야만 했던 수많은 전라도의 소작농들과 1980년대 폐광으로 새로운 벌이를 찾아야 했던 강원도의 광부들이 있었다. 또 1990년대에 들어서면서부터는 아무도 하려 들지 않는 소위 3D(dirty, difficult and dangerous) 업종에 종사하면서도 저임금과 인종 차별에 고통받아온 외국인 이주 노동자들과 IMF 금융 위기 이후 직장을 잃고 빚더미에 나앉게 된 많은 가장들이 있었다. 이들에게 안산은 직장과 거주지를 제공하는 새로운 삶의 터전이 되어왔다.

물론 안산 주민들 중에는 초기 산업화 과정 속에서 부를 축적해온 상대적으로 부유한 사람들도 있으며, 교사나 의사 등 전문직에 종사하는 사람들도 적지 않다. 그렇지만 안산시가 계획도시로 설립될 때부터 가지고 있던 한국 사회에서의 특수한 역할과 성격으로 인해, 안산 시민들은 도망자, 부랑자, 범죄자, 외국인 또는 가난한 사람들이라는 외부의 사회적 낙인으로부터 자유롭지 못했으며, 시민들은 그로 인한 편견과 불이익을 늘 감수해야 했다. 이러한 특징은 안산 사회만의 독특한 문화적 기풍을 형성해왔다. 한편, 시민들은 이주민 공동체로서 강한 심리적 유대와 상호 부조의 문화를 발전시켜왔으며, 핵심 공업단지의 구성원으로서 노동과 시민적 권리에 관한 남다른 자부심과 정치의식을 성장시켜왔다. 그러나 다른 한편으로, 이들은 한국 사회에서 중심이 되지 못하는 지역적 삶에 대한 불만과 소외의 감정을 체화해왔다. 안산 시민들은 자신들이 이루어낸 성공적인 사회개혁과 시민운동의 성과들에 자랑스러워하면서도, 더 나은 미래를 위해서 현재의 상황에서 벗어나고 싶은 열망을 늘 품어왔던 것이다. 시민들은 그날이 언제 될지는 모르지만, 마음속 깊이 안산이 삶의 최종 정착지는 아니라는 생각을 품어왔다. 조금만 더 삶이 나아진다면, 적어도 보다 중심부와 가까운 도시로 이사 갈 수 있으리라고 꿈꾸며 바쁘게 살아왔던 것이다.

이러한 삶의 맥락 속에서, 정치 지도자들에 대한 분노 및 불신과 더불어, 유가족들의 지속적인 투쟁을 이끌어온 또 다른 원동력은 바로 유가족 스스로의 과거의 삶에 대한 자기반성과 후회였다. 가족들의 깨달음은 "사람이 돈보다 중요하다"는 간단한 한 문장으로 요약된다. 일견 진부하게 들리지만, 세월호 참사 이후 고통스러운 경험들 속에서 유가족들은 많은 사람들(특히 힘 있는 사람들)이 타인의 생명보다 자신의 돈을 더 소중히 여긴다는 것을 알게 되었다. 또 팽목항에서부터 청문회에 이르기까지, 물질만능주의적 가치가 어떻게 무고한 학생들을 쉽사리 죽음에 이르게 할 수 있는지를 이들은 직접 목격하였다.

유가족들은 결국 탐욕과 금전적인 이익 때문에 아이들의 안전과 생명을 함부로 취급했던 관료, 정치인, 기업가들에 대해 분노하였지만, 나아가 자신들 또한 지금까지 사랑하는 사람보다 돈을 우선시하는 삶에서 완전히 자유롭지 못했음을 깨달으며 반성하기 시작했다. "이러한 깨달음을 아이를 잃기 전에 알았더라면……." 가족들은 가슴을 치며 통곡했다. 부모들의 고통스러운 후회와 자책은 특히 세 가지 영역(노동, 소비주의, 교육 문제)에서 두드러지게 나타난다. 일과 삶에 필요한 물건들과 아이들의 교육 모두 돈보다 더 중요한 가치가 있는 것들임에도 불구하고, 이 모든 것들이 오로지 금전적 가치만을 중심으로 이루어지고 있었음을 이들은 인식하기 시작했다.

단원고 희생 학생들의 대부분은 IMF 금융 위기가 발생한 1997년에 한국에서 태어났다. 당시 한국의 많은 가장들과 마찬가지로, 대부분 희생 학생의 아버지들은 아이들이 태어나고 자랄 때 경제적인 어

려움을 겪어야 했다. 일부 아버지들은 직장을 잃었으며, 일부는 해고
되지 않기 위해 밤낮없이 초과근무를 해야 했고, 일부는 하던 사업이
부도가 나서 빚더미에 올라앉았다. 아이가 태어나고 자랄 때 함께 해
주지 못한 경험을 가진 많은 희생 학생의 아버지들은 나이, 직업, 안
산에 정착한 시기는 모두 다르지만, 공통적으로 잃어버린 자식에 대
한 미안함을 가지고 있다. 이들은 모두 아이가 살아 있었을 때 바쁘다
는 이유로 좀 더 시간을 함께 보내지 못한 것에 대해서 아쉬워한다.
다음 한 아버지의 고백은 단지 한 사람이 아닌 대부분 아버지들의 고
백이라는 점에서 우리의 마음을 더욱 아프게 한다.

> 저는 이 사고 전에는 먹고사는 문제, 이 문제를 해결하기 위해
> 열심히 살았습니다. 이 먹고사는 문제를 해결하기도 참 버거웠었
> 기에 ○○이 데리고 여행도 잘 못 갔습니다. 그래서 ○○이가 이번
> 수학여행을 정말 기대했는데 이런 사고가 발생했습니다. 이 사고
> 후 저는 '먹고사는 문제'가 아니라 '죽고 사는 문제'에 대해 생각하
> 게 되었습니다. 경제적으로 힘들어도 사람만 있으면 라면을 먹어
> 도 꿈과 희망을 이야기하며 살아가면 되는데 죽고 사는 문제는 그
> 런 게 아니더라구요. 사람이 없으면 아무 의미가 없으니까요.

아이와 충분히 시간을 보내지 못한 죄책감을 표현하는 아버지들
도 어떤 면에서는 죽은 아이들과 마찬가지로 체제의 피해자라고 할
수 있다. 대부분 노동자 계층에 속한 아버지들의 일상이란 가부장적
이고 자본주의적인 질서를 유지하고 강화하기 위한 국가의 미시 권력
에 늘 종속될 수밖에 없었기 때문이다.
한국 사회의 젠더 이데올로기는 남자가 가장으로서 생계 문제를

일차적으로 책임져야 한다고 요구한다. 만일 가족의 생계를 책임지지 못할 경우 가장으로서 아버지의 존재론적 가치는 부정당하기 쉽다. 따라서 아버지들의 삶은 무엇보다 가족들에게 돈을 벌어다 주는 일에 집중될 수밖에 없었으며, 그것을 통해 가족 내에서 권위를 보장받았다. 더욱이 어떠한 특권도 갖지 못한 채 서민으로 살아온 이들에게 돈은 자식들의 행복과 성공적인 미래를 보장해줄 수 있는 유일한 수단이라고 여겨졌다. 대부분 고졸자로서 사회적인 차별과 냉대를 받았던 희생 학생 아버지들은 이 나라에서는 명문 대학의 졸업장을 가진 사람만이 편안하고 존엄이 있는 삶을 누릴 수 있다는 사실을 경험을 통해 알고 있었다. 직접 경험하지 않더라도, 한국에 사는 가진 것 없는 대부분의 부모들은 오로지 돈을 버는 것만이 자식들을 맘껏 공부시키고 좋은 대학에 보내며 떳떳하게 살게 할 수 있는 방법이라고 믿어왔던 것이다. 그러나 한 아버지가 표현한 딜레마처럼, 그러한 믿음과 실천 속에서 아버지들은 물질주의적인 가치를 우선시하고 경쟁을 강화하는 미시적인 국가권력에 동조해왔다.

제가 아들하고 이야기 할 때 보면 거의 매일 돈 이야기를 하고 있더라고요. 그러니까 네가 살아가려면, 행복하게 살려면, 어떻게 보면 돈이 전부는 아니지만 그래도 돈이 있어야만이 네가 가고 싶은 여행도 갈 수 있는 거고 네가 하고 싶은 일도 할 수 있는 거고.

이처럼 유가족들의 삶에서조차 돈은 가장 우선적인 가치였다. 매일매일 일하는 목적, 그리고 성공해야 하는 이유도 결국 돈이었다. 그러나 아이들의 죽음은 모든 것을 바꾸어놓았다. 돈은 이제 정반대의 의미를 뜻하게 되었다. 아이들의 죽음에 직간접적으로 책임이 있는 모든 사람들(선원, 선주, 선박의 감독관, 해경, 정부, 언론, 정치인과 대통령)에게 하나의 공통점이 있다면, 그들은 모두 아이들의 생명보다 돈을 우선시했다는 점이다. 참사의 경험을 통해 유가족들은 아이들의 죽음에 책임이 있는 사람들의 가치관을 근본으로부터 비판하게 되었을 뿐 아니라, 그간의 삶 속에서 자신들도 암암리에 자본주의적 미시 권력에 동조해왔다는 사실을 뼈저리게 느끼고 반성하기 시작했다.

가족들이 2주기를 앞두고, 정부의 배·보상안 발표를 들으며 그토록 모욕감을 느끼고 삭발식을 거행했던 것도 같은 맥락에서 이해될 수 있다. 가진 게 없어서 그리고 가진 자들의 탐욕 때문에 아이들이 목숨을 잃었는데, 진실을 밝혀달라고 목이 쉬도록 외쳐대는 부모들 앞에 오히려 "돈다발을 던져주는" 정부의 태도는 이들이 겪고 있는 고통의 감정을 철저하게 무시하는 행동이었던 것이다.

아이들을 잃고 나서, 부모들이 갖는 또 다른 큰 후회는 그동안 아이를 사랑한다고 하면서도 바쁜 일상 속에서 아이의 내면적인 생각과 감정에 대해서 제대로 알고 있지 못했다는 깨달음과 연관된다. 다음 한 어머니의 이야기는 바쁜 삶과 소비주의의 가치관 속에서 아이의 마음을 충분히 알아주지 못했던 어머니로서의 미안함을 드러낸다.

제주도 수학여행을 가기 전 어느 날, 그녀의 가족은 평소처럼 아침밥을 먹고 있었다. 그런데 평소에 무언가를 사달라고 하지 않는 아들이 그날따라 갑자기 나이키 신발이 갖고 싶다며 사달라는 것이었다. 나이키 신발은 가격대가 높아 노동자 계층의 가정에서 쉽게 살 수 있는 물건은 아니었기에, 고집을 부리는 아들을 설득하느라 식사 도중에 가족 간에 언성이 높아졌다. 어머니는 집안 사정도 고려하지 않고 무조건 사달라고 고집을 부리는 아들이 이해가 되지 않았고, "그 신발이 얼마나 하는지 알아? 그거 하나 사려면 엄마 아빠가 얼마나 일해야 하는지 알기나 해?"라며 아들을 꾸짖기조차 했다. 그러나 아들은 이상하게도 끝끝내 고집을 부렸고, 마침내 아버지는 "알았다. 네가 그 신발이 꼭 그렇게 갖고 싶으면 내가 하룻밤 더 일해서 야근수당 받으면 사줄게"라며 자리에서 일어났다.

사고가 난 뒤, 어머니는 그 때의 장면이 계속 마음에 남는다고 했다. 처음에 그녀는 아들이 살아 있을 때 나이키 신발을 사주지 않았던 것을 몹시 후회했다. 가족의 수입에 비해 신발이 비싸기는 했지만 아들의 목숨과 놓고 보자면 비교할 가치조차 없었다. 집안의 재정 상황에 상관없이 신발은 얼마든지 사줄 수 있었다. 그까짓 돈이 몇 푼 된다고, 신발을 사주지 않았을까 하는 미안함에 어머니는 한참을 괴로워했다. 그러다가 아들의 시신을 찾은 뒤, 그녀는 왜 아들이 나이키 신발을 사달라고 했는지 다시금 곰곰이 생각하게 되었다. 그리고 문득 부모에게는 신발의 가격이 문제였지만, 아들에게 중요한 것은 사실 신발의 가격이 아닐 수도 있다는 것을 깨달았다. 가격표에 신경을 쓰느라, 아들에게 그 신발이 어떤 의미인지 그때까지 단 한 번도 생각해본 적이 없었던 것이다.

참사 이후 많은 유가족들이 이런 저런 이유로 직장을 그만두었다. 어떤 이들은 직장 동료의 시선을 견딜 수가 없어서, 어떤 이들은 유가족 활동으로 직장 생활을 유지하기 어렵기 때문에, 또 어떤 이들은 돈을 버는 일 자체에 더 이상 의미를 찾을 수 없어서였다. 실업은 그들에게 경제적인 어려움을 가져다주었지만, 단지 경제적인 어려움만을 준 것은 아니었다. 어떤 이들은 실업을 통해 오히려 중요한 교훈을 깨닫게 되었다.

참 이상하죠. 참사 이전에, 그니까 남편이랑 저랑 둘 다 일 하

고 돈을 벌었을 때는, 아시잖아요, 우리가 둘 다 이렇게 벌어가지고
는 언젠가 굶어 죽지 않을까 걱정했어요. 하루도 걱정을 안 한 날
이 없을 정도로요. 그런데 지금, 아시겠지만, 저랑 남편이 1년이 넘
도록 한 푼도 못 벌고 있거든요. 그런데 아직도 굶어 죽지 않고 있
네요. 사람들이 음식을 나눠주고, 또 친구들이 나오라 해서 식당에
데려가서 밥도 사주고……. 그렇게 도와주는 사람들이, 마음씨 좋
은 사람들이 많더라구요. 그래서 어떻게든 살게 되더라고요. 아이
는 죽고 없는데 우리만 살고 있다는 것이 부끄럽기는 하지만요.

어머니의 이 말처럼, 참사는 가족들의 세계관, 특히 돈에 대한 관
점을 완전히 바꿔놓았다. 삶에서 가장 중요한 것은 가격표와는 아무
상관이 없는데도, 오늘날의 소비사회는 모든 것을 오로지 금전적인
가치에 빗대어 생각하도록 만든다는 것을 가족들은 깨달았다. 또한
소비를 추동하는 사회가 현재의 삶에 만족하지 못하고 끊임없이 물질
주의적인 욕망을 추구하도록 만들어왔다는 것도 알게 되었다. 아이들
의 죽음과 국가에 대항한 투쟁을 통해서 가족들은 천박한 자본주의
내지 물질주의적 문화가 얼마나 사람들을 호도하고 심지어 삶을 파괴
하는지를 꿰뚫어 보게 되었다. 이처럼 과거의 삶에 대한 뼈아픈 후회
와 각성은 유가족들이 국가권력에 저항하는 투쟁을 지속할 수 있게
해주는 버팀목이 되었다. 이러한 깨달음과 통탄 속에서, 유가족들은
각종 이데올로기나 금전적인 보상으로 회유하려는 국가의 책략으로
부터 비판적인 자세를 유지할 수 있었다.
　　노동과 소비문화에 대한 인식과 마찬가지로, 자녀 교육에 대한
부모들의 깨달음도 이들의 정치적 태도에 영향을 미쳤다. "가만히 있
으라." 가라앉고 있는 배 안에 반복적으로 울려 퍼졌던 이 명령으로

인해 학생들은 배를 빠져나오지 못했고, 결국 수백 명의 피할 수 있었던 죽음을 초래했다. 물론 이 방송이 참사의 유일한 원인은 아니다. 그렇지만 단원고 희생 학생의 부모들은 계속 자문해왔다. 만약 아이들이 윗사람의 지시에 순종적이도록 학교와 사회에서 배워오지 않았다면 어땠을까?

유가족들은 학교와 사회뿐 아니라, 자녀들을 위계적인 사회 체계에 순종하도록 가르쳐왔던 자기 자신들에 대해서도 가슴을 치며 후회한다. 한 아버지는 4월 16일 사고 당시 자신이 딸에게 했던 말을 떠올릴 때마다 분노와 자기혐오의 감정을 참지 못했다. "당황하지 말고 가만히 있어. 그냥 시키는 대로 해." 가라앉는 배 안에 있었던 딸이 아빠에게 다급하게 문자를 보냈을 때, 아버지는 그렇게 답했다. 그 때 딸에게 "그들이 하는 말을 듣지 말고, 네 자신의 판단대로 해. 적절한 때에 밖으로 빨리 빠져나와"라고 말했어야 했다고, 그는 지금도 통탄한다. 이처럼 많은 부모들은 혹시 선생님과 어른 말씀을 따르라고 한 자신들이 아이들을 죽게 만든 것은 아닌지, 부모이기 때문에 버리기 힘든 죄책감으로 괴롭고 또 괴롭다. 그러나 누가 그러한 끔찍한 상황을 조금이라도 예상할 수 있었을까. 부모들 자신도 윗사람에게 순종하는 삶이 올바르다고 어렸을 때부터 늘 그렇게 믿고 배우면서 살아왔던 것이다.

세월호 참사와 이후의 정치적 투쟁 속에서, 유가족들은 이 나라처럼 부패하고 무책임한 사회에서는 순종이 결코 삶을 더 나아지게 하거나 보호해주지 않는다는 강력한 교훈을 얻었다. 자기 역할에 충실하지 않고 아무도 책임지지 않는 사회에서, 순종은 오히려 불행과 심지어 죽음을 가져올 수 있을 뿐이다. 가족들은 무엇보다 한국의 교육에 팽배해 있는 순종에 대한 가르침이 잘못되었다고 생각하기 시작하였다. 순종이야말로 국가권력이 힘없는 국민들을 마음대로 통치하는 전략이라는 것을 깨닫게 된 것이다. 참사 이후, 희생 학생의 부모들은 더 이상 자녀들에게 부모든, 선생이든, 혹은 다른 어른들이든 권위에 복종하라고 가르치지 않는다.

또한 유가족들은 자녀들이 스스로 원하는 것과 상관없이 그저 대학 입시를 위해 열심히 공부하도록 독촉한 것에 대해서도 반성해왔다. 아이들이 사후에 남긴 메모와 일기장을 보면서, 부모들은 아이들이 생각했던 것보다 자신의 미래에 대한 또렷한 목표와 꿈을 가지고 있었다는 사실을 확인하고 미안하고 또 놀랄 수밖에 없었다. 자녀가 무엇을 좋아하고 무엇을 잘하는지 세상을 떠난 다음에야 비로소 제대로 알게 된 부모들도 있었는데, 이들은 미안함과 자책으로 한참동안 허공을 멍하니 바라보아야 했다.

참으로, 겉으로는 부모에게 무관심하거나 심지어 반항하는 것처럼 보였던 아이들의 미래 계획 속에는 가족들을 위한 따뜻한 배려와 성숙한 마음이 가득 들어 있었다. 어른들의 세상은 부패하고 탐욕으로 가득 차 있었지만, 아이들의 소망 속에서 세상은 교사든, 경찰이든, 연예인이든, 의사든, 운동선수든, 여전히 열심히 살고 바르게 행동하는 사람들이 성공하고 갈채 받는 그런 곳이었다. 살갑게 표현하지 않아도 부모가 자신을 위해 밤낮없이 애쓰고 있다는 것을 자녀들은 잘 알고 있었고, 미래에 대한 아이들의 꿈속에는 고생한 부모를 행복하게 해드리겠다는 진실 어린 마음이 담겨 있었다. 아이들이 남긴 기록들을 마주하며 느꼈던 미안함과 회한은 굳이 인문계고등학교를 고집했던 한 어머니의 고백에서도 드러난다.

제가 후회되었던 게 그런 소질을 미리 알았으면 차라리 다른 학교를 보냈으면 하는 생각이……. 엄마가, 너무 저희가 안산에서 살다보니까, 좀 저도, 아까 전업주부 이야기를 했지만 아이들이 커 가니까 경제적인 면도 있고 이래가지고 밖에 나가서 일을 좀 했거든요. 그런 면을, 그것 땜에 더 소질 계발을 못해줬던 거 같아서 마음 아파요. 정말 엄마가 그런 일을, 그런 거를 소질을 일찍 발견했다면, 이런 학교 안 보냈으면 이런 일이 없었을 거란 생각이 정말 힘들고, 오늘 아침에도 ○○가 가장 행복해한 게 무엇인가를 엄마가 더 물어보지 못했다는 게 되게 죄책감이 오더라구요. 엄마는 그냥 다른 아이들처럼 1등하는 거 원하고 그런 엄마의 어떤 제 욕심이 제가 학교 다닐 때 못했던 거를 아이한테 채우길 바랬던 것 같아요.

아이들의 죽음이 결코 부모들의 잘못 때문은 아니다. 그렇지만, 아이의 생명을 자신의 목숨을 내버리더라도 지키지 못했다는 부모로서 갖는 미안함, 그리고 혹시라도 아이의 죽음이 가지지 못한 자로서 바둥거리며 살아온 자신의 부족 때문이 아닐까 하는 죄책감은 세월호 유가족들이 이후에도 계속 권력과의 투쟁을 견지할 수 있는 강력한 원동력이 되어왔다. 참사 이후 계속된 저항 속에서, 가족들은 그간 사회참여에 대해 무관심하게 살아왔던 자신의 삶에 대해 반성하며, 아이들의 한을 풀고 국가가 정상적으로 작동할 수 있도록 스스로 나서야 한다고 믿고 있다.

나가며: 수동적 시민에서 저항적 주체로

세월호 참사의 유가족들은 아이를 잃기 전에는 소도시 안산의 평범한 시민일 뿐이었다. 대부분 노동자 계층인 이들은 매일같이 열심

3부 주체성

히 일해서 알뜰하게 돈을 모으는 것만이 가족의 행복과 성공의 지름 길이라고 믿었다. 아이에게 자신보다 더 나은 미래를 주기 위해, 이들은 집과 직장에서 밤낮없이 바쁘게 일했으며, 아이에게는 학교 공부를 열심히 하고 선생님과 어른들에게 순종하기를 가르쳤고, 또 다른 평범한 부모들처럼 아이가 좋은 대학에 가기를 소망했다.

그러나 2014년 4월 16일 그날의 참혹함은 평범한 시민이었던 이들의 삶과 세계관을 완전히 바꾸어놓았다. 집회 한 번 나가본 적 없던 엄마 아빠들은 하루가 멀다 하고 광화문, 국회와 청운동에서 점거 농성을 하고 단식을 강행하였으며, 전국 곳곳을 돌아다니며 언론이 보도하지 않는 자신들의 목격담을 증언하였다. 지금까지도, 상당수의 부모들은 아예 직장을 그만두고 국가에서 제시하는 배·보상을 거부하면서, 자녀 죽음의 진상을 끝까지 밝히고자 투쟁을 계속하고 있다.

참사 이후 유가족들의 활동과 일상을 직접 참여하고 관찰하며 얻은 자료들을 바탕으로, 이 장에서는 세월호 참사의 유가족들을 '수동적 시민'에서 '저항적 주체'로 변화하도록 이끈 두 가지 중요한 동인을 가족들의 입장에서 살펴보고자 했다. 그 첫 번째 동인은 참사 이후의 대응 과정을 겪으면서 정부와 정치인들에 대해 갖게 된 유가족들의 깊은 불신과 분노이다. 관료, 국회의원, 심지어 대통령에 이르기까지, 유가족들은 이 나라의 정치 지도자들이 국민들의 안위와 생명을 소중히 여기지 않으며 오히려 정치적으로 이용하고자 한다는 것을 철저하게 깨달았으며, 결국 진상 규명과 책임자 처벌이라는 당면 문제를 해결하기 위해서는 그 어떤 대리자의 힘에 의존하기보다 스스로 일어서야 한다고 결심하기에 이르렀다.

유가족들이 지속적인 저항적 주체가 될 수 있도록 이끈 두 번째 동인은 과거의 삶에 대한 스스로의 깊은 후회와 죄책감이다. 유가족들은 참사 이후 대응 과정 속에서 한국의 자본주의적이고 권위주의적인 권력 체제가 갖는 문제점들이 적나라하게 확인하게 되었을 뿐 아니라, 자신들 역시 그러한 권력의 유지와 지속에 알게 모르게 타협하거나 동조해왔다는 사실을 깨닫게 되었다. 결국 부모로서의 세상에 대한 무지가 아이를 죽음으로 이끌었다는 후회와 각성은 그간 사회운동에 거리를 두었던 자신들의 삶을 되돌아보게 했으며, 나아가 현재의 삶을 사회개혁에 헌신하도록 하는 동인이 되어왔다.

유가족들이 충격적이고 고통스러운 경험을 통해 그간 정치적으로 성장해온 것은 사실이다. 그렇지만 과연 유가족들이 그들의 뜻을 성공적으로 이루어낼 수 있을까? 2017년 3월 10일, 박근혜 대통령 파면 선고는 유가족들의 지난 3년 투쟁을 통한 첫 승리였으며, '우리 사회를 바꿀 수 있다'는 희망의 메시지가 되었다. 그렇지만, 이들은 자문한다. 과연 다른 사람이 대통령이 되면 우리 사회가 달라질까? 정권이 바뀌면 아이의 억울함을 풀어줄 진상 규명이 제대로 이루어지고, 온 국민이 함께 아이들의 죽음을 추모하며 의미 있는 것으로 기릴 수 있을까? 이 나라의 권력체제와 속성을 속속들이 알아버린 유가족들에게 앞에 놓인 장벽들은 지나치게 굳건해 보인다. 유가족들은 적어도 세 가지의 장벽을 인식하고 있다.

첫 번째 장벽은 유가족들이 싸우는 대상인 '국가'가 결코 약한 상대가 아니라는 것이다. 오늘날의 사회에서 어떠한 저항 세력이라도 국가 체제를 무너뜨리는 것은 말할 것도 없고 국가 체제에 도전하는 것조차 거의 불가능에 가깝다. 현대 국가 체제는 단지 정부 조직과 관료들로 구성된 것일 뿐 아니라, 언론, 교육, 종교, 기업 등 각종 사회기구와 이데올로기적 개입을 통해 국민 개개인의 일상에 미시 권력으로 작동하고 있기 때문이다. 현재의 정권이 무너진다 할지라도, 근본

　　　　　　　　　　　　　3부 주체성

적인 성격에 있어서 크게 다르지 않은 또 다른 정권이 그 자리를 차지할 것이다. 차기 대통령이 누가 되느냐에 따라 세월호 참사에 대한 접근이 달라질 수는 있을지 몰라도, 근본적으로 지배 체제가 크게 바뀌리라고 예상하기는 어렵다. 세월호 참사의 핵심적 문제는 단순히 대통령 한 사람이 아니라 정치 엘리트들과 가진 자들의 부패와 탐욕과 거짓말을 가능하도록 만드는 이 나라 전체 권력 시스템에 있기 때문이다. 따라서 유가족들의 국가권력에 대한 문제 제기가 옳다고 하더라도, 문제의 해결이 이루어지는 것은 생각보다 훨씬 더 지난한 과정일 수 있다.

두 번째 장벽은 시간이 지날수록 유가족들의 정치적인 참여와 투쟁에 대한 열정이 어쩔 수 없이 조금씩 수그러들고 있다는 것이다. 점점 더 많은 가족들이 매번 패배하고 성과가 주어지지 않는 끝없는 국가권력과의 투쟁에 지쳐가고 있다. 일부 가족들은 이길 수 없는 싸움이라는 깨달음 속에서, 이제는 다 잊고 새로운 삶을 살고 싶어 한다. 또 어떤 사람들은 돌보아야 할 다른 아프거나 어린 가족들이 있어서, 죽은 아이만을 생각하고 삶을 헌신하기가 어렵다. 참사 발생 초기에 국가를 향한 직접적이고도 적극적인 투쟁에 참여했던 유가족들은 150명이 넘었지만, 지금 그 수는 40~50명 정도에 불과하다. 남은 가족들은 하나둘 다른 사람들이 떠나가는 것을 지켜보면서 무력감을 느끼고 있다. 또 가족들마다 가지고 있는 서로 다른 현실 조건과 입장들은 가족들 간에 갈등과 서운함을 낳기도 하며, 단결된 지속적인 싸움을 점점 어렵게 만들고 있다.

세 번째 장벽은 보다 복잡한 문제이다. 첫 번째와 두 번째 장벽을 인식하고 있는 몇몇 활동적인 유가족들은 이제 국가가 자신들의 요구에 굴복하도록 하는 것을 투쟁의 목표로 삼을 것이 아니라 국가권력으로부터 상대적으로 자유로운 새로운 형태의 공동체를 형성하는 것을 목표로 삼아야 하는 것이 아닌가 하는 고민에 빠져 있다. 즉, 이들은 시민으로서의 각성에 기초한 정치투쟁과 새로운 삶의 기반을 마련해가는 공동체 실천 사이에서 어느 것에 더 무게를 두어야 하는지 혼란 속에 있다. 정치투쟁만큼이나 공동체 실천 역시 유가족들에게는 처음 걷는 길이기에 쉽지가 않다.

세월호 참사가 유가족들의 기존 관계와 삶의 방식을 붕괴시킨 것은 사실이지만, 동시에 새로운 형태의 공동체의 등장을 이끌어왔다는 점은 주목할 만한 사실이다. 정부의 무책임한 대응에 반복적으로 직면하면서, 일 년에 한두 번 만날까 말까 했던 같은 단원고 학부모이거나 지역 주민이었던 유가족들은 처음으로 공동의 목표를 가지고 국가에 저항하기 위해 한자리에 모였다. 그 기간 동안 거의 매일같이 함께하면서, 유가족들은 아이를 똑같이 잃은 다른 가족들이야말로 자신들의 감정과 이해와 믿음을 공유하는 동료 이상의 존재라는 것을 깨닫게 되었다. 이들은 서로에게 아픈 상처를 가장 잘 보듬어주고 위로해주는 친구이자 동지이자 치유자가 되어왔던 것이다.

그간의 투쟁을 통해 얻은 깨달음을 바탕으로, 유가족들은 이제 새로운 공간과 새로운 관계로 이루어진 공동체를 상상하기 시작하고 있다. 아직은 진상 규명과 책임자 처벌을 향한 길이 멀게 느껴지지만, 이와 동시에 가족들은 스스로의 일상 속에서 국가 미시 권력의 노예가 되기를 거부하면서, 돈이나 탐욕 때문이 아닌 즐기고 행복할 수 있을 만큼 일하고 이웃과 나누는 공동체의 건설을 마음에 그리고 있다. 이곳 공동체에서 사람들은 경쟁하는 대신 서로 도우면서 살아갈 것이다. 또 이곳에서 자라날 아이들은 더 이상 어른들의 욕망에 순응하기를 강요받지 않으며 자신들이 원하는 가장 행복한 삶을 스스로 선택

3부 주체성

할 수 있게 될 것이다. 이러한 상상은 언뜻 보면 지나치게 이상적으로 들릴 수 있지만, 유가족들이 그간 겪었던 생생한 경험과 고통스러운 깨달음에 뿌리내린 가장 절실하고 현실적인 생각이기도 하다. 유가족들이 지금 꿈꾸는 세상은 오랜 고통 속에 잉태된, 진지하고 첨예한 자기 탐구 과정의 산물인 것이다.

　　이러한 장애물들을 앞에 두고, 유가족들이 나아가야 할 방향은 결국 권력에 저항하는 정치투쟁과 새로운 삶을 마련하는 공동체 실천을 힘들지만 동시에 이루어나가는 것일 수 있다. 제대로 작동하지 않는 대의제 민주주의의 한계를 보완하고 시민으로서 직접 행동을 실천하는 유가족들의 정치투쟁은 특히 진상 규명이 이루어지지 않은 현재 가족들에게 여전히 필요하고 의미 있는 것이다. 그간 진영 논리와 정치 엘리트들의 고도화된 정치적 술수에 의해 유가족들의 노력이 제대로 성과로 이어지지 못했다면, 앞으로는 가족들이 기존의 사회운동에서 예상치 못했던 변화를 만들어낼 수도 있다. 이와 동시에, 점점 지쳐가는 가족들과 남아 있는 아이들을 위해서라도 새로운 삶의 기반을 마련해가는 공동체 운동은 반드시 필요할 것이다. "잊지 않겠습니다", "가만히 있지 않겠습니다"라는 맹세는 그날의 참사를 지켜보던 국민들의 외침이기도 하지만, 또한 유가족들의 것이기도 하다. 아이들의 죽음 이후 오늘날 사회 체제에 대한 남다른 자기 각성을 갖게 된 유가족들은 그 깨달음이 구체적으로 어떠한 다른 삶을 뜻하는 것인지 바깥 사회에 전달하고 보여주어야 할 역사적이고 정치적인 사명을 부여받고 있다.

에필로그

이 참사의 원인과 결과를
이해하고 설명하는 것에 있어서
분명히 많은 이들의 의견이 서로 충돌한다.
그러나 우리는 세월호의 침몰을 단순한 사고가 아니라
한국의 정치, 경제, 사회 그리고 문화에 대한
심각한 문제의 징후라고 보는 것에 대해서는 의견이 일치한다.
세월호의 침몰은 '현대 한국'이 가지고 있는
뭔가 깊은 문제의 전조라고 할 수 있다.

제10장

난파한 세월호

: 붕괴하는 정치적 통일체, 대한민국*

존 리

모든 것이 변하는 듯 보이고 '재부팅'되는 특정한 날짜가 단절(斷折, radical rupture)의 징조라는 것은 국가적 서사에서 흔한 이야기다. 2014년 4월 16일, 한국의 세월호가 침몰하면서 탑승객 476명 중 304명이 사망했다. 이 사고를 더욱 비극적으로 만든 것은 대부분의 희생자가 수학여행을 떠난 단원고등학교 학생들이었다는 것이다. 아이들의 어린 생명이 고통스럽게 끊어졌을 뿐만 아니라, 아이들의 끔찍한 경험들이 그 누가 봐도 알 수 있게 소셜미디어를 통해 거의 즉각적으

* "이 글은 2015년에 출간한 논문("The Wreck of the Sewol, *Georgetown Journal of International Affairs*," Vol. 16, No.2, pp. 111~121)을 개정한 것이다. 김미경과 서재정에게 이 책에 참여하도록 초대해준 것에 감사를 표하고 싶다. 낸시 아벨만을 추모하는 데에 이 글을 바친다(존 리)."

로 전달되었다. 한국에서 세월호 비극은 몇 달 동안 신문의 헤드라인과 9시 뉴스 그리고 네티즌들을 지배했다. 보도자료와 폭로된 사실들, 소문과 의혹, 은폐 혐의 및 음모론들이 고발과 역고발의 바다에서 소용돌이쳤다. 정치인들은 수 주 동안 걸쳐 사고를 조사하기 위한 위원회 명단 구성을 두고 다투었다. 한국의 거리는 조용해졌고 공개적으로 유쾌함을 드러내는 것이 금기시되었다. 한국의 소비가 급락하면서 수학여행이(참으로 많은 견학 여행들이) 취소되었다. 작가 김영하는 말했다. "외부에서 보기엔 세월호 참사가 우리가 반드시 극복할 수 있는 그저 비극적인 사건들 중 하나일 수도 있다. 하지만 한국에서는, 이 나라가 더 이상 예전 같지 않을 것 같다. 국민 정서에는 트라우마를 남겼고 우리의 자아상이 송두리째 꺾였다."[1] 그러나 이 사고가 비극적이었던 만큼, 이것이 왜 변형적 문화 현상인지 그리고 민족적 성찰의 순간이어야 하는지는 여전히 의문으로 남는다. 이에 대한 나의 대답은 난파한 세월호가 난파한 한국의 정치체(body politic)를 가리킨다는 것이다.

이 책의 모든 필자들이 이러한 나의 주장에 동의할지는 잘 모르겠다. 이 참사의 원인과 결과를 이해하고 설명하는 것에 있어서 분명히 많은 이들의 의견이 서로 충돌한다. 그러나 우리는 세월호의 침몰을 단순한 사고가 아니라 한국의 정치, 경제, 사회 그리고 문화에 걸쳐 있는 심각한 문제의 징후라고 보는 것에 대해서는 의견이 일치한다. 세월호의 침몰은 '현대 한국'이 가지고 있는 뭔가 깊은 문제의 전조라고 할 수 있다.

---

1   "South Korea Tragic Failure," *New York Times*, May 6, 2014.

에필로그

세월호 침몰

사고는 일어난다. 배는 침몰할 수 있다. 하지만 전복된 한국 여객선이 뉴스거리가 된 이유는 (한국 역사상 최악의 해양 재난이라고 널리 보도된) 비극의 규모뿐만 아니라, 많은 관련 자료들이 지적하듯 이것이 명백히 막을 수 있었거나 적어도 피해를 줄일 수 있었던 사건으로 보이기 때문이다. 몇몇의 필자들이, 특히 이 책의 편집자들은 서문에서 이와 같은 사건의 배경을 다뤘지만, 나의 언어로 세월호 참사의 기본을 요약하자면 다음과 같다.

전복 바로 직전의 불완전하고 불확정한 요소들과 같은 사고의 정확한 세부 사항은 여전히 논란의 대상이지만, 304명의 희생에 일조한 많은 요인들에 대해서는 그 누구도 의견을 달리하지 않는다. [2] 첫째, 세월호는 안전설비가 무효화된 낡은 배였다. 청해진해운은 거의 20년 가까이 된 일본 선박을 가져와 더 많은 승객과 화물을 실을 수 있도록 개조 작업을 하였다. 이와 동시에, 선박을 안정시키는 데 쓰이는 평형수를 줄이고, 선상에 실은 화물을 제대로 고정하지 못하는 등 선박의 안전 상태 수준을 떨어뜨렸다. 회고해 보건데, 낡고 과적한 선박은 이미 참사를 향해 가고 있었던 것으로 보인다.

문제는 이 하드웨어(hardware)뿐만이 아니었다. 충분히 훈련을 받

---

2   세월호 참사에 대한 참고문헌은 이미 굉장히 많다. 사고가 발생한 해에 이미 많은 책이 나왔다. 예를 들면 다음과 같은 글들이 있다. 『세월호의 진실』(곽동기, 615), 『내릴 수 없는 배』(우석훈, 웅진지식하우스), "The Failure of the South Korean National Security State: The Sewol Tragedy in the Age of Neoliberalism"(Jae-Jung Suh). 서재정(Jae-Jung Suh)의 글은 영문으로 된 글 중 사고에 대한 가장 좋은 개요를 담고 있다.

지 못한 비정규직 선원들은 오래된 과적선을 이끌었다(33명의 승무원 중 19명이 비정규직이었으며 훈련받지 않았다). 안전훈련을 경시한 죄악은 홍보에는 2억 이상을 쓰면서 안전 교육에는 고작 50만 원만 쓴 청해진해운의 회계 기록에서도 알 수 있다. 선박이 뒤집히기 시작하고 나서, 선장과 승무원들은 서둘러서 본인들을 구조하기 바빴고 승객들을 유기하였다. 가장 비극적인 것은, 대부분 고등학생이었던 승객들이 선실에서 대피하는 것이 아니라 가만히 있으라고 지시를 받은 것이다. 대중들은 선장과 선원들이 승객들의 안전을 보장해야 한다는 바다의 기본 에토스(ethos)를 무모하게 묵살한 것에 마땅하게 맹비난을 퍼부었다. 선원과 승무원들의 비겁한 행동은 비난받아야 마땅하나 그들 이외에 누구도 법정에 서지 않게 되면서, 그들은 모든 비난을 덮어쓴 희생양이 되기도 했다. 그럼에도, 세월호의 소프트웨어(software, 내실)가 하드웨어의 결함을 가중시킨 것은 확실하다.[3]

그리고 구조 활동의 영문 모를 실패가 있다. 한국의 해경은 승객들을 구조하는 데 무능했을 뿐만 아니라 해군과 해경본청을 포함한 다른 기관들로부터의 도움을 요청하는 데 해이했고, 그들의 도움을 봉쇄했다는 가능성이 입증되었다. 미국과 일본의 구조 지원이 거절되었다. 특히 중대 사고에서 구조 노력의 선봉에 서야 할 국가정보원은 움직이지 않았고 무력했다. 박근혜 대통령은 사고에 부재했거나 무지했다. 분명히 국가와 그 기구(apparatuses)는 중대한 민족적 재난의 국

---

3   사고의 원인을 만연한 "빨리"나 "걱정하지 마라"와 같은 일반적인 비유로 설명되는 한국의 문화적 특징으로 보려는 경향이 있다(Muroya Katsumi, Disuizu Koria). 이런 점에서, 강수돌과 박경신의 글은 문화의 중요성에 대한 독특한 분석을 했다. 문화의 중요성을 부인하는 것은 무의미한 것일 테지만 이를 지나치게 강조하는 것 또한 동등하게 문제가 있다.

면에서 형편없이 대응했다.

해외의 경우에서도 알 수 있듯 선박 침몰 사고는 빈번히 일어난다. 2012년 이탈리아의 호화 유람선 코스타 콩코르디아호가 전복되었을 때에 그 배의 선장도 모든 승객들이 대피하기 전에 배를 먼저 포기했다.[4] 하지만 콩코르디아호와 세월호는 피상적으로 비교해도 엄청난 차이가 난다. 콩코르디아호는 상대적으로 새 선박이었고 상당히 잘 관리가 되어 있었다. 선장의 조기 하선에도 불구하고, 많은 승객들이 안전하게 대피하였다. 또한 구조 노력이 상대적으로 성공적이었는데, 4229명의 승객들 중에서(이 외에 비교할 만한 사건으로 세월호 사건 5년 전에 전혀 사망자가 없었던 일본의 선박 사고가 있다) 32명이 사망했다.

대중들이 세월호 참사의 세부 내용을 더 많이 발견할수록, 세월호 침몰은 단순히 불운한 사고라기보다는, 막을 수도 있었던 재난이었다는, 인간의 어리석은 행동의 연속과 심각한 사회적 불평등의 문제였다는 생각을 떨쳐내기 어렵다. 관료적이고 정치적인 은폐들은 대중의 분노와 신랄한 논쟁을 가중시켰다. 그 중대한 당일 박근혜 전 대통령의 행적부터 국가정보원의 부정행위 가능성에 이르기까지 아직 충분히 설명되지 않은 부분들이 있다. 고발과 역고발은 막을 수 있었던 참사에 대한 더 큰 의미를 간과하게 한다. 세월호 비극은 많은 한국 사람들에게 병들고 방향을 잃은 정치체(body politic)의 끔찍한 징후라고 여겨진다. 난파한 세월호는 대한민국의 임박한 난파를 예견하는 것인 듯하다.

---

4   관련 기사를 가디언에서 확인할 수 있다.
     http://www.theguardian.com/world/costa-concordia.

난파선의 국가, 국가의 난파선

세월호 침몰은 한국 정치경제 모델의 소진을 암시한다. 비한인 학자들은 주요 기관과 현대 한국 경제의 힘에 대해서 논쟁할지 모르겠지만, 어쨌든 국가와 재벌이 가장 강력한 영향력을 가진 존재라는 것에 대해 의견을 같이 하지 않을 한국인들은 드물 것이다. 널리 받아들여지는 한국 경제적 활력의 지배적인 내러티브는 필연적으로 강력한 개발국가와 삼성과 현대와 같은 거대 재벌을 두드러지게 한다.[5] 산업화와 관련된 사회적 변형의 순전한 속도(종종 "압축된"이라고 요약되며 여러 가지 모순을 낳는)는 편집자들의 서문에서, 그리고 이윤경과 박경신이 상술하였다. 한국의 공권력과 거대 기업들에 대한 관계의 정확한 성질에 대해서는 대단한 의견 차이가 있다. 한국은 신자유주의 국가인가(이윤경) 아니면 조직적이고 후견주의적(paternalistic)인 국가인가(박경신)? 불균등한 국가권력의 행사가 문제인 것인가(서재정)? 민주화 이후 얼마나 변화하였는지 역시 논쟁거리다. 강수돌이 지적하듯 그다지 변하지 않았는가? 아니면 남태현이 주장하듯 권위주의적 과거로 회귀하는 것은 잠재적인(그러나 이번에 역행이 발생한) 위험인 것인가?

한국 안팎에 있는 학자들뿐 아니라 현대 한국인들은, 국가와 재벌이 바람직한(desirability) 경제 모델로 이어졌다는 것에 동의하지 않는다. 한국 정치의 근본적인 분열 중 하나는 그 모델이 능력주의와 기술(expertise)에 기초하며, 경제 성장의 동력이라고 믿는 기본적으로 온전한 것이라고 주장하는 측과 이 모델이 부정부패와 얽혀 있으며 불

---

5   John Lie, *Han Unbound: The Political Economy of South Korea*(Stanford: Stanford University Press, 1998).

에필로그

평등과 가난을 초래한다고 관측하여 문제가 있다고 믿는 이들 사이에
서 발생한다. 김대중 대통령과 노무현 대통령이 후자의 믿음에 기초
한 진보적인 정책을 추구한 반면, 이들의 뒤를 이은 이명박 대통령과
박근혜 대통령은 대개 전자를 지지하였다.

　　흑백논리를 기반으로 한국의 정치적 분열을 설명하는 것은 한국
정치경제 모델이 수명을 다했다는 (때로 커지고 때로 작아지는) 공감대 형
성을 어렵게 한다. 약 20년쯤 전 1997년 IMF 위기(1996년 아시아 경제 위
기의 여파)의 결과로 한국의 정치경제 모델을 심각하게 한동안 재고한
때가 있었다. 연속적이고 선례에 없던 경제 성장의 30년은 엄청난 실
업률과 함께 항상 발전할 것 같았던 경제에 대한 신화를 산산조각내
면서 멈추게 되었다. 이때는 정확히 개발국가(복지 기능을 향상하면서)와
재벌(반독과점 조치를 제도화하면서)을 억제하고자 했던 진보적인 김대중
이 대통령이 되었던 상황이었다. 하지만 정부와 기업의 결탁과 고질
적인 부패는 사라지지 않았고, 오히려 사회의 상식이 되었다. 2008년
에 대통령이 된 이명박은 현대건설의 회장직을 지냈고 국가와 재벌
사이의 '훼손된' 관계를 복원한 것으로 널리 알려졌다. 이 관계 복원은
안락한 정경유착의 복원과는 다른 것이었다. 이런 면에서, 이 책에서
남태현의 글은 한국에서 민주주의 공고화의 범위에 대해 의문을 제기
한다. 박근혜 전 대통령은 이명박의 정치에, 특히 대부분 그녀의 아버
지로부터 파생된 정치경제 모델에 대한 이명박의 믿음에 널리 공감하
지만, 이명박처럼 그녀가 반대자들을 무시했다고 하기에는 오해의 소
지가 있다. 즉, 그녀는 반복적으로 정경유착을 유지한 부정부패의 양
상인 경제적 불평등의 심각성과 불충분한 복지 시책뿐만 아니라 재벌
의 권력과 정실 자본주의(crony capitalism)의 책임에 대한 광범위한 우
려를 반복적으로 인정해왔다. 그렇다 하더라도 남태현이 과도한 권위

를 가진 '군주적인' 대통령과 권위주의로의 복귀에 대해 걱정(지적)하는 것은 마땅하다. 나아가, 강수돌의 "중독조직 이론"은 부패를 포함한 강건한 역기능으로 현저히 표출된 한국의 정부와 기업의 조직 문화에 대한 압축된 개발의 지속 효과 및 구조를 적시하고 있다.

세월호 비극에 대한 수사는 한국의 정치경제가 처한 현주소에 대한 많은 우려를 표면화하였다. 이 책에서 이윤경이 강조하였듯이, 최근 한국 정권의 노골적인 신자유주의 지향은 규제 조치를 널리 완화하였다. 이명박 정권의 기업 친화적인 정책 노력이 선박의 허용 수명을 25년에서 30년으로 늘렸을 뿐만 아니라, 많은 안전규제들의 효과를 떨어뜨렸으며, 소비자 보호보다 이윤 추구를 우선하고 촉진했다. 밝혀진 느슨한 정부 감사의 강력한 지표 중 하나는 조직적으로 이루어진 적재량의 과소 신고이다. 사고가 일어났을 때, 세월호는 500톤이나 과소 신고하였다. 게다가 그 운명적인 항해 바로 전 점검은 한시간 이내로 완료되었다. 느슨한 규제와 점검 같은 이른바 친기업적인 정책을 넘어서 세월호의 소유주인 청해진해운은 채무 면제 및 신규 대출의 조합으로부터 이득을 받는 후한 정부의 수혜자였던 것이 드러났다. 나아가, 정부 기관과 청해진해운 사이의 결탁과 부패한 거래 관계로까지 추측은 이어졌다. 이 책에서 유종성과 박연민은 종합적인 부패의 지속적인 감소에도 불구하고 "규제포획"이 만연해 있다고 주장한다. 다시 말해서 관리 기관과 목표 산업에서 여전히 부패 유인 요소가 많고 부패의 정도가 높다는 것이다. 이 모든 부도덕한 사실들과 입증되지 않은 혐의들은 대인 관계 관리라는 이름으로 이루어지는 뇌물 수수와 같은, 한국의 자본주의의 좋지 않았던 옛날을 떠올리게 한다.[6]

세월호 참사에서 역설적으로 오버레이(overlay)되는 것이 있다. 한국 자본주의의 초기 업적 중 하나는 현대 조선업의 성장이었다. 16세기 후반 옛 이야기를 말하자면, 일본의 침략을 물리칠 수 있었던 해군 사령관이었던 이순신의 '거북선'에 대해(2014년 개봉한 영화 〈명량〉은 역대 가장 인기 있는 한국 영화로 남아 있다) 많은 한국인들이 일반적으로는 그 기술력에, 특별하게는 그 조선술에 대단한 자부심을 가지고 있다.[7] 조선술의 선두에 선 민족으로 열렬히 제창됨에도 불구하고, 세월호는 수출 성공과 국내 실패 사이의 분리 상태를 입증한다. 많은 한국인들이 정부의 긴 세월에 걸친 수출 장려 전략이 대기업들을 도왔지만 한국의 소비자들을 해쳤다는 것에 대해서 예리하게 인식하고 있다. 한 예로, 한국 상품을 국내보다 해외에서 구매하는 것이 저렴한 경우가 종종 있다. 수출과 기업 이윤이 우선되고 한국인들의 복지는 그다음이라는 논리는 세월호 참사의 경우에도 작용한 것으로 보인다. 최신식의 호화 여객선에 승선하기보다는, 한국인들은 한국의 것이 아닌 오래된 배에 올라 그들의 죽음을 향해 출항했다.

사람들보다 대기업에 호의를 보이는 정치경제 체제 너머에는 불평등과 부당함에 대한 사회적 인식이 깔려 있다. 한 재벌의 딸이자 기업 간부가 승무원들을 무릎 꿇게 만들고 그녀 마음대로 기장이 회항하게 만든 2015년의 해프닝 "땅콩 (미친) 분노 사건(nut rage incident, 한국에서는 '땅콩 회항 사건'이라고 통용되는)"은 경제 엘리트와 대중들 사이의 격차가 헤아릴 수 없는 수준이라는 것을 극명하게 보여준다. 그러나

---

6   특히『세월호의 진실』(곽동기) 제6장을 보라. 일반적인 논의로는 다음이 있다.
     Jong-Sung You, *Democracy, Inequality and Corruption*(Cambridge:
     Cambridge University Press, 2015).

7   더욱 곤란한 해석은 한국의 해운업의 결핍을 강조하는 것으로, 특히 고급 선박
     을 제조하지 못하는 무능함을 두드러지게 하는 것이었다.

점차 이러한 극단적인 경제력 집중은 경제적 활력을 생산하기보다는 가난과 불평등을 야기하는 것으로 보인다. 2010년 초 재벌 규모 10위 내 기업들의 총 매출액은 한국 국내 총생산의 거의 80%를 차지했다. 하지만 재벌의 지배는 이들을 경제 성장의 동력으로 기념하기보다는, 부정적으로 느끼도록 했다. 반재벌적인 의견 표출은 통상적으로 쉽게 국민(조사 대상)의 3분의 2를 넘는다. 개발국가는 결국 빠르게 노령화가 진행되는 사회에서 복지 혜택이나 노령연금을 제공하는 것에 있어서 굼뜨다는 것이 입증되어왔다. 이 징후에 관하여 세월호 희생자 대부분이 다닌 단원고등학교는 노동자 계급이 두드러지는 안산에 위치해 있다. 이현옥은 흐릿하게 인식되는 한국인의 삶, 즉 이민자들의 유입과 다문화 사회에 대해 조명한다.[8] 세월호 참사의 베트남계 한국인 희생자들에 초점을 맞추면서, 이현옥은 민족성의 "이중 배제"와 한국의 계급을 적시한다. 세월호는 한국의 정치경제가 재벌들에게 더욱 권력을 주는 한편 대중들의 권력을 빼앗으면서 불평등과 가난을 악화시킨다는 것을 냉혹하게 상기시켜주는 또 다른 사건 중 하나다.

세월호 참사는 한국의 국가와 재벌의 자본주의가 한국의 대중들에 기여하는 것은 아닐 수도 있다는 것을 상기한다. 따라서 세월호 침몰은 국가와 재벌이 이끄는 한국 경제의 운명에 대한 불길한 징조로 이해할 수 있다.

---

8   John Lie(ed.), Multiethnic Korea? *Multiculturalism, Migration, and Peoplehood Diversity in Contemporary South Korea*(Berkeley: Institute of East Asian Studies, University of California, Berkeley, 2015).

표류하는 사회

그럼에도 불구하고, 한국의 정치경제 모델의 잠재적인 소진은 어떻게 이렇게나 큰 민족의 비통을 생성했는가? 불평등의 바람직한 수준이나 정부의 경제 개입에 있어서 최선의 방법에 대한 의견 차이는 보편적이다. 확실히, 한국인들이 '두 개의 한국'에 대해서 이야기할 때, 남한 내의 분열을 북한과 남한의 분열만큼이나 깊게 생각하는 경향이 있다. 명백한 발화점은 1960년대와 1970년대의 지배적인 인물인 박정희 대통령에 대한 평가이다. 일각에서는 그를 현대 한국의 설계자로, 심지어는 구세주로 본다. 다른 일각에서는 그를 독재자로 기억한다. 미국의 민주당과 공화당 사이 분열의 흉포함이 보여주듯 국내에서 일어나는 치열한 경쟁은 냉전 이후 OECD 국가들 내에서는 충분히 흔한 것이다. 이는 단순히 많은 한국인들을 곤란하게 하는 정치경제 모델의 소진이 아니고, 아마 더 중요하게도 한민족의 바로 그 구조일 것이다. 세월호의 비극은 정확하게는 많은 사람이 한국 사회가 방향을 잃고 표류하게 된 것을 보고 아파하고 또는 죽어갈 수도 있는 정치체(body politic)로서 가라앉는 것을 경험함으로써 한국을 타격하였다.

한국의 병폐에 대한 주장은 대부분의 일상적인 외국인 관찰자들(한국을 떠오르는 경제의 쇼케이스로 선진적인 산업 강국이 될 수가 있다는 인식을 가진)에게는 기이한 충격이었다. 2013년 세계적으로 대중음악계에 센세이션을 일으킨 「강남 스타일」, 그리고 일반적으로는 수출 중심의 한국 대중문화 산업인 한류가 전형적인 예가 되듯이 한국인들은 조선술이나 칩, 스마트 텔레비전 및 스마트 폰을 생산하는 데 능숙할 뿐만 아니라 멋지고 '쿨'하고 창의적인 문화 상품에도 익숙한 것으로 보인다.[9] 오늘날 한국의 쇼케이스 상품들이 화장품과 대중적인 오락거리라는 것은 한국의 많은 단면을 드러낸다. 한국인들은, 적어도 국가의 안락한 계층에 속한 이들만이라도 그들의 성공에 대하여 대단히 기뻐해야 하지 않는가?

하지만 많은 국가들에서 그렇듯이, 외부인들을 끌어들이는 것은 내부인들을 사로잡는 것이 아닐 수도 있다. 한 예로, 한국 밖에서 한국에 대한 대부분의 뉴스는 북한을 수반한다. 북한이 발사한 모든 미사일은 전 세계의 헤드라인을 장식하지만 늑대가 나타났다는 거짓말을 너무 많이 들었던 남한 사람들은 이를 심각하게 생각하지 않고 만사가 태평하다. 현직 대통령이 한국의 경제나 문화의 업적에 대해서 자랑스럽게 알리는 한, 국내 담론에서 중요하게 다뤄지는 것은 경제적·사회적·문화적 문제들이다. 참으로, 또 아마 역설적이게도, 위기의식은 역시 다름 아닌 박근혜 대통령을 지지하는 수구나 보수 세력이 느낀다. 그러나 사회적 병폐는 만연하다.

확실하게도, 한국은 OECD 국가 중에서 그다지 반갑지 않은 부문에서 자주 1위를 차지한다. 한국은 빈번하게 가장 낮은 출산율과 가장 높은 자살률이라는 특징을 가진 국가로 발표되는데, 이것은 (순수한 의미로) 한국을 죽어가는 국가로 생각할 수 있다는 뜻이다. 정말 한국은 청년 실업률이 극도로 높은 반면 급속도로 노령화되고 있다. 이러한 낙담스러운 통계 자료를 한국의 경제 활력에 대한 더 큰 캔버스의 맥락 안에 둘 수 있는데, 정확하게 그것은 역사에 남을 만한 고향과 문화적 전통으로부터 한국 인구를 해방시킨 빠른 '경제 성장'이

---

9   John Lie, *K-pop: Popular Music, Cultural Amnesia, and Economic Innovation in South Korea*(Oakland: University of California Press, 2015).

다. 노인 지배(gerontocratic) 규범이 한 세대 전까지만 해도 우세했던 반면, 급속하게 노령화되는 현 사회는 저개발된 복지와 연금 제도, 정확하게는 전통적 사회 연결망과 보호가 약해졌을 때의 현실에 직면했다. 무정한 세계에서 잠재적인 안식처로서의 핵가족은 가속화되는 높은 이혼율과, 경험과 기대 안의 거대한 세대 격차가 알려주듯(이 책에서 이현정은 가족은 영속적인 한국의 1차 기관이라고 지적하지만) 깊은 걱정거리가 되었다. 노숙자 문제와 같은, 지금까지 상상할 수도 없는 사회적 현상들이 피할 수 없는 가난의 현실과 닮아 해어진 사회 구조를 더욱 생생하게 입증한다. 완강한 균질성으로 한때 유명했던 국가에서("우리"와 "우리의"라는 대명사가 그 어떤 논의를 앞설 수 있었던 것이 한국의 특징이었다) 사회적 분열은 분명해지고 깊어졌다. 사회적 분열은 단순히 좌우의 분열이나 앞서 언급한 소득불평등뿐만 아니라 기성세대와 젊은 세대 사이, 도시와 지방, 여성과 남성 사이의 골을 가리킨다. 2012년 대통령 선거의 통계 자료들을 살펴보면 알 수 있듯이, 25세 미만 인구의 3분의 2가 문재인에게 투표한 반면, 65세 이상의 인구의 80% 이상이 박근혜를 뽑았다.

세월호의 비극은 행복한 동질의 민족 신화에 대한 최후의 결정타였다. 우익의 사회적 비평가들은 고등학생들이 왜 육지로 둘러싸인 경주를 가지 않고(불필요한 사치였다고 암시하면서) 세월호를 타고 제주도로 여행을 갔는지에 대해서 의문을 제기하지만, 희생자들의 부모 중 하나는 프롤레타리아(그리고 다문화의)의 안산이 아니라 영화로운 강남 출신이었다면 상황은 달랐을 것이라고 외쳤다. 정말로, 세월호 유가족들은 한국에서 상대적으로 '무력'하다고 불리는 이들이 전혀 수동적으로 현상을 받아들이지 않는다는 것을 입증한다. 이 책에서 이현정은 유가족들의 배상 요구와 정의 구현 활동을 통해 시민들의 저항과

"능동적 시민"을 조명한다.

부인할 수 없이 한국은 부유해졌지만, 그러한 상황에서도 심각한 불평등은 이 사고의 고통을 두드러지게 한다. 초기 한국 산업화의 위험한 근로 조건에 대해서 당시 비판적으로 말한 이들이 적었던 반면, 거의 모든 사람들이 오늘날 부자와 가난한 자 사이의 차등 위험을 자각하고 있다. 해방 이후 한국에서 정치적 지도자들이 좌우를 막론하고 끊임없이 주장해왔던 국민 통합의 꿈은 회복 불가능할 정도로 산산조각이 났다. 우익 진영의 어버이연합은 세월호 비극에 대한 진실과 정의를 구하는 단식 투쟁을 벌이고 있는 희생자 부모들에게 음식을 던지기까지 했다. 국민적 화합의 상실은 숨길 수 없이 혹독하다. 대중의 논쟁과 정치적 분열은 특정인을 겨눌 뿐 아니라 신랄하고 야만적이기까지 하다.

더 큰 문제는, 한국의 미래 자체가 불확실한 것처럼 보인다는 것이다. 아이들은 어느 사회에서나 그 사회의 미래라는 것은 진부한 사실이지만 세월호에서 죽어가는 학생들의 우울한 광경은, 불필요한 때 이른 죽음 이상을 표상한다. 희생자를 비난하는 것처럼 보이는 오해를 무릅쓰고 말한다면, 배가 확실히 뒤집히는 동안 선실에 가만히 있으라는 정신 나간 지시에 따른 이들이 있었다는 것은 사실이다. 이 책에서 박경신은 조직과 권위에 대한 법률 문화 등을 무분별한 복종을 낳은 국가후견주의로 강조하는 반면, 문승숙은 젊은이들 사이의 독립적이고 비판적 사고를 누그러뜨리는 훈육 문화를 조명한다. 아이들의 수동성은(한국의 담론은 필연적으로 고등학생들을 "아이들"이라고 묘사한다) 거의 보편적으로 역기능적이라 믿어지는 교육 제도의 산물이다. 시험에 대한 표면상의 능력주의 제도는 거의 모든 한국인들의 삶의 기회를 결정한다. 어떤 경우에는 자정까지 계속되는 연속적인 수업들로 대표

324   에필로그

되는 학원에 초등학생 때부터 다니는 것이 극히 일반적인 형태이다. 학원 천국은 어떤 강사들을 10억 원대 연봉의 슈퍼스타로 만들었지만, 이러한 체계는 결과적으로 널리 (정답만을 찾도록 하면서) 창의력과 심지어는 인간성의 억제를 파생했다. 참을 수 없는 의혹은 이 교육 제도(한국 경제 기적의 영혼과 심장인)가, 소극적이고 순종적인(조용히 그들을 죽음으로 가라앉힐 특성) 젊은이들이라는 새로운 세대를 낳았을지도 모른다는 것이다. 교육 제도가 자주 한국의 경제 활력의 주요 원천으로 기념되는 만큼, 이런 역기능적인 교육 제도가 어쩌면 한국의 미래를 파괴하고 있다고 보는 것은 무리가 아니다. 전면적으로 한국의 교육 제도를 옹호하는 이를 찾는 것은 정말 거의 불가능하다. 하지만 마찬가지로 거의 모든 이들이 현재 역기능적인 체제를 개혁하거나 쇄신할 수 있는 방법은 없다고 주장한다.

세월호의 비극은 현대 한국의 메마른 정신을 까발렸다. 경제 성장의 황금기에 대한 노스텔지어를 흐뭇해할 나이의 한국인들도 있지만 그들조차도 만사가 좋았다거나 미래가 보장되었다는 것을 부인한다. 어쨌든, 지속적인 맹습 아래에서 전통 문화에서 위안을 찾는 사람은 별로 없다. 의문이 제기된 것은 정치경제 모델이나 교육 제도만이 아니다. 현대 한국에서 아마도 제1의 종교인 기독교는 최근 상당히 부정적인 평판을 듣고 있는데, 세월호 비극이 또 다른 추문의 기록을 더하고 말았다. 세월호의 소유주인 억만장자 유병언이 한 기독교 종파의 지도자였던 것이다. 비극에 대한 보도는 유병헌의 호화로운 생활 방식을 포함한 비도덕적인 종교 및 사업 활동에 유감스러운 조명을 비추었다. 신자들의 자기 이익만 생각하는 교묘한 조작과 이 조작자들의 위선적인 행동은 우울한 장관을 구성한다. 한국인들이 무엇을 믿을 수 있으며 무엇을 믿어야 하는가? 깊은 사회적 분열은 수십 년에 걸친 초민족주의적 프로파간다에 불구하고 공공의 목적에 대한 지각을 불가능하게 만든다.

세월호의 침몰은 모든 한국의 문제와 역기능에 대한 서로 다른 담론들을 모아 생각할 수 있는 그릇을 제공한다. 더 이상 현대 한국(남한)이 병들었으며, 아노미적이고, 표류하고 있다는 결론에 저항하기 어렵다. 침몰하는 한국 사회를 누가 구조할 것인가?

세월호 비극이 알려준 것

세월호 침몰 사고는 한국에 전환점을 제기한다. 박근혜 전 대통령 스스로도 그렇게 말했다. 지난 반세기 동안 한국의 산업화를 추동한 정치경제 모델의 소진뿐만 아니라, 갈등과 모순에도 불구하거나 심지어 갈등과 모순 때문에 의미와 중요성을 지니고 있다고 간주되는 국민의 사회적 통합의 소진되어 여러 면에서 위기라고 인식된다. 전복된 세월호의 이미지는, 침몰하는 정치체(body politic)의 불안한 이미지를 보여준다. 많은 한국인들에게 2014년 4월 16일이 깊은 울림을 주는 날짜라는 것은 놀랍지 않다.

그러나 세월호 비극 이후 어떻게 될지는 여전히 분명하지 않다. 애석하게도, 박근혜 전 대통령은 반대 의견을 억제하고 자유를 억압하는 데 몰두했다. 박근혜의 아버지 시대는 억압적이었지만, 적어도 의미와 의의로 가득했고 경제는 성장했다. 이와 대조적으로 딸 박근혜의 현 국면은 깨끗하고 환해 보이지만 궁극적으로 그녀의 아버지가 빚어놓은 정치경제 체제가 작동하지 않는 무의미한 세계에 있다. 중국과의 관계를 회복해나가는 데 있어서 과연 한국의 국가-재벌 연합

에필로그

이 서구의 규범인 민주적 자본주의를 떠나 중국의 권위주의적인 자본주의 모델을 따라가는 것은 가능할까?[10] 한때 만만치 않았던 진보 연합이 분열된 지금, 미래는 심란하게 수구적이고 보복적으로 보인다. 확실한 것은 현실은 적절치 못하고 합리적인 미래와 희망은 불가능하거나 손이 닿지 않는 곳에 있는 것처럼 보인다는 것이다. 현실에 대한 저항과 반대를 과소평가하는 것은 잘못되고 어리석은 것이겠지만, 많은 한국인들에게 현재와 미래는 암울해 보인다. 보수파와 진보파 모두 주로 과거의 영광스러운 나날들을 본다. "희망은 자라서 흰머리가 되었고, 희망은 애도하네⋯⋯." 한국인들의 정신적인 위기를 세월호 비극이 알려준 것이다.

---

10   Diana Pinto, *Israel Has Moved*(Cambridge: Harvard University Press, 2013).

엮은이의 말

유리의 성(城)

: 부재와 배신의 국가

김미경

1.

박근혜의 파면 소식을 알게 된 건 히로시마 유치장 안에서다. 그 날 아침 갑자기 잡혀온 이후, 날짜와 시간 감각이 점점 둔해지고 있던 터였다. 오전 10시 간수들이 24시간 근무 교대를 마친 즈음에야 검열을 통과한 ≪산케이신문≫을 읽을 수 있었다. 처음엔 '웬 산케이?' 싶었다. 주요 일간지 중에 구독률이 바닥을 치는 우익 신문이라 '유치장에 공짜 배급을 해도 인쇄 부수가 남아돌아서인가' 싶었다. 허나 바깥 세상의 돌아가는 일들을 알 수만 있다면 찬밥 더운밥 가릴 처지가 아니었기에 그것만으로도 감지덕지였다. 배급구가 열리면서 들리는 "31번, 신문!"이라는 소리는 구금 기간 동안의 피크 포인트였다. 내가 간힌 감방은 남쪽동의 맨 오른쪽에서 두 번째라 47번이 읽고 나면 내 차례가 왔다. 그 모든 '그럼에도 불구하고' 그나마 '운이 나쁘진 않다'고 생각했다.

3월 11일 자 ≪산케이신문≫엔 "한국 대통령 탄핵"이 1면 머리기사로 실려 있었다. 순간 '당연하지' 싶으면서도 가슴 한구석이 왠지 쓸쓸했다. 비빔밥을 '양두구육'으로 표현해 물의를 빚은 구로다 가쓰히로 전 서울지국장이 쓴 "공주님의 한계"라는 논평 기사가 '말이 된다' 싶으면서도 한편으로는 복잡 미묘한 감정이 들었다. 동시에 헌재가 '세월호 7시간'을 탄핵의 사유로 인정하지 않았다는 기사를 읽으면서 목구멍에서 뜨거운 뭔가가 올라왔다. 하긴 국회청문회에서도 대한민국 최고의 엘리트라는 사람들이 소위 '법적 마인드'라는 것으로 자신들을 방어하기에 혈안이 되어 있긴 하더라만. 박근혜 탄핵 결정과 세월호 사이엔 거대한 심연이 아직도 남아 있지 싶다.

세월호 침몰 당시 대한민국은 없었다. '우리나라'는 부재 중이었다. 당시 우연히 고국을 방문 중이던 나는 그 부재와 직면했다. 수백 명의 학생과 시민들이 눈앞에서 수장되는 모습을 생중계로 바라만 보아야만 했던 기억은 지금도 어둠의 덩어리로 멍울져 있다. 정수리 어디쯤에서 넋이 빠져나가고, 푸른 하늘이 검게 보이고, 손끝이 떨리고, 가슴은 시도 때도 없이 뛰었다. 납득하기 어려운 정황 속에서 마음이 무너져 내리자 몸도 부서지나 싶었다. 극단적인 부조리의 목격을 강요당하면서도 그 상황에서 아무것도 해줄 수 없다는 무기력함과 좌절감은 가히 폭력적이었다. 방관자로서 부조리한 죽음의 의식에 참가하고 말았다는 죄책감으로 한동안 방에서 나올 수가 없었다. 유리알 같은, 슬픔을 머금은 사람들의 눈과도 마주치고 싶지 않았다. 모처럼 돌아온 고국은 무섭고 외로운 곳이었다.

고백컨대 난 짝사랑이 전문이다. 거기다가 편력도 심하다. 〈닥터 지바고〉의 오마 샤리프, 〈내일을 향해 쏴라〉의 로버트 레드포드, 〈스팅〉의 폴 뉴먼, 〈태양은 가득히〉의 알랭 들롱 모두가 다 내 첫 사랑들이다. 신성일보다는 박노식을, 신영균보다는 장동휘를 좋아한 나름대로의 주관도 있었다. 모국을 떠나 있는 동안 우리나라를 향한 내 사랑도 질기고, 집요하고, 무조건적이었다. 무슨 일이 일어나건, 남들이 뭐라고 하건 원초적으로 끈적거리던 나와 우리나라 사이의 관계는 변함이 없었다. 국적을 바꿀 수는 있어도, 우리나라는 바꿀 수 없는 운명 같은 존재라고 믿었다.

스며들어오는 물속에 점점 갇혀가고, 점점 더 깊이 빠져가고, 점점 더 숨이 막혀오고, 점점 더 검게 변하던 세상을 바라보던 아이들도 우리나라를 그렇게 짝사랑했지 싶다. 충성과 사랑을 강요하고, 그런 국민들의 사랑이 당연한 듯, 때가 되면 마치 제 돈처럼 세금을 꼬박꼬박 챙겨가던 우리나라는 결국 우리 아이들을 사랑하지도, 구해주지도 않았다. 내 눈 앞에서 세월호가 침몰하기 전까진, 그리고 일본서 혼자서 싸우면서 버티다가 체포되고 해고되기 전까진 세월호 사람들과 나의 나라 사랑은 절절했다. 그래서, 피눈물 나는 배신이다.

2.

그동안 한일 간 역사 관련 연구 등으로 매우 힘들다고, 혼자서 싸우기가 너무 지친다고, 발생한 사안의 모든 책임을 내게만 뒤집어씌운다고, 벌 받을 사람들은 미꾸라지처럼 다 빠져나갔다고, 그들이 판 함정에 빠졌다고, 제발 좀 도와달라고 현지 영사관에 여러 번 알렸음에도 불구하고 우리나라는 없었다. 이를 지켜보던 대학의 동료들은 '왜 한국 대통령의 자문위원까지 지낸 당신을 자국 정부가 도와주지 않는지', '왜 한국어가 가능한 변호사 선임에 현지 영사관이 힘을 보태지 않는지', '왜 총영사가 시장에게 한마디라도 지원의 말을 하지 않는지' 물어왔다. 스스로를 지탱할 만한 기력조차 남아 있지 않아 제삼자들이 이해하기 어렵던 '부재국가'를 대변할 수도, 설명할 수도 없었다. 자국 민인 나보다 일본 대학과의 관계가 우리 정부에게는 더 중요하다고. 이런 부재와 배신 뒤에는 자기 보신을 위한 이기주의, 상호 이해관계를 전제로 한 담합이라는 부패의 연결고리가 있음을. 팽목항 주변에서 조업 중이던 어부들이 구조 활동을 펼쳤어도 국민들의 생명과 안전을 보호해야 할 책임이 있는 국가에게는 언딘과의 계약이 더 중요했고 그 배후엔 관료들과 해양 산업이 다양한 이해관계로 얽혀있음을.

자국민 보호라는 기본의무를 무시한 채 현지 대학과의 관계를 더 중요시한 우리나라 덕분에 일본 히로시마의 유치장 안에서 나는 매일 조금씩, 조금씩 침몰해갔다. 아침 7시가 되면 기상하고, 점호를 하고, 감방에서 나가 신체 검색을 받고, 세면과 양치질을 하고, 다시 신체 검색을 받고, 슬리퍼를 두 손으로 가지런히 한 뒤, 방에 들어가면 머리 뒤쪽에서 열쇠 잠기는 소리가 들렸다. 그렇게 하루, 이틀이 지나가면서 배급받은 도시락이 점심인지, 저녁인지 헷갈리기 시작했고 시간 감각도 점점 없어지기 시작했다. 세월호에 갇힌 학생이 구하고 싶었던 배 기울기의 각도와 서서히 무너지던 자신의 내면의 기울기를 비교하긴 어려워도, 우리 사이의 공통분모로 절망감이 있다고는 말할 수 있다. 부재와 배신의 국가가 국민을 절망이라는 벼랑 끝으로 내몬 행위는 범죄가 아닐지는 몰라도 매우 쓸쓸한 병폐다. 누군가가 이를 적폐라고 했던가.

일본 우익들과의 싸움이 시작된 건 2007년경이다. 그 싸움의 연장선에서 2017년 3월 대학의 고소에 의한 체포, 경찰 조사, 검찰 조사, 불기소, 징계 해고 등의 사태가 발생했고 그런 일들의 뒤엔 자국민 보호라는 기본 임무를 수행하지 않은 한국 정부의 부재가 있다. 히로시마 시립대학은 이런 폭력적인 조치를 정당화하기 위해 언론에 일방적이고 왜곡된 내용의 보도자료를 뿌리고 학(총)장이 직접 기자회견까지 여는 퍼포먼스를 연출했다. 기자들이 가장 알고 싶어 했던 '연 800만 엔 수입의 안정된 직업을 가진 대학교수가 왜 34만 엔이라는 소액을 허위 청구했는지?'에 관한 질문에는 '모르쇠'로 일관하면서. 막상 검찰의 불기소로 사건이 종결되자 학(총)장은 뒤로 숨어버리고 불기소와 징계 해고라는 내용만 달랑 실린 제2차 보도자료가 뿌려졌다. 이에 관한 일본 언론의 관심은 현저히 낮을 수밖에 없었다. 대학의 야비한 행동의 목표는 한 사람의 인간으로서, 또 학자로서 얼굴을 들고 살아갈 수 없게 쐐기를 박겠다는 거다. 고등교육 기관인 대학에 의한 인격살인이다.

일본으로 온 지 2년이 지난 즈음 "일본에서 외국인으로 살아간다는 것"이라는 제목의 신문 기고문이 실린 뒤 말로만 듣던 우익의 존재를 알게 되었다. '돌아가라', 'OECD 국가 중에 최고의 자살률을 가진 네 나라 일이나 신경 쓰는 것이 좋을 것', '이런 글을 읽으면 한국 사람들이 일본을 더 미워하겠지' 등등 학교 메일로 협박문이 날아들기 시작했다. 결국 대학의 높은 분에게 불려갔고 한국의 조간신문에 실린 내 글들이 점심때쯤엔 일본어로 번역되어 히로시마 시장, 시의회 회장, 대학 학(총)장 그리고 평화연구소장에게까지 뿌려진다는 사실을 알게 되었다. 당시엔 '그 사람들 그렇게 할 일이 없나?' 싶었다. 난 일개 지방 대학의 강사일 뿐인데. 연구 활동을 지지하며 지켜주던 평화

연구소장이 히로시마 시장과의 갈등이 있던 중 장기 입원하는 사태가 발생했고, 평화 연구조차도 결국 권력의 입김과 정치바람에서 자유로울 수 없는 현실은 암울했다.

그 뒤 2011년부터는 연구 활동을 둘러싸고 대학과의 갈등이 첨예화되기 시작했다. 「일본인들의 영유권 인식에 관한 연구: 센카쿠와 독도 분쟁을 중심으로」라는 주제로 동북아역사재단의 연구비 1000만 원을 받게 된 일이 도화선이었다. 대학은 이 연구비의 수령을 거부했고 그들의 제안대로 개인 연구자 자격으로 여론 조사를 진행하던 중 조사 참여자 중 한 사람이 개인 정보인 자신의 거주지 주소를 내가 불법으로 입수했다고 근거 없는 시비를 걸어와 곧 조직 내에서 '귀찮은 존재'로 찍히게 되었다. 그 당시 대학이 쓴 수법은 쫓아내고 싶은 상대를 도둑으로 몰아서 명예와 신뢰를 실추시켜 피해자 자신이 견디지 못해 제 발로 걸어 나가게 하는 것이었다. 그래야 모든 일들이 자기 발로 나간 사람의 책임으로 상황이 종결되기 때문이었다. 이에 시에서 파견된 공무원이던 사무실장은 나를 열쇠 도둑으로 몰아갔고 나는 변호사 상담 등을 통해 저항했다. 일단은 상황이 잠잠해지나 싶었다. 하지만 '이지메'는 피를 보기 전까진 상황이 종료되지 않는다. 사냥개와 먹이 사이의 관계이기 때문이다. '이지메'라는 일본 특유의 집단적 폭력성은 절망스럽고 불행해도 도망갈 곳이 없다는 '섬나라 근성'에서 기인한다. 2017년 유엔보고서에 의하면 일본인들의 행복도는 세계 53위로 벨리즈와 카자흐스탄보다 낮았다(참고로 한국은 57위다).

세월호 침몰 이후 마음 아팠던 것 중 하나는 피해자들을 향한 돌팔매질이었다. 안산이라는 지역에 있는 단원고등학교에서 '경주나 갈 것이지 왜 제주도로 수학여행을 갔나?', '더 많은 액수의 보상금을 챙기려고 정부의 발표를 받아들이지 않고 항의를 계속한다'는 등의 사회 일부의 반응에 매우 실망했다. 피해자들의 아픔을 그대로의 아픔으로 받아들이지 않는 가학성의 그늘 뒤엔 그들 자신의 불행이 숨어 있다. '한강의 기적', '원조를 받는 나라에서 주는 나라', '후발 개발도상국의 모범 사례', '세계 제10위 경제대국'으로 회자되는 한국의 압축적 근대화 뒤엔 희망을 상실한 한국인들의 자화상이 있다. 지긋지긋한 가난에서 벗어나고 싶다는 일념으로 쉬지 않고 앞만 보고 달렸고, 돈만 벌 수 있다면 뭐든지 한다는 불패의 정신으로 무장했지만, '수출입국'이라는 구호의 귀결인 국가 파산과 그 이후 도래한 무한경쟁 시대까지. 높은 자살률, 사회적 윤리를 깨고서라도 돈만 벌 수 있다면 뭐든지 하겠다는 절박함. 노인층의 빈곤과 젊은이들의 박탈감. 돈이 없어 결혼도 못하고 결혼을 해도 아이를 낳지 않는 쓸쓸한 사랑과 낭만의 풍속도. 이렇게 치열하고 외로운 환경 속에서 약자와 피해자를 보듬어줄 여유가 없음은 어쩌면 당연한 일인지 모른다. 차가운 세상 속의 약자는 외롭다. 돌 던지는 자도 돌 맞는 자도 어찌 보면 다 피해자들이다.

대학의 고소에 의한 체포, 불기소로 귀결된 사기라는 죄명, 일반인들도 부당하다고 생각하는 가혹한 징계 해고를 당하기까지는 길고도 긴 우여곡절이 있었다. 학자로서 모든 것들을 박탈당한 지금의 시점에서 스스로에게 되묻고 있는 내용은 '이렇게 잘릴 거면 그동안 왜 그렇게 착실하게 대학의 불법적이고 부당한 명령에 순종해왔나?' 하는 것이다. 고용주에 의한 외국인 노동자의 여권 몰수가 위법이라는 사실을 알고도 그들의 명령에 복종했고, 개인 정보를 보여줄 하등의 이유가 없음에도 불구하고 성실하게 그들의 요구에 따라 다 공개했고, 제출하라는 온갖 서류도 곧이곧대로 다 제출했고, 온갖 조사위원회의 참석 요청도 단 1분의 지각도 없이 다 응했다. 교육 기관인지 폭력 단체인지 판단이 서지 않는 그들의 행위들을 인내로 견디고 침묵으로 방관하며. 그래서 내게 남은 건 일본 전역에서 훼손된 명예와 앞으로 먹고 살 일이 막막해졌다는 현실이다.

'움직이지 말고 그대로 있으라'는 선원들의 지시에 순종한 학생들도 심연 속으로 빠져 들어갔다. 물이 차오던 선실 안에서 손가락 끝이 부서지도록 '움직이지 않고 그대로' 있었다. 그들보다 훨씬 더 많이 나이 먹은 나도 그들과 전혀 다르지 않게 일방적인 권위와 명령에 복종했다. 결국 시키는 대로 착실히 순종한 '모범생'들보다 자신의 직관과 판단을 믿은 '반항아'들이 살아남았다는 건 위계질서와 일방적인 충성을 강요하는 사회와 교육의 참담한 실패를 보여준다. 대학의 징계위원회에서 '마지막으로 한마디 하라'고 해서 "지금까지 열심히 일하고 성실하게만 살면 제 인생이 그냥 그대로 괜찮다고 생각했습니다. 하지만 제가 틀렸나 봅니다. 이제부턴 조직이나 타인의 강요보다는 제 자신의 판단을 믿으면서 살 것입니다"라고 했다. 세월호 아이들에게도 마지막 한마디를 할 기회가 있다면 그들이 무슨 말을 할지 생각만 해도 가슴이 저려온다.

돌을 던져서 깨지면 유리성이고 돌을 맞아도 굳건하면 바위성이다. 부재와 배신의 우리나라도, 박근혜도, 히로시마 시립대학도 다 유리성이다. 수백만 국민들이 지폈던 촛불은 부재와 배신의 국가를 향한 심판이었고, 최고 지도자로서의 책임을 방기한 박근혜는 기소되어 구치소에 수감되었고, 분쟁 과정에서 한국 폄하 발언을 아무렇지도 않게 내뱉었던 히로시마 시립대학의 학(총)장도 심연을 향한 몰락을 시작했다. 어두운 바다에서 별처럼 빛나던 세월호 아이들의 마지막 기억을 고스란히 담은 세월호도 박근혜의 몰락과 함께 3년 만에 뭍으로 올라왔다. 이는 공동체의 눈물과 염원과 기도의 힘이다.

3.

갑자기 행방이 묘연해진 채 열이틀 동안 흔적도 없이 사라져버린 저를 대신하여 책 출판의 마지막 작업을 맡아주신 서재정 선생님과 예상치 못한 상황들을 성실하고 침착하게 대응해주신 한울엠플러스의 김태현 선생님께 깊은 감사를 드린다. 오랫동안 이어져오는 인연에도 항상 변함없으신 서 선생님의 놀라운 항상성(homeostasis)에 깊은 경의를 표한다. 이 책을 만들기 위해 정말 수많은 메일을 주고받았지만 아직 한 번도 직접 만나본 적은 없는 김태현 선생님께도 다시 한번 감사드린다.

그리고 편집자들의 의도를 믿고 끝까지 협조해주신 필진들께 감사드린다. 이 책의 구상은 재미한국정치연구회(the Association of Korean Political Studies, AKPS)가 2015년 2월 미국의 뉴올리언즈에서 개최된 국제정치학회에서 세월호에 관한 패널을 구성하면서 시작되었다. 당시 이 패널을 조직한 남태현 교수님과 발제자로 참가하신 유종성, 이윤경, 서재정 교수님께 다시 한번 감사 인사를 올린다. 이후 비슷한 문제의식을 가진 저자들을 추가하여 쓴 글들을 바탕으로 영국의 폴그레이브 맥밀란(Palgrave Macmillan) 출판사에서 영문본이 곧 출판될 예정이다. 이 영문 도서의 한글 번역본 출판을 허가해준 폴그레이브 맥밀란 출판사 및 한글 번역본의 출판을 추진한 김태현 선생님 등 한울 관계자들에게 감사드린다. 번역본 작업을 추진하던 과정에서 2016년 초 고려대학교에서 한 차례의 토론회를 가졌는데 이 토론회를 위해 많은 도움을 주신 박경신 교수께 감사를 올린다. 도서 표지에 희생자 분들에 대한 추모의 뜻을 담고자 노력했는데 이에 힘써주신 한울 최혜진 디자이너께도 감사드린다. 필진 전원의 동의하에 이 책의 인세는 세월호 진상 규명을 위해 기부할 계획이다.

마지막으로, 이 책을 세월호 희생자들과 그 유가족에게 바친다.
그들의 가슴 속에서 희망과 사랑과 평화의 촛불이 꺼지지 않기를.

2017년 3월 21일
일본 히로시마의 피신처에서
김 미 경

참고문헌

제1장

4.16 가족협의회. 2014.7.25. 「세월호 업무용 노트북 증거보전 관련 기자회견문: 세
　　월호 실소유자는 국정원?」.

강희철·류이근. 2016.12.30. "청와대 '세월호 감사자료' 미리보고 고쳤다". ≪한겨레≫.

고성표. 2017. "[월간중앙 단독 인터뷰] 이정원, '검찰 제대로만 하면 박근혜·우병우
　　구속 가능'", ≪중앙일보≫.

금보령. 2016.9.4. "세월호 특조위 단식 39일차… '지치고 힘들 땐 내게 기대'". ≪아
　　시아경제≫.

김계연, 2015.10.29. "'세월호 책임' 청해진해운 김한식 대표 징역 7년 확정". ≪연합
　　뉴스≫.

김은남. 2014.5.21. "선장은 '3년형', 해경은 '무죄'… 남영호 판결". ≪시사IN≫.

김현주. 2014.8.5. "국회 제출 때 '오하마나호의 국정원 보고체계' 누락". 국민TV. .

박다혜. 2015.11.19. "[단독] 해수부 "세월호 특조위, BH 조사시 與위원 사퇴 표명"…
　　'대응방안' 문건". ≪머니투데이≫

박영대. 2016.11.19. 「세월호 참사의 본질적 성격」. '박근혜 7시간' 광화문 시국 강연
　　회.

서재정. 2015. 「사드와 한반도 군비경쟁의 질적 전환: '위협의 균형'을 무너뜨리고 선
　　제공격으로?」. ≪창작과비평≫, 통권 제168호, 414~440쪽.

세월호참사 희생자·실종자·생존자 가족대책위원회. 2014.8.22. 「공개서한: 박근혜
　　대통령님께 촉구합니다」.

장경섭. 1998. 「압축적 근대성과 복합위험사회」. ≪비교사회≫, 통권 제2호,
　　371~414쪽.

황철환. 2015.3.23. "'세월호 특조위 내부자료, 당·정·청·경찰에 유출'(종합)". ≪연
　　합뉴스≫.

Beck, Ulrich. 1992. *Risk Society: Towards a New Modernity*. London; Sage Publications.

Belzer, Michael H. 2000. *Sweatshops on Wheels: Winners and Losers in Trucking Deregulation*. Oxford: Oxford University Press.

Busch, L. 2009. "The private governance of food: equitable exchange or bizarre bazaar?" *Agriculture and Human Values*, Vol. 28, No. 39, pp. 345~352.

Chang, Kyung-Sup. 1999. "Compressed Modernity and Its Discontents: South Korean Society in Transition," *Economy and Society*, Vol. 28, No. 1, pp. 30~55.

_____. 2010. "Compressed Modernity in Perspective: South Korean Instances and Beyond." In 5th World Congress of Korean Studies(Chinese Culture University, Taipei, Taiwan).

Cho Han, Hae Joang. 2000. "'You Are Entrapped in an Imaginary Well': The Formation of Subjectivity within Compressed Development, a Feminist Critique of Modernity and Korean Culture." *Inter Asia Cultural Studies*, Vol. 1, No. 1, pp. 49~69.

Giddens, Anthony. 1999. "Risk and Responsibility." *The Modern Law Review*, Vol. 62, No. 1, pp. 1~10.

Harvey, David. 2007. "Neoliberalism as creative destruction." *The Annals of the American Academy of Political and Social Science*, Vol. 610, No. 1, pp. 21~44.

Henson, S. and J. Humphrey. 2009. "The impacts of private food safety standards on the food chain and on public standard-setting processes." *FAO/WHO Paper*. Rome: FAO/WHO.

Hirschman, Albert O. 1971. *A Bias for Hope: Essays on Development and Latin America*. New Haven: Yale University Press.

Kundera, Milan. 1980. *The Book of Laughter and Forgetting*. New York: Penguin Books.

Levi, Primo. 1988. *The Drowned and the Saved*. Translated by Raymond Rosenthal. New York: Summit Books.

Morgensen, Vernon(ed.). *Worker Safety under Siege: Labor, Capital, and the Politics of Workplace Safety in a Deregulated World*. New York: Routledge.

Paik, Nak-chung. 2011. *The Division System in Crisis: Essays on Contemporary Korea*. Berkeley, Los Angeles, London: University of California Press.

Polanyi, Karl. 2001. *The Great Transformation: The Political and Economic Origins of Our Time*, 2nd ed(Foreword by Joseph E. Stiglitz). Boston, MA: Beacon Press.

Rolston, Jessica S. 2010. "Risky Business: Neoliberalism and Workplace Safety in Wyoming Coal Mines." *Human Organization*. Vol. 69, No. 4, pp. 331~342.

Suh, Jae-Jung. 2014. "The Failure of the South Korean National Security State: The Sewol Tragedy in the Age of Neoliberalism Asia." *Pacific Journal*, Vol. 12, Issue 40, No. 1.

Swan, Peter. 2015. "Neoliberal Rail Policies and Their Impacts on Public Safety." a paper presented at Neoliberalism's Threat to Safety and Transportation Workers' Response(Seoul, Korea).

Whittaker, D. Hugh, Tianbiao Zhu, Timothy J. Sturgeon, Mon Han Tsai, and Toshie Okita. 2007. "Compressed Development in East Asia." *ITEC Working Paper Series*.

_____. 2010. "Compressed Development." *Studies in Comparative International Development*, No. 4, p. 461.

Woolfson, Charles and Matthias Beck. 2000. "The British Offshore Oil Industry after Piper Alpha." *New Solutions: A Journal of Environmental and Occupational Health Policy*, Vol. 10, p. 11~65.

제2장

권혁민. 2008. 「이명박 정부의 규제개혁 평가와 보완 과제」. 전국경제인연합회 규제개혁 시리즈.

김유선. 2012. 「2012년 비정규직 규모와 실태」. 한국노동사회연구소 연구보고서.

류주형. 2015. 「'좋은 일자리' 지표 OECD 국제비교」. 전국민주노동조합총연맹 이슈페이퍼.

박병률. 2014.5.15. "심층기획, 한국 사회의 민낯 '세월호'(5) - 규제 완화의 덫". ≪경향신문≫.

이혁우. 2012. 「이명박 정부의 규제개혁 평가」. ≪규제연구≫, 제 21권 제1호, 3~38쪽.

임준. 2007. 「국가 안전 관리를 위한 직업 안전 연구」. 한국산업안전보건공단 연구

보고서.

정은주. 2016.3.24. "세월호는 뒤집힐 준비가 돼 있었다". ≪한겨레21≫.

최영기·전광석·이철수·유범상. 2000. 『한국의 노동법 개정과 노사관계』. 한국노동연구원.

Belzer, Michael. 2015. "Neoliberalism and competitive economic pressure," a paper presented at the international symposium on Neoliberalism's threat to safety and transport workers(Seoul, Korea).

Harvey, David. 2007. *A Brief History of Neoliberalsim*. Oxford: Oxford University Press.

Lee, Yoonkyung. 2014. "Labor after Neoliberalism: The Birth of the Insecure Class in Korea." *Globalizations*, Vol. 11, No.4, pp.1~19.

Pierson, Paul. 2004. *Politics in Time: History, Institutions, and Social Analysis*. Princeton: Princeton University Press.

Streeck, Wolfgang. 2011. "The Crisis of Democratic Capitalism." *New Left Review*, Vol. 71, pp. 5~29.

Weil, David. 2014. *The Fissured Workplace*. Cambridge: Harvard University Press

제3장

민변 세월호 진상 규명 특위. 2014. 「세월호 참사 진상 규명 17대 과제 중간 검토 보고서」. 민주사회를 위한 변호사 모임.

센, 아마티아(Amartya Kumar Sen). 2013. 『자유로서의 발전』. 김원기 옮김. 갈라파고스.

아리스토텔레스(Aristoteles). 2013. 『니코마코스 윤리학』. 천병희 옮김. 숲출판사.

Carroll, A. B. 1979. "A Three-Dimensional Conceptual Model of Corporate Social Performance." *Academy of Management Review*, Vol. 4, No. 4. pp. 497~505.

_____. 1991. "The Pyramid of Corporate Social Responsibility: Toward the Moral Management of Organizational Stakeholders." *Business Horizons*, Vol. 34, No. 4, pp. 39~48.

Davis, Keith. 1960. "Can Business Afford to Ignore its Social Responsibilities?" *California Management Review*, Vol. 2, No. 3, pp. 70~76.

Eells, R. and C. Walton. 1961. *Conceptual Foundations of Business*. Homewood, ill.: Richard, D. Irwin.

Locke, John. 2012. *Second Treatise of Government*, 10th ed. Project Gutenberg. https://www.gutenberg.org/ebooks/7370

Miliband, Ralph. 1969. *The State in Capitalist Society*. New York: Basic Books.

Porter, M. E. and M. R. Kramer. 2011. "Creating Shared Value: How to reinvent capitalism and unleash a wave of innovation and growth." *Harvard Business Review*(Jan. ~ Feb.), pp. 1~17.

Rouseau, J. 1987, *The Basic Political Writings*. translated by Donald A. Cress. Indianapolis: Hackett Publishing Company.

Schaef, A. W. 1987. *When Society Becomes an Addict*. New York: Harper & Row.

Schaef, A. W. and D. Fassel. 1988. *The Addictive Organization*. New York: Harper & Row.

Tilly, C. 1990. *Coercion, Capital and European States, A.D. 990~1990*. Oxford: Basil Blackwell Inc.

제4장

김도연. 2016. 12. 14. "청와대, '그것이 알고싶다' 막으려 SBS 경영진 접촉시도". ≪미디어오늘≫.

김재한. 1993. 「제14대 대선과 한국경제」. ≪한국정치학회보≫, 제27집, 1호, 99~120쪽.

김정하. 2016. 11. 23. "김기춘 '여성대통령에게 결례라 생각, 세월호 7시간 못 물어'". ≪중앙일보≫.

김지영. 2014. 10. 23. "조혜수, '늘어난 경찰, 정권의 호위무사 됐다'". ≪시사저널≫.

김효실. 2014. 5. 9. "도대체 어땠길래…KBS '세월호 보도' 7가지 문제점". ≪한겨레≫.

김효실·이정국. 2014. 5. 16. "사장이 울며 대통령 뜻이라고 사퇴 종용". ≪한겨레≫.

박광연. 2017.3.6. "박영수 특검 '국정농단' 최종 수사결과 발표문", ≪시사저널≫.

박경산, 1993. 「제14대 대통령선거에 나타난 경제적 투표」. ≪한국정치학회보≫, 제27집, 1호, 185~208쪽.

박장준. 2014.4.28. "박근혜 정부, 세월호 '보도통제' 문건 만들었다". ≪미디어오늘≫.

박주희. 2015.4.3. "세월호 특별법 시행령, 꼬리가 몸통 뒤흔드나". ≪한국일보≫.

박홍두. 2014.4.10. "정청래 '세월호 유가족 사찰에 1000명 넘는 경찰 동원'". ≪경향신문≫.

윤근혁. 2014.6.10. "SNS로 대통령 비판한 죄?… 교사 경고". ≪오마이뉴스≫.

이성택. 2014.4.24. "해군의 방송용 그림만들기". ≪스포츠한국≫.

이재진. 2014.5.1. "확산되는 분향소 할머니 연출 의혹". ≪미디어오늘≫.

정상근. 2014.9.29. "세월호 특별법에 대한 여론은 어떻게 바뀌어갔나". ≪미디어오늘≫.

정현목. 2016.10.27. "산케이 전 지국장 '날 조사하던 한국 검사가 최태민 부녀에 대해 끈질기게 물어'". ≪중앙일보≫.

지영민. 2014.5.2. "'세월호 민심', 박근혜에게 등 돌린 두 가지 이유". ≪오마이뉴스≫.

최민영·이고은·송윤경·김향미. 2014.5.7. "[특별기획] 세월호 침몰에서 참사 키운 부실 대응까지," ≪경향신문≫.

최원영. 2016.6.30. "이정현, 세월호 보도 KBS 국장에 '해경 비판 나중에' 압박", ≪한겨레≫.

통계청 홈페이지. "불법폭력시위 및 경찰관 부상자 발생".
http://www.index.go.kr/portal/main/EachDtlPageDetail.do?idx_cd=1613

Acemoglu, D. and J. A. Robinson. 2001. "A Theory of Political Transitions." *The American Economic Review*. Vol. 91, No. 4, pp. 938~963.

Barracca, S. 2004. "Is Mexican Democracy Consolidated?" *Third World Quarterly*, Vol. 25, No. 8, pp. 1469~1485.

Chang, Y., Y. Chu and L. Diamond. 2012. "A Longitudinal and Comparative Analysis of Citizens' Orientations toward Democracy and Their Evaluation of the Overall Performance of the Democratic Regime in East Asia." *A Comparative Survey of Democracy, Governance and Development: Working Paper Series*, No. 53.

Cummings, B. 1990. *The Origins of the Korean War: The Roaring of the Cataract, 1947~1950*. Princeton: Princeton University Press.

Dahl, R. 1989. *Democracy and its Critics*. New Haven and London: Yale University Press.

Gasiorowski, M. J. and T. J. Power. 1998. "The Structural Determinants of

Democratic Consolidation Evidence from the Third World." *Comparative Political Studies*, Vol. 31, No. 6, pp 740~771.

Gibler, D. M. and K. A. Randazzo. 2011. "Testing the Effects of Independent Judiciaries on the Likelihood of Democratic Backsliding." *American Journal of Political Science*, Vol. 55, No. 3, pp 696~709.

Horiuchi, Y. and S. Lee. 2008. "The Presidency, Regionalism and Distributive Politics in South Korea." *Comparative Political Studies*, Vol. 41, No. 6, pp. 861~882.

Inglehart, R. 1989. *Culture Shift in Advanced Industrial Society*. Princeton, NJ: Princeton University Press.

Lee, H. 1998. "Economic Voting in Korea: Analysis of the 15th Presidential Election." *Korea Observer*, Vol. 14, pp. 635~662.

Linz, J. and A. Stepan. 1996. *Problems of Democratic Transition and Consolidation: Southern Europe, South America and Post-communist Europe*. Baltimore and London: The Johns Hopkins University Press.

Lijphart, A. 1977. *Democracy in Plural Societies: A Comparative Exploration*. New Haven, CT: Yale University Press.

Lipset, S. M. 1959. "Some social requisites of democracy: Economic development and political legitimacy." *American Political Science Review*, Vol. 53, No. 1, pp. 69~105.

Locke, J. 1924. *Of Civil Government: Two Treatises*, introduction by William S. Carpenter. London: J. M. Dent.

Martin, L. W. and G. Vanberg. 2004. "Policing the Bargain: Coalition Government and Parliamentary Scrutiny." *The American Journal of Political Science*, Vol. 48, No. 1, pp. 13~27.

Mill, J. S. 1991. *On Liberty and Other Essays*. Oxford and New York: Oxford University Press.

Moon, C. and S. Rhyun. 2011. "Democratic Transition, Persistent Civilian Control over the Military, and the South Korean Anomaly." *Asian Journal of Political Science*, Vol. 19, No. 3, pp. 250~269.

Nam, Taehyun. 2004. "Protests in Semi-presidential Democracies." the Annual Meeting of Midwest Political Science Association(Chicago, IL, USA).

Park, C. 2004. "Support for Democracy in Korea: Its Trends and Determinants." *A*

Comparative Survey of Democracy, Governance and Development: Working Paper Series, No. 20.

Przeworski, A., M. Alvarez, J. A. Cheibub, and F. Limongi. 1996. "What Makes Democracies Endure?" *Journal of Democracy*, Vol. 7, No. 1, pp. 39~55.

Rueschemeyer, D., E. H. Stephens, and J. D. Stephens. 1992. *Capitalist Development and Democracy*. Chicago: University of Chicago Press.

Schumpeter, J. 1947. *Capitalism, Socialism and Democracy*. New York: Harper.

Shin, D. and C. Park. 2008. "The Mass Public and Democratic Politics In South Korea." in Y. Chu, L. Diamond, A. J. Nathan, and D. Shin(eds.). *How East Asian View Democracy*. New York: Columbia University Press.

Shugart, M. S. and John M. Carey. 1992. *Presidents and Assemblies*. New York: Cambridge University Press.

Svolik, M. 2008. "Authoritarian Reversals and Democratic Consolidation." *The American Political Science Review*, Vol. 102, No. 2, pp. 153~168.

World Bank. 2015. "World Development Indicators database."
http://databank.worldbank.org/data/download/GDP.pdf

World Bank. 2015. "GNI per capita, PPP."
http://data.worldbank.org/indicator/NY.GNP.PCAP.PP.CD

World Trade Organization. 2014. "International Trade Statistics 2014."
https://www.wto.org/English/res_e/statis_e/its2014_e/its2014_e.pdf

제5장

구용회. 2014.5.1. "해경-해양구조협회 '추악한 커넥션' 의혹". ≪노컷뉴스≫.

김영래. 1987. 『한국의 이익집단: 국가조합주의적 시각을 중심으로』. 대왕사.

김의영. 2005. 「한국의 기업이익대표체제에 대한 소고: 국가와 사업자단체의 관계를 중심으로」. 임혁백 엮음. 『한국과 일본의 정치 거버넌스』. 아연출판부. 156~182쪽.

노진철. 2014. 「세월호 참사의 사회구조적 원인과 재난대응체계의 한계」. ≪월간 해양한국≫, 6월호, 138~150쪽.

민주사회를 위한 변호사모임. 2014. 『416세월호 민변의 기록』. 생각의길, 69~70쪽.

사공영호·강휘원. 2001. 「사업자단체의 조합주의적 이익대표체제와 그 비용」. ≪한국행정연구≫, 제10권, 1호, 157~181쪽.

서영재. 2014. 「내항여객 운송사업 안전운항관리제도의 문제점 및 개선방안」. ≪국회입법조사처: 이슈와 논점≫, No. 897.

신익환. 2014.4.24. "까면 깔수록, 청해진해운 의혹투성이" ≪뉴스토마토≫.

오창룡. 2014. 「세월호 참사와 책임회피 정치: 신자유주의 국가권력의 무능전략」. ≪진보평론≫, 61호, 37~52쪽.

우석훈. 2014. 『내릴 수 없는 배』. 웅진지식하우스.

유종성. 2016. 『동아시아 부패의 기원: 문제는 불평등이다. 한국·타이완·필리핀 비교연구』. 동아시아.

이진순. 2003. 『한국경제: 위기와 개혁』. 북21.

주종광·조인현·최석윤·이은방. 2009. 「내항여객선 운항관리제도 발전방안 고찰」. 해양환경안전학회 추계학술발표회 논문집.

지주형. 2013. 「1997년 경제위기 이후 한국의 신자유주의화: 위기담론과 위기관리의 문화정치학」. ≪한국정치학회보≫, 제47집, 3호, 33~58쪽.

_____. 2014. 「세월호 참사의 정치사회학: 신자유주의의 환상과 현실」. ≪경제와 사회≫. 104호, 14~55쪽.

최병선. 2014. 「세월호 참사 이후 규제개혁의 진로」. ≪한국행정포럼≫, 제145호, 10~13쪽.

한국해운조합. 2012. 『한국해운조합50년사』. 한국해운조합.

한영석. 1989. 「행정권한의 위임에 관한 고찰」. ≪중원인문논총≫, 8권, 87~104쪽.

홍성태. 2014. 『위험사회를 진단한다: 사고사회를 넘어 안전사회로』. 아로파.

Bennett, Andrew and Jeffrey T. Checkel(eds.). 2015. *Process Tracing: From Metaphor to Analytic Tool.* Cambridge; New York: Cambridge University Press.

Carpenter, Daniel and David Moss(eds.). 2014. *Preventing Regulatory Capture: Special Interest Influence and How to Limit It.* New York, NY: Cambridge University Press.

Cawson, Alan. 1986. *Corporatism and Political Theory.* Oxford, UK: Basil Blackwell Ltd.

Choi, Jang Jip. 1989. *Labor and the Authoritarian State: Labor Unions in South Korean Manufacturing Industries, 1961~1980.* Seoul: Korea University Press.

Dal Bó, Ernesto. 2006. "Regulatory Capture: A Review." *Oxford Review of*

Economic Policy , Vol. 22, No. 2, pp. 203~225.

Green, Penny. 2005. "Disaster by Design: Corruption, Construction, and Catastrophe." *British Journal of Criminology*, Vol. 45, No. 4, pp. 528~546.

Haggard, Stephan. 2000. *The political economy of the Asian financial crisis*. Washington, DC: Institute for International Economics.

Howe, Brendan M and Jennifer S. Oh. 2013. "The Fukushima Nuclear Disaster and the Challenges of Japanese Democratic Governance." *Korea Observer*, Vol. 44, No. 3, pp. 495~516.

Kalinowski, Thomas. 2008. "Korea's Recovery since the 1997/98 Financial Crisis: The Last Stage of the Developmental State." *New Political Economy*, Vol. 13, No. 4, pp. 447~462

Kim, Yun-Tae. 1998. "The State, Capital and Labor: Korean Corporatism in Comparative Perspective." *The Journal of Asiatic Studies*, Vol. 41, No. 2, pp. 187~215.

Kong, Tat Yan. 2004. "Neo-liberalization and Incorporation in Advanced Newly Industrialized Countries: A View from South Korea." *Political Studies*, Vol. 52, pp. 19~42.

Lim, Hyun-Chin and Jin-Ho Jang. 2006. "Between Neoliberalism and Democracy: The Transformation of the Developmental State in South Korea." *Development and Society*, Vol. 35, No. 1, pp. 1~28.

Makkai Toni and John Braithwaite. 1992. "In and Out of the Revolving Door: making sense of regulatory capture." *Journal of Public Policy*, Vol. 12, No. 1, pp. 61~78.

McNamara, Dennis L. 1999. "Korean Capitalism." in Dennis McNamara(ed.). *Corporatism and Korean Capitalism*. New York: Routledge.

Moon, Chung-in and Jongryn Mo. 2000. *Economic Crisis and Structural Reforms in South Korea: Assessments and Implications*. Washington, DC: Economic Strategy Institute.

National Diet of Japan. 2012. *The official report of 'The Fukushima Nuclear Accident Independent Investigation Commission*.

Onis, Ziya. 1991. "The Logic of the Developmental State." *Comparative Politics*, Vol. 24, No. 1, pp. 109~126.

Park, Moon Kyu. 1987. "Interest Representation in South Korea: The Limits of

Corporatist Control." *Asian Survey*, Vol. 27, No. 8, pp. 903~917

Park, Yong Soo. 2011. "Revisiting the South Korean Developmental State after the 1997 Financial Crisis." *Australian Journal of International Affairs*, Vol. 65, No. 5, pp. 590~606

Pempel, T. J. and Keiichi Tsunekawa. 1979. "Corporatism without Labor? The Japanese Anomaly." Philippe C. Schmitter and Gerhard Lehmbruch(eds.), *Toward Corporatist Intermediation*. London: Sage Publications Inc., pp. 231~270.

Pirie, Iain. 2012. "The New Korean Political Economy: Beyond the Models of Capitalism Debate." *The Pacific Review*, Vol. 25, No. 3, pp. 365~386.

Salant, D. 1995. "Behind the Revolving Door: A New View of Public Utility Regulation." *Rand Journal of Economics*, Vol. 26, No. 3, pp. 362~377.

Schmitter, Philippe C. 1979. "Still the Century of Corporatism?" Philippe C. Schmitter and Gerhard Lehmbruch(eds.). *Trends Toward Corporatist Intermediation*. London: Sage Publications Inc., pp. 7~52.

Soliman, Hussein and Sherry Cable. 2011. "Sinking Under the Weight of Corruption: neoliberal reform, political accountability and justice." *Current Sociology*, Vol. 59, No. 6, pp. 735~753.

Stigler, G. 1971. "The Theory of Economic Regulation." *Bell Journal of Economics and Management Science*, Vol. 2, pp. 3~21.

Stubbs, Richard. 2009. "What Ever Happened to the East Asian Developmental State? The Unfolding Debate." *Pacific Review*, Vol. 22, No. 1, pp. 1~22.

Suh, Jae-Jung. 2014. "The Failure of the South Korean National Security State: the Sewol tragedy in the age of neoliberalism." *Pacific Journal*, Vol. 12, Issue 40, No. 1.

Synolakis C, Kânoğlu U. 2015. "The Fukushima Accident Was Preventable." *Philsophical Transactions of the Royal Society A*, Vol. 373, Issue. 2053

Um, Kyusook, Hyun-Chin Lim, and Suk-Man Hwang. 2014. "South Korea's Developmental State at a Crossroads: Disintegration or Re-emergence." *Korea Observer*, Vol. 45, No. 2, pp. 211~253.

Unger, Jonathan and Anita Chan. 1995. "China, Corporatism, and the East Asian Model." *The Australian Journal of Chinese Affairs*, Vol. 33, pp. 29~53.

Wade, Robert. 1990. *Governing the Market: Economic Theory and the Role of*

Government in East Asian Industrialization. Princeton, NJ: Princeton University Press.

Wang Qiang and Xi Chen. 2012. "Regulatory Failures for Nuclear Safety-the bad example of Japan: implication for the rest of world." *Renewable and Sustainable Energy Reviews*, Vol. 16, No. 8, pp. 2610~2617

Yokoyama, Jotaro. 2013. "Fukushima Disaster and Reform." *Environmental Policy and Law*, Vol. 43, issue. 4-5, pp. 226~233.

You, Jong-sung. 2015. *Democracy, Inequality and Corruption: Korea, Taiwan and the Philippines Compared.* Cambridge, U.K.: Cambridge University Press.

You, Jong-sung. 2017(forthcoming). "Demystifying the Park Chung-Hee Myth: The Critical Role of Land Reform in the Evolution of Korea's Developmental State." *Journal of Contemporary Asia.*

You, Jong-sung and Youn Min Park. 2017. "The Legacies of State Corporatism in Korea: Regulatory Capture and Corruption in the Sewol Ferry Tragedy." *Journal of East Asian Studies*, Vol. 17, No. 1, pp. 95-118.

Young, Brigitte. 2011. "Neoliberalism." B. Badie, D. Berg-Schlosser and L. Morlino(eds.), *International Encyclopedia of Political Science.* Thousand Oaks: SAGE Publications Inc., pp. 1677~1679.

제6장

김민환 외. 2008. 「방송의 공정성 심의에 대한 연구」. 방송통신심의위원회 용역보고서.
박영대. 2016.10.29. "'승객 갇혀있다' 요청에 '안정시켜라. 이상'?". ≪프레시안≫.
장은주. 2014. 「단 한명의 아이도 포기하지 않는 교육」. 경기도교육연구원 심포지엄.
진실의 힘 세월호 기록팀. 2016. 『세월호, 그날의 기록』. 진실의 힘.
참여연대. 2014. 「이명박 정부 이후 국민입막음 소송 사례 보고서」. ≪이슈리포트≫.

Leoni, Brigitte, Tim Radford and Mark Schulman. 2011. *Disaster Through a Different Lens: a guide for journalists covering disaster risk reduction.* United Nations International Strategy for Disaster Reduction.

Mendoza Marcelo, Barbara Poblete and Carlos Castillo. 2010. "Twitter Under Crisis: Can we trust what we TR?" Social Media Analytics Workshops(Washington,

USA).

Potter, Deborah and Sherry Ricchiardi. 2002. *Disaster and Crisis Coverage*.
　　International Center for Journalists, p. 8.

제7장

경기도교육청. 2015. 「생활인권교육 기본계획: 학생중심의 교육공동체문화 형성」.
　　장학자료 2호.

고유진. 2014. 「고등학생이 지각한 교사훈육유형에 따른 교사신뢰와 자기결정성 학
　　습동기의 차이」. 부산대학교 교육대학원 석사학위논문.

구자억·김창환·안기화·오석환·이의규·이상복·이효신. 2008. 『세계의 고등학교 교
　　육』. 신정.

대전광역시교육청. 2011. 「학교의 다양화, 교육과정 운영의 자율성 추구」. 고등학교
　　교육과정 컨설팅 보고서.

문성빈. 2015. 「OECD 및 통계청 통계로 본 사교육」. ≪교육정책포럼≫, 265호.

박재연·정익중. 2010. 「인문계 고등학생의 학업 문제가 자살 생각에 미치는 영향: 개
　　인수준의 위험요인과 보호요인의 매개역할을 중심으로」. ≪한국아동복지학≫,
　　32권, 69~95쪽.

서울특별시교육청, 2014. '서울특별시 고등학교 교육과정 편성·운영지침(고시 제
　　2008-9호)'.

심현·이병환·서동기. 2015. 「학업중단숙려제 운영을 위한 고등학생 학교부적응 행
　　동요인 분석: 교사 및 교칙관계를 중심으로」. ≪교육문화연구≫, Vol. 21, No.
　　22, 57~78쪽.

이재희·박세영·이자영. 2011.7.25. "[개정 '고교 학칙' 들여다보니] 머리핀·양말·속
　　옷 색깔까지 사사건건 '간섭'". ≪부산일보≫.

천세영 외. 2013. 「교과교실제 운영 효율화 방안: 일반계 고등학교의 교육과정 운영
　　및 수업, 생활지도를 중심으로」. 한국교육개발원 교육정책네트워크 교육현장
　　지원연구.

한국교원단체총연합회. 2012.1.31. 「서울교육청의 학생 인권조례 시행에 따른 초·중·
　　고교 학칙 개정 지시에 대한 성명」.

한대동. 2000. 「학교훈육과 학교효과」. ≪교육연구≫, Vol. 10, 43~58쪽.

홍원표·진동섭·임성태·임유원·박주상. 2013. 「행복교육 실현을 위한 일반고등학교
　　교육과정 적합성 및 유연성 제고 방안」. 교육부 정책연구활용보고.

황준성·김홍주·임소현·김성기·이덕난. 2013. 「고교다양화 정책의 성과분석 및 개선방안 연구」. 한국교육개발원 연구보고.

Althusser, Louis. 1971. *Lenin and Philosophy and Other Essays.* translated by Ben Brewster. New York and London: Monthly Review Press.

Cookson, Jr., Peter W. and Caroline H. Persell. 1985. "English and American Residential Secondary Schools: A Comparative Study of the Reproduction of Social Elites." *Comparative Education Review*, Vol. 29, No. 3, pp. 283~298.

Deslanes, P. R. 2005. *Oxbridge Men: British Masculinity and the Undergraduate Experience, 1850~1920.* Bloomington and Indianapolis: Indiana University Press.

Deresiewicz, William. 2015. *Excellent Sheep: the Miseducation of the American Elite and the Way to a Meaningful Life.* New York: Free Press.

Foucault, Michel. 1977. *Discipline and Punish: The Birth of the Prison.* translated by Alan Sheridan. New York: Pantheon Books.

Elias, Norbert. 2000. *The Civilizing Process: Sociogenetic and Psychogenetic Investigations*, revised edition. Oxford: Blackwell.

Seungsook, Moon. 2005. *Militarized Modernity and Gendered Citizenship in South Korea.* Durham: Duke University Press.

Ramirez, Francisco O. and John Boli. 1987. "The Political Construction of Mass Schoolings: European Origins and Worldwide Institutionalization," *Sociology of Education*, Vol. 60, No. 1, pp. 2~17.

제8장

앨리엇, 앤서니·브라이언 터너. 2005. 『사회론: 구조, 연대, 창조』. 김정환 옮김. 이학사, 45쪽.

전기태 외. 2013. 「전국 다문화 가족 실태조사」. 여성가족부 연구보고.

지주형. 2014. 「세월호 참사의 정치사회학: 신자유주의의 환상과 현실」. ≪경제와 사회≫. 104호, 14~55쪽.

정은주. 2015.10.12. "아빠는 멈추지 않는다". ≪한겨레21≫,

천관율. 2015.4.23. "그들을 세금도둑으로 만드는 완벽한 방법". ≪시사IN≫.

허재현. 2014.12.27. "베트남인 세월호 유가족 판반짜이는 말한다". ≪한겨레≫.

Barbot, J. and N. Dodier. 2015. "'Victims' Normative Repertoire of Financial Compensation: The Tainted hGH Case." *Human Studies: A Journal for Philosophy and the Social Sciences*, Vol. 38, p. 81.

Cutter, S. 2006. "'The Geography of Social Vulnerability: Race, Class, and Catastrophe." *Understanding Katrina: Perspectives from the social sciences*. New York, N.Y: Social Science Research Council.

Douglass, M. 2006. "Special issue: Global householding in East and Southeast Asia." *International development planning review*, Vol. 28, No. 4.

Lee, H., "Political economy of cross-border marriage: Economic development and social reproduction in Korea," *Feminist Economics*, Vol.18, No. 2(2012), pp. 177~200.

_____. 2013. "Global Householding for Social Reproduction: Vietnamese Marriage Migration to South Korea." in J. Elias and S. Gunawardana(eds.), *The Political Economy of Household in Asia*. UK, London: Palgrave MacMillan, pp. 94~109.

_____. 2014. "Trafficking in Women? Or Multicultural Family?: Contextual Difference in Commodification of Intimacy." *Gender, Place and Culture*, Vol. 21, No. 10, pp. 1249~1265

Lee, H., et al. 2016. "Adapting to Marriage Markets: International Marriage Migration from Vietnam to South Korea." *Journal of Comparative Family Studies*, Vol. 47 Issue. 2, pp. 267~288.

Safri, M. and J. Graham. 2010. "The global household: toward a feminist postcapitalist international political economy," *Signs*, Vol. 36, No. 1, pp. 99~126.

Shindo, R. 2014. "Enacting citizenship in a post-disaster situation: the response to the 2011 Great East Japan Earthquake." *Citizenship Studies*, Vol. 19, No. 1, pp.16~34.

Smith, N. 2006. "There's No Such Thing as a Natural Disaster." *Understanding Katrina: Perspectives from the social sciences*. New York, N.Y: Social Science Research Council.

Zelinsky, Z. 1971. "The Hypothesis of the Mobility Transition." *Geographical*

Review, Vol. 61, pp. 219~249.

제9장

4.16 가족협의회. 2015. 『잊지 않겠습니다』. 김일우·김기성 엮음, 박재동 그림. 한겨
레출판.

국회사무처. 2014.7.7. 「19대 326회 5차 세월호 침몰사고의 진상 규명을 위한 국정
조사특별위원회: 세월호 침몰사고 국정조사조사록」.

권우성. 2014.7.28. 법학자 229명 "세월호 특별법 수사권, 헌법상 문제 없어". ≪오마
이뉴스≫,

김미란. 2015.12.16. 세월호 유가족 "대통령에 호소하러 갔다가 진도대교서 고립···
인권유린", ≪고발뉴스≫.

노명우 외. 2015. 『팽목항에서 불어오는 바람』. 현실문화연구.

서어리. 2015.12.15. "전 해경청장, '잠수사 500명 투입' 거짓말 밝각". ≪프레시안≫.

오경석 외. 2008. 『전환기의 안산: 쟁점과 대안』. 한울.

오동현. 2014.04.22. "'파도치는 집계 숫자'에 쌓이는 정부 불신". ≪뉴시스≫.

오준호. 2015. 『세월호를 기록하다』. 미지북스.

장세정 외. 2014.4.16. "해군 UDT 투입···조명탄 쏘며 수색 안간힘". ≪미주 중앙일
보≫.

특별취재팀. 2014.4.17. "〈여객선침몰〉 朴대통령 진도체육관 찾아···실종자가족 항
의(종합4보)". ≪연합뉴스≫.

Guardian. 2015.4.2. "Families of South Korea ferry victims shave heads in
compensation protest."

제10장

곽동기. 2014. 『세월호의 진실』. 615(육일오).

우석훈. 2014. 『내릴 수 없는 배』. 웅진지식하우스.

Kim, Young-Ha. 2014.5.6. "South Korea Tragic Failure." *New York Times*.

Lie, John. 1998. *Han Unbound: The Political Economy of South Korea*. Stanford:
Stanford University Press.

_____. 2015. *K-pop: Popular Music, Cultural Amnesia, and Economic Innovation in South Korea*. Oakland: University of California Press.

_____. 2016. "The Wreck of the Sewol." *Georgetown Journal of International Affairs*, Vol. 16, No.2, pp. 111~121.

Lie, John(ed.). 2015. *Multiethnic Korea? Multiculturalism, Migration, and Peoplehood Diversity in Contemporary South Korea*. Berkeley: Institute of East Asian Studies, University of California, Berkeley.

Pinto, Diana. 2013. *Israel Has Moved*. Cambridge: Harvard University Press.

Suh, Jae-Jung. 2014. "The Failure of the South Korean National Security State: The Sewol Tragedy in the Age of Neoliberalism Asia." *Pacific Journal*, Vol. 12, Issue 40, No. 1.

You, Jong-Sung. 2015. *Democracy, Inequality and Corruption*. Cambridge: Cambridge University Press.

찾아보기

356

지은이(게재순)

서재정 일본 도쿄에 위치한 국제기독교대학 교수이며, 참여연대 평화군축 센터 실행위원으로 활동 중이다. 시카고 대학에서 물리학을 전공하고, 펜실베니아 대학에서 정치학 석사와 박사 학위를 받았다. 윌슨 센터 펠로, 존스홉킨스 대학 국제대학 부교수, 코넬 대학 정치학 조교수 및 대한민국 대통령 정책자문기획위원을 역임했다. 이화여자대학교 석좌교수, 서울대학교 객원교수, 연세대학교 연구교수, MIT 객원연구원, 캘리포니아 주립대학 객원연구원으로 활동했고, 풀브라이트-해이즈 교수연구, 스미스 리차드슨 장학재단, 동서장학센터 등의 기관으로부터 연구를 지원받았다. 한미관계, 미국의 아시아 정책, 국제 안보 및 국제관계 이론의 전문가로 현재 동아시아 국제관계, 인간안보, 북한에 대한 연구에 천착하고 있다. 『탈냉전과 미국의 신세계질서』(1996), 『한미동맹은 영구화하는가: 군사동맹과 군사력, 이해관계 그리고 정체성(Power, Interest and Identity in Military Alliances)』(2009), *Rethinking Security in East Asia: Identity, Power and Efficiency*(2004), *Truth and Reconciliation in the Republic of Korea: Between the Present and Future of the Korean Wars*(2012), *Origins of North Korea's Juche: Colonialism, War, and Development*(2012), "War-Like History or Diplomatic History? Historical Contentions and Regional Order in East Asia"(2006) 등 다수의 책과 학술 논문의 저자이자 편집자로 활동하고 있다.

이윤경 캐나다 토론토 대학 사회학과 부교수로 재직하고 있다. 고려대학교 철학과에서 학부, 연세대학교 국제대학원에서 석사를 공부하고 미국 듀크 대학에서 정치학 박사 학위를 받았다. 뉴욕 주립대학 빙햄튼의 사회학과 교수를 역임했다. 정치사회학자로서 아시아의 노동정치, 사회운동, 정치 제도에 대해 연구하고 있고, 저서로는 *Militants or Partisans: Labor Unions and Democratic Politics in Korea and Taiwan*(2011)이 있다.

강수돌 고려대학교 글로벌비즈니스대학 융합경영학부 교수로 재직 중이다. 서울대 경영학과에서 학사, 석사를 받고 독일 브레멘 대학에서 박사(노사관계) 학위를 취득했다. 한국노동연구원 연구위원을 역임했다. '교육-노동-경제-생명'의 문제를 함께 풀어야 우리가 직면한 사회 문제들을 제대로 해결할 수 있다고 생각하며 최근에는 중독조직 이론의 관점에서 기업 경영의 문제나 한국 사회의 문제를 새롭게 분석하고 있다. 저서로『자본을 넘어 노동을 넘어』(2009), 『글로벌 슬럼프』(2013), 『더불어 교육혁명』(2015), 『중독사회』(2016), 『대통령의 철학: 정의로운 나라를 위한 리더의 품격』(2017) 등이 있다.

남태현 솔즈베리 대학 교수로 국제정치학과 디렉터를 맡고 있다. 한국외국어대학교 정치학과를 거쳐 아메리칸 대학에서 석사, 캔사스 대학에서 박사 학위를 취득했다. 시위와 정치 변화에 대한 논문을 써왔으며, 현재 ≪경향신문≫ 오피니언 칼럼 필진이다. 저서로『영어계급사회』(2012), 『왜 정치는 우리를 배신하는가』(2014), *Introduction to Politics*(2012, 공저)가 있다.

유종성 호주 국립대학 정치사회변동학과 교수로 재직 중이다. 서울대학교에서 학사, 미국 하버드 대학에서 석사(행정학)와 박사(정책학) 학위를 취득했다. 캘리포니아 대학 교수를 역임했고, 불평등과 부패 및 사회적 신뢰에 관한 국가 간 양적 연구와 한국의 정치 및 정치경제에 관한 연구를 하고 있으며 ≪프레시안≫에 한국 정치에 대한 칼럼을 쓰고 있다. 학계에 투신하기 전에는 민주화를 위한 학생운동과 경제정의를 위한 시민운동에 종사했다. 저서로『동아시아 부패의 기원: 문제는 불평등이다. 한국 타이완 필리핀 비교연구(Democracy, Inequality and Corruption: Korea, Taiwan and the Philippines Compared)』(2016)가 있다.

박연민 호주 국립대학 정치사회변동학과에서 객원교수로 재직 중이다. 한국외국어대학교에서 학사, 고려대학교에서 석사를 마쳤고 호주 국립대학에서 정책학 박사 학위를 취득했다. 고려대학교 연구교수를 역임했다. 한국 정보화 사회에서 나타나는 불평등, 온라인 정치 참여, 표현의 자유에 관해 연구한 논문들이 *Korean Journal of Sociology* 등 다수 학술지에 실렸다.

박경신 고려대학교 법학전문대학원 교수로 재직 중이다. 하버드 대학 물리학과를 나와 UCLA 로스쿨을 졸업했고, 미국 캘리포니아에서 이민노동자 변론을 했다. 법무법인 한결에서 인터넷스타트업, 영화제작사 및 영화진흥위원회 자문을 하는 한편 한동대학교에서 미국법프로그램 강의 및 설립에 기여하였다. 참여연대 공익법센터 소장, 미디어국민위원회 위원 방송통신심의위원회 위원, 사단법인 오픈넷 이사로서 활동하면서 표현의 자유 관련 다수 논문을 썼다. 저서로 『진실유포죄』(2012), 『표현의 자유 통신의 자유』(2013), 역서로 『정의론』(2015) 등이 있다.

문승숙 바사 대학 사회학과 교수이다. 브랜다이스 대학에서 사회학 박사 학위를 받았고 사회학과장과 아시아학 프로그램 디렉터를 역임했다. 하버드 대학 제1회 객원 석좌교수로 선정되었고 풀브라이트 학자상을 수상했다. 군복무와 군사주의, 젠더와 사회 변동, 시민사회운동, 민주화, 세계화, 사회적 기억, 음식 생산과 소비의 정치, 민족주의에 대해 많은 논문을 썼다. 저서로 『군사주의에 갇힌 근대(Militarized Modernity and Gendered Citizenship in South Korea)』(2007), 『오버 데어: 2차세계대전부터 현재까지 미군 제국과 함께 살아온 삶(Over There: Living with the U.S. Military Empire from World War II to the Present)』(2016, 마리아 혼과 편저)가 있다.

이현옥 연세대학교 원주캠퍼스 글로벌행정학과 교수이다. 연세대학교 정치외교학과를 졸업하고 영국 서섹스 대학에서 석사(젠더와 발전), 미국 코넬 대학에서 박사(발전사회학) 학위를 받았다. 싱가포르 국립대학 아시아 연구소에서 박사 후 연구원 생활을 했다. 젠더화 된 돌봄 레짐과 이주체제, 사회적 경제와 젠더화된 노동 시장, 시민권의 재구성과 같은 동아시아의 발전과정과 사회적 재생산의 문제에 관심을 가지고 연구를 진행하고 있다.

이현정 서울대학교 인류학과 부교수로 재직 중이며 중국연구소 소장을 맡고 있다. 서울대학교 인류학과에서 학사와 석사를 졸업하고 미국 워싱턴 대학에서 인류학 박사를 취득했다. 중국과 한국을 연구하는 의료인류학자로서 사회적 약자의 자살, 우울증, 치매 경험에 관심을 가져왔으며, 2014년 4월부터는 세월호 참사로 인해 발생한 사회적 고통에 관해 연구하고 있다. 공저로 『팽목항에서 불어오는 바람』(2015), *Chinese Modernity and Individual Psyche*(2012) 등이 있으며, 논문으로 「세월호 참사와 사회적 고통: 표상, 경험, 개입에 관하여」(2016), "Fearless Love, Death for Dignity: Female Suicide and Gendered Subjectivity in Rural North China"(2014) 외 다수가 있다.

존 리 John Lie 캘리포니아 주립대학 버클리캠퍼스 사회학과 C. K. Cho 석좌교수이다. 하버드대학에서 학사와 박사 학위를 취득했고, 미시간 대학과 일리노이 주립대학 교수를 역임했다. *Blue Dreams: Korean Americans and the Los Angeles Riots*(1995), *Han Unbound: The Political Economy of South Korea*(1998), *Multiethnic Japan*(2001), *Modern Peoplehood*(2004), *Zainichi(Koreans in Japan): Diasporic Nationalism and Postcolonial Identity*(2008) 등의 저서가 있다. 개인사와 역사, 사회 구조 사이의 연관성에 관심을 갖고 연구 활동을 하고 있다.

김미경 세계정치학회(IPSA) 인권분과 회장, 학문의 자유 특별위원회의 임원으로 활동하고 있으며, 2017년에 미국정치학회(APSA)와 국제학 학회(ISA)의 회원 대표로 선출되었다. *Korean Memories: Compressed Modernity, Psychohistorical Fragmentation*(근간) 출판을 위해 작업 중이며, 편저 *Routledge Handbook of Memory and Reconciliation in East Asia*(2014)가 학술연구지원사업 우수성과에 선정되어 2016년 교육부 장관 표창장을 받았다. 약 70여 편의 영어, 한글, 일본어 연구 논문을 출판하였고, 약 150여 편의 영어, 한글, 일본어 신문 기고문을 게재하였다. 2005년부터 2017년까지 12년 동안 일본 히로시마 시립대학의 부교수로 재직했으나 2017년 3월 6일 동 대학의 고소로 체포되었고 3월 17일 검찰의 불기소로 석방됐다. 석방 당일 해고 조치 당한 후 복권, 명예 회복, 손해 배상 청구를 위한 소송을 준비하고 있다.

한울아카데미 1984

/

침몰한 세월호, 난파하는 대한민국
압축적 근대화와 복합적 리스크
Challenges of Modernization and Governance in South Korea
The Sinking of the Sewol and Its Causes

/

ⓒ 서재정·이윤경·강수돌·남태현·유종성·박연민·박경신·문승숙·이현옥·이현정·
존 리·김미경, 2017.

엮은이 서재정·김미경
지은이 서재정·이윤경·강수돌·남태현·유종성·박연민·박경신·문승숙·이현옥·
　　　　이현정·존 리·김미경
펴낸이 김종수　**펴낸곳** 한울엠플러스(주)
편집책임 김경희　**편집** 김태현

초판 1쇄 인쇄 2017년 4월 24일
초판 1쇄 발행 2017년 5월 10일

주소 10881 경기도 파주시 광인사길 153 한울시소빌딩 3층
전화 031-955-0655　**팩스** 031-955-0656　**홈페이지** www.hanulmplus.kr
등록번호 제406-2015-000143호

ISBN 978-89-460-5984-9 93300

Printed in Korea.
※ 책값은 겉표지에 표시되어 있습니다.

세월호가 남긴 절망과 희망
그날, 그리고 그 이후

**가만히 있지 않는 강원대 교수
네트워크 기획**

엮은이
이병천·박기동·박태현

지은이
권혁소 외
2016년 4월 12일 발행
신국판
336면

**그날의 절망, 그럼에도 희망을 봐야 하는 그 이후
사회과학과 문학으로 세월호 참사를 되새기다**

세월호 참사 이후 1인 시위와 추모문화제, 토론회 등 다양한 활동을 이어온 '가만히 있지 않는 강원대 교수 네트워크(약칭 '가넷')'가 주축이 되어 세월호 참사가 우리 사회에 남긴 무거운 과제들을 진지하게 성찰한다.

먼저 1부 '세월호의 사회과학'에서 참사의 발생과 진상규명에 이르는 과정을 다양한 사회과학적 도구로써 분석한다. 예방과 구조, 진상규명에 이르는 과정에서 드러난 국가 시스템의 절망적 현실, 개인적·사회적 피해를 오히려 키운 일부 언론의 잘못된 보도 행태, 특별법 제정과 특위 구성 및 운영 과정에서 벌어진 잡음 등 세월호 참사 이후의 우리 사회의 일그러진 모습 그 이면에 놓인 사회과학적 의미를 짚어본다.

냉철한 학술적 분석으로는 가 닿을 수 없는 지점이 있다. 이 책은 2부 '세월호의 문학'에서 열두 편의 시를 통해 희생자를 깊이 추모하고 세월호 참사에서 상처받은 이들을 따뜻하게 위로한다.

세월호가 우리에게 묻다
재난과 공공성의 사회학

사회학의 눈으로 본 세월호 참사
그리고 일본, 미국, 독일, 네덜란드의 재난 대처 과정에서
얻은 교훈

이 책은 세월호가 가라앉고 수많은 생명을 무기력하게 떠
나보내며 진상 규명도 제대로 이루어지지 않는 원인들 곳
곳에 한국 사회의 '공공성' 문제가 깊이 자리하고 있음을
밝히며, 공공성을 중심으로 우리 사회에 다양한 형태로
얽혀 있는 문제점을 풀어본다. 참사의 내막을 밝히는 것
이 아니라 참사에서 드러난 우리 사회의 취약성을 찾아
비슷한 재난이 반복되지 않게 하는 것을 목적으로 하는
만큼, 세월호의 바깥으로 나와 좀 더 다양한 시각으로 사
건을 바라본다. 책의 절반을 할애해 일본의 후쿠시마 원
전 사고, 미국의 허리케인 카트리나, 독일의 원전 폐쇄 결
정, 네덜란드의 북해 대홍수를 대상으로, 다른 나라에서
어떻게 재난을 처리하고 다가올 재난을 대비했는지 분석
하며 이를 우리 현실에 비춰본 것은 그런 이유에서다.

서울대학교 사회발전연구소
기획

지은이
조병희 외
2015년 4월 16일 발행
신국판
264면